《中国阅读通史》编委会

主　编　　王余光
副主编　　徐　雁　刘洪权　熊　静

理论卷	王余光　汪　琴
先秦秦汉卷	先秦编／徐林祥　张立兵
	秦汉编／张　积
魏晋南北朝卷	何官峰
隋唐五代两宋卷	黄镇伟
辽西夏金元卷	王　龙
明代卷	王　龙
清代卷（上）	何官峰
清代卷（下）	王美英
民国卷	许　欢
图录卷	熊　静　黄镇伟　赵　晓　刘刈青

国家出版基金项目
NATIONAL PUBLICATION FOUNDATION

中国阅读通史

王余光 主编

隋唐五代两宋卷

黄镇伟 著

时代出版传媒股份有限公司
安徽教育出版社

第三章　科举制度与社会阅读风尚 ········· 85
第一节　科举制度的确立 ················· 86
第二节　诗书教子传统与藏书世家的出现 ········ 95
第三节　读书山寺与社会风尚 ·············· 102
第四节　私学的演变与发展 ················ 108

第四章　雕版印刷术及其对图书传播与阅读的影响 ······· 117
第一节　雕版印刷术 ···················· 118
第二节　初现光彩的刻书业 ················ 125
第三节　民间图书传播阅读活动初具规模 ········ 129
第四节　佛经的翻译与阅读传播 ············· 138
第五节　日本遣唐使与汉籍东传 ············· 152

第五章　经典的注释与阅读 ················ 162
第一节　概述 ························ 163
第二节　《五经正义》 ··················· 168
第三节　《史记索隐》与《史记正义》 ·········· 171
第四节　《汉书》颜师古注 ················ 175
第五节　《文选》李善注与五臣注 ············ 179

第六章　与时变化的劝学思想与读书方法 ········ 186
第一节　科举时代的劝学思想 ·············· 188
第二节　科举导向下的阅读风尚 ············· 192
第三节　各具特色的读书方法 ·············· 201

主要参考书目 ························ 208

两 宋 编

导言 ……………………………………………………… 213

第一章　两宋时期的图书文化事业概貌 …………………… 223
- 第一节　政府的思想文化政策 ……………………………… 223
- 第二节　国家图书的整理建设 ……………………………… 229
- 第三节　宋代四大书的编纂及其社会影响 ………………… 237
- 第四节　图书出版的禁与行 ………………………………… 244

第二章　印本书的兴盛与社会图书传播阅读活动的高涨 …… 248
- 第一节　刻书业三足鼎立的社会生产格局 ………………… 249
- 第二节　文本变化对社会阅读风尚的影响 ………………… 257
- 第三节　图书的普及与流通 ………………………………… 264
- 第四节　佛经的传播与阅读 ………………………………… 274
- 第五节　两宋与高丽、日本的文化图书交流 ……………… 281

第三章　图书积累与社会阅读活动的发展 ………………… 289
- 第一节　社会藏书家群体亮相历史舞台 …………………… 290
- 第二节　《郡斋读书志》与《直斋书录解题》 …………… 295
- 第三节　笔记小说的勃兴 …………………………………… 302
- 第四节　书院与私学的繁荣 ………………………………… 313

第四章　阅读文化的丰富与完善 ········· 325
第一节　系统阅读理论的诞生 ········· 326
第二节　情趣盎然的阅读生活 ········· 334
第三节　阅读文化的丰富内涵 ········· 345
第四节　四时读书乐 ········· 357

第五章　经典的注释与阅读 ········· 361
第一节　《四书章句集注》········· 364
第二节　《资治通鉴》及其胡注 ········· 368
第三节　《广韵》与《集韵》········· 374
第四节　唐宋名家诗文集注 ········· 377

第六章　两宋学者的读书方法和阅读事迹 ········· 387
第一节　百花齐放的读书方法 ········· 388
第二节　名人阅读事迹 ········· 398
第三节　朱熹读书法纲要 ········· 409

主要参考书目 ········· 415

索引 ········· 417

隋唐五代编

隋唐五代时期,自公元581年杨坚建立隋朝,至公元960年后周亡于赵宋,前后历时380年。其间,除了唐末出现过为期54年的五代十国之乱,基本保持了三个世纪的统一。

隋王朝统一政权的建立,结束了自西晋末年以来近300年的南北分裂动乱的局面。开国之初,秘书监牛弘就上表隋文帝请开献书之路,援引西汉陆贾"天下不可马上治之"的名言,强调崇儒业、弘文教、备典籍乃为国之本。① 文帝采纳了牛弘的建议,国家的政治、经济和文化建设进入新的发展时期。

隋唐的政权嬗替,与秦汉相似。隋王朝的国运虽仅38年,帝位二传而尽,但是开国君主杨坚在位时期为加强封建中央集权统治而采取的一系列政策和措施,基本上为唐朝所沿袭。隋开运河,建成一条南北文化交流的诗意走廊;唐都长安,搭起一个世界文化交流的宏伟舞台。始自隋朝的开拓,经过唐初百年的建设,盛唐文化的繁荣堪与秦皇汉武时代媲美。

唐代文化的特点,在于政治相对开明,文化建设力度大,帝王大都倡导文治,下诏劝学,重用文人,朝廷奉行较为积极的思想文化政策。朝野上下,读书习业之风盛行。在文化传播和社会阅读方面,出现了许多重要的事件。首先,印刷术在唐初被发明并逐渐在民间得到应用,发展到五代,开始大规模地用于刊行儒家经典;其次,科举制度的确立和唐诗的繁荣,极大地促进了文化传播和社会阅读活动的繁荣与发展。

---

① 魏徵、令狐德棻:《隋书》卷四十九《牛弘传》,北京:中华书局,1973年,1300页。

导　言

　　新建立的统一王朝，首先面临的是政策的调整。隋唐王朝均依靠关陇军事集团的力量取得政权，君临天下后，治国之策皆从武功转向文治。

　　开皇三年(583)三月，自称"君临区宇，深思治术"的隋文帝从秘书监牛弘的奏请，下诏购求天下遗书；四月，从潞州刺史柳昂的奏请，下诏天下劝学行礼。开皇九年(589)，平定陈国，宇内一统，隋文帝再下诏除毁兵甲，天下兴学。朝廷有计划地循序渐进地施行思想、文化、教育的新政策、新措施。半个世纪后，开创了贞观盛世的唐太宗自信地宣称："朕虽以武功定天下，终当以文德绥海内。文武之道，各随其时。"[①]虽然隋唐两朝都在建国之初就确立了文治的国策，征召、任用精通儒术、学行优敏之士，但是效果完全不同。

　　自述"少尚威武，不精学业"的唐太宗，对文治的理解远比隋代君王更深切。对于隋文帝，贞观君臣表示了极大的不满。魏徵主持修纂的《隋书》中虽然肯定他"足称近代之良主"，但是其"天性沉猜，素无学术"，又"不悦诗书，废除学校"，"素无术学，不能尽下"[②]，从而导

---

① 杜佑撰，王文锦等点校：《通典》卷一四六《乐六》，北京：中华书局，1988年，3719页。
② 魏徵、令狐德棻：《隋书》卷二《高祖纪下》，北京：中华书局，1973年，54—56页。

致隋朝在农民起义的汹涌大潮中折戟沉沙,二世而亡的衰怠之源、乱亡之兆,正是"起自高祖,成于炀帝"。炀帝杨广刚继位即下诏选贤擢才,劝学兴教,恢复被文帝废除的官学。他任用文人,雅好文学,但是嫉妒诗才出众的词臣,司隶薛道衡、著作郎王胄因此获罪,竟至被害。① 因此,"素无术学、不悦诗书"的隋文帝和"恃才矜己、护短拒谏"的隋炀帝都不是真正崇儒弘文的贤明君主,而能荣膺这一称号的是唐太宗李世民。

早在武德四年(621),统一战争刚取得决定性胜利之际,"锐意经籍"的秦王李世民已经开始重视文化建设,于秦王府开文学馆,招置风流儒雅、才优品贤之士,擢房玄龄、杜如晦等18人为本官兼学士,相与讨论经典,商榷政事,时人谓之"十八学士登瀛洲"。这一被元人陈高誉为"一时秦府风云叶,三百余年开帝业"的大事,成为唐代文人出仕参政的最为辉煌的开篇。

陈寅恪援引德宗时礼部员外郎沈既济《词科论》之说,认为唐代重用文人始自高宗、武则天时代。② 牟润孙则认为,唐太宗所树立的政治制度采取文人政治,自然要重用文人,"在唐太宗的三省制度中,文人的责任十分重大,草拟诏令,审核公文,全是极重要的政务"③。司马光的《资治通鉴·唐纪》记载,唐太宗即位之初,在弘文馆聚书20余万卷,精选天下文学之士虞世南、褚亮、姚思廉、欧阳询、蔡允恭、萧德言等,以本官兼学士的史事。在这段话下,胡三省注曰:"唐太宗以武定祸乱,出入行间,与之俱者,皆西北骁武之士。至天下既定,精选弘文馆学士,日夕与之议论商榷者,皆东南儒生也。然则欲守成者,

---

① 隋炀帝不欲人出其右,薛道衡由是获罪,后因事被诛。同样,王胄因不和炀帝《燕歌行》见害。两人受戮之际,炀帝竟诵其名句发问:"更能作'空梁落燕泥'否?""'庭草无人随意绿',复能作此语耶?"并见刘𫗧《隋唐嘉话》(上),北京:中华书局,1979年,2页。
② 陈寅恪:《陈寅恪集·唐代政治史述论稿》,北京:三联书店,2001年,201页。
③ 牟润孙:《从唐代初期的政治制度论中国文人政治之形成》,见《注史斋丛稿》,北京:中华书局,1987年,363页。

舍儒何以哉！"①综合以上二说可知，重用文人之国策由太宗制定施行，至武后朝以文章选士，破格用人，推行不遗余力，影响直至晚唐。

贞观年间的唐太宗雅好儒术，通过阅读，从历史文化经典中寻求用人治国之道。他不仅做出读书的表率，还要求朝廷大臣阅读经典。太宗曾手书凉州都督李大亮，告诫他"公事之闲，宜观典籍"，并赐予其荀悦的《汉纪》一部，指出"此书叙致简要，论议深博，极为政之体，尽君臣之义，今以赐卿，宜加寻阅"②。朝廷文武官员读书风气由此而盛。

隋唐政治上的统一，必然带来思想和文化学术上总结统一的要求。这种思想和文化学术上的总结统一，主要通过对文化学术典籍的整理和传播来实现。经过隋初征集天下遗书和炀帝时的大规模整理抄录，至唐初，进行总结统一工作的时机已经成熟。贞观四年（630），唐太宗诏令名儒颜师古考订五经文字，稍后又命国子监祭酒孔颖达主持编纂《五经正义》，统一南北朝时期的经学，传承汉代学术文化的传统。高宗永徽四年（653），朝廷将《五经正义》颁示天下，并将其定为官学教学和科举考试使用的统一文本。经学以外，唐初兴盛的三礼学、汉书学、文选学等，同样反映出学术总结的鲜明色彩，如颜师古的《汉书注》、李善的《文选注》等，都具有集前代著述大成的学术特点。

同属于这种学术总结活动的还有《隋书·经籍志》的编纂。《隋书·经籍志》将当时见存的图书以及重要的亡书共 6500 余部、56000 余卷类分为四部，部下复分 40 类，首次为四部确定名目——经、史、子、集，并为各部、类一一撰写小序，简要说明诸家学术源流及其演变，从学术的层面建构起当时最系统、最权威的文化知识体系，为文

---

① 司马光编著，胡三省音注：《资治通鉴》卷一九二《唐纪》，北京：中华书局，1976 年，6023 页。
② 吴兢：《贞观政要》卷二，上海：上海古籍出版社，1978 年，59 页。

人士子提供了读书问学的重要门径。

科举制度是隋唐制度建设中一个迹映千秋的亮点,在中国历史上影响巨大。

隋唐以前,朝廷选拔人才必须由地方官员推荐,士子不能自由报考,故名之为"察举"。隋唐科举制度规定士子要通过地方或学校的选拔考试,优秀者由地方或学校荐至朝廷参加各科考试。士人或学生都可以自由参加选拔考试,一般没有门第流品的限制。虽然朝廷规定"凡习学文武者为士,肆力耕桑者为农,巧作器用者为工,屠沽兴贩者为商。工商之家,不得预于士"①,但事实上,这一规定并没有得到严格的执行,工商子弟照样可以参加科举考试。出仕为官,建功立业,自古以来就是读书人的人生理想。科举制度为包括庶族寒门子弟在内的文士铺就了一条通向成功的锦绣之路。严耕望先生曾对开元以后盛行的士子习业山林寺院之风进行了系统的研究,从大量文献中梳理出在南北名山寺院中读书习业的士子200人,后来得中进士并仕至宰相的有20人,其中18人出身贫寒。② 这样的事实,对于士人的读书习学,无疑具有巨大的激励和引导作用。察举时代那些不学无术的贵族子弟难再风光,六朝时期"上车不落则著作,体中何如则秘书"③的情况难以为继。

唐代科举常贡科目主要为明经、进士以及明法、书、算诸科。明经尚有五经、二经、三经、学究一经、三礼、三传等,还有明字、史科、道举、开元礼、童子等,名目繁多。由于科举是国家选拔官吏的主要途径,因此朝廷严格规定考试内容和阅读定本,以确保统治集团在思想文化上的高度统一。

---

① 刘昫等:《旧唐书》卷四十三《职官二》,北京:中华书局,1975年,1825页。
② 严耕望:《唐人习业山林寺院之风尚》,见《严耕望史学论文选集》,北京:中华书局,2006年,264页。
③ 颜之推撰,王利器集解:《颜氏家训集解》卷三《勉学》,北京:中华书局,1993年,148页。

朝廷规定，《礼记》《春秋左氏传》《诗》《周礼》《仪礼》《易》《尚书》《春秋公羊传》《春秋穀梁传》九经，《孝经》《论语》，《史记》《汉书》《东观汉记》三史，《文选》及诸子百家等书，为各科考试必读书目。于是，九经、三史成为具有特别意义的名词，如大臣张说在《上东宫请讲学疏》中要求的："表正九经，刊考三史。"① 此外，连赫赫有名的诗僧齐己也在《酬九经者》中吟出了这样的诗句："九经三史学，穷妙又穷微。长白山初出，青云路欲飞。"②

如何认识和评估科举制度及其应试必读书目对社会阅读的巨大促进作用呢？首先，科举成为成千上万家庭从子弟童蒙修学开始就精心规划应对的一个社会活动，熟读规定的经史典籍自然就成为叩开科举仕进之门的隆重开端。打开《隋书》《新唐书》《旧唐书》和一部部厚重的唐人别集，字里行间总有少通三礼、博涉汉史、遍讲五经之类的词语跳入眼帘，这几乎成为那个时代对文臣名儒少年读书习学情况的千篇一律的评价。自幼读书有成，是精彩人生令人羡慕的最初的亮色。民间传诵的敦煌变文中，有着同样的叙述。《舜子变》说舜子"归来书堂里，先念《论语》《孝经》，后读《毛诗》《礼记》"。《秋胡变文》中，秋胡以曾参"终日披寻三史，洞达九经，以显先宗，留名万代"为由，要外出游学，最后带着"《孝经》《论语》《尚书》《左传》《公羊》《穀梁》《毛诗》《礼记》《庄子》《文选》"十帙文书，出门寻师。③ 这十种典籍全是科举应试之书。从中我们似乎可以看到一个巨大的社会阅读群体——士子和学校生徒日夕诵读、孜孜不倦的宏大场景。

其次，科举使社会诗书教子的传统得到进一步光大。唐代的进士曲江宴是一场成功者的狂欢，儒雅斯文的读书人一旦高中，垂名竹帛，流誉缙绅，常会一反往日拘谨之态，"春风得意马蹄疾，一日看尽

---

① 董诰等：《全唐文》卷二二五，北京：中华书局，1983年，2266页。
② 齐己：《酬九经者》，见《全唐诗》卷八四二，北京：中华书局，1960年，9517页。
③ 王重民等：《敦煌变文集》(上)，北京：人民文学出版社，1984年，154页。

长安花"。刘禹锡笔下的景象反映了社会对此倾注的热忱和欣羡:"礼闱新榜动长安,九陌人人走马看。一日声名遍天下,满城桃李属春官。"于是,有能力的家族以更大的热情充实自己的藏书,以供子弟读书修学之用。据现有史料统计,隋唐可考藏书家有 90 人,藏书量在万卷以上者有 23 家,比先秦、秦至南北朝时期这两个统计数的总和还高,其中唐代分别为 87 人和 22 家,为历代之冠。①经历了科举道路上

观榜图(局部) 〔明〕仇英 绘

千辛万苦的长辈将对子弟后人的殷切期望,化为语重心长的训诫和言近旨远的嘱咐。如杜甫的《宗武生日》:"熟精《文选》理,休觅彩衣轻。"韩愈的《符读书城南》:"人之能为人,由腹有《诗》《书》。《诗》《书》勤乃有,不勤腹空虚。"②卢仝的《寄男抱孙》:"《尚书》当毕功,《礼记》速须剖。"杜牧的《冬至日寄小侄阿宜诗》:"愿尔一祝后,读书日日忙。一日读十纸,一月读一箱。朝廷用文治,大开官职场。愿尔出门去,取官如驱羊。"③以上所言针对科举的功利色彩十分鲜明。

社会则更进一步树立了科举成功者在影响读书方面的精神范型作用。

查考历代文献记载,今天尚能在千年的历史丛林中找到 26 所唐

---

① 曹之:《中国印刷术的起源》,武汉:武汉大学出版社,1994 年,131 页。
② 韩愈著,钱仲联集释:《韩昌黎诗系年集释》卷九,上海:上海古籍出版社,1984 年,1011 页。
③ 杜牧撰,吴在庆校注:《杜牧集系年校注》卷一,北京:中华书局,2008 年,80 页。

代书院的遗踪，不少是名人早年读书、讲学之所。① 如浙江龙游的九峰书院，唐开元中书侍郎徐安贞的读书处；福建漳浦的梁山书院，唐元和年间进士潘存实读书处；澧州的文山书院，唐代李群玉旧时读书之所；等等。士子因刻苦读书中进士、居相位，当年未显时的勤奋读书之所，后人往往加以修葺，呼之为某某某读书处、读书台，或建为书院，将其作为读书进取的精神范型加以表彰。段文昌元和末年仕至宰相，早年读书的广都县顺圣寺南，后被称为文昌读书台。南宋嘉州知州何耕有《题文昌读书台诗》："段公曾此读群书，读破应须万卷余。"卢肇，会昌三年（843）状元，集贤院直学士，诗赋文俱佳，时称奇才。清翰林院编修查慎行过宜春城外卢肇宅，吟诗曰："旧闻卢氏宅，中有读书台。地以名流著，人探古迹来。"这道出了读书史迹的文化传承意义。唐代以亭台、居处、书院等形式保存下来的读书史迹，成为后人循名游览的人文胜景，表明了社会对文化、书籍、阅读的崇敬，其文化影响是巨大的。

最后，科举出仕的官员将文化阅读的风尚带往就职之地，推动了全社会的阅读活动。"隋唐统一，进士科第，各地士人，必群赴京师应举。及其出仕，不能在本乡，多历全国，老死亦不归。"②隋唐文士中举出仕，一身衔命，为官于大江南北，奔走万里，四海为家。这些具有较高文化修养和良好阅读习惯的官员，往往会将阅读的风气带往各地，兴学教化，奖掖后进。如颜真卿在庐陵别驾任上，增广学舍，招聘贤士，大兴向学之风，"自此庐陵声名文物，卓为江表冠"③。常衮任福建

---

① 陈谷嘉、邓洪波：《中国书院史资料》第一编《书院的兴起》，杭州：浙江教育出版社，1998年，3页。
② 钱穆：《再论中国文化传统中之士》，见《宋代理学三书随札》，北京：生活·读书·新知三联书店，2002年，196页。
③ 周弼：《鲁公祠序》，见《性情集》卷四，中国台北：台湾商务印书馆股份有限公司，《景印文渊阁四库全书》本，1986年，第1221册，25页。

诸州观察使时，以古文大家的身份，礼遇乡县中能诵书作文之人，后士人欧阳詹贞元年间以第二名高第，"闽越之人举进士，由詹始"①。韩愈任潮州刺史，当地乡人尚不解读书，乃遴选士人赵德督州学生徒，诵习诗书。② 隋唐统一政权的意识形态是儒家学说，科举出仕的官员在全国传播儒学的文化思想，带动并指导各地的文化教育和阅读活动，其积极影响无疑是巨大的。

唐代科举，各科之中最重进士。进士科以诗赋才华选士，其为朝野所重，始自高宗、武周时期。牟润孙先生认为："武则天尚骈俪之文，特重进士之科，词赋足以博取利禄，终于家置《文选》，人工辞藻。且以文须用典，诗贵录事，注《文选》为一时之显学。"③《唐登科记总目》记载，有唐一代先后开考260科，及第进士6600余人，每科少则四五人，多则五六十人，年取进士约25人。④ 唐代科举每年应举总数在3000人左右，登进士科者只占应举总数的1%。为了能在竞争中胜出，问鼎折桂，士子们勤读诗书，静思苦吟，"语不惊人死不休"，很多成了名播天下的诗人。元代辛文房所撰《唐才子传》中，共收录唐五代以诗名世的诗人278名，其中绝大部分有应举的经历，有科名的进士达169人，去除其中的诗僧、隐者和女诗人，其所占比例是十分高的。这对唐代诗歌的繁荣无疑具有重要的影响。

唐代阅读史上最绚烂多彩的一页无疑是由诗歌的传播阅读活动书写的。300年间，由无数诗人用心灵吟唱出来的唐诗，呈现出如同

---

① 韩愈《欧阳生哀辞》：宰相常衮为福建诸州观察使，乡县小民有能诵书作文辞者，衮亲与之为宾主之礼，观游宴飨必召与之。詹于时独秀出，衮加敬爱，诸生皆推服。韩愈撰，马其昶校注，马茂元整理：《韩昌黎文集校注》，上海：上海古籍出版社，1986年，301页。
② 韩愈：《别赵子》，见钱仲联集释《韩昌黎诗系年集释》卷十一，上海：上海古籍出版社，1984年，1175页。
③ 牟润孙：《唐初南北学人论学之异趣及其影响》，见《注史斋丛稿》，北京：中华书局，1987年，393页。
④ 马端临：《文献通考》卷二十九《唐登科记总目》，北京：中华书局，1986年，276页。

吴融笔下那桃花的迷人景色:"满树如娇烂漫红,万枝丹彩灼春融。"①这引发了持续不退的社会阅读热潮,涌动至今。中唐元稹、白居易的诗歌被广泛传播阅读的情形正是这种热潮的一个缩影。

元稹诗:"自六宫、两都、八方,至南蛮、东夷国,皆写传之。每一章一句出,无胫而走,疾于珠玉。"②白居易诗:"二十年间,禁省、观寺、邮候墙壁之上无不书,王公妾妇、牛童马走之口无不道。"③长庆三年(823),罢相后的元稹赴任路过杭州,杭州民众闻信竞相观睹。刺史白居易怪而问之,民众皆曰:"非欲观宰相,盖欲观囊所闻之元白耳。"④足见元白诗歌传播之广、民众喜爱之深。

唐诗是精湛的艺术作品,也是社会的真实记录。诗圣杜甫的"三吏""三别",元结的《舂陵行》记录了安史之乱时期动荡惨烈的社会现实,白居易的《秦中吟十首》书写了贞元、元和年间秦中平民那悲伤、辛酸的生存状况。元稹见近世妇人晕淡眉目,绾约头鬓,服饰怪艳,因作艳诗百余首,以干教化。⑤ 杜牧因宝历中敬宗大起宫室,广纳声色,所以创作《阿房宫赋》,以为讽喻。⑥ 这些可以称为时评,或具有社会纪实新闻特征的作品,使生活在同时代的读者产生强烈的感情共鸣和高涨的阅读热情。阅读诗歌不仅是民众欣赏艺术的文化娱乐活动,还是他们了解时事、认识社会的重要途径。20世纪初在敦煌莫高窟发现大量的唐诗抄本残卷,透露了这样的信息。

社会传播和阅读活动的持续发展,推动了图书生产技术的创新和发展。首先是纸的生产,无论在品种上,还是规模上,都出现了令

---

① 吴融:《桃花》,见《全唐诗》卷六八七,北京:中华书局,1960年,7903页。
② 元稹:《白氏长庆集序》,见冀勤点校《元稹集》卷五十一,北京:中华书局,1982年,555页。
③ 白居易:《河南元公墓志铭》,见《白居易集》卷七十,北京:中华书局,1985年,1468页。
④ 元稹撰,冀勤点校:《元稹集》卷五十一,北京:中华书局,1982年,558页。
⑤ 元稹:《叙诗寄乐天书》,见冀勤点校《元稹集》卷三十,北京:中华书局,1982年,353页。
⑥ 杜牧:《上知己文章启》,见《樊川文集》卷十六,上海:上海古籍出版社,1978年,241页。

人振奋的局面。《新唐书·地理志》记载，当时江南地区有杭州、越州、宣州、歙州、衡州等州邑出产并上贡纸品，其生产应该具有相当规模。顾况在唐代戴孚的小说集《广异记》的序中说："此书二十卷，用纸一千幅，盖十余万言。"仅从此例来分析，可知当时纸的生产达不到一定的规模，根本无法满足社会传播和阅读的需要。在品种方面，李肇有比较详细的记载："越之剡藤苔笺，蜀之麻面、屑末、滑石、金花、长麻、鱼子、十色笺，扬之六合笺，韶之竹笺，蒲之白薄、重抄，临川之滑薄。又宋亳间有织成界道绢素，谓之乌丝栏、朱丝栏，又有茧纸。"①尤其是宣纸，作为优质纸品，在唐代已经盛行，并成为文人雅士、豪门显贵抄录图书的首选用纸。

其次，从现已发现的文献记载和印刷实物可以知道，贞观年间，雕版印刷技术已经在民间得到应用。雕版印刷技术的出现，革新了文本的形式，也极大地改变了人们的阅读理念和读书方式。经过唐代的发展，五代时期开始大规模雕印儒家经典和子史名著，印刷技术划时代的创新对文献的生产、传播和阅读产生了巨大的影响。

从现在存世的早期雕版印刷品实物基本上都是佛教文献这一事实来看，我国雕版印刷技术的发明，与隋唐时期佛教的盛行有很大的关系。

隋唐时期，佛经的抄写业十分发达，从隋初官府设置专门机构抄写一切经，民间从风而动，以至社会保有的佛经数量大大超过儒家经典。到唐中叶，社会传抄佛经的热情有增无减。在唐代的佛教典籍如《法苑珠林》等和志怪小说如《冥报记》《冥祥记》等中，都有大量关于佛寺雇佣"书工"抄写佛经的记载。对此，李肇在《东林寺经藏碑铭》中这样描述道："五都之市，十室之邑，必设书写之肆。惟王公达于众庶，靡不求之，以至徼福祐，防患难，严之堂室，载之舟车。此其

---

① 李肇：《唐国史补》卷中，上海：上海古籍出版社，1979年，60页。

所以浩瀚于九流也。"① 300 多年间，社会对佛经需求量的持续走高，使抄写业革新生产技术、提高效率的愿望日益强烈。

在隋唐佛教经典的阅读传播活动中，士大夫阶层始终是一股热情参与、积极推动的中坚力量。从现存唐人诗文杂记小说中可以看到，在一般文士交游的人中间，总有寺观僧道的影子。《全唐诗》48000 余首诗中，与山林寺观有关者几占半数。② 杭州孤山永福寺镌刻石壁《法华经》，自元和十二年（817）杭州刺史严休复时始，至长庆四年（824）杭州刺史白居易时成，八年之间，共有湖州、睦州、处州、衢州、苏州、越州等地的九位刺史先后捐资 69000 多钱。③ 文人名士与僧众的密切交往，其共同语言无非是儒学佛理，双方互相修习交流，有力地促进了佛教的本土化进程以及与中国文化的融合。

隋唐时期图书典籍的社会保藏和流通的数量大大超越前朝，科举制度的确立，又使全国读书进学的人数激增。面对规模巨大的社会阅读活动，朝廷开始注意加强规范和指导工作，具体来说，就是组织编撰文化经典的标准注释文本，并向天下读书人颁布，如《五经正义》《孝经注》等。这些注释本通过将设定的读法、解读模式和理解标准渗透在注释之中，强化主流思想文化的传播，以培养朝廷理想的行政官吏和文化精英，如刘轲的《三传指要》、张九垓的《庄子指要》、李嗣真《孝经指要》等。此外，有的学者为在学术思想上跳出汉儒解经的藩篱，为初学者指点阅读路径，编著出相当数量的阅读旨要和考证杂说类专著，如颜师古的《匡谬正俗》、李涪的《刊误》、李匡乂的《资暇集》、丘光庭的《兼明书》、封演的《封氏闻见记》、苏鹗的《苏氏演

---

① 董诰等：《全唐文》卷七二一，北京：中华书局，1983 年，7414 页。
② 严耕望：《唐人习业山林寺院之风尚》，见《严耕望史学论文选集》，北京：中华书局，2006 年，268 页。
③ 元稹：《永福寺石壁法华经记》，见冀勤点校《元稹集》卷五十一，北京：中华书局，1982 年，557 页。

义》等。

　　图书文献的增多,使隋唐两代的读书人面临着阅读内容和读书方法的选择。科举考试的规则使官私教育的重点偏向应试,侧重汉儒解经的章句之学盛行,致使学者生徒舍本求末,空守章句,但诵师言。如此苦读,即使学成,也只是李白笔下的鲁儒:"鲁叟谈五经,白发死章句。问以经济策,茫如坠烟雾。"①安史之乱后,唐王朝国势日微,盛筵难再。而生徒举子读书习业,崇尚章句之学的热情不减,徒有辨析章条的功夫,缺乏指陈政理的能力,与当时社会对他们提出的理政治民的要求相去甚远。杜甫、张籍、韩愈、吕温、李翱、柳宗元、元稹、杜牧等都曾就阅读内容和读书方法发表过意在纠偏救弊的言论。柳宗元、杜牧都将这种"滞于所见,不知适变"的读书人称为腐儒,杜牧认为读书应该"参之于上古,复酌于见闻",②韩愈则强调"读书以为学,缵言以为文",而"学所以为道,文所以为理",③即只有将读与行、学与用结合起来,才可以达到圣人的境界,为世所用。

　　与此同时,韩愈、柳宗元等发起的古文运动和白居易、元稹倡导的新乐府运动相继而起。前者强调文章要显示个性,凸现社会现实性;后者明确诗歌要即事名篇,反映民生疾苦、社会弊端。其共同的特点就是将创作与现实融于一体,正如白居易所总结的"文章合为时而著,歌诗合为事而作"④。从杜甫的《兵车行》《丽人行》《哀江头》,到白居易的《贺雨》《秦中吟十首》等,这些作品皆指言天下时事,针砭现实,指斥时弊,为社会阅读提供了大量优秀的作品,产生了巨大的社

---

① 李白:《嘲鲁儒》,见《全唐诗》卷一八四,北京:中华书局,1960年,1875页。
② 杜牧:《上池州李使君书》,见《樊川文集》卷十三,上海:上海古籍出版社,1978年,192页。
③ 韩愈撰,马其昶校注:《韩昌黎文集校注》卷四《送陈秀才彤序》,上海:上海古籍出版社,1986年,260页。
④ 白居易撰,顾学颉校点:《白居易集》卷四十五《与元九书》,北京:中华书局,1979年,961页。

会反响。这些主要活动在中唐的名儒硕学、诗文大家,高度重视读书的终极目的,他们努力以自己的言论和创作实践,将读书为文导入正确的方向,为中国阅读史谱写了一支高昂、嘹亮的进行曲。

第一章 隋唐五代时期的图书文化事业概貌

社会阅读活动的发展,与社会图书文化事业的建设息息相关。社会图书文化事业的发展对外部环境具有较大的依赖性,这种外部环境包括政府的思想文化政策、社会学术文化思潮、书籍出版的技术手段等,其中,政府的思想文化政策最为重要。

第一节 政府的思想文化政策

开皇初,潞州刺史柳昂观察民风,虽然新朝鼎革,朝廷轻徭薄赋,官员戒奢崇俭,气象一新,但是民间历经战乱,"儒风以坠,礼教犹微"。柳昂因知"百姓之心,未能顿变",所以向文帝上表,希望朝廷倡天下劝学行礼之风。

开皇三年(583),隋文帝纳谏,下诏劝学行礼,诏曰:"建国重道,莫先于学;尊主庇民,莫先于礼。"其要求朝廷官府上自京师,下及州郡,民众在劳役和农作之余,"敦以学业,劝以经礼",以期达到"家慕大道,人希至德"的目的。从此,天下州县皆置博士读经习礼。① 开皇九年(589),隋军平陈,文帝复下诏劝学,要求有功之臣及其子侄向学读经,官学授徒,要加强训导,严格考课。至此,杨坚基本为自己的新王朝确立了以崇儒、劝学、兴教为特点的思想文化政策,修定典章礼制,树立新朝威仪;编撰图书典籍,构建王朝的思想文化体系,以引导社会崇学行礼的风尚。

一、崇儒重道

隋朝开国之初,文帝励精图治,扬旌赍帛,礼征天下儒者。于是,为躲避世乱而遁迹山林、隐身市廛、设教乡里的硕学大儒,纷纷应召,云集京师。唐初学者用充满向慕之情的文字追述了那一段令人振奋的崇儒读书的历史:朝廷"超擢奇隽,厚赏诸儒,京邑达于四方,皆启黉校。齐、鲁、赵、魏,学者尤多,负笈追师,不远千里,讲诵之声,道路不绝。中州儒雅之盛,自汉魏以来,一时而已"②。可惜这一盛况未能持久,文帝在精华稍竭的晚年,不悦儒术,仁寿元年(601),以国子和州县之学"徒有名录,空度岁时"③为由,下令废天下之学,唯存国子学学生72人。炀帝即位,虽然恢复各级学校,聚儒讲学,但是他骄奢淫逸,施政失道,仪礼失范,使自己和自己的王朝成为历史上昙花一现的匆匆过客。

公元627年,唐太宗李世民即位,开始了他23年辉煌的治国之路。此时隋朝覆灭方10年,上距隋文帝开国不及半个世纪。这位被宋儒誉为历史上最好学的帝王,在继续隋朝崇儒之策的同时,着重探求隋朝速亡的缘由。《贞观政要》中,十数次提及隋朝二主,尤其是炀

---

① 魏徵、令狐德棻:《隋书》卷四十七《柳昂传》,北京:中华书局,1973年,1278页。
② 魏徵、令狐德棻:《隋书》卷七十五《儒林传序》,北京:中华书局,1973年,1706页。
③ 魏徵、令狐德棻:《隋书》卷二《高祖纪下》,北京:中华书局,1973年,47页。

帝，贞观君臣认为他们空有崇儒之名，实无弘道之心。太宗既要大张声势崇儒，又要实实在在弘道。

自汉武帝独尊儒术以来，在历代君臣的心目中，所谓道，就是上古以来，明君圣贤治国平天下的政策和策略。它存在于以孔子为代表的儒家经典之中，所以有时被称为儒道，或儒术，或经术。于是乎，儒家经籍成为被崇拜的对象。贞观年间官修的几部正史中，再三地发挥、重申崇儒重道的思想：

> 夫经籍也者，机神之妙旨，圣哲之能事，所以经天地，纬阴阳，正纪纲，弘道德，显仁足以利物，藏用足以独善……其王者之所以树风声，流显号，美教化，移风俗，何莫由乎此道？①
>
> 儒之为教大矣，其利物博矣！笃父子，正君臣，尚忠节，重仁义，贵廉让，贱贪鄙，开政化之本源，凿生民之耳目，百王损益，一以贯之。虽世或污隆，而斯文不坠，经邦致治，非一时也。涉其流者，无禄而富，怀其道者，无位而尊。②
>
> 秦承累世之基，任刑法而殄灭；汉无尺土之业，崇经术而长久……考九流之殿最，校四代之兴衰，正君臣，明贵贱，美教化，移风俗，莫尚于儒。故皇王以之致刑措而反淳朴，贤达以之镂金石而雕竹素。儒之时义大矣哉！③

很显然，这些表述如出一辙，其核心思想是崇尚儒术、崇尚经籍。不仅如此，贞观二年(628)，太宗诏以孔子为先圣，在国学立孔子庙堂；贞观十四年(640)，再诏优遇梁、周、陈、隋名儒，如皇侃、熊安生、周弘正、刘炫等的子孙；贞观二十一年(647)，三诏以左丘明、伏胜、孔

---

① 魏徵、令狐德棻：《隋书》卷三十二《经籍》，北京：中华书局，1973年，903页。
② 魏徵、令狐德棻：《隋书》卷七十五《儒林》，北京：中华书局，1973年，1705页。
③ 令狐德棻：《周书》卷四十五《儒林》，北京：中华书局，1974年，805页。

安国、刘向、郑玄、何休、杜预等先秦汉晋名儒22人配享孔庙,以表彰其注释经义、考论制度的学术贡献。20多年间,太宗三诏崇儒,使近代儒者恩及子孙,远世儒者配享孔庙,其思想政策导向的影响是十分深远的。

  崇儒的目的在于重道,就是通过阅读、讲论、探讨,从儒家经籍中汲取精华,来指导制定、实施当下的国策。唐太宗虚心纳谏,从善如流,与大臣探讨古今朝政是非,从而成就贞观之治的伟业,名垂青史。太宗勤于读书,自称"贞观已来,手不释卷。知风化之本,见理政之源"。他在《帝京篇》中这样描述自己暂置军政事务、凝神读书的情形:"玉匣启龙图,金绳披凤篆。韦编断仍续,缥帙舒还卷。对此乃淹留,欹案观坟典。"贞观大臣如魏徵、房玄龄、杜如晦、萧瑀、王珪等,个个饱读诗书,人人精通儒术。太宗经常与他们同读经史,商榷古今,"每思臣下有谠言直谏,可以施于政教者,当拭目以师友待之"。① 面对这样一位开明求谏的君主,大臣们只有更加勤奋地读书思政,才能应对上问,恪尽臣责,不负厚望。

  贞观一朝,官修了很多重要的经史典籍,如《五经文字》《五经正义》《群书治要》等,为朝野文学之士阅读儒家经典提供了范本。在崇儒重道政策的引导下,朝廷内外读书之风炽盛,贞观以后,以盛唐开元、天宝年间和中唐贞元、元和年间为最。今存唐代文献中俯拾皆是的相关记载,向我们传递了真实的历史信息。

二、劝学兴教

  所谓劝学,是指勉励读书修业。劝,在上古汉语中表示积极的鼓励。自先秦以来,知名学者纷纷在自己的著作中设立"劝学"的专章,

---

① 吴兢:《贞观政要》卷一《政体》,上海:上海古籍出版社,1978年,23页。

如荀况的《荀子·劝学》、吕不韦的《吕氏春秋·劝学》、刘勰的《刘子·崇学》、颜之推的《颜氏家训·勉学》等。其内容主要有两个方面：一是强调学与不学之间的天壤之别，二是表彰勤奋的读书态度和顽强的学习精神。从现存文献看，隋唐帝王都在劝学上表现出十分积极的姿态，隋文帝杨坚有《劝学诏》《简励学徒诏》，炀帝杨广有《求贤兴学诏》，唐高祖李渊有《兴学敕》，中宗李显有《令入学行束脩礼敕》，睿宗李旦有《申劝礼俗敕》，玄宗李隆基有《劝选人勤学业诏》《求儒学诏》《令两监生徒赴学诏》，代宗李豫有《崇太学诏》，等等。

要真正使劝学产生实效，朝廷还必须向社会提供读书和受教育的机会和条件，那就是兴学。隋唐建国之初都依仿三代以来形成的教育制度，在中央和地方恢复各级学校。隋末的战火，造成了唐初教育"学徒尚少，经术未隆"的局面。为了尽快恢复古来国学"春诵夏弦，说诗敦礼"的盛况，武德七年（624）二月九日，唐高祖下达《令诸州举送明经诏》，明确要求：(1)各州凡有明一经以上而未被升擢者，具名报闻朝廷，经有关部门评议，加阶叙用；(2)吏民子弟中有志读书学艺者，可以具名送京，朝廷提供良好的教学条件，务必调教成材，琢玉成器；(3)州县乃至乡里，都要兴办学校，地方官府要尽早修立。① 一周后，高祖亲临国子监释奠之礼，并发布《赐学官胄子诏》，指出"自古为政，莫不以学为先。学则仁、义、礼、智、信五者俱备，故能为利博深"，宣告"朕今欲敦本息末，崇尚儒宗"，②要求王公子弟自相劝励，示范先行。

唐代兴学的状况，以贞观、开元年间最为壮观。当时中央政府的国子监设有六学，即国子、太学、四门、律学、书学和算学，天宝九年（750）又增置广文馆。祭酒、司业为国子监正副长官，下辖六学各置博士、助教，督课生徒诵习经业。贞观年间，国子监增筑学舍，六学

---

① 李渊著，韩理洲辑校编年：《唐高祖文集辑校编年》卷四，西安：三秦出版社，2002年，250页。
② 李渊著，韩理洲辑校编年：《唐高祖文集辑校编年》卷四，西安：三秦出版社，2002年，257页。

增置生员。太宗又多次亲临国学,听祭酒、司业、博士讲论。其时"四方儒士负书而至者,盖以千数。俄而吐蕃,及高昌、高丽、新罗等诸夷酋长,亦遣子弟请入于学。于是国学之内,鼓箧升讲筵者,几至万人,儒学之兴,古昔未有也"①。箧是一种方形的竹器,古人用之来盛放书籍。这一段关于贞观时国学盛况的记述,很多文献都加以引述。国子讲学,场面宏大。贞元十四年(798),太学张博士在国学讲《礼记》,欧阳詹撰文对此做了生动的记述:当时听者"没阶云来,即集鳞居,攒弁如星,连襟成帷"。讲论的内容是"先申有礼之本,次陈用礼之要,正三代损益得失,定百家疏义长短,镕乎作者之意,注乎学者之耳"。讲学结束,"后一日闻于朝,百司达官造者半。后一日闻于都,九域知名造者半"②。讲学内容惊动朝野人士,人们纷纷登门请教,足见影响之大。

唐朝在州、府政府设有属官司功参军,其职责中有执掌学校一项。州、府学专设经学博士一人、助教员若干,组织实施地方官学的教学活动。由于地域的区别,地方学校发展不平衡,有些地方长官就在自己的职责范围内设法兴学。贞观初,益州大都督府长史高俭经常在暇日召集文会,组织儒生讲论经史,勉励后进,"蜀中学校,粲然复兴"③。高宗显庆年间,韦机出任檀州(今北京密云)刺史。唐时檀州为边州,素无学校。韦机到任后,创立孔子庙,敦劝生徒复学读书。

安史之乱使唐王朝的文化教育事业遭到重创。永泰二年(766)正月,国子祭酒萧昕上言,希望朝廷"崇儒尚学,以正风教"。代宗很快准奏,并提出具体意见,让各诸道节度、观察、都防御使等子弟,负经汇集京师就学;宰相、朝官及神策六军军将子弟欲习学者,均可补

---

① 吴兢:《贞观政要》卷七《崇儒》,上海:上海古籍出版社,1978年,215页。
② 欧阳詹:《太学张博士讲礼记记》,见孙培青《隋唐五代教育论著选》,北京:人民教育出版社,1993年,372页。
③ 刘昫等:《旧唐书》卷六十五《高士廉传》,北京:中华书局,1975年,2442页。

国子生；即使已经为官，如想附学读书的，亦一并同意①。尽管中晚唐时期，中央政权不断受到藩镇的武力挑战，战火频燃，但朝廷劝学兴教的政策还是在困难中得到了持续贯彻。

三、重用文人

隋唐建国之初就开始调整国策，重用文人是其中最为重要的一项。从唐太宗秦王府文学馆的十八学士，经武后朝的北门学士，到玄宗朝的集贤学士、翰林学士，名号一路崇显。开元十三年(725)，贺知章自太常少卿迁礼部侍郎，兼集贤学士。宰相源乾曜问张说："学士与侍郎，何者为美？"张说对曰："侍郎，自皇朝以来，为衣冠之华选，自非望实具美，无以居之。虽然，终是具员之英，又非往贤所慕。学士者，怀先王之道，为缙绅轨仪，蕴扬班之词彩，兼游夏之文学，始可处之无愧。二美之中，此为最矣。"②开元中，自称经常"乙夜观书，分宵不寝"的唐玄宗，因读书产生疑滞时，案旁无人可以质问，故要求宰相挑选儒学之士，入内侍读。太常卿马怀素中选，与国子祭酒褚无量轮流侍读。轮值之时，玄宗特许其肩舆或乘马进宫并亲送迎之，待以师傅之礼。玄宗还时常召集学士讲论经旨，评议时务，特在勤政楼用七宝装成一座高七尺的山座，每次学士论辩风生，而胜者得以升坐，以示褒扬，足见朝廷对文人学士的敬重。

自玄宗朝开始，翰林院作为朝廷的储才机构，在中晚唐国家政治活动中起着重要作用。德宗贞元年间，20%的辅弼大臣由翰林学士出任，到宪宗元和中，这一比例上升至60%。时人把这种荣耀比喻为"登玉

---

① 刘昫等：《旧唐书》卷二十四《仪礼四》，北京：中华书局，1975年，922—923页。
② 刘肃：《大唐新语》卷十一《褒锡》，北京：中华书局，1984年，165页。

清,翔紫霄"①,较之贞观时"十八学士登瀛洲"之说又上了一个台阶。

得到朝廷重用的文人学士,不仅仅是书斋中的读书人。贞观初,太宗多次在与大臣议论政务时提出任用文人的标准:以德行、学识为本。谏议大夫王珪因此举汉昭帝时京兆尹隽不疑断伪太子之事为证,强调:"人臣若无学业,不能识前言往行,岂堪大任。"②自此,太宗多在百官中提拔擢用学业优长、兼识政体之人。贞观八年(634),太宗诏令进士读一部经史。贞观二十二年(648),考功员外郎王师明知贡举,当时冀州张昌龄、王公理并有文才,声振京邑,但都因为文策被列为下等而落第。太宗因此询问其中原委,王师明对曰:"此辈诚有词华,然其体轻薄,文章浮艳,必不成令器。"太宗以为名言③。这段史料,宋祝穆编纂《古今事文类聚前集》,以"黜去浮艳"为目编入"仕进部"。

从上述两例中可以看出唐朝任用文人的基本原则。隋唐任用官吏,逐渐以科举选拔为主,而科举考试中始终存在德行、才艺和经学、文学孰先孰后、孰轻孰重的争论。元稹曾提出"凡自《唐礼》《六典》《律令》凡国之制度之书者用"的标准,其他如"九经、历代史,能专其一者,悉得谓之学士:以镶贯大义与道合符者为上第,口习文理者次之。其诗、赋、判、论,以文自试者,皆得谓之文士:以经纬今古、理中是非者为上第,藻绩雅丽者次之"④。显然元稹的标准是先经学后文学,重经世之才,轻浮艳之士。

隋唐之世,朝廷奉行的思想文化政策的核心在于倡学。随着科举制度的逐步完善,社会评价体系的取向逐渐从人们无法选择的门第、家世转向后天通过读书修业来培养德行学识。于是,读书习业、

---

① 韦处厚:《翰林院厅壁记》,见董诰等《全唐文》卷七一五,北京:中华书局,1983年,7352页。
② 吴兢:《贞观政要》卷七,上海:上海古籍出版社,1978年,219页。
③ 杜佑撰,王文锦等点校《通典》卷十七《选举五》,北京:中华书局,1988年,402页。
④ 元稹:《才识兼茂明于体用策》,见冀勤点校《元稹集》卷二十八,北京:中华书局,1982年,337页。

积极进取就成为这一政策导向下的社会新风尚。

第二节 国家图书的整理建设

隋唐时期,国家藏书的建设受到朝廷的高度重视,建设活动开展得有声有色,成为托起隋唐尤其是盛唐文化繁荣局面的重要支柱。唐玄宗时期有一次关于藏书建设问题的争论,很能说明帝王重视藏书建设的根本原因。当时中书舍人陆坚自负文才甚高,经常讥讽在丽正书院校理图书的学士没有真才实学,而政府给他们的待遇太好,因此常对同朝官员说:"此亦何益国家,空致如此费损。"建议罢之。大臣张说听说此论,反驳说:"说闻自古帝王,功成则有奢纵之失,或兴造池台,或耽玩声色。圣上崇儒重德,亲自讲论,刊校图书,详延学者。今之丽正,即是圣主礼乐之司,永代规模不易之道也。所费者细,所益者大。陆子之言,为未达也。"①唐玄宗知道事情的经过后,十分赞赏张说的观点,而陆坚则自此被疏远。

隋唐五代时期,政府都十分重视对图书的搜集和整理,进行了多次大规模的征书和抄录活动,图书事业蓬勃繁荣,光彩夺目,对当时社会的阅读活动产生了重要的影响。

隋开皇三年(583),秘书监牛弘上《请开献书之路表》,强调国家藏书必须齐备,而"天下图书尚有遗逸"②,要求文帝下发明诏,分遣使人,搜访异本。凡献书者,每书一卷,赏绢一匹,校写完毕,原本立即归还原主。一时民间异书,纷纷献出。开皇九年(589),隋朝平陈,获

---

① 刘肃:《大唐新语》卷一《匡赞》,北京:中华书局,1984年,11页。
② 魏徵、令狐德棻:《隋书》卷四十九《牛弘传》,北京:中华书局,1973年,1300页。

得了陈朝的藏书,国家藏书逐渐富足起来,有 3 万余卷。于是朝廷召集天下工书之士,在秘书省内补续残缺,写为正副二本,藏于宫中,其余藏于朝廷秘阁。

隋朝政府的主要藏书处在西京长安的嘉则殿和东都洛阳的观文殿。炀帝即位,于大业元年(605),命秘书监柳顾言在长安嘉则殿对多达 37 万卷的国家藏书进行整理,删去重复琐杂的部分,最后选定抄录了一套有 3 万余卷的标准藏本,称为"正御本",庋藏于洛阳观文殿两侧的书室中,东屋藏甲乙,西屋藏丙丁。《隋书·经籍志》著录有《隋大业正御书目录》9 卷,应是这次整理抄录活动的成果,《隋书·经籍志》就是以这一书目为底本经增删而编成的。另据正御本抄录 50 套副本,分为三品:上品用红色琉璃做书轴,中品用天青色琉璃做书轴,下品用黑漆圆木做书轴,分别由西京东都的政府文化藏书机构收藏,供朝廷官员使用。

唐初,隋嘉则殿 37 万卷藏书已经所剩无几,武德时有 8 万卷重复杂糅的藏书。高祖采纳令狐德棻"购募遗书,重加钱帛,增置楷书,令缮写"[①]的建议,数年间,经籍图书略备。至贞观年间,唐太宗精选名儒主持秘书监,拉开唐朝大规模整理图书的大幕。

唐太宗时期国家藏书的校理活动,自贞观二年(628)魏徵出任秘书监开始,至贞观十九年(645)秘书监颜师古去世,由三位唐初名臣、著名学者魏徵、虞世南、颜师古先后主持领导,其前期重点在整理、抄录,后期则转向校正文字。由于贞观时弘文馆所藏四部书有 20 余万卷,加上陆续购得的民间图书,规模宏大,所以尽管配有"雠校二十人,书手一百人"[②],但还是没能在三位秘书监近 20 年的任期内完成。校书活动在高宗和武周时期继续进行,只是规模稍有缩小,内容则仍

---

① 刘昫等:《旧唐书》卷七十三《令狐德棻传》,北京:中华书局,1975 年,2597 页。
② 刘昫等:《旧唐书》卷一九〇《崔行功传》,北京:中华书局,1975 年,4996 页。

然为校勘、缮写。中宗复位后,曾于景龙二年(708),因"经籍多缺"而下诏征集天下图书。

盛唐玄宗开元、天宝年间(713—756),集贤院成立,国家藏书的校理活动再次出现高潮。

开元三年(715),左散骑常侍褚无量、马怀素侍宴,谈及经籍。玄宗感慨道:"内库皆是太宗、高宗先代旧书,常令宫人主掌,所有残缺,未遑补缉,篇卷错乱,难于检阅。卿试为朕整比之。"①于是,玄宗命左散骑常侍、昭文馆学士马怀素为修图书使,与右散骑常侍、崇文馆学士褚无量一起组织整比。同时诏令公卿士庶,各将家藏异书借与官府缮写,陆续入藏乾元殿。据《新唐书·艺文志》记载:"既而太府月给蜀郡麻纸五千番,季给上谷墨三百三十六丸,岁给河间、景城、清河、博平四郡兔千五百皮为笔材。两都各聚书四部,以甲、乙、丙、丁为次,列经、史、子、集四库。其本有正有副,轴带帙签皆异色以别之。"②足见整理工作的规模之大。

褚无量、马怀素先后去世后,右散骑常侍元行冲总领校书和编目的工作。开元九年(721),殷践猷、王惬、韦述、毋煚、刘彦真等重修成《群书四部录》200卷。自后毋煚又略为40卷,名为《古今书录》,凡著录图书3060部51852卷。开元十九年(731),玄宗幸东都集贤院观书,院内藏书已经有8万余卷,其中包括贞观及高宗时期奉诏缮写的书籍。从隋朝正御书3.7万卷到开元十九年(731)的8万余卷,百余年间增长了一倍多。开元二十三年(735),侍中裴耀卿入书库观书,出来后对人说:"圣上好文,书籍之盛事,自古未有。朝宰充使,学徒云集,观象设教,尽在是矣。"③史称"唐之藏书,开元最盛",信非虚语。

天宝十四年(755),盛世祸起。节度使安禄山从范阳起兵反唐,虎

---

① 刘昫等:《旧唐书》卷四十七《经籍志》,北京:中华书局,1975年,1962页。
② 欧阳修、宋祁:《新唐书》卷五十七《艺文志》,北京:中华书局,1975年,1422页。
③ 刘肃:《大唐新语》卷一《匡赞》,北京:中华书局,1984年,11页。

狼之军以破竹之势攻陷洛阳,接着西叩潼关,占领长安,唐王朝两都覆没,"乾元旧籍,亡散殆尽"①。自贞观以来图书建设的成果,毁于一旦。

安史之乱给唐王朝带来的破坏是无法估量的,图书事业遭到毁灭性打击。叛乱平定后,肃宗、代宗、德宗三朝努力重建国家的图书事业,屡诏购募,采取多种办法校写书籍。唐文宗时,"诏令搜访遗文,日令添写"的活动继续进行,终于在开成年间(836—840),官藏四部书达到了56476卷。《旧唐书·经籍志》记载,唐末之乱使国家藏书一再遭劫,黄巢起义军攻占两京,使秘书省12库藏书数量降至2万余卷;迁都洛阳,劫余书籍又丧其半,使后世之人,不得不面对"平时载籍,世莫得闻"的现实。②

五代时期,北方先后出现建都开封、洛阳的后梁、后唐、后晋、后汉、后周五代,共计历时54年。同时,南方则十国分治,为吴国、南唐、前蜀、后蜀、吴越、楚国、闽国、南汉、南平、北汉。五代十国小朝廷的气数短,在图书事业方面虽然也有所行动,如:沿袭唐代的馆阁制度、史馆修史、秘书监继续访求遗书、组织政府藏书,但是由于社会动荡,立国时间短,其藏书规模最大也就是数万卷而已。图书和编辑出版事业的复兴,有待新的统一政权——北宋王朝的建立。

第三节　国家的编校机构及其编纂活动

隋唐五代时期,政府系统设立了负责图书管理和编纂的专职机构,尤以唐代最为完备。唐代设秘书省,弘文馆隶属门下省,集贤院、

---

① 刘昫等:《旧唐书》卷四十七《经籍志》,北京:中华书局,1975年,1962页。
② 刘昫等:《旧唐书》卷四十七《经籍志》,北京:中华书局,1975年,1962页。

史馆隶属中书省。这些建制健全、职责分明的文化机构,会集了一时的文化精英,为唐代尤其是初唐、盛唐时期图书整理、编纂事业的繁荣发展,创造了良好的条件。

一、编校机构

1.秘书省

隋朝沿袭南北朝的制度,仍设秘书省,将其作为图书管理及编纂事业的职能机构。隋文帝时,秘书省设监、丞各1人,秘书郎4人,校书郎12人,正字4人,录事2人,下辖著作、太史二曹。著作曹,置著作郎2人,佐郎8人,校书郎、正字各2人。隋炀帝时,秘书监曾进行改革,主要内容为改名和调整编制、官阶。其间,朝廷增置儒林郎10人,掌明经待问;文林郎20人,掌撰录文史,检讨旧事;楷书郎20人,掌抄写御书。

唐代沿隋制,设秘书省,下辖著作局、太史局。设秘书监1人,掌经籍图书之事,领著作局;设少监2人,丞1人。高宗龙朔二年(662),改秘书省曰兰台,监曰太史,少监曰侍郎,丞曰大夫,秘书郎曰兰台郎。武后垂拱元年(685),秘书省改称麟台,睿宗太极元年(712)复名秘书省。

秘书省由秘书丞主持日常工作,丞下设秘书郎4人掌四部图籍,每部皆有三本:正本、副本、贮本;校书郎8人掌雠校典籍,刊正文章。另有典书4人,掌四库书的典藏,出纳图书,以及各类技术人员如楷书手、令史、书令史、熟纸匠、装潢匠、笔匠各若干人。著作局有著作郎2人,著作佐郎、校书郎、正字各2人。著作郎掌撰碑志、祝文、祭文,与佐郎分判局事。另有楷书手、书令史、书吏、掌固各若干人。著作郎、著作佐郎经常受命编纂大型图书文献。

李唐朝廷十分重视秘书监的人选,在唐初朝廷编纂书籍的高潮时期,只有学识渊博、名重一时的杰出人才,如魏徵、虞世南、颜师古、令狐德棻等才能荣膺此职。

2.弘文馆

弘文馆是封建帝王网罗文士以备顾问的处所,始设于魏晋南北朝。如曹魏的崇文馆,南朝宋、齐的总明馆,萧梁的士林馆,北齐的文林馆,其工作不外乎校理书籍,撰著史书,兼训生徒。唐代弘文馆始设于高祖武德四年(621),初名修文馆,位置在门下省旁边。唐太宗即位,在宫中弘文殿聚集四部书20余万卷,于是将修文馆移至殿之左侧,改称弘文馆,精选享有盛名的在朝学者虞世南、褚亮、姚思廉、欧阳询等,各以本官兼署学士。学士们轮流在馆宿值,太宗上朝听政之暇,经常召见他们,讲论经义,商略政事。

唐弘文馆的主要职责是详正图籍,教授生徒,并备顾问,参议国家大事。馆职设有大学士、学士、直学士、校书郎、令史、楷书手、典书、拓书手、笔匠、熟纸匠、装潢匠等。馆中学生的教授、考试,由学士负责,体制与国子学相仿。

贞观年间,唐太宗置太子学馆——崇文馆,其体制类似于弘文馆,设学士、直学士,员数不定。馆内有学生20人,校书郎、令史、典书、拓书手、书手、熟纸匠、装潢匠、笔匠各若干人。学士掌东宫经籍图书,以教授诸生;校书掌校理四库书籍。

3.集贤院

集贤院的设立始于唐玄宗开元五年(717)。当时褚无量、马怀素奉命在东都洛阳乾元殿整理内廷藏书,置乾元院使,辖刊正官、知书官各若干名,形成乾元殿书院。第二年易名丽正书院,扩大建制,增加人员,设修书使,弘文馆学士元行冲出任修书使,负责图书校理事务。开元十三年(725),玄宗在集贤殿赐宴群臣,诏改丽正书院为集贤殿书院,简称集贤院。院内五品以上为学士,六品以下为直学士。中书令张说为大学士,知院事,徐坚为副,贺知章等为学士,另有直学士、侍讲学士、修撰官各若干名。

集贤院分设在西京长安光顺门外和东都洛阳明福门外,此外尚有诸多分院,是唐代从事图书典藏、校理、搜访并编刊的最大机构,因此建制齐备。院中设学士4人,执掌刊辑古今典籍,并奉旨负责访求天下遗书和被忽视的贤才能吏。凡有贤士良策有利于治世、文士著述有益于风教者,都要命人负责"较其才艺,考其学术",一一调查清楚,以上奏朝廷。而承旨撰集文章、校理经籍则为常务。四学士与直学士十人、侍讲学士四人合称"十八学士",玄宗曾仿太宗凌烟阁《十八学士图》,画《开元十八学士图》,悬置东都上阳宫含象亭。代宗时,集贤学士常衮的《晚秋集贤院即事寄徐薛二侍郎》道出了院内充满书卷气的静穆景象:"穆穆上清居,沈沈中秘书。金铺深内殿,石甃净寒渠。花树台斜倚,空烟阁半虚。缥囊披锦绣,翠轴卷琼琚。墨润冰文茧,香销蠹字鱼。"①

二、编纂活动

隋唐时期,政府编纂机构的编纂活动十分活跃,类书和儒家经典的编辑校理工作卓有成效。尤其值得指出的是,唐玄宗开元年间,政书类典籍开始出现。在经历唐初近百年的建设发展后,唐王朝迎来了"开元盛世",其时,社会太平富足,天下无贵物,"东至宋、汴,西至岐州,夹路列店肆待客,酒馔丰溢。每店皆有驴赁客乘,倏忽数十里,谓之驿驴。南诣荆、襄,北至太原、范阳,西至蜀川、凉府,皆有店肆,以供商旅。远适数千里,不持寸刃"②。在这样社会安定、文化繁荣的时代,统治者对维系封建统治秩序至关重要的制度建设特别重视,

---

① 常衮:《集贤院即事诗》,见《全唐诗》卷二五四,北京:中华书局,1960年,2858页。
② 杜佑撰,王文锦等点校:《通典》卷七《食货七》,北京:中华书局,1988年,152页。

《大唐开元礼》《大唐六典》《政典》以及稍后的《通典》等政书的出现，就是这种思想在编纂活动中的体现。

1.编纂类书

隋唐是古代类书编纂的重要时期，在类书编纂史上产生过重大的影响。所编类书仅据见于记载的就可以开列一串书单：隋炀帝时的《长洲玉镜》《北堂书钞》，隋炀帝时仕为著作郎的诸葛颍所辑《玄门宝海》，隋著作佐郎杜公瞻奉敕编纂的《编珠》；唐初的《艺文类聚》《文思博要》《瑶山玉彩》《三教珠英》，唐玄宗时的《事类》《初学记》。其中大部分已经亡佚，今存者，欧阳询的《艺文类聚》、徐坚的《初学记》和白居易的《白氏六帖事类集》，合谓唐代三大类书。又有人将上述三大类书与虞世南隋世所编的《北堂书钞》并称为唐代四大类书。这里择要简介其中的三种。

《北堂书钞》，虞世南辑。虞世南（558—638），字伯施，越州余姚（今属浙江）人，唐太宗时任著作郎兼弘文馆学士、秘书监。北堂，隋秘书省的后堂。虞世南在隋炀帝大业时仕为秘书郎，当时隋秘书省后堂云集国家藏书，虞世南将堂中群书广为辑录，抄纂汇成一编，因取名《北堂书钞》。据《隋唐志》的著录，原书173卷，今本160卷，分为18部851类，全书主要摘录经史百家的故事典语，以供人临文寻检之用。

虞世南在隋世曾奉诏参与编纂类书《长洲玉镜》。《北堂书钞》并非奉命官修之书，但因为它是辑者在秘书郎任内利用官藏图书编辑而成的，而且是现存最早的类书，其对后世的类书编纂和古籍辑佚整理工作具有重要影响，故于此拈出特加介绍。

《艺文类聚》，唐高祖武德五年（622），弘文馆学士欧阳询、秘书丞令狐德棻等奉诏编修，武德七年（624）成书。全书100卷，分为46部727类。其部类，基本包含了《北堂书钞》的19部，其中11部的名目完全相同，两书在编纂分类上的沿袭和革新之迹十分清楚。《艺文类聚》是迄今为止保存基本完好的唐初类书,当初编纂时所采用的1400多部古书,现存不及百分之十,故其在古籍校勘、辑佚方面,具有其他书籍不可替代的重要作用。

《初学记》,唐玄宗时集贤院学士徐坚等奉命编纂。唐玄宗编辑该书的目的是帮助皇子们读书检事和揣摩范文,因而要求"撰集要事并要文,以类相从,务取省便,令儿子等易见成就"①。因此该书以"初学"命名。全书30卷,共分23部312类。与其他类书相比,《初学记》在分部取类上并没有十分突出的地方,但是在编辑上颇有长处。一般类书,在处理汇集的材料时,只是把事类逐条抄列出来,至于条与条之间是否有关联,或者是否应该去追求这种关联,并不去做编辑上的考虑,那么它的用途就仅在于供人查检。而徐坚他们正是通过精心的编辑去追求这种关联,创造了自己的特色。《初学记》的每一个类目中,都分叙事、事对、诗文三个项目,其中叙事部分,对收录的类事进行组改,使各条类事连贯起来,成为一篇对类目标题具有说明阐述意义的文章,也就是说具有知识性。胡道静先生认为这种编辑方式"更近似现代百科全书的作法"。

2.首创政书体制

政书是一种典志体史书,专记历代典章制度的沿革。所谓典章制度,是指古代在社会政治、经济、文化等方面制定的法规章程,在维系封建秩序方面发挥着重要作用。典章制度名目繁多,诸如礼乐兵刑、官爵秩禄、食货漕运、田赋贡税、科举学校、天文律令等。历朝统治者为巩固自己的政权,对典章制度总是大体承袭,局部更改,长期以来形成了一个庞大的体系。两汉纪传体史书《史记》《汉书》中的"书""志",就是记载典章制度因袭沿革情况的专志。但是汉魏以来,纪传体史书有书志内容的很少,而且自《汉书》以后多为断代史,书志

---

① 刘肃:《大唐新语》卷九《著述第十九》,北京:中华书局,1984年,137页。

内容相互不能衔接,因此有关典章制度和社会经济变化发展中的历史轨迹不清晰,其间,继承创新的关系难以凸现。

开元十年(722),唐玄宗诏令中书舍人陆坚纂修《六典》,并亲自将其名目确定为理典、教典、礼典、政典、刑典、事典,编例上要求以类相从。纂修工作由几任宰相兼集贤院院事张说、萧嵩、张九龄、李林甫递相领衔主持,集贤院学士毋煚、余钦、韦述、陆善经、苑咸等人参与纂修,至开元二十七年(739)撰成,名曰《唐六典》,凡30卷。玄宗原意是按照《周礼》六典之例,编纂一部反映唐代六官的典志之书。由于唐代官制与《周礼》六官之制迥异,最后修改编例,以开元间现行职官制度为纲,以注文形式追述历代沿革源流,说明设官分职的意义和内涵,成为一部全面记述唐代官制的典志类职官专书。

《唐六典》对后世产生了重要影响,北宋曾巩有《乞赐唐六典状》,文中说道:"岂不以其官仪品式去今未远,而行于今者尚多,将使学士大夫得而求之。其于就列,皆知其任;其于治体,开益至多……臣备数内阁,以文学为职,宜略知典故,不可以衰退驽钝,怠惰苟止,故敢昧冒以请。伏望圣慈,依例赐臣一部。"[①]北宋元丰三年(1080),神宗在禁中雕版印行《唐六典》,并以新雕印本颁赐近臣及馆阁。

与《唐六典》的纂修几乎同时,由集贤院学士萧嵩监修的《大唐开元礼》亦开始编纂。全书编纂历时6年,至开元二十年(732)修成,凡150卷,首为序例,正文分为吉礼、宾礼、军礼、嘉礼、凶礼五门,斟酌贞观、显庆旧制,全面详细地记载了唐代的礼仪制度。贞元中,科举科目增加开元礼,即以此书设科取士。《通典》《新唐书·礼乐志》《旧唐书·礼仪志》皆取材于该书,而内容多所未备,终不及原书赅洽。北宋建国之初,御史中丞刘温叟等受命编撰《开宝通礼》,就是依据《大唐开元礼》损益而成。

---

① 曾巩撰,陈杏珍、晁继周点校:《曾巩集》卷三十四,北京:中华书局,1998年,487页。

《通典》200卷,唐杜佑编撰,记载了上古至唐天宝年间典章制度的沿革和肃宗、代宗时代的有关史事,在注内间有附载。作为一部具有开创意义的典志体通史,《通典》在编辑方法如体裁、取材、编次各方面都体现出自己的特色,尤其重要的是,杜佑通过编辑手段,宣示自己的编辑意图,表明体例创新背后的指导思想,以正确引导世人使用。

杜佑以为,典章制度不仅仅在于官制,新著必须扩大范围。另外,历朝以来,随着社会的发展,在逐渐建立的众多典章制度中,官制并非始终处于轴心,需要通过新著的编次来表明自己对这一问题的观点。杜佑认为,国家的经济政策、选举官员的制度和政府机构的设置对国家政权的巩固具有举足轻重的作用,故编次上以食货、选举和职官三门为先。而将食货、选举二门放在首要位置,体现了杜佑以解决财政经济问题为本的政治卓识,这与他长期掌管政府经济财政、怀佩朝廷相印的政治阅历有关。

南宋郑樵的《通志》和元初马端临的《文献通考》,与杜佑《通典》合称"三通",前二者虽然在内容方面有所开拓,增加了不少新的门类,但是在编次上,都没有继承《通典》从治国施政的角度安排门类前后次序的做法。

从《通典》八门的内容来看,只有"选举""边防"两门是杜佑根据当时国家政治的实际情况增设的,其他基本上都能在正史书志中见到其名目。但是史志存在局限当代、原委不明的缺陷,故杜佑采取通史体制,对史志内容进行综括熔裁,并通过编辑手段区分各门类制度在现实政治中的重要程度,使全书呈现崭新的面貌,成为一部总结性的开创之作。

3.地志的发展

自班固创《汉书·地理志》以来,古代地理记志类著述层出不穷。隋唐时期,这类著述的编纂出现两个特点:一是地图与地志合刊并行,二是出现地理总志的新体式。

地图在我国古代出现较早,荆轲刺秦王以献燕国督亢地图为掩饰,说明地图在战国时期已经十分流行。汉以来,地图的制作受到重视。西晋司空裴秀编绘《禹贡地域图》18 篇,并总结出"制图六体"的理论,古代地图编绘技术进入基本成熟的阶段,此后,开始出现图经、图记一类的地理著述。隋大业年间,炀帝诏令天下各郡县,整理好当地风俗、物产、地图,集中于尚书省,由朝廷组织综合编纂成《诸郡物产土俗记》131 卷、《区宇图志》129 卷、《诸州图经集》100 卷。图志开始合一而行,其基本编纂形式是各门类卷首冠图,图的形式和内容随文字记载内容的不同而相应变化。如《区宇图志》,《太平御览》卷六〇二引《隋大业拾遗》曰:"卷头有图,别造新样,纸卷长二尺。叙山川则卷首有山水图,叙郡国则卷首有郭邑图,叙城隍则卷首有公馆图。其图上山水城邑题书字极细。"[①]

地理总志是出现在唐代的一种属于地记的著述体式,它遵循正史地理志以一朝疆域为范围、以州郡府县为纲目的体例,详建置沿革,述山川形势,记风俗物产,在内容上通常比正史地理志更为丰富、详尽。唐太宗第四子魏王李泰所撰《括地志》50 卷是唐修第一部地理总志,有志无图,今传辑本仅 8 卷。现存最早的地理总志为中唐李吉甫编撰的《元和郡县图志》。

李吉甫(758—814),字弘宪,赵州赞皇(今属河北)人,在宪宗时二度为相,是晚唐统治集团中较有政治远见的人物。他认为:"成当今之务,树将来之势,则莫若版图地理之为切。"所以他决心要编纂一部可供帝王"审户口之丰耗""辨州域之疆理"[②]的切用的地志。《元和郡县图志》就是这一决心的成果,全书 40 卷,目录 2 卷,以记唐元和年间疆域政区为主,兼及自然地理、经济地理和人口地理的内容,有 47

---

① 李昉编纂,夏剑钦等校点:《太平御览》卷六〇二《文部十八·著书》(下),石家庄:河北教育出版社,1994 年,第 5 册,738 页。
② 李吉甫撰,贺次君点校:《元和郡县图志》,北京:中华书局,1983 年,2 页。

镇图,分别冠于各镇叙事之前。在体例上,《元和郡县图志》于府州下附载"府境""州境"两项内容,分别记述该府州东南西北四向各若干里的界线和至京师长安、东都洛阳以及邻近各州的里距,前者称为"四至",后者称为"八到"。《元和郡县图志》又在府州下创立"贡赋"一项,专记各地进贡物产的品种和数量。这些做法均为后世所沿用,成为地志编纂上的常例。

今存唐人的游历诗文碑记中,所记风物传说,多出自当地地志图经,如韩愈《将至韶州先寄张端公使君借图经》:"曲江山水闻来久,恐不知名访倍难。愿借图经将入界,每逢佳处便开看。"①齐己《怀武陵因寄幕中韩先辈何从事》:"武陵嘉致迹多幽,每见图经恨白头。"由此可知地志图经在唐代已有广泛的阅读群体。

第四节　修史制度与朝廷对图书阅读的控制

隋唐时期,中央集权政治在图书编纂、阅读方面的反映,就是严禁私人修史、设置史馆,确立官修史书由宰相及其他大臣监修的制度,以确保朝廷对修史活动和思想传播的控制。

一、史馆制度

武德四年(621),起居舍人令狐德棻向唐高祖李渊建议说:"近代以来,多无正史,梁、陈及齐,犹有文籍。至周、隋遭大业离乱,多有遗

---

① 韩愈:《将至韶州先寄张端公使君借图经》,见钱仲联集释《韩昌黎诗系年集释》卷十二,上海:上海古籍出版社,1984年,1179页。

阙。当今耳目犹接,尚有可凭,如更十数年后,恐事迹湮没……如文史不存,何以贻鉴千古？如臣愚见,并请修之。"①次年,朝廷诏修南北历朝史：中书令萧瑀、著作郎殷闻礼等修魏史,秘书丞令狐德棻等修周史,中书令封德彝等修隋史,大理寺卿崔善为等修梁史,前秘书丞魏徵等修齐史,秘书监窦琎等修陈史。历时数年,未见成书。

贞观三年(629),朝廷于中书省置秘书内省,专职撰修五代史,另设史馆于门下省,开我国设馆修史之先例。《新唐书·百官志》记载,史馆初以他官兼领,设修撰四人,掌修国史,由宰相或其他大臣监修国史。另外由品位较高的官员兼修撰,而地位较低但确有才华者也可以参加撰史,称"直史馆"。开元二十年(732),李林甫以宰相的身份监修国史,提出史官记事隶属门下省有诸多不便的意见。于是经谏议大夫、史馆修撰尹愔奏请,史馆由门下省迁隶中书省。天宝以后,以其他官职到史馆兼史职者被称为史馆修撰,初入为直馆。宪宗元和六年(811),宰相裴垍建议：登朝官领史职者为修撰,以官高一人判馆事；未登朝官皆为直馆。宣宗大中八年(854),废史馆直馆二员,增修撰四人,分掌四季。

史馆的主要职责是受命编修前代史书和本朝国史、典志等。"史官掌修国史,不虚美,不隐恶,直书其事。凡天地日月之祥,山川封域之分,昭穆继代之序,礼乐师旅之事,诛赏废兴之政,皆本于《起居注》以为《实录》,然后立编年之体,为褒贬焉。既终藏之于府。"②《唐六典》卷九中的这段记载,十分完整地叙述了史馆的职责。为了保证史馆圆满完成国史的编修任务,朝廷还制定了诸司应送史馆事例,规定各政府职能部门向史馆录送材料的内容和方式。

史馆另设有令史、楷书、写国史楷书、楷书手、典书、亭长、掌固、

---

① 令狐德棻：《请修近史奏》,见董诰等《全唐文》卷一三七,北京：中华书局,1983年,1368页。
② 李林甫等撰,陈仲夫点校：《唐六典》卷九《史馆》,北京：中华书局,1992年,281页。

熟纸匠等职位,以一揽子承担撰写以外的其他辅助工作。

二、编修史书

隋朝开皇初,文帝杨坚命著作郎魏澹与颜之推、辛得元等重修《魏书》,开始了隋唐时期官修史书的进程。唐初,由于监督不力,修史不见成效。贞观三年(629),朝廷设立秘书内省组织撰修前朝史书,诏令狐德棻、岑文本撰《周书》,孔颖达、许敬宗撰《隋书》,姚思廉撰《梁书》《陈书》,李百药撰《北齐书》。至贞观十年(636),上述五代史的帝纪、列传部分同时完成。秘书监魏徵受诏对五代史统加撰定,《隋书》的序论,《梁书》《陈书》《北齐书》各史的总论皆出自魏徵之手,时有良史之称。

《隋书》与先期完成的其他四部史书一样,都是只有纪传,没有表志。贞观十五年(641),太宗复命左仆射于志宁、太史令李淳风等修撰志书。高宗显庆元年(656),由监修人长孙无忌领衔奏进,凡10志30卷:《礼仪》7卷,《音乐》3卷,《律历》3卷,《天文》3卷,《五行》2卷,《食货》1卷,《刑法》1卷,《百官》3卷,《地理》3卷,《经籍》4卷。10志叙述的范围包括梁、陈、北齐、北周、隋五个朝代,而《经籍志》更是广泛收集了东汉以来书籍流传情况的大量资料,是《汉书·艺文志》以来,完整保存至今的最古老的史志书目,广受史家好评。10志完成之时,五代史流传已久,所以曾以《五代史志》为名单行。后其在与五部史书合编时,附在《隋书》之后,因此人们习惯将其称为《隋书志》。

与编修五代史志基本同时,太宗下诏撰修《晋书》,由司空房玄龄、中书令褚遂良等主修。同修18人中,令狐德棻负责制定编纂体例,所起的作用最为重要,故《晋书》完成后,得以迁除秘书少监。

《晋书》凡帝纪10卷,志20卷,列传70卷,载记30卷,记两晋历史,兼述北方十六国割据政权的兴亡。相传其中宣帝司马懿、武帝司马炎二篇本纪和陆机、王羲之二篇列传的"论",都出自唐太宗御笔,所以《晋书》旧题"太宗御撰"。

在隋唐五代时期完成的9部正史中,8部编修于太宗贞观年间,唯《旧唐书》的编纂是在五代后晋天福六年(941)。

唐代史馆,除了奉诏编修前代正史外,还有一个重要的任务,就是修纂国史。史官不仅同时承担编修前代史和国史的任务,如李延寿贞观中,以崇贤馆学士受诏与著作佐郎敬播同修《五代史志》,还兼直国史,撰《太宗政典》30卷。另外,大臣通常也同时监修前代史和国史。如令狐德棻在高宗永徽年间,官拜礼部侍郎,兼弘文馆学士,同时监修国史及《五代史志》,曾撰《高宗实录》30卷,并因此进爵为公。史称其"国家凡有修撰,无不参预"[①]。

国史的修撰,在唐代始终受到朝廷的重视,成为史馆的要职。唐宪宗李纯继位之初,读先朝皇帝实录,得知贞观、开元的盛世故事,竦慕不能释卷,"顾谓丞相曰:'太宗之创业如此,玄宗之致理如此,既览国史,乃知万倍不如先圣。当先圣之代,犹须宰执臣僚同心辅助,岂朕今日独能为理哉!'自是延英议政,昼漏率下五六刻方退"[②]。

朝廷给予编修国史的史官的待遇十分优渥,房玄龄监修国史,以撰《高祖实录》《太宗实录》成,降玺书褒美,赐物一千五百段。高宗永徽年间,起居郎顾胤兼修国史,撰成《太宗实录》20卷,以功加朝散大夫,授弘文馆学士,复以撰成武德、贞观两朝国史80卷之功加朝请大夫,封余杭县男,赐帛五百段。唐文宗大和四年(830),监修国史、中书侍郎路随进所撰《宪宗实录》40卷,优诏答之,赐史官等五人锦绣银

---

① 刘昫等:《旧唐书》卷七十三《令狐德棻传》,北京:中华书局,1975年,922—923页。
② 刘昫等:《旧唐书》卷十五《宪宗下》,北京:中华书局,1975年,472页。

器有差。唐武宗会昌三年(843),宰相监修国史李绅、史馆修撰判馆事郑亚进重修《宪宗实录》40卷,颁赐有差。

在古代的史书编纂史上,唐代确立史馆制度,并依靠这一体制编修了大量重要的史籍,对后世的史书编撰活动产生了重要的影响。

三、禁书

大一统是隋唐五代时期主要的时代特征,为了适应中央集权政治的需要,隋唐统治者十分重视有关图书的搜集整理和编辑出版,有意识地强化对图书编辑出版和传播的管理和控制。

隋开皇十三年(593)早春,文帝杨坚下诏,严令"私家不得隐藏纬候、图谶"①。谶纬之书多藏于民间,仅一纸禁令,一时难以禁绝。所以,炀帝杨广继位后,采取了具体的查禁办法,就是派使者四处搜访,规定凡内容涉及谶纬的书籍,都要交出,违者一经查实,窝藏者将被处死。在这样严厉的查禁政策下,确实没有人敢为谶纬之书而冒生命危险。谶纬类图书很快濒临灭绝,唐初魏徵等编纂的《隋书·经籍志》只著录了13部谶纬图书,足以说明隋朝禁绝谶纬之书的力度。

隋文帝在诏禁谶纬之书后仅三个月,又下诏禁止私撰国史。《隋书·文帝本纪》记载:隋文帝开皇十三年(593)五月,"诏人间有撰集国史、臧否人物者,皆令禁绝"②。所谓国史,就是当代史;所谓"臧否人物",就是评论当代统治集团中的帝王大臣。然而历史上并没有留下关于这次禁止私撰史书举措施行情况的记载,只有一则关于著作佐郎王劭私撰《齐书》获免的记录。《隋书·王劭传》载:"高祖受禅,(劭)授著作佐郎。以母忧去职,在家著《齐书》。时制禁私撰史,为内

---

① 魏徵、令狐德棻:《隋书》卷二《高祖纪》,北京:中华书局,1973年,38页。
② 魏徵、令狐德棻:《隋书》卷二《高祖纪》,北京:中华书局,1973年,38页。

史侍郎李元操所奏。上怒,遣使收其书,览而悦之。于是起为员外散骑侍郎,修起居注。"①揆其原因,或许《齐书》并非国史,但是这种情况的出现,至少说明禁绝私撰国史的举措并不严厉。尽管这样,文帝的这一纸禁令,还是对后世产生了很大影响。自此以后,修史皆由朝廷官方主持。唐初,就正式确立了官修正史的制度,并以宰相大臣监修。史书,尤其是国史的编修,完全处于封建统治者的严格控制之下。这一制度能够确保统治者的思想在史书编纂中得到体现,所以成为后世历代政府修史的定制和传统。

唐代发生在文化领域的禁书活动似乎不多,只有在太宗贞观年间禁毁一部仅有14页的图谶类小册子《三皇经》。但是在当时制定的《唐律》中列入了有关禁书的条款,如《职制》类第20款:"诸玄象器物,天文,图书,谶书,兵书,七曜历,太一、雷公式,私家不得有,违者徒二年。其纬、候及《论语谶》,不在禁限。"②根据高宗永徽四年(653)颁行的《唐律疏议》的注解,其中图书是指《河图》《洛书》一类其实也属于谶纬的书籍,太一、雷公式属于占卜之书,七曜历是一种受西方七曜占候术影响而产生的不同于官历的历书。又《盗贼》类第8款:"诸造妖书妖言者,绞。传用以惑众者,亦如之。"根据《唐律疏议》的解释,所谓"造妖书妖言"是指炮制鼓吹怪力的图书,制造谎称鬼神的话语。所谓"传用以惑众",是指传播妖言、使用妖书,并以此鼓动了三人以上者。

不难看出,《唐律》关于禁书的条款,重在严惩当代造妖书妖言以及传用以惑众者,对于古代早已明文禁止过的天文、图书、谶书、兵书之类,只是对违法私藏者处以轻罚。唐朝政府对于维护思想文化领域秩序的态度是坚决的,控制图书编辑和传播活动的措施是严厉的。

雕版印刷术发明后,首先在民间用于刻印社会需求量较大的历

---

① 魏徵、令狐德棻:《隋书》卷六十九《王劭传》,北京:中华书局,1973年,1601页。
② 长孙无忌等撰,刘俊文点校:《唐律疏议》卷九《私有玄象器物》条,北京:中华书局,1983年,196页。

书。由于民间出版者为了赶在国家新历颁行前出版,难免印制粗糙,存在错漏,与官历相违,因此民间私印历书的举动,在唐文宗大和九年(835)遭到禁止。到五代后周广顺三年(953),这道禁令被改为"候朝廷颁行后,方许私雕印传写"。

由于雕版印刷品在复制和传播方面具有抄写无法比拟的优势,因而引发统治者更高的警惕,统治者在管理方面则会更加细密,控制措施的力度也相应增强。这一点,到了雕版印刷活动空前繁荣的两宋时期,就十分明显地表现出来了。

第二章 四部目录中的知识体系与社会阅读的发展

隋唐两朝大一统事业的宏伟气势为思想文化领域的繁荣奠定了基础,造就了贞观和开元、天宝两个文化建设和知识传播最为辉煌的时期,品种和数量都达到了先秦以来最高点的图书典籍就是最为集中、最为典型的标志物之一。

自秘书监牛弘奏请朝廷购求天下遗书开始,隋唐朝廷多次大规模整理国家藏书,多种反映藏书之盛的系统目录随之先后问世。唐初的《隋书·经籍志》著录隋朝的藏书3127部、36708卷,盛唐的《古今书录》著录开元年间的藏书3060部、51852卷,而开元后的唐人著述,据欧阳修《新唐书·艺文志》的补录,达到28469卷。与《汉书·艺文志》著录的汉代藏书596家、13269卷相比,隋唐时期图书的品种、政府的收藏量和社会的流通量都是空前的,生动、真实地展现出隋唐文化尤其是盛唐文化的博大精深。

中国古代图书分类编目的原则是依书设类,从《汉书·艺文志》的六分法,经魏晋、南朝的四分法,到《隋书·经籍志》最终确定经史子集四部名目,我国已经基本建立起适应古代图书的内容揭示以及收藏和流通需求的分类体系。以《隋书·经籍志》为代表的隋唐系统目录,将数万卷图书有序归为四部40类,构架起由书籍承载的文化知识体系,同时通过部类的大小序叙述学术源流,使读者能够"览录而知旨,观目而悉词,经坟之精术尽探,贤哲之睿思咸识"①。这种反映文化知识体系、指示治学门径的功用,使得利用目录探求学海崖略成为读书治学的一种传统方法。

隋唐政府整理图书,或劫后重建政府藏书,无不先从民间搜访开始,广求士庶家藏,有偿借录副本。民间藏书的丰富和历久不衰,正得力于士庶民众阅读热潮的推动,是社会阅读空前繁荣的体现。20世纪初,敦煌唐代抄本的大量发现,为今天研究隋唐时期的社会阅读状况提供了极其宝贵的历史实录。

第一节 系统目录与社会阅读

隋唐时期先后完成反映国家藏书的官修系统目录有三部:《隋大业正御书目录》9卷、《开元群书四部录》200卷、《古今书录》40卷。炀帝大业年间,秘书监柳顾言等受命从隋西京嘉则殿的37万卷藏书中,"除去重复猥杂",选出37000余卷,编成《隋大业正御书目录》。唐代的藏书,以玄宗开元年间为最盛时期。开元九年(721)十一月,元行冲奏上殷践猷等纂修的《开元群书四部录》,著录当时国家藏书2655部,48169卷。开元十三年(725),朝廷建立具有国家图书馆性质的集贤书院,先后参与《群书四部录》《唐六典》编纂工作的目录学家毋煚出任集贤院直学士,继续从事图书目录的整理工作。他根据集贤院

---

① 毋煚:《古今书录序》,见刘昫等《旧唐书》卷四十六《经籍志序》,北京:中华书局,1975年,1965页。

的藏书,对《群书四部录》进行补正和精简,编成《古今书录》,著录图书3060部,51852卷。殷、毋等撰集目录,依班固《艺文志》体例,诸书随部皆有小序,发明旨意。

宋以后,随着新的官修系统目录《崇文总目》的出现,隋唐的三部目录先后散佚。值得称幸的是,唐宋编修的三部史志目录《隋书·经籍志》《旧唐书·经籍志》与《新唐书·艺文志》,正是主要依据《隋大业正御书目录》和《古今书录》编撰的,尤其是《旧唐书·经籍志》,虽然删去序录,但完全转录《古今书录》对51852卷图书部帙的著录,而欧阳修的《新唐书·艺文志》更是补录了开元后的唐人著述,这对从阅读史的角度考察隋唐目录建构的文化知识体系及其对社会阅读的影响,是十分有用的。所以,今天探讨研究三部史志书目提供的信息,是完全可以征信的。

一、书目中的文化知识体系

《隋书·经籍志》(以下简称《隋志》)是中国中古后期最为重要的一部史志目录,其分类体系承上启下,为国家后世藏书目录所遵循沿用,影响至大。

《隋志》采用四部分类法,经史子集四部复分40大类,其具体类名及定义如下:

> 甲部为经,其类有十:一曰《易》,以纪阴阳变化;二曰《书》,以纪帝王遗范;三曰《诗》,以纪兴衰诵叹;四曰《礼》,以纪文物体制;五曰《乐》,以纪声容律度;六曰《春秋》,以纪行事褒贬;七曰《孝经》,以纪天经地义;八曰《论语》,以纪先圣微言;九曰图纬,以纪六经谶候;十曰小学,以纪字体声韵。

乙部为史，其类一十有三：一曰正史，以纪纪传表志；二曰古史，以纪编年系事；三曰杂史，以纪异体杂记；四曰霸史，以纪伪朝国史；五曰起居注，以纪人君动止；六曰旧事，以纪朝廷政令；七曰职官，以纪班叙品秩；八曰仪注，以纪吉凶行事；九曰刑法，以纪律令格式；十曰杂传，以纪先贤人物；十一曰地理，以纪山川郡国；十二曰谱系，以纪氏族继序；十三曰略录，以纪史策条目。

景部为子，其类一十有四：一曰儒家，以纪仁义教化；二曰道家，以纪清静无为；三曰法家，以纪刑法典制；四曰名家，以纪循名责实；五曰墨家，以纪强本节用；六曰纵横家，以纪辩说诡诈；七曰杂家，以纪兼叙众说；八曰农家，以纪播植种艺；九曰小说家，以纪刍辞舆诵；十曰兵法，以纪权谋制变；十一曰天文，以纪星辰象纬；十二曰历数，以纪推步气朔；十三曰五行，以纪卜筮占候；十四曰医方，以纪药饵针灸。

丁部为集，其类有三：一曰楚词，以纪骚人怨刺；二曰别集，以纪词赋杂论；三曰总集，以纪类分文章。①

这一分类体系，在一级部类上，沿用东晋李充《晋元帝四部书目》的四部分类体制，而将名目甲乙丙丁更定为经史子集。其二级大类，则主要依据时代更近的梁代阮孝绪《七录》设定。半个多世纪后，《开元群书四部录》完全沿用《隋志》的分类体系组织编目，正如毋煚所不满的"所分书类，皆据《隋经籍志》"。但是，尽管毋煚对新目沿用《隋志》有所保留，自己的《古今书录》也仅仅在经部增设经解、训诂，子部增设类事、杂艺术，分医方为经脉、医术，凡增易五类。这种变化有着半个世纪以来图书品种创新的因素，但其基本的结构组织还是出自《隋志》，这说明《隋志》的分类体系是符合隋唐图书的生产和传播实

---

① 李林甫等撰，陈仲夫点校：《唐六典》卷十《秘书省》，北京：中华书局，1992年，299页。

际的。

图书是古代社会文化知识主要的记录载体和传播媒介,所以依书设类的图书分类体系,实际上就是社会文化知识体系的直观反映。一般来说,图书的生产并不是一个完全自然、无序的过程,广大作者虽然身份、地位、阅历以及生活地域、职务是千差万别的,但是他们的著述意图在很大程度上都要受到政府政策导向和社会发展需求的影响和制约。在封建时代,政府政策导向对图书生产的影响和作用要远大于社会发展的需求。反映在图书分类上,如图书部类的名目、种类数量的多寡、位置的前后,都会体现这种影响,而它们正是时代政治观念、思想文化风貌以及社会传播和阅读概况的真实体现。

从分类体系看,《隋志》具有三大特点,即崇经、重史、轻技。

崇经。以五经为代表的儒家经典,在西汉刘向、刘歆父子的系统目录《别录》《七略》中,被冠以"六艺"之名。刘宋末,秘书丞王俭撰《七志》,以为"六艺"之名不足以标榜经目,就是说声势不够大,于是易名"经典"。身处大一统事业如日中天的贞观年间,《隋志》的主持者魏徵对儒家经典于国家政权重要性的认识,自然要远超南朝的史官们。他在《隋志·总序》中总结说:"夫仁义礼智,所以治国也,方技数术,所以治身也;诸子为经籍之鼓吹,文章乃政化之黼黻,皆为治之具也。"这看似对四部图书一视同仁,但其实强调的是经部典籍,所谓治身、鼓吹、黼黻,无非是要论证宣扬"仁义礼智"的儒家经典是治国之根本,"学之者将殖焉,不学者将落焉。大业崇之,则成钦明之德,匹夫克念,则有王公之重"[①]。《隋志》编撰之时,贞观八年(634),太宗诏加进士试策以外试读经史一部的新法正逐渐显现出社会影响。官修目录的大力宣扬和科举的杠杆之力,彰显出朝廷崇经的决心,使儒家经典成为士庶阅读和官私教育的首选。

---

① 魏徵、令狐德棻:《隋书》卷三十二《经籍志》,北京:中华书局,1973年,903页。

重史。史籍出于史官,中国的史官制度可以追溯到殷商时代,具有悠久的历史和优良的传统。"史官既立,经籍于是兴焉",在《隋志》看来,史籍也是经籍,因为"记言书事"的史籍作为国家之典,"不虚美,不隐恶",能为当朝统治者提供治国施政的历史经验和教训。贞观年间,正是唐太宗和大臣勤读史书,从中检讨隋朝早亡的原因,探求唐朝长治久安之策的时期,并由此形成"以史为鉴"的阅读理念。《隋志》的重史,正是当时朝廷上下弥漫读史议政之风这种政治现实的体现,这与贞观五年(631),时任秘书监的魏徵奉敕编撰《群书政要》,以备太宗观览前朝得失的做法以及朝廷组织的大规模修史活动,在思想取向上是完全一致的。唐朝文化典籍的增长,正是以史籍为最。《新唐书·艺文志》所增唐人著述,史部以12327卷雄踞榜首,较位居第二的集部,数量上整整多出一倍。从这个意义上可以说,《隋志》提升了史籍在文化知识体系中的地位,与此后200多年间文化典籍的生产和阅读传播中史籍始终名列前茅的现实情况是高度吻合的。

轻技。古代图书四分法与六分法最大的区别在于四分法将方技、术数并入诸子,合为子部,位列第三。中国古代记录科技思想和技术成果的图书,大多分列其中。但是《隋志》对这部分品种丰富、卷帙浩繁的图书,在分类著录上并不如经史那样精心,不但分类粗疏,而且多见误入。如《产乳书》《产经》《推产妇何时产法》《杂产书》《产图》《杂产图》等当归医方,却列于五行;又如《疗马方》《治马经》《伯乐治马杂病经》等宜入农家,却置之医方。清代姚振宗在《〈隋书·经籍志〉考证》中有这样的评价:"子部五行、医家之后半篇,收载最多,紊如乱丝,为全书之疵累。"《隋志》轻技倾向的表现不仅在此,更为要紧的是在类序上。如在历数的类序中,没有述及以汉代《九章算术》为代表的古代数学成就;天文的类序中,同样疏忽了对以张衡《灵宪》为代表的古代天文学成就的评价。这说明分类体系中对这类图书的定位明显落后于文化典籍的知识内容和作者思想,显示了科技典籍在社会文化知识体系中地位的下降。具有指导阅读传播导向功能的官修目录,在"夫仁义礼智,所以治国也""方技数术,所以治身也"①这样轻技的倾向下,推广阅读科技书籍的积极作用基本丧失了。

二、书目的阅读指导功能

中国古代的图书目录有一个辉煌的起点,那就是西汉刘向、刘歆父子的系统目录《别录》《七略》创立的体制:分类、著录以外,还通过图书的解题和部类的叙录,揭示其学术价值,梳理其学术源流,从而发挥其指导社会阅读的作用。《隋志》在体制上有部类叙录而无图书解题,《古今书录》则两者皆有,但是《旧唐书·经籍志》在转录时因其"卷轴繁多"而并删去。尽管如此,我们还是可以通过分析,看到这些书目在指导社会阅读方面的作用。

首先,《隋志》通过部类的叙录,对时代的学术风尚、部类图书的学术源流等进行梳理、揭示。如《经部序》称,经学由于"后汉好图谶,晋世重玄言,穿凿妄作,日以滋生",流风影响,以至近代"去正转疏,无复师资之法。学不心解,专以浮华相尚,豫造杂难,拟为儁对",警示学者注意规避"驰骋烦言,以紊彝叙,饶饶成俗,而不知变"的治学弊端。《集部序》对六朝艳丽浮靡的诗风进行了抨击,萧梁因为其风"流宕不已,讫于丧亡"。其中明显寓寄着编撰者的思想学术评判。《杂史类小序》指出,自后汉以来,学者多抄撮旧史,自为一书,起讫各异,体制不经。又有委巷之说,迂怪妄诞,真虚莫测。"然其大抵皆帝王之事,通人君子,必博采广览,以酌其要。"②其在评判之中又含有指导阅读利用的意味。

---

① 魏徵、令狐德棻:《隋书》卷三十二《经籍志》,北京:中华书局,1973年,909页。
② 魏徵、令狐德棻:《隋书》卷三十三《经籍志》,北京:中华书局,1973年,962页。

《隋志》的这种揭示评判的方式,早在《汉书·艺文志》之中就可以看到,这本是古代目录学的优良传统,也就是清代学者章学诚所归纳的"辨章学术,考镜源流"。应该指出的是,这种学术评判是带有思想倾向的。《隋志总序》最后有这么几句话:"其旧录所取,文义浅俗,无益教理者,并删去之。其旧录所遗,辞义可采,有所弘益者,咸附入之。"这就是说,《隋志》编目时,对所依据的《隋大业正御本书目》著录和淘汰的图书进行了甄别,已经著录但"文义浅俗,无益教理者",全部删去;反之,已经被淘汰但"辞义可采,有所弘益"者,则一并采入。其甄别标准,自然是由《隋志》编录者从官方思想文化立场出发确定的。由此可见官修目录宣扬朝廷官方的思想文化观念,突出阅读导向的意图和方针,早在编目之前,选择编录图书之时就已经开始贯彻实施了。

其次,书目全方位揭示了图书的基本信息,尤其是新品种的生产流传状况,读者可以从中了解概貌,选择阅读。唐代立国近300年间,作者辈出,著述林立,《旧唐书·经籍志》《新唐书·艺文志》对此做了全面记载。经检索,我们会发现其中很多是各类与指导阅读有关的注释本和指要本,如《新唐书·艺文志》中新增的唐人著述,《孝经》类所增六家,就有尹知章、孔颖达、王元感三家注疏及李嗣真的《指要》。子部道家类中有唐玄宗、李轨、李播、卢藏用、尹知章、陆德明、孙思邈等14家《老子》注本。其他如韩愈的《论语注》、张籍的《论语注辨》、杜牧的《孙子注》等。《旧唐书·经籍志》《新唐书·艺文志》著录大量经子典籍的注释本,证明唐代学术界典籍研究和注释活动的活跃。如主要活动于武周朝的尹知章勤于读书治学,一生"所注《孝经》《老子》《庄子》《韩子》《管子》《鬼谷子》,颇行于时"[①]。典籍注释要求廓清事实,疏通文句,表出隐意,主要是辅导一般读者进行阅读的。所以这

---

① 刘昫等:《旧唐书》卷一九〇下《尹知章传》,北京:中华书局,1975年,4975页。

种现象的存在,又成为唐代社会阅读活动活跃的明证。

　　书目编撰虽然往往滞后于图书的生产和传播,但是一旦编成问世,其宣传图书和指导阅读的作用将是十分巨大的。

　　从古代图书传播的实际考察,官修的国家藏书目录一般不大可能在社会上广泛传播,而史志书目作为史书的组成部分,能在相当大的读者群中被传播阅读。或许这就是历代国家藏书目录基本散佚,而史志书目都保存完好的原因。

　　南宋史学家郑樵曾对古代目录的分类体系提出批评,认为目录要完成辨章学术、考镜源流的任务,需要设立三级类目。他在《通志总序》中说:"学术之苟且由源流之不分,书籍之散亡由编次之无纪。《易》虽一书,而有十六种学,有传学,有注学,有章句学,有图学,有数学,有谶纬学,安得总言《易》类乎?《诗》虽一书,而有十二种学,有训诂学,有传学,有注学,有图学,有谱学,有名物学。安得总言《诗》类乎?"①郑樵在所著《通志·艺文略》中实践了自己的这一学术主张,他将《易》类图书按出版或解读模式区分为 16 种,即古易、石经、章句、传、注、集注、义疏、论说、类例、谱、考正、数、图、音、谶纬、拟易;将诗类区分为 12 种,即石经、故训、传、注、义疏、问辩、统说、谱、名物、图、音、纬学。区分完全根据图书实际的著述类别,这样的著录方式对于辨章学术、指导读者阅读固然有利,但是就一种经书要做如此著录,又会产生不易区分或过于烦琐的新问题。所以郑氏对经部分类的这种革新并没有为后人所沿用,但是他细分二级类目、完善分类体系的思想,是符合图书生产发展规律的。清代编修《四库全书总目》就采用了部、类、属三级分类的方式,这对社会文化知识体系的反映更加清晰和准确,而指导阅读的作用也更加周备、具体。

---

① 郑樵撰,王树民点校:《通志二十略》,北京:中华书局,1995 年,8 页。

第二节　图书体例创新与阅读活动的互动

图书的编撰积累，从数量上讲，随时间的延伸呈线形的增长态势，而反映在内容上，则显现出多层面交叉和跨时空关联的复杂轨迹，具有整体性、综合性的特点。如诗人李白、杜甫的生平史料，包括相关的交游活动和著述情况，可能出现在他们所参与的历史事件、交游活动的有关记载中，或与之交往的师友同僚的笔记杂纂中，甚至是晚唐研究者评论性文字中。其所记内容存在不同层面上的交叉，也显示了同一主题的前后关联。同时，这些与李白、杜甫相关的内容或为专题，或仅为其他专题中的组成部分。同一主题图书文献存在多层面的交叉和在其他多主题中互见的情况，给一般读者或研究者单主题阅读的需求带来了选择和辨识上的困难。这对在图书编纂积累和阅读利用之间产生的矛盾，就成为图书体例创新的深层动力。

《史记·十二诸侯年表序》记载："铎椒为楚威王傅，为王不能尽观《春秋》，采取成败，卒四十章，为《铎氏微》。"[1]《春秋》是先秦各诸侯国编年史的通称。因当时史事往往前后绵延数年，牵连多国，读史者一时难以从多种编年史中观览始末，即司马迁所说"不能尽观"，所以铎椒将分书于《春秋》中关于同一事的记载分类录出，使其首尾完具，得见始末，便观成败。这就是运用抄书改编的方法，按新的阅读利用要求，对图书进行重新组合排列，进而编纂成一部纪事本末体新书。司马迁称这种编纂方法为"采"，刘向在《别录》中则称之为"抄撮"。另外，因为图书卷帙浩繁，一般阅读显得过于冗长，所以要进行改写。如汉献帝雅好典籍，因为《汉书》文繁，所以命秘书监荀悦仿《左传》之

---

[1]　司马迁：《史记》卷十四《十二诸侯年表》，北京：中华书局，1959年，510页。

体为《汉纪》30篇,"言约而事详,辩论多美,大行于世"①,这是将纪传体改为编年体。又有房玄龄以颜师古《汉书注》文繁,令史官敬播择其要简为40卷,这是将足本精为简本。古代,学者们最初往往以图书体裁的创新来适应和满足因图书积累和不同角度阅读利用而产生的便捷要求。体例和内容创新的图书新品种的出现,常常预示阅读利用图书的新方法的诞生。

隋唐时期,社会发展,文化繁荣,图书生产增长迅速,民众阅读热情高涨。综观《旧唐书·经籍志》《新唐书·艺文志》的著录,有唐一代出现不少体例创新的图书新品。一叶知秋,从中可以探求图书体例创新与阅读活动之间的关系。

一、类书

具有中国古代百科全书之称的类书,在隋唐其实并不能算是体例创新的品种,但它确实是在隋唐时期发展并完善起来的。《隋书·经籍志》著录曹魏缪袭等撰《皇览》、梁刘孝标撰《类苑》、梁徐僧权等撰《华林遍略》、隋虞绰等撰《长洲玉镜》等11种,而附丽于子部杂家类。《旧唐书·经籍志》增录欧阳询撰《艺文类聚》、高士廉等撰《文思博要》、张宗昌等撰《三教珠英》等唐代类书9种,并在子部增设"类事"类,《新唐书·艺文志》更增唐代类书33部,定名"类书类"。这说明类书确实是在隋唐得到超常发展的图书品种,而且盛行。隋末秘书郎虞世南在秘书省北堂所辑类书《北堂书钞》,约百年后在唐武周朝时,"此堂犹存,而《书钞》盛行于代"②。

类书就内容性质而言,汇集了自然界和人类社会的全部知识,组

---

① 魏徵、令狐德棻:《隋书》卷三十三《经籍志》,北京:中华书局,1973年,959页。
② 刘𫗧:《隋唐嘉话》中,北京:中华书局,1979年,16页。

织上,基本按知识的门类依次编排。以唐初《艺文类聚》为例,全书100卷,分为46部:天部、岁时部、地部、州部、郡部、山部、水部、符命部、帝王部、后妃部、储宫部、人部、礼部、乐部、职官部、封爵部、治政部、刑法部、杂文部、武部、军器部、居处部、产业部、衣冠部、仪饰部、服饰部、舟车部、食物部、杂器物部、巧艺部、方术部、内典部、灵异部、火部、药香草部、宝玉部、百谷部、布帛部、果部、木部、鸟部、兽部、鳞介部、虫豸部、祥瑞部、灾异部。各部复设类,如杂文部,下设经典、谈讲、读书、史传、集序、诗、赋、连珠、书、檄、移、纸、笔、砚等14类。46部共设727类。如果持之与稍后成书的《隋书·经籍志》的4部40类体系相比照,我们会发现两者覆盖的知识内容是基本一致的,只是书目的类别表示知识或事物的面,而类书的类别则已经具体细化到点。

从编录的体裁来看,无非是征事为主,兼采诗文,并取藻。下面以兼及这三项的《初学记》为例分析类书的体裁:

【叙事】《广雅》曰:讲,读也;论,道也。《说文》曰:讲,和解也;论,议也。又郑玄云:论,伦也。见诗笺贾逵曰:论,释也。见国语注皆解说谈议训诂之谓也。见顾野王玉篇《论语》曰:德之不修,学之不讲,闻义不能徙,不善不能改,是吾忧也。《汉书》曰:夏侯胜每讲,常谓诸生曰:学经不明,不如归耕。又曰:孔光居公辅位,前后十七年。时会门下诸生,讲问疑难,举大义,其弟子多成就为博士。班伯为中常侍,上方向学,郑宽中与张禹朝夕入,说《尚书》《论语》于金华殿中。诏伯受焉,既通大义,又讲异同于许商。《东观汉记》曰:建初四年,诏诸王诸儒会白虎观,讲五经同异,则其事也。

【事对】:撞钟　鸣鼓　《礼记》曰:善待问者如撞钟,扣之以小者则小鸣,扣之以大者则大鸣。谢承《后汉书》曰:董春,字纪阳少好学究极圣指后还归立精舍远方门徒从者常数百人诸生每升讲堂鸣鼓三通横经捧手请问者百人追随上堂难问者百余人。

  下帷　施帐　史记曰董仲舒以明春秋孝景时为博士下帷讲诵弟子转相授业或莫见其面　范晔后汉书曰马融常在高堂施绛纱帐前授生徒后列女乐弟子以相次传授鲜有入其室者　【诗】　梁任昉《历吏人讲学诗》　暮烛迫西榆将落戒南亩日余本疏惰颓暮积榆柳践境渴师臣临政钦益友旴食愿横经终朝思拥帚虽欣辨兰艾何用辟蒿莠　【碑】　梁元帝《皇太子讲学碑》　皇太子涍雷种德重离作两业冠孟侯道高上嗣宫墙累仞高山仰止……①

  这是《初学记》文部四"讲论"的内容，其中【叙事】的部分属于征事，【诗】【碑】的部分属于诗文，【事对】的部分属于辞藻。涉及的书（按四部排列）有《毛诗笺》《礼记》《论语》《说文解字》《玉篇》《广雅》《史记》《汉书》《东观汉记》《后汉书》《国语注》以及任昉、梁元帝的作品。这就是说，"讲论"这一古代读书治学的形式，其内涵、意义、典型的活动、故事和相关的作品，分散积累于这些图书之中，时空交叉十分明显。如果没有类书的汇集，读者是根本无法找全的。这是其一。其二，《初学记》的编者还对征事部分的内容做了精心梳理：先解释词义，再阐述意义，三举证事例。辞藻部分（例文因篇幅限制并未列全）列举历史上有关讲论的著名故事，深化对主题意义的解释。很显然，这样的体例，对读者的阅读理解具有明显的指导作用。由于叙事、事对、诗文所引史料都注明了原文出处，这又为学者的检核查考带来极大的方便，因此，北宋学者宋敏求在《春明退朝录》中所记翰林学士刘筠雅爱《初学记》，宣称"非止初学，可为终身记"②之事，是完全可信的。

  值得指出的是，隋唐类书已经普遍设立有关讲论、读书、藏书、劝学、好学等与社会阅读有关的类目，类聚历史上著名的人事典故，足

---

① 徐坚等：《初学记》卷二十一，北京：中华书局，1962年，508—509页。
② 宋敏求：《春明退朝录》卷下，北京：中华书局，1980年，46页。

以勉人向学。史载开元名相姚崇初不悦学,后来偶然见到《修文殿御览》,"阅之,喜,遂耽玩坟史,以文华著名"①。由于记载简略,且《修文殿御览》已佚,故已经无法确知姚崇从不悦学转而耽玩坟史的原因,或许就是其中这些内容的激励所致。

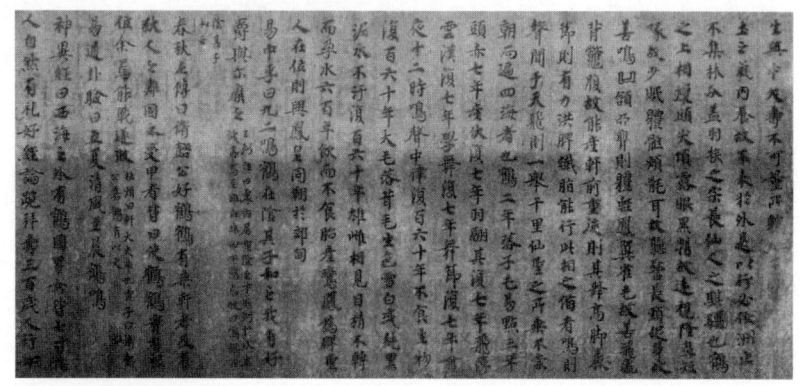

敦煌写本《修文殿御览》(伯2526)

　　类书的编撰,本有方便查考古人著述精华的用意。对此,欧阳询在《艺文类聚》序中有这样的表述:"九流百氏,为说不同;延阁石渠,架藏繁积。周流极源,颇难寻究,披条索贯,日用弘多。卒欲摘其菁华,采其指要,事同游海,义等观天。"②欧阳询作为学者,充分了解古今图书积累之多犹如瀚海浩天,深知要从中寻究九流百家学说之精华,实在是一件事倍功半的难事,所以表明编撰此书的目的在于使"览者易为功,作者资其用"。利用包容百科知识、归类线索清晰的类书,可为读书治学节省大量时间,是读书治学的好方法。北宋史学家刘筠深知这一点,所以才将《初学记》用之终身。可惜古代学者终日矻矻于书斋苦读,视熟读、心记为正途,以出口成章、信手拈来为真学问,耻于触碰那些方便查检的纂辑之书。直至清代,《四库全书总目》对类书下了这样的断语:"此体一兴,而操觚者易于检寻,注书者利于

---

① 刘肃:《大唐新语》卷六《举贤第十三》,北京:中华书局,1984年,91页。
② 欧阳询撰,汪绍楹校:《艺文类聚》,上海:上海古籍出版社,1965年,27页。

剽窃,转辗裨贩,实学颇荒。"①其把利用类书查检与读书治学对立起来,偏言弊端,不及其善。这种正统观念在很长的历史时期内影响了类书功能的正常发挥。

二、解题、指要类书籍

随着唐太宗贞观年间《五经正义》和八部正史的修撰相继完成,稍后,《史记》《汉书》《后汉书》及《文选》等重要经史典籍注本又联袂问世,唐代的思想文化建设事业呈现生机勃勃的喜人景象。科举考试以经史、诗赋为内容的规定,极大地推动了同样以经史、诗赋为内容的社会阅读活动。于是开始出现以方便阅读、使用这些经典的专科解题书目以及指要类图书,为普通读者与学者治学提供阅读理解和查检方面的指导帮助。

见于唐宋书目著录的专科解题书目,有常宝鼎撰《文选著作人名目》3卷,内容包括《文选》所录文章著者的姓名、籍贯、事迹及其述作之意。殷仲茂撰《十三代史目》3卷,宋晁公武《郡斋读书志》称:全书编辑"《史记》、两汉、三国、晋、宋、齐、梁、陈、后魏、北齐、周、隋史籍篇次、名氏"②。这是两种以大型重要典籍的人名、篇目检索为主要功能的目录,同时对作品、篇题的立意、内涵做了简要诠释。李肇的《经史释题》在指导阅读上更具有针对性,据宋初《崇文总目》的著录,其书"上起九经,下止唐氏实录,列篇帙之凡概,释其题"③。李肇在序中对体例功能有更清晰的描述:"经以学令为定,以《艺文志》为编;史以

---

① 永瑢等:《四库全书总目》卷一三五,北京:中华书局,1987年,1141页。
② 晁公武撰,孙猛校证:《郡斋读书志校证》卷九,上海:上海古籍出版社,1990年,402页。
③ 王尧臣:《崇文总目》卷一,见许逸民、常振国《中国历代书目丛刊》第一辑(上),北京:现代出版社,1987年,29页。

《史通》为准。各列其题,从而释之。"①学令就是官学规范教学行为的规定,如《唐会要》卷六十六载大和五年(831)祭酒裴通奏称:"按《学令》云:诸生先读经文,通熟然后按文讲义。"这说明李肇的《经史释题》主要是为指导在官学修习举业者入门的,对"指导青年士子阅读经史来说,是具有着很重要的意义的"②。

经史以外,指导文学阅读研究方面有唐代吴兢的《乐府古题要解》二卷。晁公武《郡斋读书志》称其书:"杂采汉、魏以来古乐府词,又于传记泪诸家文集中采乐府所起本义,以释解古题。"《崇文总目》还著录有《乐府古今解题》,题唐郗昂撰,或王昌龄撰,所载曲名与吴兢所撰《乐府古题要解》有所不同。南宋陈振孙《直斋书录解题》卷十五又著录北宋刘次庄撰《乐府解题一卷》,其书"将前代乐府分类为十九门,各释其命题之意"。至南宋郭茂倩辑集《乐府诗集》100卷,其中的解题,"征引浩博,援据精审,宋以来考乐府者无能出其范围"③。这征引包括他见到的唐以来各种《乐府解题》的考释。就乐府而言,自吴兢以来,唐宋学者有关乐府古题的解读都被郭氏征引融汇在《乐府诗集》之中,这对后人阅读乐府、理解古义具有不可替代的作用,而且能够有效提高读者的阅读兴趣。

指要类书籍是指以青年学子为主要对象,以阐释四部经典著作的内涵、宗旨为主要目的的著述。唐人所撰,见于著录的有张九垓的《庄子指要》和刘轲的《三传指要》,今张、刘两家的著述已佚,但权德舆的《庄子指要》序和刘轲的自序还被保存在宋代姚铉所编《唐文粹》之中。权德舆在序中说明了作者的著述意图:张九垓因为向秀、郭象的《庄子》旧注没能"尽采其旨",因而为其作新注。即使这样,他"犹

---

① 王应麟:《玉海》卷四十二《唐经史释题》,上海:上海古籍出版社,1992年,179页。
② 王重民:《中国目录学史论丛》,北京:中华书局,1984年,126页。
③ 永瑢等:《四库全书总目》卷一八七,北京:中华书局,1987年,1696页。

惧学者之荡于一端,泥于一说",才作33篇《指要》以明其旨。刘轲则在自序中从两方面表明述作之意:一是"先儒各固所习,互相矛盾,学者准裁无所";二是"今之学者,涉流而迷源,舍经以习传,撼其言而不知其所以言"。于是取左氏、公羊、穀梁三家"必当之言",列于《春秋》经文之下,撰成《三传指要》15卷,"冀始涉者开卷有以见圣贤之心"①。很显然,张、刘二人对当时学者"舍经习传""泥于一说"的现象深感担忧,希望通过公开自己研究体察的成果,为初学者提供正确的入门路径,其指导社会阅读的意愿十分明确。

上述诸书,除吴兢《乐府古题要解》出现稍早,几乎全部是中唐贞元、元和时期之作。安史之乱的战火,结束了"小邑犹藏万家室"的开元盛世,唐王朝从此日趋衰弱。贞元、元和年间上距安史之乱的平息只有数十年,而中央政府又先后经历两次大规模的平藩战争,思想文化建设事业虽有起色,但社会学风尚未得到重振。元和三年(808),乡贡进士李行修上《请置诗学博士书》,指出"近学无专门,经无师授,以音定字,以疏释经,是能使生徒由之中才,不能使天下由之置理明矣"。这种情况与刘轲所说的完全一致。几乎同时,柳宗元作《非国语》67篇,声称因文采飞扬而深受读者喜爱的《国语》,其论说多不合于先王之道,"惧世之学者溺其文采而沦于是非,是不得由中庸以入尧、舜之道"②。由此可知他的著述意图在于引导读者的阅读从"溺其文采"转向"辨其是非"。

中唐出现这类目录书籍,有着时代环境和阅读风气的因素,是学者们试图让阅读从热衷注疏回归经典文本,正确把握经典宗旨的一种学术努力。这种阅读指导的形式,受到宋代学者的重视,同类著述大量出现,如:方龟年的《经史解题》、叶梦得的《春秋指要》、薛季宣的

---

① 姚铉:《唐文粹》卷九十五,见任继愈《中华传世文选》,长春:吉林人民出版社,1998年,960页。
② 柳宗元:《柳宗元集》卷四十四《非国语序》,北京:中华书局,1979年,1256页。

《春秋指要》、蔡元定的《皇极经世指要》、朱熹的《孟子指要》、吕祖谦的《大事记解题》、史弥大的《易学指要》、代渊的《周易指要》等。

三、社会阅读

就一般情况而言，由于社会历史记录的权力掌握在上层官僚集团与文化精英阶层的手中，因此他们自己的活动和相关评价被详细地记载在历史之中。有关的读书活动情况也是一样，翻开隋唐的历史记录，字里行间闪烁的几乎全是上层官僚和文化精英以及隶属这个社会集团的贵族名门子女的阅读状况，下层民众的阅读情况被严重忽视，官修史书中基本上没有记载。20世纪初，被发现的敦煌大量唐代手抄本，为我们真实描述及评价当时社会下层民众的阅读情况提供了极其珍贵的历史记载。

唐代民间曲辞《十二时》中，有多套与阅读勤学相关，作为一种讲唱体文本，长期流行于唐代民间。敦煌写本中有多套这种内容的杂曲文本，如《十二时》"发愤勤学"十二首，发现四个抄本：伯2564、伯2633、伯3821、斯4129。原文有七言十二句引子："自从塞北起烟尘，礼乐诗书总不存……勤学不辞贫与贱，发愤长歌十二时辰。"其第一

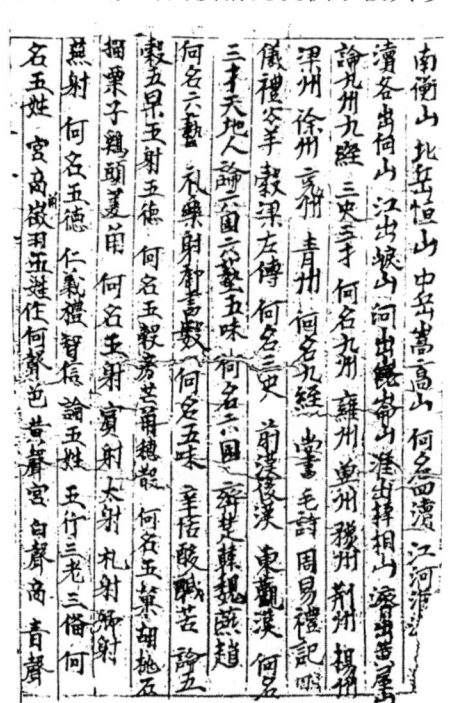

《杂钞》 敦煌写本

首曰:"少年勤学莫辞贫。君不见朱买臣未得贵。犹自行歌背负薪。"①又如伯2952《十二时》"劝学"残存的八首中,有句云:"会得先贤经典义,何愁到处不安身。""读书便是随身宝,高官卿相在朝廷。"又同卷《十二时》"求宦"残存四首中有句云:"先王典籍合敬爱。若能读得百家书。万劫千生名价在。"②可以看出,唐代民间读书向学的风气是很旺盛的。《十二时》"发愤勤学"十二首中,战国纵横家苏秦引锥刺股、汉会稽太守朱买臣负薪读书、汉经学家匡衡凿壁偷光等勤学典故,都能在隋唐类书《北堂书钞》艺文部"好学"、《艺文类聚》文部"读书"、《白氏六帖》"勤学"类中找到,也从某种程度上说明类书在民间的流传和影响。

上引《十二时》曲辞中两次提到的"随身宝",一名"杂钞"。敦煌写本中已经发现5个抄本:伯2721、伯3649、伯3671、斯4663、斯5658。其中伯2721首尾完整,卷首有题有序:"《杂钞》一卷,一名《珠玉钞》,二名《益智文》,三名《随身宝》。"并序:"盖闻天地开辟已来,日月星辰、人民种类、阴阳寒暑、四时八节、三皇五帝、宫商角徵羽、金木水火土、九州八音、山川道迳、寿形之物、贵贱贤愚、帝代相承、生死不及,周而复始。天地宗祖之源,人事之矣,并皆幽玄,莫能照察。余因暇日,披览经书,略述数言,已传后世云耳。"其正文体例分成若干"论",论下以"何"字领起问题,然后逐一回答。如论三皇五帝:何名三皇?何名五帝?其中有关经史典籍的内容值得我们重视:论九州九经三史三才。何名九经?《尚书》《毛诗》《周易》《礼记》《周礼》《仪礼》《公羊》《穀梁》《左传》。何名三史?《前汉》《后汉》《东观汉记》。③经史何人修撰制注?《史记》,司马迁修;《三国志》,陈寿修;《春秋》,

---

① 任半塘:《敦煌歌辞总编》卷五《杂曲 定格联章》,上海:上海古籍出版社,1987年,1288页。
② 任半塘:《敦煌歌辞总编》卷五《杂曲 定格联章》,上海:上海古籍出版社,1987年,1556页。
③ 伯3649、斯4663皆作《前汉》《后汉》《东观汉记》,伯2721作《前汉》《东观汉记》,缺一史。现据伯3649、斯4663补出。

孔子修,杜预注;《老子》,河上注;《三礼》,孔子修,郑玄注;《周礼(易)》,王弼注;《离骚经》,屈原注(著);《流子》,刘协注(著);《尔雅》,郭璞注;《文场秀》,孟宪子作;《庄子》,郭象注;《切韵》,六(陆)法言作;《毛诗》《孝经》《论语》,孔子作,郑玄注;《急就章》,史献(游)撰;《文选》,梁昭明太子召天下才子相共撰,谓之文选;《汉书》,班固撰修;《典言》,季德杜撰之;《尚书》,孔安国注,尚书几家书?虞、夏、商、周作;《兔园策》,杜嗣先撰之;《开蒙要训》,马仁寿撰之;《千字文》,钟繇撰,李暹注,周兴嗣次韵。①

　　王重民先生曾经详细分析过这份书单,认为这是"用问答的体裁给青年士子们开列的一个书目单","应该说是我国现存最古的一个推荐性的学习书目"②。其适用范围十分广泛。伯3649抄本最后有一行落款:"丁巳年正月十八日净土寺学仕郎贺安住自手书写读诵过记耳。"一日之中,书写、读诵、过记一气呵成,说明《杂钞》的篇幅不长。其涉及的内容包括天文地理、职官人事、时令节俗,问题通俗,回答简要,应该是一部知识性的小类书,与《太公家教》《开蒙要训》《千字文》相类,适合学生诵读,是当时流行的童蒙读物。考斯3835《太公家教》是与《千字文》同卷接抄的,伯2825《太公家教》卷末题"大中四年庚午正月十五日学生宋文显读安文德写",斯705《开蒙要训》卷末题"大中五年辛未三月廿三日学生宋文献诵安文德写",显然宋文显与宋文献是同一人。这种学生连续抄读的现象证明上述推论是符合事实的,当时的诵读是认真的。

---

① 伯2721,据刘鹗著,林其锬、陈凤金辑校:《敦煌遗书刘子残卷集录》所附影印件,上海:上海书店,1988年,24页。
② 王重民:《中国目录学史论丛》,北京:中华书局,1984年,131页。

第三节 以古为镜与阅读理念

唐代史书的大量增加和朝野之士勤奋读史的现象,都与唐太宗李世民的倡导有关。

李世民这位纵横宇内、睥睨天下的雄主,即位后在言行中屡屡表现出对历史、对先圣、对书籍的敬畏。贞观一朝,君臣以经籍为商讨国事的基础。太宗著《金镜》遍示群臣,其卷开宗明义:"朕以万几暇日,游心前史。仰六代之高风,观百王之遗迹……睹治乱之本源,足为明镜之鉴戒。"①于是,朝堂之上,人人以读书思政为务,以史为鉴。

一、以古为镜

贞观十七年(643),魏徵薨,太宗亲临恸哭,并以魏徵为人镜,由此提出著名的"三镜说":"夫以铜为镜,可以正衣冠;以古为镜,可以知兴替;以人为镜,可以明得失。"②显然,作为帝王,以人为镜的前提就是从谏如流;以古为镜的基础则为善读史书。唐代著名史学家刘知幾在完成于中宗景龙四年(710)的《史通》中,从史官职责的角度深刻地阐述了阅读史书可以知兴替的原因。他说:

上起帝王,下穷匹庶,近则朝廷之士,远则山林之客,其于功

---

① 李世民撰,吴云、冀宇校注:《唐太宗全集校注》"论文编",天津:天津古籍出版社,2004年,125页。
② 吴兢:《贞观政要》卷二《任贤》,上海:上海古籍出版社,1978年,33页。

也,名也,莫不汲汲焉,孜孜焉。夫如是者何哉?皆以图不朽之事也。何者而称不朽乎?盖书名竹帛而已。向使世无竹帛,时阙史官,虽尧、舜之与桀、纣,伊、周之与莽、卓,夷、惠之与跖、蹻,商、冒之与曾、闵,俱一从物化。坟土未干,而善恶不分,妍媸永灭者矣。苟史官不绝,竹帛长存,则其人已亡,杳成空寂,而其事如在,皎同星汉。用使后之学者,坐披囊箧,而神交万古;不出户庭,而穷览千载。见贤而思齐,见不贤而内自省。若乃春秋成而逆子惧,南史至而贼臣书。其记事载言也则如彼,其劝善惩恶也又如此。由斯而言,则史之为用,其利甚博。乃生人之急务,为国家之要道。有国有家者,其可缺之哉!①

文中"见贤而思齐,见不贤而内自省"一句,突出的正是读史的目的——以古为镜。贞观七年(633),太宗为了让自己的所有子弟懂得亲君子、远小人的重要性,命魏徵辑录古来帝王子弟成败事迹,名为《自古诸侯王善恶录》,以赐诸王,要求他们以此为行为规范。魏徵在序中强调辑录此书的目的:"欲使见善思齐,足以扬名不朽;闻恶能改,庶得免乎大过。"②其用意与刘知幾的表述是完全一致的。

在贯彻"以古为镜"的阅读理念上,编纂《群书治要》是一件必须加以表彰的重大实践活动。

太宗一直以详见前代帝王得失为念,以便取为鉴戒。然而,四部典籍卷帙纷纶,百家学说纯驳不一,"穷理尽性则劳而少功,周览泛观则博而寡要"③。贞观五年(631),秘书监魏徵及虞世南、褚遂良、萧德言等人奉敕撰集,广泛采集经史百家之内的嘉言善语和明主暗君的

---

① 刘知幾著,张振珮笺注:《史通笺注》卷十一《史官建置》,贵阳:贵州人民出版社,1985年,391页。
② 吴兢:《贞观政要》卷四《教戒太子诸王》,上海:上海古籍出版社,1978年,127页。
③ 魏徵:《群书治要序》,见《群书治要》,上海:商务印书馆,1937年,1页。

善恶事迹,辑成《群书治要》50 卷。其编辑原则是弃春华,采秋实,专主治要,不事修辞,凡有关政术、存乎劝诫的内容,一并汇辑无遗。采录史迹的时间是上自五帝,下至晋季,取录的范围包括《周易》《尚书》《毛诗》《春秋左氏传》《史记》《汉书》《老子》《庄子》《吕氏春秋》《淮南子》等 60 余种经典之作。开卷阅览,历史上的兴替得失,"见本知末,原始要终"。书成奉进,太宗浏览后十分满意,手诏一道予以表彰:"朕少尚威武,不精学业,先王之道,茫若涉海。览所撰书,博而且要,见所未见,闻所未闻。使朕致治稽古,临事不惑。其为劳也,不亦大哉!"[①]同时,太子、诸王各赐一本。百年后,天宝年间,唐玄宗看到集贤院进呈的《群书治要》,下令复写十数本,分赐太子以下,命其勤加阅览。

不仅在读史方面,而且在修史方面,太宗也强调要有"可以知兴替"的作用。贞观初,太宗谓监修国史房玄龄曰:"比见前、后《汉史》载录扬雄《甘泉》《羽猎》,司马相如《子虚》《上林》,班固《两都》等赋,此既文体浮华,无益劝诫,何假书之史策?其有上书论事,词理切直,可裨于政理者,朕从与不从皆须备载。"[②]很明显,太宗要求本朝史书也能给后世读者以"知兴替"的鉴戒。

唐太宗经常将自己阅读史书后的思考、感想与近臣交流。如贞观九年(635),太宗告诉魏徵:"顷读周、齐史,末代亡国之主,为恶多相类也。"贞观十二年(638),太宗向侍臣表示:"朕读书见前王善事,皆力行而不倦。"贞观十四年(640),太宗对房玄龄说:"朕每观前代史书,彰善瘅恶,足为将来规诫。"[③]纵观贞观一朝,在以古为镜方面,君臣相互激励,在理念上对朝野人士的阅读活动产生重要影响。

---

① 李世民撰,吴云、冀宇校注:《唐太宗全集校注》"文告编"《答魏徵上群书治要手诏》,天津:天津古籍出版社,2004 年,297 页。
② 吴兢:《贞观政要》卷七《文史》,上海:上海古籍出版社,1978 年,222 页。
③ 吴兢:《贞观政要》卷七《文史》,上海:上海古籍出版社,1978 年,223 页。

二、文士读史，重在兴亡

唐代史学发达，初唐时，朝廷大规模修史，民间汉书之学勃兴。盛唐时，我国第一部系统研究评论史书体例的史学巨著《史通》问世。科举考试，进士试策，所问多为探讨历代治乱兴亡之因和当今施政理财之策。所以，文人读书治学，偏重史籍，用心从中探究自三皇五帝以来兴亡得失之迹。同时，儒家经典以阐发名理学说为主，而帝王将相、硕儒名流的行实则详载于史书之中。坚持博览史书，洞观其要，久之自能考古知今，为日后立身处事、居官仕国积累经验。再者，史书中席卷千年的风云、恢弘博大的气势，激荡在字里行间，常令读史者意气飞动，阅读之情欲罢不能。如刘禹锡描述吕温读史的情态："每与其徒，讲疑考要，王霸富强之术，臣子忠孝之道，出入上下百千年间，诋诃角逐，叠发连注。得一善辄盱衡击节，扬袂顿足，信容德色，舞于眉端。"①可谓绘声绘色，其情其境，较之北宋苏舜钦的《汉书》下酒毫不逊色。

摊读隋唐史书，文士经史并读、专精史书的记载比比皆是。如吴郡潘徽从师受《礼》《毛诗》《书》《庄》《老》，"并通大义。尤精三史"②。欧阳询"读书即数行俱下，博览经史，尤精三史"③。刘知幾年十七，《史记》《汉书》《三国志》以下历代史书以及历朝实录，已经"窥览略周"。20岁开始，除《尚书》《毛诗》《左传》《国语》外，杜牧已开始读十三代史书。

隋唐士人读史，并非浅观泛览，而是以考古知今为目的，所以阅读的感慨往往发之为文字，留下了大量读史的记录，主要为诗文作

---

① 刘禹锡著，瞿蜕园笺证：《刘禹锡集笺证》卷十九《唐故衡州刺史吕君集纪》，上海：上海古籍出版社，1989年，509页。
② 魏徵、令狐德棻：《隋书》卷七十九，北京：中华书局，1973年，1743页。
③ 刘昫等：《旧唐书》卷一八九，北京：中华书局，1975年，4947页。

品。今存唐人文集或总集之中,有大量史论,其体可以是"论",如朱敬则的《十代兴亡论》、独孤及的《吴季札论》、权德舆的《两汉辩亡论》等;或是"议",如梁肃的《西伯受命称王议》、权德舆的《酷吏传议》、高适的《后汉贼臣董卓庙议》等,大都驰骋古今,纵论贤奸,明辨是非,以古论今。

诗歌作品有以读史、咏史为题的组诗,如卢照邻《咏史》四首、李华《咏史》十一首、白居易《读史》五首。但更多的还是独立拟题的,如晚唐胡曾的《咏史诗》,虽积百余首而集成专书,但是书中一百五十首七绝杂咏史事,各以地名(包括关隘、宫室名)为题,自共工之《不周山》迄于隋之《汴水》。咏史诗以历史人物或事件为对象,在他人包括史官意想不到的地方别生眼目,议论风发,识见高远,命意简古,具有史论色彩,如:杜牧的《赤壁》《题商山四皓庙》,温庭筠的《经五丈原》,等等。

唐人读史,十分注重在史实中寻绎历代兴亡史迹背后的原因,并往往激于史事而慷慨陈词,为朝廷建言献策。如陈子昂《谏政理书》:"以事亲余暇得读书,窃少好三皇五帝霸王之经,历观丘坟,旁览代史,原其政理,察其兴亡。自伏羲、神农之初,至于周隋之际,驰骋数百年,虽未得其详,而略可知也。莫不先本人情而后化之。"[①]杜牧则"每见君臣治乱之间,兴亡谏诤之道,遐想其人,舐笔和墨,则冀人君一悟而至于治平,不悟则烹身灭族,唯此二者,不思中道。"[②]以古为镜,寄托自己对时事局势的感慨,富有现实意义。

唐人读史还有一个特点,就是关注本朝史事,发掘其中的现实意义。安史之乱的爆发终止了盛唐继续走向辉煌的历史步伐,这一祸乱到底是怎样酿成的,成为中唐以后朝野之士追问、思考的重大问题。中晚唐人的作品中出现大量以此为主题的咏史之作,如:杜牧的

---

① 陈子昂著,徐鹏校:《陈子昂集》,北京:中华书局,1960年,207页。
② 杜牧:《樊川文集》卷十二《与人论谏书》,上海:上海古籍出版社,1978年,184页。

《华清宫三十韵》《过华清宫绝句三首》,温庭筠的《过华清宫二十二韵》《华清宫与杜舍人》,等等。杜牧的《阿房宫赋》,自言是因为唐敬宗"宝历年间大起宫室,广声色,故作"。当时礼部侍郎崔郾试进士,太学博士吴武陵举出《阿房宫赋》,请以杜牧当第一人处之。可见这些针砭时弊、具有史鉴作用的作品受到了当时有识人士的重视。如胡曾的《咏史诗》,虽兴寄未远,格调未高,但因其中咏吴王夫差、陈后主、隋炀帝三君主失国身亡之事的《姑苏台》《陈宫》《汴水》三首,追述兴亡,意存劝诫,还是得到了读者和论家的肯定。

宋代理学家程颐曾经总结读史的要旨与方法,他说:"凡读史,不徒要记事迹,须要识治乱安危、兴废存亡之理,且如读高帝一纪,便须识得汉家四百年终始治乱当如何,是亦学也。"①白居易《读汉书》:"痛矣萧京辈,终令陷祸机。每读元成纪,愤愤令人悲。寄言为国者,不得学天时。寄言为臣者,可以鉴于斯。"②李商隐《咏史》:"历览前贤国与家,成由勤俭破由奢。"罗隐《咏史》:"蠹简遗编试一寻,寂寥前事似如今。"这些表达的都是同样的意思:以古为镜,求知兴替。

三、《贞观政要》

《贞观政要》,唐史官吴兢编著,全书分类编撰贞观一朝(627 — 649)唐太宗与近臣魏徵、房玄龄、杜如晦等人的问答之辞、践行之实,其中涉及嘉言、善行、良法、美政,约成书于开元年间。当时吴兢以修文馆学士参与编撰国史,在他看来,虽然唐玄宗即位前后社会发展势头强劲,但国家的政治状况已经远不及贞观时期,于是着手编撰此书,意欲以贞观时期的良法善政,给当时的统治集团的施政提供鉴戒。《贞

---

① 程颐:《河南程氏遗书》卷十八《伊川先生语四》,见《二程集》,北京:中华书局,1981年,232页。
② 白居易撰,顾学颉校点:《白居易集》卷一,北京:中华书局,1979年,10页。

观政要》共10卷40篇，其名目如下：君道、政体、任贤、求谏、纳谏、君臣鉴戒、择官、封建、太子诸王定分、尊敬师傅、教戒太子诸王、规谏太子、仁义、忠义、孝友、公平、诚信、俭约、谦让、仁恻、慎所好、慎言语、杜谗邪、悔过、奢纵、贪鄙、崇儒学、文史、礼乐、务农、刑法、赦令、贡赋、辨兴亡、议征伐、议安边、行幸、畋猎、灾祥、慎终。应该说这40项内容包括了君主和朝廷治理国家的主要方面。

吴兢在《政体篇》中称太宗"从谏如流，雅好儒术，孜孜求士，务在择官，改革旧弊，兴复制度，每因一事，触类为善"①。"每因一事，触类为善"，可以说是全书记载的一个重点，而引发触类为善的往往是前朝的旧事。一部《贞观政要》，其中18处提及隋炀帝，反思隋二世而亡的历史原因。贞观十三年（639），太宗对魏徵等近臣说：隋炀帝上承文帝余业，海内殷阜，但因此不顾百姓，行幸无期，径往江都，不纳大臣董纯、崔象等谏诤，以至身戮国灭，为天下笑。"朕每思之，若欲君臣长久，国无危败，君有违失，臣须极言。朕闻卿等规谏，纵不能当时即从，再三思审，必择善而用之。"②贞观十六年（642），太宗读《刘聪传》，传中记述汉主刘聪将为刘后起凤仪殿，廷尉陈元达切谏。刘聪怒斥曰："吾为万机主，岂问汝鼠子乎？"命斩之。刘后手疏启请，聪怒乃解，而谢陈元达之谏。太宗因此对侍臣说："人之读书，欲广闻见以自益耳。朕见此事，可以为深诫。"③并因此停止了原计划的宫殿修建工程。二事皆因旧事而起，获善政而终，充分体现出"以古为镜"的精神。

自《贞观政要》进呈传世后，李唐王室子孙"书之屏帷，铭之几案"，而后世君主"莫不列之讲读，形之论议，景仰而效法"。史书记载，辽圣宗统和十四年（996），博览经史、通辽汉文字的萧罕嘉努出仕

---

① 吴兢：《贞观政要》卷一《政体》，上海：上海古籍出版社，1978年，24页。
② 吴兢：《贞观政要》卷十《行幸》，上海：上海古籍出版社，1978年，282页。
③ 吴兢：《贞观政要》卷六《俭约》，上海：上海古籍出版社，1978年，187页。

为官,为了让辽帝知古今成败,翻译《贞观政要》。金熙宗天眷二年(1139),熙宗完颜亶读《贞观政要》,见其中君臣议论,认为大可规法。稍后,在国内大兴儒术的金世宗完颜雍读《贞观政要》,特别称赏魏徵的嘉谋忠节。元代,仁宗、文宗二度要求翻译《贞观政要》,镌板模印,以赐百官。另据《朝鲜史略》卷六《高丽纪》的记载,睿宗文孝王十一年(1116),王命金缘、朴景仁及宝文阁学士注解《贞观政要》以进。

元至顺四年(1333),临川戈直集注《贞观政要》,其中采集柳芳、刘昫、宋祁、孙甫、欧阳修、曾巩、司马光、孙洙、范祖禹、马存、朱黼、张九成、胡寅、吕祖谦、唐仲友、叶适、林之奇、真德秀、陈惇修、尹起莘、程奇及吕氏《通鉴精义》二十二家之说,充分说明《贞观政要》在后世受到君主及朝臣、学者的高度重视。当年,太宗君臣以古为镜,成就了光耀史册的贞观之治。记录贞观治世史迹的《贞观政要》,成为后世读者阅读和获取以古为镜之效的重要史籍,正如明代陶安在《读贞观政要》中所总结的:"造成社稷年三百,全在亲贤纳谏中。"①这可谓古代阅读史上一件值得大书特书的事。

第四节　唐诗与唐人小说

唐代的社会阅读活动中,唐诗与唐人小说无疑是两类产生于当代又最普及、最受欢迎的读物。宋代的赵彦卫在《云麓漫钞》中探讨过唐代诗歌、小说繁荣的原因,以为其皆与科举有关。他说:"唐之举人,先藉当世显人,以姓名达诸主司,然后以所业投献,逾数日又投,

---

① 陶安:《读贞观政要》,见章培恒等《全明诗》卷十七,上海:上海古籍出版社,1994年,199页。

谓之温卷,如《幽怪录》《传奇》等皆是。盖此等文备众体,可见史才、诗笔、议论。至进士则多以诗为贽,今有《唐诗》数百种行于世者是也。"①应该说,唐代诗歌、小说的创作受到过科举的影响,但是当作品一旦进入社会阅读领域,并且受到普遍欢迎的时候,阅读的需求、社会的追捧就成为创作的主要推动力,科举的影响就退居其次了。

一、唐诗的阅读与传播

关于唐诗的数量,宋代严羽最早在《沧浪诗话·考证》中说:曾经见北宋长洲诗人方惟深墓志,称唐诗有八百家,而方氏所藏有五百家,南宋时已不见行世。明胡震亨据《旧唐书·经籍志》《新唐书·艺文志》《宋史·艺文志》,郑樵《通志·艺文略》,尤袤《遂初堂书目》,马端临《文献经籍考》(其中包括宋晁公武的《郡斋读书志》、陈振孙的《直斋书录解题》),经过校除重复,参合有无,得唐人诗文别集(包括五代)691家8292卷。② 20世纪以来,随着文献不断被发现,这个数字还在不断增加。陈尚君先生经过在更大范围内的钩稽梳理,在《新唐书·艺文志》著录唐集505家、共537部的基础上,补录406家446部。"今知唐人有别集者,凡九百余人,有集983部,加上习惯称之为闰唐的五代十国别集,约有1100部,确可谓洋洋大观了。"③他另在《唐人编选诗歌总集叙录》中,主要据《旧唐书·经籍志》《新唐书·艺文志》《宋史·艺文志》《崇文总目》《通志·艺文略》《日本国见在书目》,梳理考证了唐人编选的诗歌总集达137种,其中通代诗选6种、断代诗选47种、诗文合选11种、诗句选集8种、唱和集46种、送别集

---

① 赵彦卫:《云麓漫钞》卷八,北京:中华书局,1996年,135页。
② 胡震亨:《唐音癸签》卷三十《集录一》,上海:上海古籍出版社,1981年,307页。
③ 陈尚君:《新唐书·艺文志补》,见荣新江《唐研究》,第1卷,北京:北京大学出版社,1995年,170页。

12种、家集7种,另有待考51种。①

　　这浩如烟海的千百家唐诗,是唐人在近300年的历史中逐渐积累起来的,而且可以肯定的是,这并非积累的全部。明代高棅在《唐诗品汇·五言古诗叙目》中对唐诗的这种盛况的出现做了明确的解释:"上自帝王公卿,下至山林韦布,以及乎方外异人、闺阁女子,莫

《陋室铭》 [宋]文天祥　书

---

① 陈尚君:《唐代文学丛考》,北京:中国社会科学出版社,1997年,184页。

不愿学焉。其篇什之多，不可胜纪。"①所谓"莫不愿学焉"，就是说几乎全社会断文识字者都参与到诗歌的阅读与创作之中。当然，其中作用最大的首推握珠怀璧的文人。

中唐白居易、元稹以诗鸣世，二人诗歌酬答数十年，世称"元和体"。白居易在《与元九书》中说："与足下小通，则以诗相戒。小穷，则以诗相勉。索居，则以诗相慰。同处，则以诗相娱。"读他们的酬答之诗，完全可以理解这种关系：白居易《舟中读元九诗》："把君诗卷灯前读，诗尽灯残天未明。眼痛灭灯犹暗坐，逆风吹浪打船声。"元稹《酬乐天舟泊夜读微之诗》："知君暗泊西江岸，读我闲诗欲到明。今夜通州还不睡，满山风雨杜鹃声。"②陈寅恪把双方将诗文作为心灵沟通的媒介而构成的关系称为"文人之关系"。在元、白以诗相诚、相勉、相慰、相娱的同时，刘禹锡的《陋室铭》也见称于世："苔痕上阶绿，草色入帘青。谈笑有鸿儒，往来无白丁。"③早在几十年前，大历四年（769），晋陵郡丞尉迟绪用俸钱在郡城之南构草堂，内有小山曲池，郡书万卷。堂成之日，尉迟绪公开宣称："非道统名儒，不登此堂；非素琴香茗，不入兹室。"④可以说，在这样一个诗歌创作繁荣、社会阅读广泛的时代，读书吟诗已经是社会上文人雅士之间互相认同的基本标准，是他们彼此交游的起码条件。于是首先在社会上文人（包括释、道二教中人）的群体中，诗歌的创作与阅读欣赏活动十分频繁，持久高涨，渐次影响到民间中下层民众对诗歌的阅读与欣赏。

明代胡震亨在《唐音癸签》中集录 8 部唐代帝王的别集，包括太宗、高宗、武后、中宗、睿宗、玄宗、德宗以及濮王李泰，其中武则天的

---

① 高棅：《唐诗品汇》，上海：上海古籍出版社，1982 年，53 页。
② 元稹撰，冀勤点校：《元稹集》卷二十一，北京：中华书局，1982 年，234 页。
③ 刘禹锡撰，卞孝萱校订：《刘禹锡集》卷四十《诗文补遗》，北京：中华书局，1990 年，628 页。
④ 李翰：《尉迟长史草堂记》，见董诰等《全唐文》卷四三〇，北京：中华书局，1983 年，第 5 册，4380 页。

《垂拱集》有百卷之巨。显然,在倡导文治的思想文化政策的导向下,唐代的帝王大都留心文艺,喜好诗歌,实践创作。肃宗时,王维为安禄山所拘,因《凝碧诗》免于问罪;①德宗时,韩翃以《寒食诗》被钦点知制诰;②穆宗时,元稹则凭《连昌宫词》召拜祠部郎中。③ 元和间诗风几更,宪宗敕令翰林学士令狐楚采集新诗备览,因精选 30 人 289 首作品,辑成《御览诗》进呈。帝王对诗歌阅读如此热衷,无疑也是唐诗长盛不衰的重要因素。

唐诗能持久繁荣在于能被广泛地阅读、传扬。白居易任苏州刺史时,令狐楚与之唱和之诗能迅速传扬吴中。④ 又元稹《酬乐天余思不尽加为六韵之作》中有这样两句:"众推贾谊为才子","元诗驳杂真难辨",他解释说:白居易有《秦中吟》及《百节判》,书肆市贾抄录传播时都在卷首题云:"白才子文章。"社会上后辈诗人喜好伪作自己的诗作,并流传到各地。元稹刚到会稽,已有人写《宫词》百篇及《杂诗》两卷,皆题作元稹所撰,等到亲手勘验时,竟然"无一篇是者"⑤。这从另一个角度反映出诗歌在社会上被迅速传播阅读的情况。

终唐一朝,当代诗歌的阐释活动并没有随着诗歌在社会上的迅

---

① 安禄山攻陷两都,王维为贼所得,被拘洛阳普施寺。禄山宴其徒于凝碧宫,维闻之悲恻,潜为诗曰:"万户伤心生野烟,百官何日再朝天?秋槐花落空宫里,凝碧池头奏管弦。"贼平,陷贼官三等定罪。维以《凝碧诗》闻于行在,肃宗嘉之,特宥之。刘昫等:《旧唐书》卷一九〇下《王维传》,北京:中华书局,1975 年,5052 页。
② 韩翃少负才名。一日夜将半,有韦巡官叩门告贺曰:"留邸状报制诰阙人,中书求圣旨所与。德宗批曰:与韩翃。时有江淮刺史与之同姓名,具二人并进,御笔复批曰:春城无处不飞花,寒食东风御柳斜,日暮汉宫传蜡烛,轻烟散入五侯家。又批曰:与此韩翃。"孟棨:《本事诗》,见《情感第一》,上海:上海古籍出版社,1991 年,11 页。
③ 元稹有《连昌宫词》,荆南监军崔峻归朝,出《连昌宫词》等百余篇,奏御,穆宗大悦,即日拜祠部郎中、知制诰。计有功:《唐诗纪事》卷三十七《元稹》,上海:上海古籍出版社,1987 年,564 页。
④ 白居易有《宣武令狐相公以诗寄赠传播吴中聊用短章用伸酬谢》,云:"新诗传咏忽纷纷,楚老吴娃耳遍闻。"白居易撰,顾学颉校点:《白居易集》卷二十四,北京:中华书局,1979 年,第 2 册,530 页。
⑤ 元稹撰,冀勤点校:《元稹集》卷三十,北京:中华书局,1982 年,247 页。

速传播而大规模开展起来。从现存文献分析,唐代为当代诗歌的阅读欣赏进行的推广阐释活动主要有两种形式:一是选诗,一是叙诗。

所谓选诗,是指唐人选唐诗。现存唐人选唐诗 13 种,详情如下:许敬宗等撰《翰林学士集》录太宗时君臣唱和诗 51 首。崔融《珠英学士集》,选武后时李峰、张说等 47 人诗 276 首。久佚,今发现敦煌写本,残存二卷,存诗 49 首。殷璠《丹阳集》,存包融、储光羲等 18 人诗 20 首。殷璠《河岳英灵集》,选常建至阎防 24 人诗 234 首,天宝十一年(752)选。芮挺章《国秀集》,选初唐李峤至祖咏等 85 人诗 2158 首,天宝三年(744)选。元结《箧中集》,选沈千运等 7 人诗 24 首,乾元三年(760)选。李康成《玉台后集》,录梁萧子范以下 61 人诗 81 首,其中唐人 45 人。令狐楚《御览诗》,选刘方平至梁锽 30 人诗 289 首,多为大历至元和间人。高仲武《中兴间气集》,选钱起至张南史等 26 人诗 132 首,皆肃宗、代宗朝人。姚合《极玄集》,选王维至戴叔伦等 21 人诗 100 首,多为大历间人。韦庄《又玄集》,录杜甫至鱼玄机,凡才子 142 人,名诗 290 余首,光化三年(900)选。韦縠《才调集》,录白居易、元稹、李商隐者家诗 1000 首。佚名《搜玉小集》,选魏徵以下初唐 37 家诗 63 首①。另有蔡身风《瑶池新咏》,选唐代女诗人作品,明清以后失传。今发现敦煌写本,残存李季兰、女道士元淳诗 15 首。

尽管是唐人选唐诗,所谓身乃堂上之身,目犹局中之目,但其选录的时代不同,选者的目的各异。时代不同则创作风气多变,目的不同则审美取向难合。同为诗人的郑谷就对此发表过意见,他在《读前集》诗中说:"殷璠裁鉴英灵集,颇觉同才得旨深。何事后来高仲武,

---

① 中华书局上海编辑所 1958 年出版《唐人选唐诗》10 种。1996 年,陕西人民教育出版社出版傅璇琮先生的《唐人选唐诗新编》,13 种。新编校 10 种本增《翰林学士集》《珠英集》《丹阳集》和《玉台后集》,删《唐写本唐人选唐诗》。吕玉华著《唐人选唐诗论述》,对此有详细考论,由中国台北文津出版社于 2004 年出版。可参阅。

品题间气未公心。"①其推崇殷璠的《河岳英灵集》而贬抑高仲武的《中兴间气集》,先不说郑谷的意见是否中肯,这种褒贬出现的本身正说明诗选已经引起注意。其实,诗选正是时代诗风和选家旨趣的产物,这13种唐人选唐诗流传至今的事实说明,作为有影响的诗歌读本,它们在当时推动社会诗歌阅读活动中发挥了重要的促进和导向作用。

所谓叙诗,是指记述诗人与诗歌创作、传播过程中的情事,以增加读者阅读的兴趣,提高读者欣赏的水平。如唐玄宗在兴庆宫听乐人唱李峤《水调歌》,称其为"真才子"。②开元中,李白在兴庆宫带醒金花笺援笔赋《清平调》三章事。③

神龙年间,中书侍郎苏味道、吏部员外郎郭利贞、殿中侍御史崔液三人在京城正月望日灯会夜游时赋诗,数百人之中被推为绝唱。④性峻不附权要的陆海,题奉国寺、龙门寺诗被时人推为警策。⑤ 这种看似只不过以资闲谈的记载,在唐人的笔记小说、野史杂传中随处可见,既增加了笔记小说本身的可读性,也无形中使读者加强了对诗歌的阅读冲动。

稍后,僖宗光启二年(886),孟棨纯粹以诗系事,叙出段段情韵盎然、兴味悠长的故事,撰写完成《本事诗》一卷。书中采集历代诗人缘

---

① 郑谷:《读前集》,见《全唐诗》卷六七五,北京:中华书局,1960年,7736页。
② 安禄山叛,玄宗在兴庆宫,听李峤《水调歌》:"山川满目泪沾衣,富贵荣华能几时。不见只今汾水上,惟有年年秋雁飞。"玄宗称其为"真才子"。郑处诲:《明皇杂录》,见王仁裕等撰、丁如明辑校《开元天宝遗事十种》,上海:上海古籍出版社,1985年,41页。
③ 李濬:《松窗杂录》,北京:中华书局,1958年,4页。
④ 苏味道诗曰:"火树银花合,星桥铁锁开。暗尘随马去,明月逐人来。游妓皆秾李,行歌尽落梅。金吾不禁夜,玉漏莫相催。"郭利贞诗曰:"九陌连灯影,千门度月华。倾城出宝骑,匝路转香车。烂漫唯愁晓,周游不问家。更逢清管发,处处落梅花。"崔液诗曰:"今年春色胜常年,此夜风光正可怜。鹊鹄楼前新月满,凤凰台上宝灯燃。"刘肃:《大唐新语》卷八《文章》,北京:中华书局,1984年,127页。
⑤ 陆海题奉国寺诗曰:"新秋夜何爽,露下风转凄。一声竹林里,千灯花塔西。"题龙门寺诗曰:"窗灯林霭里,闻磬水声中。更筹半有会,炉烟满夕风。"人推其警策。刘肃:《大唐新语》卷八《文章》,北京:中华书局,1984年,127页。

情之作，叙其本事，可读性极强。全书分情感、事感、高逸、怨愤、征异、征咎、嘲戏七类，唐代诗人轶事，如博陵崔护的人面桃花诗、顾况的梧叶题诗、刘禹锡的玄都观桃花、宋之问的灵隐老僧续诗等，赖此书以存，现久已脍炙人口。孟棨《本事诗》创立叙诗新体，与唐诗的兴盛、传奇崛起有关，开后世诗纪事、诗话一体之先河。与孟棨差不多同时，范摅撰写的《云溪友议》，全书65则，记中唐以后杂事，其中十之七八与《本事诗》一样，以诗系事，品评诗之高下。唐人说唐诗，颇为后人重视。入宋，聂奉先《续本事诗》、计有功《唐诗纪事》等书相继问世。而以"辨句法，备古今，纪盛德，录异事，正讹误"①为宗旨的诗话也在北宋诞生，对诗歌的评论诠释进入充满活力的新阶段。

上述情况可能还只是发生在文人群体中，社会中下层民众的诗歌阅读与传播情况，我们今天可以依据已经发现并基本整理完毕的敦煌唐诗写本来做一个大概的勾勒。

自从1913年罗振玉辑《鸣沙石室佚书》，首次发布影写本唐人诗选残卷六家，题名《唐写本唐人选唐诗》（伯2567）以来，到20世纪末，徐俊通过对400多个写本的整理、缀接和汇校，厘定唐诗写本凡诗集诗抄63种，诗1401首（包括重出互见诗71首），诗歌524首（句）。二者合计为1925首（句），加上300多首王梵志诗，基本包含了敦煌唐代诗歌的绝大部分。② 其中诗集包括具有别集特征的《高适诗集》《张祜诗集》《李峤杂咏注》等，专集如《珠英集》《瑶池新咏》，诗歌丛钞包括诗词、诗文丛钞，其中《唐诗丛钞》（伯2567、伯2552）录诗108题119首，原卷首尾俱残，足见全卷篇制巨大，卷面书法秀雅，行款严整，允为敦煌诗卷精品之最。如此众多的唐诗写本、中原名家诗作同时出现在远离文化传播中心长安的边陲藏经洞中，足以证明唐诗传播的

---

① 许顗：《彦周诗话》，见吴文治《宋诗话全编》，第2册，南京：江苏古籍出版社，1998年，1392页。
② 徐俊：《敦煌诗集残卷辑考·前言》，北京：中华书局，2000年，21页。

速度和范围都是相当惊人的。

《唐人选唐诗》 敦煌写本(伯2567)

值得注意的是,在敦煌唐诗写本中,有相当的一部分是本地诗人的作品,很多出现在《全唐诗》中。1956年,在湖南长沙望城县铜官镇至石渚湖一带发现唐五代窑遗址,先后已经有7000余件瓷器出土,加上历年收集的3000余件长沙窑瓷器,其中320件有题诗、题字和款识,经整理,得"诗歌作品、格言熟语及残句近八十首(句)。这些诗歌作品,也绝大部分不见于《全唐诗》等唐五代诗总集"①。如1983年出土的唐代青釉褐彩诗句瓷壶,腹部有褐彩书写的五言诗:"去去关山远,行行湖池深。早知今日苦,多与画师金。"其不见于《全唐诗》。经

---

① 徐俊:《唐五代长沙窑瓷器题诗校证》,见荣新江《唐研究》,第4卷,北京:北京大学出版社,1998年,67页。

过整理的 62 首完整的瓷器题诗中，有 11 首见于敦煌唐诗写本。如长沙窑瓷器题诗："白玉非为宝，千金我不须。意在千张纸，心存万卷书。"敦煌阙题诗（伯 2622）："白玉非为宝，黄金我未须。□（本书中无法识别的字用□代替）竟千张数，心存万卷书。"又见于《论语集解》卷六（伯 3441）的卷背："白玉虽未（为）宝，黄金我未虽（须）。心在千章至（张纸），意在万卷书。"① 瓷器是社会生活的日常用品，在瓷面题诗，既提高了瓷器的欣赏价值，又顺应了社会阅读、传播诗歌的风尚。

唐青釉褐彩诗句瓷壶

敦煌唐诗及其他写本中，有不少是作为启蒙和初学读物的。赵嘏《读史编年诗》（斯 619），唯一保存至今的唐人注本唐人诗集《李峤杂咏注》（伯 3738，斯 555，俄 10298、2999、3058），以及唐李瀚的《蒙求》（伯 2710、5522），用诗歌韵语的形式将历史和文化知识表述出来，通俗和表意相对比较直白是其特点。从已经整理的敦煌唐诗写本来看，它们大多具有这样的特征：选诗无标准可循且排列无序，文字潦草且多缺误，篇幅短小且多缺题。这些都符合社会性阅读的特点，它们应该只是供个人诵读的随意性较强的民间文本。这正是中下层读者文化程度普遍不高的特点在民间诗歌阅读与传播上的反映。

---

① 徐俊：《敦煌诗集残卷辑考》，下编，北京：中华书局，2000 年，778 页。

二、唐人小说

中国古代小说发展到唐代，进入了崭新的历史时期，开创出赢得当代、影响后世的新体。南宋学者、小说家洪迈曾经这样评价："唐人小说，不可不熟。小小情事，凄婉欲绝，洵有神遇而不自知者。与诗律可称一代之奇。"①细品洪迈的评论可知，他推崇的应该是由唐代文人创作、被后人称作"传奇"的新体。鲁迅先生所说小说至唐代而一变，原因是唐人"始有意为小说"，指的也是"传奇"这种新体。

传奇一名，源于元稹所撰《莺莺传》的原名《传奇》。宋代赵令畤称："夫传奇者，唐元微之所述也……至今士大夫极谈幽玄、访奇述异，无不举此以为美话。"赵令畤深惜能如此打动人心的佳作竟然"不比之以音律，故不能播之声乐，形之管弦"，乃为谱《商调蝶恋花》十阕，且"句句言情，篇篇见意"。②此后，金有董解元《西厢记》，元有王实甫《西厢记》、关汉卿《续西厢记》，明有李日华《南西厢记》、陆采《南西厢记》，清有查继佐《续西厢杂剧》，等等，影响深远。

唐人传奇名作迭起，如李朝威的《柳毅传》、蒋防的《霍小玉传》、白行简的《李娃传》、陈鸿的《长恨歌传》、杜光庭的《虬髯客传》等，均广传后世，成为元明大曲杂剧创作乃至绘画的源泉。李公佐的《谢小娥传》讲述了商贾女谢小娥矢志为父亲和夫婿杀贼报仇的义烈传奇，在后世传播甚广，欧阳修撰《新唐书》，即依此传奇文采入《列女传》。

唐人小说除了单篇的传奇以外，还包括结成专集的，仅见于《新唐书·艺文志》子部小说家类著录的就有牛僧孺的《玄怪录》、李复言的《续玄怪录》、薛用弱的《集异记》、袁郊的《甘泽谣》、裴铏的《传奇》

---

① 莲塘居士（陈世熙）：《唐人说荟·例言》，上海：扫叶山房，石印本，1922年，1页。
② 赵令畤：《元微之崔莺莺商调蝶恋花词》，见《侯鲭录》卷五，北京：中华书局，2002年，135页。

以及段成式的《酉阳杂俎》、戴孚的《广异记》、唐临的《冥报记》、张说的《宣室志》等，数量、品种都是十分丰富的。

唐代小说的作者多为文士，内容多述赶考或下第举子的种种情状，往往以客舍读书或赶路失途引出传奇故事。如唐代牛僧孺《玄怪录》"郭代公"：郭元振开元中下第，自晋之汾，夜行阴晦失道……。唐代钟辂《前定录》"李敏求"：赵郡李敏求应进士，八就礼部试不利，大和九年（835）秋旅居宣平里，日晚拥膝愁坐。忽如沉醉，俄而精魄去身……。唐代戴孚《广异记》"李元平"：睦州刺史之子李元平大历五年（770）客于东阳精舍读书，岁余暮际，忽见一美女进入僧房……。而记闺阁爱情，更为精彩动人。李朝威的《柳毅传》记仪凤中，落第儒生柳毅于泾阳道中遇见牧羊妇，遂受托带书洞庭；蒋防的《霍小玉传》记李益进士及第，俟试长安，得遇霍小玉。传中展开的情节婉转奇幻，绰有情致，文字珠圆玉润，斐然成章，故历代传诵不衰。

唐五代时期，以故事情节见长的小说传奇深受社会读者的欢迎。生活在武后、中宗、睿宗三朝的张鷟，以辞章知名，所著传奇《游仙窟》和记武后时期朝野事迹的笔记小说《朝野佥载》，流传很广，史称"是时天下知名，无贤不肖，皆记诵其文"①。因此，张鷟才名远播，新罗、日本等周边国家每次遣使入唐，必定会出重金求购其文。作为第七次遣唐使团一员的少录，于武周长安二年（702）入唐的山上忆良，在他的名作《沉疴自哀文》中列举了在唐所得或所阅读的通俗书籍，其中就有《游仙窟》，这间接反映出唐代社会当时的阅读风尚。

小说传奇吸引阅读的亮点全在情节，因为小说是叙述故事，不同于仅仅记载事实的笔记。下面两则反映同一内容的文字可以说明笔记与小说的区别。唐人王积薪围棋事，李肇《唐国史补》仅载曰：王氏棋艺天下无敌，后在游京师途中，夜宿驿舍，无意中暗记主人媪与其

---

① 刘昫等：《旧唐书》卷一四九《张荐传》，北京：中华书局，1975年，4023页。

妇棋局,皆自己所不及,首尾仅仅百余字。而在薛用弱小说集《异闻记》中,其字数增至近五百,故事渲染为王氏随玄宗南狩,因邮亭驿舍为尊官先占,只好寄宿山中孤媪之家,栖于檐下,夜闻媪妇赌棋,暗记棋局。天明当面请教,得妇指示攻守杀夺救应防拒之法,谢别后方行数十步,孤媪之家已失其所。积薪棋艺,自此世无其伦。又唐代天文学家僧一行事,刘肃《大唐新语·记异》仅记其撰历测候的经历,故宋代辑《太平广记》将刘肃此则文字列入"算术"类;郑处诲的小说集《明皇杂录》中载一行事,千余字,除其造历事,更用半之文字述报恩事,情节曲折,《太平广记》入"异僧"类。由此足见两者的区别。《新唐书·艺文志》将两类书分别著录于史部杂史或杂传类和子部小说家类,也是基于它们记事形式、手法的不同。在社会的阅读和传播中,两者的情况也是有差异的,一般来说,主要具有鉴赏娱乐功能的小说拥有更多的读者,包括文人学者。

当代及后世的文人学者往往欣赏唐人小说的文采和意想,一些新异奇趣故事,如薛用弱《集异记》中狄仁杰集翠裘、王维郁轮袍、王积薪妇姑围棋、王之涣旗亭画壁,陈留蔡少霞梦中代书《苍龙溪新宫铭》,以及气侠三红女(《虬髯客传》中的红拂、《裴铏传奇·昆仑奴》中的红绡、《甘泽谣·红线》中的红线),等等,广为传播,已成为后世文人熟用的典故。明代胡应麟曾严厉批评唐人小说多涉荒怪:"如《柳毅传》书洞庭事,极鄙诞不根,文士亟当唾去。"但他同时又指出这样的事实:诗人往往好用之。如明代何景明《寄君山》"空岩竹映湘妃庙,旧井潮深柳毅祠"和明黎民表《明晨同征甫在明游玉龙洞题名其上》"持钵懒过香积寺,封书谁识洞庭君",皆用《柳毅传》的典故。而且黎诗暗用柳毅而不露,语独奇俊,得诗家三昧,但"总之不如不用为善"①。元稹在《酬翰林白学士代书一百韵》记录了这样两件事:"翰墨题名尽,光阴听话移"。

---

① 胡应麟:《少室山房笔丛》卷二十《二酉缀遗中》,北京:中华书局,1958年,485页。

关于"光阴听话移",他自注说:"尝于新昌宅说《一枝花》话,自寅至巳,犹未毕词也。"白居易《诏授同州刺史病不赴任因咏所怀》诗有"卖却新昌宅,聊充送老资"之句,新昌宅为白居易在长安的居所。明代陈耀文《天中记》引唐末陈翰《异闻集》称:一枝花,就是后封汧国夫人的长安倡女李娃的旧名。虽然《一枝花》的底本与白居易之弟白行简《李娃传》之间的关系无从考证,但可以肯定的是,本就是传奇作者的元稹以及提倡作品通俗的白居易如此欣赏通俗的文学样式,在很大程度上提高了小说的社会声誉,进一步推动了小说的创作和发展。

探究唐人小说能与唐诗在艺术和阅读领域平分秋色,受到社会读者和文士普遍喜爱的原因,大致有三。其一,社会阅读心理。东汉王充曾经就社会阅读的心理做过这样的分析:"世俗之性,好奇怪之语,说虚妄之文。何则? 实事不能快意,而华虚惊耳动心也。是故才能之士,好谈论者,增益实事,为美盛之语;用笔墨者,造生空文,为虚妄之传。听者以为真然,说而不舍;览者以为实事,传而不绝。"①生活在现实中的人们,普遍会追求现实社会中没有或很少有的奇闻逸事,而超出人们的想象范围以及现实生活经验所不能解释的奇闻逸事,更能使人们津津乐道。唐人小说的作者竭尽意想奇幻之能事,将人神遇合、人鬼幽会的故事写得缠绵悱恻,足以催生、引发读者强烈持久的阅读兴趣。其二,故事曲折动人。唐人有意为小说,以表现自己的史才、诗笔和议论,幻设情节、作意铺写,"以华艳之笔,叙恍惚之情"②,常常令读者欲罢不能。其三,鲜明的社会生活背景。唐人小说中的奇幻故事往往是在人们熟悉的生活环境中展开的。程国赋曾以汪辟疆先生校录的《唐人小说》为样本,经统计发现其所收 68 篇小说中,相当多的故事以都市为创作背景,其中以京师长安为最,以下依

---

① 王充撰,黄晖校释:《论衡校释》卷二十九《对作篇》,北京:中华书局,1990 年,1179 页。
② 鲁迅:《中国小说史略》,第 8 篇,《唐之传奇文》(上),北京:人民文学出版社,1975 年,59 页。

次为洛阳、扬州、金陵、广州。① 大部分小说对主人公活动的社会环境的描述基本是真实的,读者甚至可以按图索骥,小说的描述成了反映中唐都市的社会风俗画,这样会使读者在熟悉的故事氛围中产生浓郁的亲切感。

唐代李瀚撰《蒙求》,凡598句,四字为句,每句叙一人,每人著一事,是唐宋时童蒙的重要读本,社会流传范围很广。其中所叙人事,并不都出于经史,很多取自小说杂书。如:"毛宝白龟""糜竺收资"出于《搜神记》,"壶公谪天""初平起石"出于《神仙传》,"孙晨藁席""灵辄扶轮"出于《类林》,"孙钟设瓜""黄寻飞钱""宋宗鸡窗"出于《幽冥录》,"庞俭凿井"出于《风俗通》,"卢充幽婚"出于《志怪集》,"张氏铜钩"出于《三辅决录》,"王果石崖"出于《神怪志》。宋代学者王观国因此批评说:"小说杂书,多妄诞不可取信,而瀚取此与经史同列,非训蒙之所先也。"②其实这正说明当时小说杂书的传播广泛,具有社会性,所以李瀚才将其取入童蒙读本。

唐人传奇本是当时古文运动的附庸,附庸之所以能得到发展而蔚为大观,原因全在于作者在创作时能有意为之,而读者恰巧喜欢在有意为之状态下创作出来的作品。

---

① 程国赋:《唐五代小说的文化阐释》,北京:人民文学出版社,2002年,207页。
② 王观国:《学林》卷七《李瀚蒙求》,北京:中华书局,1988年,230页。

第三章　科举制度与社会阅读风尚

隋唐以来,科举制度作为朝廷取士的国家大典,对社会产生了深远的影响。社会对科举做出了广泛的反应,形成波及全社会的文化现象,有关科举之记载几乎遍及今存隋唐文献之中,如《隋唐嘉话》《大唐新语》《唐摭言》《唐语林》等,杜佑《通典·选举典》6卷,其中半数专论唐代科举制度,很多图书体例的创新和社会阅读行为的变化,都与科举有关。我们不妨将此称为科举文化。

唐代科举对社会各阶层开放,科举逐渐成为士人入仕的主要途径,士族后代、庶族子弟都要通过这个途径猎取功名,踏上仕途。每年应试之时,天下士人怀抱金榜题名的梦想,龙骧虎步,行进在长安道上。武则天揽政之初,为新朝选拔天下人才,制举取士命官,四方应制之士几达万人,比肩林立,蔚为壮观。武则天御洛阳城南门,亲自临试。年方弱冠的张说对策为天下第一,即拜太子校书。于是"五尺童子,耻不言文墨焉。是以进士为士林华选,四方观听,希其风采,每岁得第之人,不浃辰而周闻天下"①。进士及第以后,雁塔题名,曲江狂欢,何等风光!在朝廷科举取士制度的激励下,即使是政局动荡的晚唐,社会读书向学之风也没有消散,读杜荀鹤的《题弟侄书堂》诗

---

① 沈既济:《词科论》,见杜佑撰《通典》卷十五《选举三》,北京:中华书局,1988年,358页。

可以清晰地感受到这一点:"何事居穷道不穷,乱时还与静时同。家山虽在干戈地,弟侄常修礼乐风。窗竹影摇书案上,野泉声入砚池中。少年辛苦终身事,莫向光阴惰寸功。"①

为了保证子弟能够在科举选拔中胜出,收藏阅读科举规定的经史典籍,便成为名门世族、士庶之家的共同选择。"士大夫以《诗》《礼》立身,儒素为业,广聚坟典,以遗子孙,若良农之储耒耜,百工之利刀尺也。缮其简编,饰诸缃帙。手自刊校,心无倦怠。至于义畜百家,室盈千卷,观乎油素,达圣哲之心;遗之子孙,为清白之业。异夫金玉满堂,货币润屋,多藏为累,后亡可俟者也。"②人生至乐无如读书,至要无如教子成为社会推崇的信条,诗书教子的文化传统在唐代得到进一步的发扬光大。

第一节 科举制度的确立

隋文帝杨坚创立隋朝,结束了西晋末年以来近300年的南北分裂局面。隋政权虽然只经历两代,但是为加强封建中央集权所制定的政治、经济、文化等方面的制度和措施,多为唐朝统治者所承袭。其中,设立秀才、明经、进士三科,以广泛吸纳有才华的士人参政为目的的科举制度,不但为唐王朝所沿用,而且为后世历代封建政权所沿用。

《隋书·高祖本纪》"开皇七年(587)正月"条记载:"乙未,制诸州

---

① 杜荀鹤:《题弟侄书堂》,见《全唐诗》卷六九二,北京:中华书局,1960年,7968页。
② 王钦若等编纂,周勋初等校订:《册府元龟》(校订版)卷八一一《总录部·聚书》,南京:凤凰出版社,2006年,第9册,9437页。

岁贡三人。"当时设有秀才、明经、宾贡三科。炀帝即位,"变宾贡科,而置进士、俊士两科,连原有的明经、秀才,成为四科之制。"唐初沿用此制。① 太宗时期,科目有所增减,为秀才、明经、进士、明法、书、算六科,此为"常科",其中以明经、进士两科最为盛行。明经试又有五经、三经、二经、学究一经等科目。与"常科"相应,唐朝还盛行"制科"。所谓制科,就是由皇帝亲自下诏举行的科举,"其制诏举人,不有常科,皆标其目而搜扬之。试之日,或在殿廷,天子亲临观之。试已,糊其名于中考之,文策高者特授以美官,其次与出身"②。

一、科举的名目与内容

唐朝以九经取士,其中又根据经文字数的多少分为大、中、小三等:《礼记》《春秋左氏传》为大经,《毛诗》《周礼》《仪礼》为中经,《周易》《尚书》《春秋公羊》《穀梁传》为小经。《新唐书·选举志》云:"通二经者,大经、小经各一,若中经二。通三经者,大经、中经、小经各一。通五经者,大经皆通,余经各一。"③在大经中,《左传》的字数多于《礼记》,所以参加科举考试的士子都学《礼记》而不习《左传》;在中经、小经中,《周礼》《仪礼》《公羊》《穀梁》难于《毛诗》《周易》《尚书》,故学者多选易避难,争习易者而弃难者。所以,玄宗开元中,国子祭酒杨玚奏言"今明经习《左传》者十无二三,《周礼》《仪礼》《公羊》《穀梁》亦殆将绝废",要求朝廷对修习该五经者量加优奖。百年后,长庆二年(822)二月,谏议大夫殷侑又以同样的原因奏请朝廷专开三传科,他说,《左传》文字比《礼记》多较一倍,《公羊》《穀梁》比

---

① 高明士:《隋唐的科举》,载《故宫文物月刊》,中国台北,1990年,第8卷第4期,15页。
② 杜佑撰,王文锦等点校:《通典》卷十五《选举三》,北京:中华书局,1988年,357页。
③ 欧阳修、宋祁:《新唐书》卷四十四《选举志》,北京:中华书局,1975年,1160页。

《尚书》《周易》多五倍,已经无人肯学三传。"伏请置三传科,以劝学者。"①

制举科目因皇帝的意思确定,因时就俗。如睿宗景云元年(710)下诏制举,诏曰:"其有能习三经通大义者,综一史知本末者,通三教宗旨究精微者,善六经文字辨声象者,博雅曲度和六律五音者,韬略学孙吴识天时人事者,畅于辞气聪于受领善敷奏吐纳者,咸令所司博采明试,朕亲择焉。"该诏列举了七个科目,从文义上看,涉及经学、史学、宗教、文字训诂、音乐、军事、演技等。唐代的制举科目,据《唐会要》卷七十六《制科举》的记载,从唐高宗显庆三年(658)的志烈秋霜科,至唐文宗大和二年(828)的军谋宏远堪任将帅科,据傅璇琮先生的统计,170年间出现了63个不重复的科目,宋代王应麟在《困学纪闻》卷十四《考史》中说有86个,而陈飞的统计更是达到令人难以置信的982个。② 不过其中为世所雅重而列为定科者,只有"贤良方正、直言极谏、博通坟典达于教化、军谋宏远堪任将帅、详明政术可以理人之类"③。唐代名臣,多起自制举,张九龄曾应举二科:才堪经邦,道侔伊吕,史称其后来相业,不负科名。

唐代封演《封氏闻见记》卷三《制科》,还记载了进献文章,并上著述的制举形式:开元中有唐频上《启典》130卷、穆元林上《洪范外传》10卷、李镇上《注史记》130卷、《史记义林》20卷、辛之谔上《叙训》2卷、卜长福上《续文选》30卷、冯中庸上《政事录》10卷、裴杰上《史汉异议》、高峤上《注后汉书》95卷。如此者"或付本司,或付中书考试,亦同制举"④,足见士人读书应举的形式名目是比较丰富的。

科举名目虽多,但众科之中,素以进士最为瞩目。高宗永隆二

---

① 殷侑:《请试三传奏》,见董诰等《全唐文》卷七五七,北京:中华书局,1983年,7855页。
② 陈飞:《唐代试策考述》,北京:中华书局,2002年,262页。
③ 欧阳修、宋祁:《新唐书》卷四十四《选举志》,北京:中华书局,1975年,1169页。
④ 封演撰,赵贞信校注:《封氏闻见记校注》卷三,北京:中华书局,2005年,19页。

年(681),诏进士试杂文两篇,通文律然后试策。所谓杂文,就是诗赋。天宝十一年(752),诏进士帖经通过后,试文诗赋各一篇,文通后方再试策。进士一科,永隆以前只有对策,天宝以前有策有诗赋,天宝以后有帖经有策有诗赋。诸科之中,以此最难,所以有"三十老明经,五十少进士"之谚。因此,朝野以进士最为高贵,得人亦最为鼎盛。自唐中宗神龙元年(705)开始,进士登科,皆赐游曲江上,题名雁塔下,由是遂为故事。贞元八年(792),陆贽主文,试《明水赋》《御沟新柳诗》,当时名流如欧阳詹、李观、冯宿、王涯、韩愈、李绛、庾承宣、崔群等同榜登第,盛况空前,时称此榜为龙虎榜。长庆初,宰相杜元颖、王播、李逢吉、牛僧孺四人皆进士出身。所以,官至中书的薛元超自述的平生三恨中,以没能进士擢第为首恨。① 沈既济《枕中记》中,卢生梦幻三部曲中的主旋律就是"举进士,登第出仕"。甚至长安女道士鱼玄机登崇真观南楼,目睹新进士题名的盛况,不禁心潮难平,发出"自恨罗衣掩诗句,举头空羡榜中名"②的感叹。

二、科举对阅读的影响

唐代科考考生的来源,主要有学馆的生徒和州县的选送,即乡贡。《新唐书·选举志》称:"唐取人之路盖多矣,方其盛时,著于令者,纳课品子万人,诸馆及州县学六万三千七十人,太史历生三十六人,天文生百五十人。……"③这应该还不是当时社会逐级参加科举考试人群的总数。对于繁复的考试科目,朝廷需要及时向众多的应试考生提供足够的符合科考要求的标准文本和相关参考材料。

---

① 刘𫗧:《隋唐嘉话》卷中,北京:中华书局,1979年,28页。
② 鱼玄机:《游崇真观南楼睹新及第题名处》,见《全唐诗》卷八〇四,北京:中华书局,1960年,9050页。
③ 欧阳修、宋祁:《新唐书》卷四十四《选举志》,北京:中华书局,1975年,1180页。

自汉武帝采纳大儒董仲舒的建议,"罢黜百家,独尊儒术"以来,儒家经典就成为国学的教科书、国家考试命题的依据。唐代以九经取士,高宗永徽四年(653)将孔颖达奉诏编定的《五经正义》颁行天下,"每年明经令依此考试"。文宗时,宰相郑覃受命校正十二经,即唐代九经,加上东汉已经被列为"经"的《孝经》《论语》《尔雅》,并以当时风行的楷书镌刻于石。开成二年(837)石经成,立于长安国子监。五代时北方四朝国子监雕印儒家十二经,广颁天下,"如诸色人等要写经书,并须依所印刻本,不得更使杂本交错"①。这表明唐五代政府在向天下读书人提供符合科考要求的标准文本和经义。

朝廷规定的科考典籍,成为天下读书人的阅读重点。在隋唐五代的文献中,只要提及阅读行为,基本上不出此范围。如秘书监马怀素"六岁能诵《书》,十五遍诵《诗》《礼》《骚》《雅》,能属文,有史力"。国子生李鱼"九岁通《周易》,十岁明《礼》,十三精《史》《汉》,十五能属文"②。天宝时颍川陈照"雅好《史》《汉》《诗》《礼》,略通大义"③。即便是女性,阅读也以此为重。如丽正殿学士殷践猷夫人兰陵萧氏,能读《论语》《周易》,泛观史传④。卢氏崔夫人"习《礼》言《诗》,尤专《论语》"⑤。幽州范阳县令夫人卢氏则"口无择言,必叶诗书之味"⑥。范阳卢公夫人赵郡李氏平日"读《论语》《诗》《书》《礼》、传,古史箴颂,近世词赋,合于雅者尽讽之"⑦。由此可见女性常读书籍也在科举经史范围之内,这自然与自幼家庭阅读氛围的熏陶有关。

---

① 薛居正等:《旧五代史》卷四十三《唐书·明宗纪》,北京:中华书局,1976年,558页。
② 周绍良:《唐代墓志汇编》,上海:上海古籍出版社,1992年,1232页。
③ 周绍良:《唐代墓志汇编》,上海:上海古籍出版社,1992年,1583页。
④ 颜真卿:《颜鲁公集》卷十《殷君墓碣铭》,见董诰等《全唐文》卷三四四,北京:中华书局,1983年,3497页。
⑤ 周绍良:《唐代墓志汇编》,上海:上海古籍出版社,1992年,2351页。
⑥ 周绍良:《唐代墓志汇编》,上海:上海古籍出版社,1992年,681页。
⑦ 李华:《李遐叔文集》卷二《李夫人传》,见董诰等《全唐文》卷三二〇,北京:中华书局,1983年,第4册,3255页。

唐代科考,要求考生能熟练使用多种文体,最主要的是策,其他包括诗、赋、箴、铭、论、表等,需要从小进行训练。所以,从民间村塾教授开始,学童就要学习有关的经史知识和作文技法。唐五代时期出现如《兔园策府》这样的类书,就是为了适应科考的这种要求。南宋王应麟《困学纪闻》卷十四《考史》说:"《兔园策府》三十卷,唐蒋王恽令僚佐杜嗣先仿应科目策,自设问对,引经史为训注。"①所谓"仿应科目策",就是按照科考科目策文的要求和模式,设计模拟题。所以唐太宗子蒋王李恽将汉枚乘为文帝子梁孝王刘武作《兔园赋》的典故取作书名。

敦煌石室曾发现数个《兔园策府》残卷写本:斯 1086、斯 614、斯 1722。其中后两个写本存有序言。斯 1722 序的最后一段写道:"忽垂恩教,令修新策。今乃勒成一部,名曰《兔园策府》,并引经史,为之训注。虽则膠言斐论,无取贵于湘油,然而野识菖词,理难同于翰墨。传之君子,有惭安国之言;悬之市人,深乖吕韦之旨。所定篇目,题之如左。""一部",斯 614 作"十卷",正与南宋晁公武《郡斋读书志》的著录相同。

《兔园策府》的三个敦煌写本,其基本格式是列题目、问、对。对语由"窃"字领起,以"谨对"结束。斯 614、斯 1722 都存卷第一,包括辨天地,正历数,议封禅,征东夷,均州壤五题,其中唯有斯 1086 如卷首序言所说有训注,其余两个写本皆无训注。

斯 1086 残存正历数部分,正文大字,四六骈语,训注双行小字。正文残存 28 行半,其训注涉及《春秋传》《左氏传》《尚书》《孔子家语》《淮南子》《汉书》《帝王(世)纪》《宋书》等,征引比较到位。观其训注,引注并不规范,如"黄帝驭宇,既命历于容成;丹陵膺国,亦钦象于羲仲"。训注曰:"《孔子家语》:黄帝死五百年,人畏其神","《帝王纪》:

---

① 王应麟著,翁元圻等注,栾保群等校点:《困学纪闻》卷十四《考史》,上海:上海古籍出版社,2008 年,1670 页。

尧生于丹陵。乃命羲和,钦若昊天,历象日月星辰,敬授人时"。检《孔子家语》"五帝德",宰我听说黄帝三百年,因问孔子:"黄帝者,人也,抑非人也,何以能至三百年?"孔子历数黄帝对中华民族的功绩,说:"民赖其利,百年而死;民畏其神,百年而亡;民用其教,百年而移。故曰黄帝三百年。"显然训注将"三"误为"五"。又"乃命羲和"一段,出《尚书·尧典》,训释失注。

五代时,北方民间村塾普遍使用《兔园策府》教授蒙童,甚至普及到家藏一本的程度。南宋晁公武《郡斋读书志》卷十四《类书类》著录:"《兔园策》十卷,唐虞世南撰。奉王命纂古今事为四十八门,皆偶丽之语。至五代时,行于民间,村野以授学童,故有'遗下兔园策'之诮。"①由此可知《兔园策府》在唐五代时流行于民间。根据上述敦煌写本,晁公武的题解基本是符合事实的。《兔园策府》之类的民间流

《兔园策府》 敦煌写本(斯1086)

---

① 晁公武撰,孙猛校注:《郡斋读书志校证》卷十四,上海:上海古籍出版社,1990年,650页。

传之本可能出自坊肆,也可能自己手抄,但是这种巨大的社会拥有量,已经显示出科举对社会阅读的刺激和促进作用。所以,到了宋代,刊刻印售科举类书籍成为民间出版业的主要业务。

唐代科考,还有一种属于知识性的连续发问的形式。颜师古在《策贤良问五道》"第四道"中提出这样的系列问题:"九流七略,题目何施? 八体六书,名义焉在? 三皇五帝,诸说不同。列次分区,谁者为允? 翠妫元扈,临之而安得? 绿纯黄玉,所表其奚事? 阴康骊畜,行序孰当? 封钜大填,胡宁游处? 彤鱼昌仆,出何典诰? 穷蝉声望,阙类惟何? 管仲文锦,既丑何贵? 子产深链,实厚何俾? 周鼎所存,识者几物? 齐钟所衅,卒用何牲? 罢绌诸侯,何名三十六都? 褒贬将相,何谓三十二人? 至如象叶之精乎弃日,木鸡之巧乎异端,著于简牒,何所沮劝?"①

元结在《问进士·第五》中提出以下问题:"古人识贵精通,学重兼博,不有激发,何以相求? 三礼何篇可删? 三传何者可废? 墨氏非乐,其礼何以? 儒家委命,此言当乎? 彼天女天孙,不知何物? 彼日兄月姊,弟妹是谁? 驵侩与伧奴宁分,一纯将二精何说? 孤竹之君何姓? 新城老妇何名? 棘竹出自何方? 毒铜产于何国? 何乡无水可饮? 何地卧冰而温? 何人恩信过于田横? 何人壮勇等于关羽? 何人凿坏而遁? 何人终日扫门? 无浅近之不为,悉说。"②原题下有自注:"永泰二年(766)道州问。"当时元结是道州刺史,这应为州学试题。另独孤及有《策秀才文三道》,沈亚之有《贤良方正能直言极谏策二道》,它们都是同类的试题。

显然,这些问题大多属于知识性的,涉及历史上的人物与事件,包含历史认识和评价。回答无须长篇大论,所以颜师古的要求是"勿

---

① 董诰等:《全唐文》卷一四七,北京:中华书局,1983年,1489页。
② 元结:《元次山集》卷九,北京:中华书局,1960年,141页。

用浮辞，当陈指要"。为什么要出这样的试题？颜师古也对其做了说明："算祀悠邈，载籍实繁，钻仰虽多，罕能择练。今将少论古昔，庶异见闻。"①这就是说中国悠久的历史，留下了浩如烟海的典籍，读书人即使勤奋异常，大概也难以将其中的人文事迹一一择要印记在脑海中。这样的提问可以提高士子的历史知识水平和人文素养，也就是颜师古说的"庶异见闻"。

敦煌藏经洞中曾发现数个名为《随身宝》的唐写本，其正文体例就是分成若干组"论"，论下以"何"字领起问题，再逐一解答。如："论五姓、五行、三老、三伦。何名五姓？宫商角徵羽。五姓作何声色？黄声宫，白声商，青声角，赤声徵，黑声羽。何名五行？金木水火土。五行各有何味？金味辛，木味酸，水味咸，火味苦，土味甘。五味属何色？辛色白，酸色青，咸色黑，苦色赤，甘色黄。何名三老？上知天文，下知地里（理），中知人情。何名三伦？君父师。"②所论广泛涉及朝政、文化和社会生活各个方面。显然，《随身宝》这种设问的体例，来源于上述考试形式，但是各自涉及问题的高下深浅是非常明显的。南宋陆游曾经提到唐代流行的科举参考书《何论》，他说："国初，《韵略》载进士所习有《何论》一首，施肩吾《及第敕》亦列其所习《何论》一首。《何论》盖如'三杰佐汉孰优''四科取士何先'之类。"③陆游所举《何论》的例子，其内容、难度大致与颜、元两位的题目相当，应该就是举子平时诵读练习的参考书。《随身宝》只是受《何论》体例影响而编写的更为通俗的知识性小类书，因为其中涉及的内容对于解答颜、元的问题完全无济于事，也就是说，它的编写不是针对科考的，但是它的出现应该是受到科考影响的。

---

① 董诰等：《全唐文》卷一四七，北京：中华书局，1983年，1489页。
② 伯2721，刘騆著，林其锬、陈凤金辑校：《敦煌遗书刘子残卷集录》所附影印件，上海：上海书店，1988年，24页。
③ 陆游：《老学庵笔记》卷一，北京：中华书局，1979年，6页。

第二节　诗书教子传统与藏书世家的出现

西汉武帝时,鲁国邹地(今山东邹平)有一位名叫韦贤的书生,他自幼笃志读书,精通《诗》《书》,时称邹鲁大儒,后出仕为官,汉宣帝本始年间位至丞相。韦贤的小儿子元成很早就受诗书的熏陶,成年后亦以精晓经义荣登仕途,官至丞相。父子习儒,一门两相,名扬千里,荣耀一时。所以当时邹鲁民间流传民谚:遗子黄金满籝,不如一经(或作"不如教子一经")。籝,本为竹器,满籝,则言其多。留给子孙万贯家财,不如教子读书治经,这就是我国古代崇尚教子读书、慎以金玉传家的优良传统。

"黄金满籝不如一经"

[清]徐乾学　传是楼藏书印

一、诗书教子的传统

诗书教子说产生的历史原因比较复杂,大致可以认为官方的导向、民间的崇尚、文化的熏陶以及普遍的传家立业的社会心理是比较主要的因素。从人类创造文字,告别原始社会而走入文明时代起,社会的发展就依赖于文明和知识的积累与传播。所以,知识受到崇拜,书籍为人敬畏,读书人得到重用,是社会发展的必然结果。于是官方以读书考试选拔官员,百姓以读书要求子弟,也就在情理之中了。古代诗书教子的文化传统,以孟母三迁为典范,在古代阅读史上长期流传,其强大的精神激励作用历久弥新。

敦煌文献中,不少唐代写本中有劝学读书的文字,其中一首俗曲《十二时》"发愤勤学"中有这样的句子:"人生在世须奂志,男儿不学读诗书,恰似园中肥田草。""偷光凿壁事殷勤。丈夫学问随身宝。白玉黄金未足珍。""读书不得辞辛苦,如今圣主召贤才,用尔中华长去武。"又如伯2952《十二时》"劝学"残存的八首中,有句云:"劝君教子胜留银,不见昔时勤学仕,衣锦还乡朱买臣。名播其传天下说,□□父母不及亲,但教十年冬夏读,不搂变作一贫人。"这些广泛传唱于唐代民间村坊的杂曲,说明读书求达胜于金玉传家的思想在隋唐民间已经十分流行。诗书教子与金玉传家最明显的不同,在于前者具有倡导读书风气的积极意义。读书风气一旦成为社会时尚,就会大大推动社会文明的发展。诗书教子的传统在我国历史上发挥的就是这种积极的促进作用。

隋唐史书及相关文献记载中,有着大量诗书教子的史实。甘州张掖赵武孟,早年因热衷于驰骋田猎而废学,后在其母教诲下弃猎从学,遂博通经史,举进士,官至右台侍御史。又薛播的伯母济南林氏博涉五经,善属文,所为篇章,时人多讽咏之。伯父元暧去世后,其子彦辅、彦国、彦伟、彦云及播兄据、摠等,都在林氏的训导下勤学成名。开元、天宝中二十年间,薛彦辅兄弟、薛据等七人并举进士,连中科名,衣冠荣之。[①] 肃宗乾元初,李涛终于官,其夫人独孤氏"专以《诗》《礼》之学训成诸孤,亲族是仰,比诸孟母"[②]。宋代,随着科举制度的进一步完善以及雕版印刷时代得书条件的优越,诗书教子的传统更加深入人心,也更多地出现在文人的诗文作品之中。苏辙《寄题蒲传

---

① 刘昫等:《旧唐书》卷一四六《薛播》,北京:中华书局,1975年,3955页。
② 周绍良:《唐代墓志汇编·唐故独孤夫人墓志铭》,上海:上海古籍出版社,1992年,1793页。

正学士阁中藏书阁》:"朱栏碧瓦照山隈,竹简牙签次第开……诗书教子真田宅,金玉传家定粪灰。"王珪《依韵和景仁闻喜席上作兼呈司马君实内翰》:"诗书教子终须立,箧里黄金一顾轻。"朱熹《寄题浏阳李氏遗经阁》:"老翁无物付孙儿,楼上牙签满架垂","个是侬家真宝藏,不应犹羡满籝金"。这些都充分证明了诗书教子的传统对人们的巨大感召力。

二、藏书世家

在封建社会科举制度的作用下,我们可以清楚地看到诗书教子与金玉传家之间的雅俗之别。科举取士制度,使读书人有了登上仕途、进入上层社会的希望。一旦科场得意,荣登仕途,其带给门庭的荣耀是经商或通过其他途径致富者所无法享有的。实施诗书教子的计划,必须以藏书为基础。唐代的名门望族大多秉承家规门风,以科举仕进为念,费金藏书,实施诗书教子的百年大计,从而出现藏书世家。

从私人藏书家的藏书情况来判断,唐代,藏书在万卷以上的藏书家不在少数。唐代图书多是写本,尚处于卷轴时代,藏书积至万卷以上,非累世之功,难以达到。唐代有历史记载可考的藏书家近百人,其中藏书万卷以上者22人,如"家书数万卷,侔于秘府"的太原王涯,"聚书逾万卷,多手自刊校"的秘书省校书郎韦处厚。户部侍郎苏弁聚书至三万卷,皆手自刊校,其富与秘府相侔;集贤学士韦述蓄书二万卷,皆手校定,黄墨精谨,胜于秘阁藏书。李磎家有书至万卷,号"李书楼";魏博节度使田弘正于府舍起书楼,聚书万余卷,称为"田氏书楼"。庄州都督李敬"锐于坟典,博于经史,家藏万卷,君读八千"[①]。

---

① 周绍良:《唐代墓志汇编》,上海:上海古籍出版社,1992年,1303页。

苏州恩王府参军徐修矩,世传藏书万卷,皮日休一年之中曾经借读数千卷,自称"酣饫经史,或日晏忘饮食"。下面所说的京兆柳氏、京兆杜氏、京兆李氏等都是唐代见于文献记载的藏书世家。

京兆华原(今陕西省铜川市耀光区)柳氏为藏书世家,第一代柳公绰,敬宗宝历年间(825—827)官至刑部尚书。史称,他"家甚贫,有书千卷,不读非圣之书"。第二代柳仲郢,公绰子,元和进士,宣宗大中年间(847—859)官至刑部尚书。《旧唐书·柳公绰传》称他"家有书万卷,所藏必三本:上者贮库,其副常所阅,下者幼学焉"。第三代柳玭,仲郢子,官御史大夫,中和三年(883)随僖宗避居蜀地,曾于成都见到书肆售卖印刷物的情景。宋叶廷珪《海录碎事》卷十八《收书门》引柳玭《柳氏家训序》云:"余家昇平里西堂藏书,经史子集皆有三本:一本纸墨签束元华丽者,镇库;一本次者,长将随行披览;又一本次者,后生子孙为业。"①像柳氏这样三世为官的藏书世家,他们的藏书是怎么得来的呢?据《旧唐书·柳公绰传》记载,柳仲郢曾手抄儒家九经以及《史记》《汉书》《后汉书》一遍,《三国志》《晋书》及《南史》《北史》等10部南北朝史各抄两遍,并将手抄各书精义分门别类,汇编成《柳氏自备》,30卷。他又抄佛典,如《瑜伽》《智度大论》等都抄录二本。凡持笔抄写,皆"小楷精谨,无一字肆笔"②。由此可见柳家藏书应多来自家人的抄录。而晚唐诗人、藏书家陆龟蒙癖好藏书,家中藏书也都手抄正副两本。

京兆万年(今陕西西安)杜氏为高门望族,作为藏书世家,已知可追溯至杜佑。杜佑(735—812),官至德宗、顺宗、宪宗三朝宰相,封岐国公,其所撰《通典》是古代典制体史书中的开创性巨著。杜佑京中府邸在安仁门,有屋30间,其中藏书万卷。杜牧《冬至日寄小侄阿宜

---

① 叶廷珪撰,李之亮校点:《海录碎事》卷十八,北京:中华书局,2002年,838页。
② 刘昫等:《旧唐书》卷一六五《柳公绰传》,北京:中华书局,1975年,4307页。

诗》:"旧第开朱门,长安城中央。第中无一物,万卷书满堂。家集二百编,上下驰皇王。多是抚州写,今来五纪强。"①古代 12 年为一纪,五纪即 60 年。杜牧(803—853),杜佑之孙,享年方五十,而杜佑曾任抚州刺史。故诗中"多是抚州写,今来五纪强",说明京中旧宅中的藏书始自祖父杜佑。杜牧一生勤于读书,在《自撰墓铭》中总结自己"平生好读书为文",他在《冬至日寄小侄阿宜诗》中叙述了自己读书为文的体会:"经书括根本,史书阅兴亡。高摘屈宋艳,浓薰班马香。李杜泛浩浩,韩柳摩苍苍。近者四君子,与古争强梁。"同时,他在诗中要

《邺侯藏书图》 [清]吴友如 绘

求侄子阿宜利用家藏图书勤奋阅读,"一日读十纸,一月读一箱。"后来这一联诗句凝聚为劝学故事,充满积极的阅读精神,为后人所举用。如杨万里《题安福刘虞卿敏斋》:"君不见杜家阿宜开雪窗,日读十纸月一箱。满阶只种书带草,黄金非宝书为宝。"宋林之奇《答黄晦叔仙尉》:"家塾党庠之内,日读百纸,月读一箱,何尝无学?"

万签插架,古代形容藏书丰富的典故,语出韩愈《送诸葛觉往随

---

① 杜牧:《樊川文集》卷一,上海:上海古籍出版社,1978 年,9 页。

州读书》:"邺侯家多书,插架三万轴。"邺侯,指宰相、藏书家李泌。李泌为德宗朝宰相,封邺县侯,家中起书楼,积书3万余卷。他的儿子李繁时任随州刺史,也好藏书、读书,韩愈介绍诸葛觉前往随州李繁处读书。韩愈的这首诗影响很大,此后"万签插架""牙签万轴"等就被用来形容藏书的丰富。如南唐后主李煜《题金楼子后》:"牙签万轴裹红绡,王粲书同付火烧。"宋苏辙《临江萧氏家宝堂》:"竹简多于孔氏壁,牙签新似邺侯家。"

据《新唐书·艺文志》著录,唐代有三部私家藏书目录传世,即吴兢《西斋书目》1卷、蒋彧《新集书目》1卷、元和国子司业杜信的《东斋籍》20卷。其中吴兢西斋有藏书1万余卷,吴兢外孙、秘书监蒋乂,犹有积藏好学之风,手不释卷,老而弥笃,家中藏书聚至15000卷。

图书的社会保藏量是衡量社会阅读活动盛衰的重要指标。唐代在科举制度的激励下,社会读书向学的意愿相对强烈,因而出现较多的藏书世家。晚唐杜荀鹤《书斋即事》:"卖却屋边三亩地,添成窗下一床书。乡里老农多见笑,不知稽古胜耕锄。"再看他在《下第东归道中作》中表现出的沮丧和落魄:"心火不销双鬓雪,眼泉难濯满衣尘。"[1]从中不难了解唐代士人读书求仕的心态。

三、诗书教子与利禄之路

几乎与汉代诗书教子的传统形成同时,藏书、读书的活动乃受利禄驱使之说也开始流传。班固在《汉书·儒林传》的赞语中说:"自武帝立五经博士,开弟子员,设科射策,劝以官禄,讫于元始,百有余年,传业者寖盛,枝叶蕃滋,一经说至百余万言,大师众至千余人,盖禄利

---

[1] 《全唐诗》卷六九二,北京:中华书局,1960年,7973页、7969页。

之路然也。"①百余年后,应劭在所著《风俗通义》中几乎把班固的这段话重复强调了一遍,只是在前面加了"武帝广开献书之路"一句。② 自此以后,历代文献记载人们的藏书、读书甚至劝学活动,多与其科举仕宦联系在一起。杜牧在《冬至日寄小侄阿宜诗》中描述敦促小侄读书的原因:"朝廷用文治,大开官职场。愿尔出门去,取官如驱羊。"元和十年(815)进士沈亚之在《送叔父归觐序》中说:古之取士得明经为清选,近世即为进士,自己世家业儒,"当勤经策义,取高第耳"。③

当朝廷将科举作为遴选官员的主要途径以后,天下怀才之士要想实现自己的理想,科场是必经之路。唐人诗文中有关科举成败的作品俯拾皆是。白居易《寄陆补阙》:"忽忆前年科第后,此时鸡鹤暂同群。秋风惆怅须吹散,鸡在中庭鹤在云。"④李颀《缓歌行》:"男儿立身须自强,十年闭户颍水阳。业就功成见明主,击钟鼎食坐华堂。早知今日读书是,悔作从来狂侠儿。"⑤好一个"鸡在中庭鹤在云",好一个"悔作从来狂侠儿",这种发自肺腑的感慨和追悔,把中举的荣耀与下第的落魄渲染得淋漓尽致。在这种社会环境中,仕途利禄之想自然成为士人读书应举的主要动力。

诗书教子的传统固然有追求仕途的因素,但这远不是它的全部内涵。文人、知识阶层对阅读无法排遣的情结,也是这一传统得以延续的重要因素。历来读书人多,金榜题名者少。诗书教子的传统之所以能代代相沿不息,是因为更多的人知道读书能正心立身,使人知书达礼,更好地自立于社会,报效国家。这才是它巨大感召力的核心所在。正如宋人谢逸在《江夫人墓志铭》中所说:"苟能深造一经,而

---

① 班固:《汉书》卷八十八《儒林传》,北京:中华书局,1962 年,3620 页。
② 应劭著,王利器校注:《风俗通义校注·佚文》,北京:中华书局,1981 年,596 页。
③ 董诰等:《全唐文》卷七三五,北京:中华书局,1983 年,7595 页。
④ 白居易撰,顾学颉校点:《白居易集》卷十三,北京:中华书局,1979 年,253 页。
⑤ 计有功:《唐诗纪事》卷二十,上海:上海古籍出版社,1987 年,286 页。

躬行其言,则始乎为士,终乎为圣人。自其治家,可以治天下,其为利岂可既哉?"他进而表彰江夫人"家籝金不专其利,而以教子为先,可谓能权轻重之宜矣"。①

第三节 读书山寺与社会风尚

关于唐人读书山寺蔚然成风的课题,严耕望先生进行过深入的研究,从1951年的《唐人多读书山寺》到1988年的《唐人习业山林寺院之风尚》,近40年间进行多次增补订正,为唐人读书习业山林寺院的风尚提供了迄今最为全面、系统的文献记载和历史分析。根据他的研究和统计,唐代,主要是中叶以后,士子习业山林寺院见诸文献记载的,多达200余人,日后多以位极人臣、诗文巨擘知名于世,其中有宰相20人,即韦昭度、张镐、徐商、张仁亶、房琯、杜黄裳、李逢吉、朱朴、杨收、姚崇、李泌、刘瞻、段文昌、王播、李绅、张濬、齐抗、裴垍、柳璨、张策(五代梁相);文章宗伯有陈子昂、李白、白居易等;一代名臣有颜真卿、孔巢父、李栖筠、崔从、卢群等;诗文名家有徐彦伯、刘长卿、岑参、高适、李华、钱起、孟郊、李贺、吕温、符载、刘轲、杜牧、李商隐、温庭筠、李端、王建、顾云、顾况、杜荀鹤等。② 这一现象在中国阅读史上是非常突出的,其出现与科举时代的社会风尚、中唐以来国子学的衰落有关,这里先讨论前者,有关国子学衰落的论述在下一节展开。

---

① 谢逸:《溪堂集》卷九,见曾枣庄、刘琳《全宋文》卷二八七八,上海:上海辞书出版社,合肥:安徽教育出版社,2006年,第133册,276页。
② 严耕望:《唐人习业山林寺院之风尚》,见《严耕望史学论文选集》,北京:中华书局,2006年,265页。

一、读书山寺的目的

　　隋唐科举时代,通过读书应举出仕为官的人,被视为社会的精英、国家的栋梁,青年士子、怀才之士应该倾一生精力博取一第,这是社会的共识。京兆杜陵王氏昆仲四人择从、易从、明从、言从,武后、睿宗朝先后进士擢第,开元中三人官至凤阁舍人,当时号为"凤阁王家"。咸通前后崔雍兄弟八人皆进士及第,当时称为"点头崔家"。① 范阳卢氏自兴元元年(784)至乾符二年(875),90多年间登进士者竟有116人。② 隋唐史传笔记中有关于科举登第的大量记载,《唐语林》专设"企羡"一目加以汇集,充分反映出当时社会对这些奕世文学、科举联芳的家族的褒扬和推崇。韩愈有一首著名的《示儿》诗,反映的就是那个时代读书人心中挥之不去的科举情结。韩愈贞元二年(786)赴京,八年(792)进士及第,到元和十二年(817),官居刑部侍郎正四品,在长安靖安里有私邸。元和十三年(818),他作《示儿》诗:"始我来京师,止携一束书。辛勤三十年,以有此屋庐。""开门问谁来,无非卿大夫。不知官高卑,玉带悬金鱼。"③玉带金鱼为朝官佩饰之物,以示官品。七年后,长庆四年(824),韩愈子昶登第。后人评价韩愈用玉带金鱼来激励其子读书,爱子之情至而导子之情则陋。其实这正反映了当时社会的风尚。

　　唐代科举允许社会各界子弟参与,所以社会上攻习举业者可谓千军万马,据文献记载,甚至有道士应试并中举的,如吉中孚、曹唐,初为道士,后中进士。攻读举业有多种途径:官学、家塾、私授、结伴自习。相对而言,名门望族、官宦之家的子弟一般都入官学,就家塾;

---

① 王谠撰,周勋初校证:《唐语林校证》卷四《企羡》,北京:中华书局,1987年,375页。
② 王谠撰,周勋初校证:《唐语林校证》卷四《企羡》,北京:中华书局,1987年,382页。
③ 韩愈:《示儿》,见《韩昌黎诗系年集释》卷九,上海:上海古籍出版社,1984年,952页。

寒门子弟则往往以私授和结伴自习为主,而读书的地点多选在山寺。严耕望先生就曾指出,从山寺读书声中走出来的20位宰相中有18位出身于寒门,这一历史事实有助于我们分析和认识读书山寺现象出现的原因。

分析上引严耕望先生提供的名单,我们可以发现其中绝大部分人后来参加科举并且高中。如陈子昂,年十八未知书,后于金华山观读书,精究坟典,睿宗文明元年(684)进士及第。刘长卿,少居嵩山读书,开元十一年(723)徐征榜及第。阎防,终南山丰德寺结茅茨读书,开元二十二年(734)李琚榜及第。崔曙,苦读书,高栖少室山中,开元二十六年(738)状元及第。张谓,少读书嵩山,天宝二年(743)进士及第。丘为,初累举不第,归山读书数年,天宝二年(743)刘单榜进士。李端,少时居庐山,依皎然读书,大历五年(770),李抟榜进士及第。

应该说,读书山寺,自然有环境幽静、起居简便、利用僧寺藏书等种种有利因素,但是其主要目的还是参加科举,博取功名。寒门子弟没有家族雄厚经济实力的庇护,读书山寺不失为一种合适的选择。如清河崔从少孤贫,与仲兄同隐山林,苦心力学,十年不出山岩,贞元元年(785)进士及第。王传家贫,于中条山万固寺入院读书,随僧洗钵,终于大中三年(849)进士及第。① 若无山林僧寺可依,崔从、王传等人或许连坚持读书习业的可能都没有。

二、山寺的读书环境

唐代士子习业大抵以名山为中心,南方以庐山为最盛。②

庐山东临鄱阳湖,北濒长江,是我国中部一座风光秀绝的名山。

---

① 计有功:《唐诗纪事》卷七《徐商王传》,上海:上海古籍出版社,1987年,731页。
② 严耕望:《唐人习业山林寺院之风尚》,见《严耕望史学论文选集》,北京:中华书局,2006年,264页。

其意态天然的奇峰,垂天奔泻的飞瀑,变幻莫测的烟云,构成了一幅奇特壮观的自然美景。自东晋高僧慧远在山麓创建名刹东林寺以来,历代文化名人激赏庐山风景之美,纷纷涉足其间,卧云听松,望月观峰,久恋而不能离去。幽静秀雅的庐山,自然成为唐代士子理想的读书栖居地。"怜君少隽利如锋,气爽神清刻骨聪。片玉若磨唯转莹,莫辞云水入庐峰。"①晚唐诗人李群玉的这首《劝人庐山读书》诗,反映了唐人的这种喜好和选择。

唐元和十年(815),白居易因上疏请捕刺杀宰相武元衡的凶手,越职言事,被贬为江州司马。次年秋,白居易慕名往游庐山,深爱香炉峰、东林寺之间山地的景色,流连其地,决定构筑庐山草堂,准备读书终老于此。草堂于元和十二年(817)春落成,共三间两室,室内置放木榻、素屏、漆琴以及儒、道、佛诸家典籍。草堂四周有乔松修竹、红榴白莲,青萝为墙援,飞泉落檐间,环境清幽宜人。几乎与草堂落成同时,白居易为结茅庐山读书的刘轲赴京应举给朝中同僚写推荐书,书中谈及庐山读书的风尚和史迹:"庐山自陶、谢泊十八贤已还,儒风绵绵,相续不绝。贞元初,有符载、杨衡辈隐焉,亦出为闻人。今其读书属文,结草庐于岩谷间者,犹一二十人。即其中秀出者,有彭城人刘轲。"②杨衡贞元五年(789)进士擢第,30年后,刘轲元和十三年(818)进士及第。白居易心目中的"闻人",也是以最终走出山中博得功名为衡量标准的。刘轲在《上座主书》中自述庐山读书写作的勤奋之状:"元和初,方结庐于庐山之阳……农圃余隙,积书窗下,日与古人磨砻前心,岁月悠久,寖成书癖。"③他的《三传指要》15卷、《十三代名臣议》10卷、《翼孟子》3卷都完成于庐山草庐之中。

唐代士子依名山读书的行为中还存有攀附自高的动机。刘禹锡

---

① 李群玉:《劝人庐山读书》,见《全唐诗》卷五七〇,北京:中华书局,1960年,6614页。
② 白居易撰,顾学颉校点:《白居易集》卷四十三《代书》,北京:中华书局,1979年,942页。
③ 董诰等:《全唐文》卷七四二,北京:中华书局,1983年,第8册,7673页。

在连州刺史任内,接待了大量前来要求推荐的应举书生,其中有名为曹璩的越中士子。曹璩自称终日想着要提高自己的知名度,正准备依名山以扬声,不惜"行尽潇湘万里余",到南岳结庐读书。刘禹锡开导说名之有否,"在己不在山",曹生遂留在连州,借读刘书,居然学业大进,决定放弃衡山,归隐故乡旧庐,扎实读书。刘禹锡为其赋诗《送曹璩归越中旧隐》,告诫说:"数间茅屋闲临水,一盏秋灯夜读书。地远何当随计吏?策成终自诣公车。"①"数间茅屋闲临水,一盏秋灯夜读书",表达的正是读书以简朴、勤奋为要的思想,过分追求环境的清幽、旷远,甚至以攀名自高为目的,实在是本末倒置的做法。

在很多士子选择名山作为读书地的同时,也有很多士子就近依山读书,只因其远离城市喧嚣而已。皎然的《同明府章送沈秀才还石门山读书》《送裴秀才往会稽山读书》,孟浩然的《西山寻辛谔》,贾岛的《送独孤马二秀才居明月山读书》,李嘉祐的《送王正宗山寺读书诗》,如此等等,应该就是这样的。

三、读书山寺之风对后世的影响

读书山寺之风至少可以追溯到晋宋之间,但以唐代为盛。唐代读书山寺之风对后世阅读活动的影响,主要还是在精神方面鼓励读书人要勤奋,为一般士子攻读举业提供成功范例。

北宋以来,历代文人的诗文作品中,读书山寺是个历久弥新的话题。宋文同《重过旧学山寺》:"当年读书处,古寺拥群峰。不改岁寒色,可怜门外松。"宋翁卷《读书山寺寄问城间诸友》:"止携书一箧,长日坐空林。每见僧家事,便生静者心。"元虞集《次韵太朴良友对何仙

---

① 刘禹锡:《送曹璩归越中旧隐》,见《刘禹锡集笺证》外集卷八,上海:上海古籍出版社,1989年,1459页。

舟读书山中见怀之作》："结庐庇风雨,樊圃搴藤萝。塞坐古人书,日夕犹咏歌。"明代边贡《方献夫读书山寺》："闻君读书处,孤榻寄禅林。日抱左氏癖,时为梁甫吟。开窗千嶂出,隔巷一灯深。"明代何景明《刘朝信读书山寺》："嗜静山中寺,藏修此度年。白云千嶂里,清夜一灯悬。书卷留孤客,盘飧傍老禅。"环境幽静利于诵读是他们表述的共同主题。

元末曾任安定书院山长的张羽在《静居集》卷三有《送沈孝廉读书天屏山》："念子出身自纨绮,秀如青松茁蒿蓬。十年奔走铩毛翮,黄金散尽家已空。怀中一经不敢弃,舍此将恐为昏聋。束书上堂告父母,云深独往无仆童。林僧谷叟颇敬客,粗茶粝食意甚忠。身闲昼静百事绝,经史左右相研攻。径须跨海踏鲸背,且莫琐屑笺鱼虫……朝廷悬爵待奇隽,掇取五鼎荣三公。"全诗纪事,沈孝廉十年应举不第,已经将殷实的家资耗费一空,但举业万万不能放弃,于是读书山中成为最后的选择。作者还告诫孝廉读书要体察掌握大旨要义,千万不能陷入烦琐章句之中。这一切努力的最终目的还是"掇取五鼎荣三公",博取功名,光耀门庭。可以说,张羽这首诗最为完整地诠释了唐人读书山寺行为的基本动因。

庐山作为唐人最为向往的读书胜地,发生过在古代阅读史上有重要影响的事件。曾在五老峰背筑室读书的李白病逝当涂 20 余年后,唐德宗贞元年间,河南洛阳文士李渤登庐山,在五老峰南麓后屏山下隐居读书,并驯养一头善解人意的白鹿自娱,人称"白鹿先生"。20 年后李渤出任江州刺史,就在隐居旧址植花建台,环以流水,且取"白鹿"名洞。宋初其扩建为书院,成为与河南嵩山之嵩阳、湖南衡阳之石鼓、湖南长沙之岳麓齐名的宋代四大书院之一。

北宋学者、藏书家李常少时亦在庐山五老峰下僧寺读书,后于宋仁宗皇祐年间进士及第,遂将藏书 9000 余卷留存在楞伽院内,世称"李氏山房",亦名"公择书房"。苏轼曾为之撰《李氏山房藏书记》,记中历述古代文士读书之难、针砭科举之士束书不观的时弊,以李常"采剥其华实而咀嚼其膏味"的读书方法及取得的成就,勉励后人树立"有书而不读为可惜"的勤奋进取思想。苏轼这篇阅读史上的重要文章,可以说既是由唐人读书山寺传统引发的意外收获,又是这种传统延续的自然结果,因为勤奋进取本来就是读书山寺的基本精神内涵。

第四节 私学的演变与发展

隋唐科举制度的确立,极大地促进了社会教育的发展,正如中唐沈既济在《词科论》中所描述的:"父教其子,兄教其弟,无所易业,大者登台阁,小者仕郡县,资身奉家,各得其足。"①这种社会教育的形式主要为私学,与官学不同,其阅读教育的组织形式包括书院、家塾和读书斋等。《后汉书》记载,东汉学者包咸、檀敷、刘淑等都曾设立精舍为教授生徒之所。刘禹锡《送李庚先辈赴选》:"曾脱素衣参幕客,却为精舍读书人。"谢灵运《石壁精舍还湖中作》,李善注曰:"精舍,今读书斋是也。"在唐代,书院、家塾、读书斋三者的区别有时仅仅表现在名称上,不易辨别,规模偏小是其普遍特点,但是都在社会教育和阅读活动中发挥了重要作用,尤其是书院,日后发展成为封建社会民间最为重要的教育组织形式。

一、唐代书院之名实

古代"书院"一名,最早出现在盛唐国家图书大规模整理时期。

---

① 杜佑撰,王文锦等点校:《通典》卷十五《选举三》,北京:中华书局,1988年,358页。

开元六年(718),玄宗进一步扩大国家藏书整理机构的建制,诏改机构名为丽正书院。七年后,玄宗再次诏改丽正书院为集贤殿书院,并兴致勃勃地吟诗庆贺:"广学开书院,崇儒引席珍。集贤招衮职,论道命台臣。礼乐沿今古,文章革旧新。"①这明确了书院"广学崇儒"的性质。集贤殿书院当时以修书为主,兼负推荐考察人才的责任,并非士子习业的地方。

唐代何时开始出现作为私人读书习业处所的书院,已经很难考证了。现在根据文献记载,唐代可以考知的书院约有20余所。《中国书院史资料》第一编《书院的兴起》中著录唐代书院26所,不少是唐人的读书、讲学之所。② 另《全唐诗》中提及书院10余所,由于都出现在诗题,判断其性质存在困难。以上两项统计并不重复。

有关唐代书院的描述,现在可以看到的大多是后世的地方文献记载,有些记载并不明确书院之名的由来。如杜陵书院,《明一统志》卷六十四谓:"在耒阳县北二里,即杜甫祠,唐建,明嘉靖辛亥知县马宣重建。"张九宗书院,《明一统志》卷七十一:"在遂宁县书台山,唐贞元间建。"《四川通志》卷二十八则记载:"张九宗祠在遂宁县西书台山,唐贞元间建。"可能书院与祠指的是同一建筑,先名之为祠,后易名书院。

九峰书院,《万历龙游县志》记载:"在县东九峰山下,唐侍郎徐安贞读书处。"草堂书院,《福建通志》卷六十六记载:"在福宁府福鼎县,唐林嵩读书处。"这些都没说清将读书处命名为书院是唐人还是后人重建后所为,若是后者,这些虽然名为唐代书院,但只是读书处而已。而丹梯书院,《四川通志》卷五记载:"在巴州南南龛山,唐张曙读书处。"《明一统志》卷六十八记载:"在南龛山之上,宋建。"明曹学佺《蜀

---

① 李隆基:《集贤书院成送张说上集贤学士赐宴得珍字》,见《全唐诗》卷三,北京:中华书局,1960年,35页。
② 陈谷嘉、邓洪波主编:《中国书院史资料》(上册),杭州:浙江教育出版社,1998年,3页。

中广记》卷二十五则指其为杜甫读书处:"本州志云:丹梯书院在南龛山,因其山重迭耸秀有若丹梯而名。旧志载杜甫曾读书于此而建。"文山书院,《明一统志》卷六十二曰记载:"在澧州治南,唐李群玉读书之所。文山,群玉字也。"李群玉有《书院二小松》:"从此静窗闻细韵,琴声长伴读书人。"李群玉将自己的读书处称为书院。

上述记载大都将书院与读书处混为一谈,而且唐代这些地方名为书院,实际上是私人读书的地方。不过,唐国子祭酒幸南容创建的桂岩书院是个特例,因为辛氏后人留下了一篇内容比较详细的重修记文。《江西通志》卷八十一收录南宋幸元龙的《桂岩书院记》,文中记述道:"桂岩书院在高安郡北六十里,唐国子祭酒幸南容公之旧址也……昔尝卜此山,开馆授业。有孙曰轼,以咸通七年(879)中三史科,中和二年(882)为太子校书郎,家徙于郡,而书院自是芜矣。"①该文同时记道南宋嘉定间重修竣工,周必大书匾曰桂岩书院,魏了翁则匾曰桂岩精舍,明确了唐时桂岩书院乃幸南容授徒讲学之所。

再看唐诗中的书院:韩翃《题玉真观李秘书院》、吕温《同恭夏日题寻真观李宽中秀才书院》、卢纶《同耿拾遗春中题第四郎新修书院》、王建《杜中丞书院新移小竹》、于鹄《题宇文裔山寺读书院》、杨巨源《题五老峰下费君书院》、贾岛《田将军书院》、李群玉《书院二小松》、曹唐《题子侄书院双松》、诗僧齐己《宿沈彬进士书院》、杨发《南溪书院》等。从诗题和诗歌内容来看,这些全部属于私人读书的处所,而且不少与山寺有关。李宽中秀才书院在湖南衡州府城北石鼓山,山上旧有寻真观,唐元和间士人李宽中结庐读书其上,刺史吕温曾经亲访书院,并为其题诗:"愿君此地攻文字,如炼仙家九转丹。"书院因此留下名声。近200年后,宋太宗至道三年(997),郡人李士真即

---

① 赵之谦等:《江西通志》卷八十一《建置略·书院一》,中国台北:台湾京华书局,影印光绪七年刊本,1967年,1790页。

在故址创书院。景祐二年(1035),仁宗应知州刘沆之请,赐额"石鼓书院",从此该书院名动天下。而从于鹄诗中"读书林下寺,不出动经年。书阁连僧院,山厨共石泉"之句来看,宇文裔的山寺读书院恐怕还是借的。从诗作的时代来看大都属于中晚唐,与读书山寺之风盛行的时间是基本一致的。中唐诗人姚合、贾岛二人同时齐名,时有"姚贾"之称。贾岛有《田将军书院》,姚合有《题田将军宅》,品读其诗,描述的显然是同一对象,一称书院,一名宅,而姚诗首联为"焚香书院最风流,莎草缘墙绿藓秋"①,可见书院就是其宅中的读书处。

综上所述,出自唐人自述或后人记录的唐代书院,绝大部分只是私人读书处所,取名并非严格。中晚唐书院的频繁出现,说明在科举制度的影响下,当时社会阅读之风盛行。

二、私学的衰落

隋朝和唐初,浓郁的崇儒氛围充盈朝野,私人传授经史之学的风气盛行,名师设帐,门生动辄百千。这种盛况,仅见于《隋书》《旧唐书》《新唐书》记载的就有房晖远治三礼、春秋三传、诗、书、周易,恒以教授为务,远方负笈而从者,动以千计。扬州曹宪,仕隋为秘书学士,聚徒教授凡数百人,公卿多从之游。唐初,萧该、包恺为《汉书》学宗匠,聚徒教授,著录者数千人。滑州王恭少笃学,精三礼之学,教授乡间,弟子数百人,贞观初召拜太学博士。魏州马嘉运,治儒学长于论议,贞观初为越王东阁祭酒,退隐白鹿山,诸方来受业者至千人。贞观中召拜太学博士、弘文馆学士,曾指正孔颖达《五经正义》之瑕疵。而个人择师从学的情况更是不计其数。

自高宗永隆年间开始,朝廷以文章选士,科举的转向迅速影响社

---

① 《全唐诗》卷四九九,北京:中华书局,1960年,5679页。

会的阅读风尚。好辞藻雕饰的武则天即位后,更以文章衡人,广开文士仕进之路。史传武后读骆宾王《代李敬业讨武氏檄》,至"一抔之土未干,六尺之孤安在",不悦曰:"宰相何得失如此人。"①这与唐太宗批评《汉书》《后汉书》载录文体浮华的司马相如、扬雄、班固等赋作无益劝诫的识见大相异趣。所以"当时公卿百辟无不以文章达,因循遐久,浸以成风"②。在武后朝重文抑儒政策的导向下,经学逐渐衰落,以传授经学为主的国学教育也随之式微。

中宗复位(705),韦嗣立上《请崇学校疏》,至昭宗李晔下《修葺国学诏》,近200年间,朝野恢复国学,请崇儒学之声不绝。韦嗣立《请崇学校疏》称"国家自永淳以来,二十载余,国学废散,胄子衰缺,时轻儒学之官,莫存章句之选",以致"随班少经术之士,摄职多庸琐之才",请朝廷"广开庠序,大敦学校,三馆生徒即令追集,王公以下子弟不容别求仕进,皆入国学"。开元二年(714),唐玄宗下诏勉学,他在《令举实才诏》中告诫天下贡举人等宜加勖勉,须获实才,"如有义疏未详,习读未遍,辄充举送,以希侥幸,所

《闭户著书图》 〔清〕上官周 绘

---

① 段成式:《酉阳杂俎》卷一《忠志》,北京:中华书局,1981年,1页。又此段记载宋代司马光、欧阳修分别采入《资治通鉴》和《新唐书·骆宾王传》。
② 沈既济:《词科论》,见《通典》卷十五《选举三》,北京:中华书局,1988年,358页。

由官并置彝宪"①。亟令改变士子、国学生惰于读书、疏于经术的状况。

经历了安史之乱的动荡后,永泰二年(766)正月,国子祭酒萧昕上言:"请崇儒学,以正风教。"代宗李豫亦对太学"弦诵之地,寂寥无声"的状况深表忧虑,下诏崇太学,采取措施恢复国学,修葺国子监,诏曰:"朝官子弟,并补国子学生,已有官职而希望附学读书者,一并允准。"此后数十年间,李观上《请修太学书》、李绛上《请崇国学疏》,将太学兴废与社会理乱相提并论,再次要求朝廷修太学、崇儒术,为兴天下之学树立榜样。

然而,中晚唐儒学衰落的势头,并没有因为朝野之士的呼吁而有所遏止。其中除了战事频仍、社会动荡等原因以外,科举取士以诗赋文才为重以及朝野视进士为高的倾向是主要原因,而且这种偏向不仅始终没有得到改变,反而愈演愈烈。中唐以来,缙绅虽位极人臣而不由进士之途仕进者,始终耿耿于怀。文宗时郑覃以经术居相位,深嫉进士浮薄,屡请罢之。文宗好学嗜古,回答说:"敦厚浮薄,色色有之,进士科取士二百年矣,不可遽废。"因得不罢。② 高宗时上官仪为宰相,尝凌晨入第朝,循洛水堤步月徐辔,咏诗曰:"脉脉大川流,驱马历长洲。鹊飞山月曙,蝉噪野云秋。"音韵凄响,群公望之如神仙焉。③ 上官仪贞观元年(627)进士,以诗鸣世,其诗对仗精工,辞藻华美,时人誉为"上官体"。上官仪进士及第,下至文宗大和年间,进士科取士正好200年。但贞观时进士科目并不试诗赋,当年朝臣对上官仪的欣羡,在于他的诗才。当高宗永隆二年(681)诏进士试诗赋时,进士及第顿因诗文才艺而显得熠熠生辉,士子宁可

---

① 董诰等:《全唐文》卷二十六,北京:中华书局,1983年,299页。
② 欧阳修、宋祁:《新唐书》卷四十四《选举志》,北京:中华书局,1975年,1168页。
③ 刘肃:《大唐新语》卷八《文章》,北京:中华书局,1984年,123页。

苦读做白首进士,也不愿轻松为少年明经。

晚唐关图有一妹十分聪慧,能诗善文,后嫁给盐商子常修为妻,相与读书20余年,懿宗咸通六年(865)常修进士及第。① 读书20余年始得进士,这在唐代应该是较常见的。

诗文习业需要多读前人名篇经典之作和名家的点拨,但与经学重师承家法不同,身处钟灵毓秀的天地自然之中获取灵感,远优于书斋苦吟。所以严耕望先生认为"诗文习业,所赖于师承者少,所赖于环境之陶养者甚大,且群居不必多人,故深山邃谷最宜习业"②,并将其断为士子习业山林寺院的重要原因,这是极有见地的。

中唐以来,儒者聚徒授经的现象已十分少见。咸通中,荆州有书生唐五经,以学识精博为人师仰,聚徒五百辈,以束修自给。③ 这样的事例是不多的。

私学的这种变化并不意味着社会阅读的衰退,而是为了更好地适应科举考试的要求。寒门子弟大多奔向山寺,而官宦子弟的读书习业自有专门处所,从唐代文献的记载来看,其名为"学院":

> 韩愈侍郎有疏从子侄自江淮来,年甚少,韩令学院中伴子弟,子弟悉为凌辱。韩知之,遂为街西假僧院令读书。④

> 石旻宝历中,随钱徽尚书至湖州,尝在学院,子弟皆以文丈呼之。⑤

> 崔相国圆,少贫贱落拓,家于江淮间。表丈人李彦允为刑部

---

① 李昉等:《太平广记》卷二七一《关图妹》,北京:中华书局,1986年,2134页。
② 严耕望:《唐人习业山林寺院之风尚》,见《严耕望史学论文选集》,北京:中华书局,2006年,266页。
③ 孙光宪:《北梦琐言》卷三《不肖子三变》,上海:上海古籍出版社,1981年,18页。
④ 段成式:《酉阳杂俎》卷十九《草篇》,北京:中华书局,1981年,185页。
⑤ 段成式:《酉阳杂俎》卷五《怪术》,北京:中华书局,1981年,57页。

尚书，崔公自南方至京，候谒，将求小职。李公处于学院，与子弟肄业。①

（郑）絪为御史……戒子弟涵、瀚已下曰：刘景他日有奇才，文学必超异，自此可令与汝共处于学院，寝馔一切，无异尔辈。②

林杰五岁……自此日课所为，未几盈轴。明年，遂献唐中丞。唐既伸幅窥吟，耸尔骇叹，命子弟延入学院。时会七夕，赋《乞巧》诗，杰援笔曰：七夕今宵看碧霄，牵牛织女渡河桥。家家乞巧望秋月，穿尽红丝几万条！唐叹曰：真神童耳！③

官宦子弟何时进学院读书习业，又读些什么书？对此，唐代文献提供了一些线索。初唐王勃九岁读颜师古《汉书注》，十岁包综六经。盛唐萧颖士幼年读《论语》《尚书》，日诵千余言。中唐元稹九岁学赋诗，至年十五，得明经及第。晚唐鲁谦"年七岁，好读诗书……未逾十五，《孝经》《论语》《尚书》《尔雅》《周易》皆常念，《礼记》帖尽通"④。唐中宗时县令李恕在《戒子拾遗》中规定家族中男子七岁读《论语》《孝经》，八岁诵《尔雅》《离骚》，十岁出就师傅，居宿于外，十一岁专习两经。对比上述实例，七岁前后入学读书，十二岁左右就师傅指导。学生早年读书习业以经学为主，为了科举仕进，大多勤奋苦读。萧颖士读书感到疲顿，只是稍稍休息，休息的方式不过是临池水视游鱼。如此苦读十数年，年十九进士及第。元稹明经及第后，读先人旧书，钻仰沉吟，十年不窥园井，年二十五再举书判拔萃科，得授秘书省校书郎。

科举制度与社会阅读活动之间确乎存在激励和联动的关系，但是似乎并非三言两语就可以说清楚的。南宋林之奇身处科举兴盛的

---

① 李昉等：《太平广记》卷一百四十八《崔圆》，北京：中华书局，1986年，1069页。
② 李昉等：《太平广记》卷一百七十《郑絪》，北京：中华书局，1986年，1243页。
③ 计有功：《唐诗纪事》卷五十九《林杰》，上海：上海古籍出版社，1987年，901页。
④ 周绍良：《唐代墓志汇编》，上海：上海古籍出版社，1992年，2345页。

时代,他的话可以令人思考:"谚有之曰:'世无科举,人不教子;朝无利禄,士不读书。'今天下闺门、乡党之间,父诏其子、兄诏其弟者,何尝无教?而家塾、党庠之内,日读百纸,月读一箱,何尝无学?岂其所教所学,举皆为科举利禄设哉?岂其无科举利禄,则教学俱废哉?此言疑于厚诬天下之人,然而亦非过论也。今之父兄之所以教,与夫子弟之所以学,虽不皆为科举,而其本心岂有不由科举利禄而来乎?"①

---

① 林之奇:《拙斋文集》卷九《答黄晦叔仙尉》,见曾枣庄、刘琳《全宋文》卷四六〇四,上海:上海辞书出版社,合肥:安徽教育出版社,2006年,第207册,336页。

第四章　雕版印刷术及其对图书传播与阅读的影响

中国古代印刷术主要包括两种：雕版印刷术和活字印刷术。活字印刷术是雕版印刷术的发展。大量的历史文献记载和存世的印刷实物证明雕版印刷术发明于唐初，并在唐五代时期逐渐应用于蒙学课本、佛经和四部典籍的雕印出版。

隋唐两代，政治统一，国势强盛，文化灿烂，大大增强了中国文化对周边国家和地区的辐射和影响，对外文化交流活动频繁，佛教翻译和传播进入兴盛时期，汉籍东传日本、新罗形成规模。这一切与雕版印刷术互相作用，共同影响并促进了隋唐社会图书的生产传播和阅读活动的发展。

第一节　雕版印刷术

印刷术是中国古代继造纸术后的又一项伟大的发明，它的问世，对广泛传播人类科学文化知识、促进社会文明发展具有极其重大的意义。

雕版印刷术就是指用油墨把反体或翻转的文字、图形翻印到纸张或其他表面上的技术。雕版印刷的技术大致可以根据基本的操作工序来分解：首先取一块加工平整的梨木板或枣木板，称为"印板"，一般为长方形，通常宽 40 厘米，高 26 厘米，厚 2 厘米左右。然后在印板上雕刻出凸起的阳文反字，再把墨均匀地涂在凸起的文字表面，接着铺上纸，用棕刷在纸上刷印。印板上的文字就被印到纸上，并由反字翻转为正字。

雕版印刷术的发明是一个十分复杂的过程，需要具备一定的文化和技术条件。

一、雕版印刷术发明的文化和技术条件

在人类历史上，任何一项重大的发明创造，都需要具备一定的条件。就雕版印刷术的发明而言，纸作为书写材料被广泛使用是一个最基本的物质条件，而要详细解析其具体过程，包括其中的文化技术因素，就必须追溯到战国时期的石刻和印章。

战国时期，我国已经形成在石头上刻字的传统。古人认为石头不容易损坏，在上面刻字颂功记事，可以传远存久。秦汉间，刻石的

风气尤盛。真正把整部书刻在石头上的，始自东汉的石经。

东汉熹平四年(175)，灵帝刘宏命中郎蔡邕组织学者精心考订校正7种儒家经典的文字，然后用通行的隶体，把校正过的经文镌刻在石碑上，最后将刻成的46块石碑竖立在洛阳太学的讲堂门外，史称《熹平石经》。三国魏齐王正始年间(240—249)，中散大夫嵇康等用古文、篆文、隶书三种字体重刻了两部半石经，凡35石，列于洛阳国子堂，史称《三体石经》或《正始石经》。唐文宗开成二年(837)，朝廷命国子祭酒郑覃以当时风行的楷书刻写了12部儒家经典，列在唐都长安的太学内，史称《开成石经》。此后历代都有石刻经典的文化举措。

朝廷耗费巨资雕刻石经，目的在于向天下读书人公布并提供标准的儒家经典文本。然而，分处天南地北的读书人事实上无法都亲往京师一字一句地抄录，这一矛盾导致了摹拓的发明。

所谓摹拓，就是把石碑或器物表面上刻有的文字或图形复印到纸张上的一种方法。复制石经文字大概是这一方法的最早运用，其具体操作如下：用一张洇湿的纸平铺在石刻表面，轻匀地捶打，使纸紧贴于石面。然后用细布包裹棉花做成的拓包，蘸上墨汁，在纸面轻匀地捶击上墨。石刻文字是镂空凹入石内的阴文，所以不受墨。揭下来的纸就是黑底白字的石经复印本，习惯上称为拓本，或者拓片。这种摹拓方法发明于南北朝时期，其原理与雕版印刷术是基本一致的，只是石刻文字是正写字，而雕版刻字是反写字。石刻的正字翻转为雕版印刷的反写字，又经过了几百年的实践摸索，其间受到了印章用法的启示。

印章在春秋战国时期开始使用。汉时用印封检奏章，故称为"印章"。后来，印章作为封发公文信件的信验标志使用，又逐渐用于书画藏书的题识，成为富有浓郁的中华民族文化内涵的文房艺术用品之一。

印章上的文字是反刻的，印在纸上或其他物体的表面就成为正字。人们用印的方法通常是盖，即纸在下，印章在上。如果印面较大的印章，盖在纸上，肯定会出现用力不均匀的现象，导致纸上印文字迹模糊。如果反过来，大面积的印章翻转到下面，纸在上面，即采取石刻摹拓的形式，那就是雕版印刷了。摹拓的方法和印章反刻文字的形式，构成了雕版印刷术的基本内容。的确，雕版印刷术就是拓石方法和印章形式完美结合的产物。换言之，拓石方法和印章形式作为一种文化和技术的积淀，是雕版印刷术发明的基本条件。脱离这些条件，印刷术的发明是无从谈起的，这就是印刷术诞生在中国的深厚的历史文化原因。

二、雕版印刷术的发明

雕版印刷术的发明年代是一个十分复杂的问题。长期以来，众说纷纭。目前，关于雕版印刷术的发明时间，学术界比较倾向于唐代贞观年间，即公元627年至公元649年。唐代贞观说的提出，是以近现代发现的印刷品实物和历史文献记载为依据的。

1.印刷品实物

光绪二十五年（1899），敦煌莫高窟的石室中发现了大量六朝和唐代的珍贵文献，其中大部分为抄本，少量是印本。印本中有一卷《金刚经》，长16尺，高1尺，由7张印页粘连而成。经文前有一幅镌刻精美的扉画《祇树给孤独园》，卷末题有"咸通九年四月十五日王玠为二亲敬造普施"18个字。咸通是晚唐懿宗李漼的年号，咸通九年为公元868年。这就是举世闻名的咸通本《金刚经》，也是世界上现存最早的题有日期的印刷品。原件当年被英国人斯坦因劫走，现藏于伦敦博物馆。

1966年，韩国南部庆州佛国寺释迦塔内发现雕版印刷品《无垢净光大陀罗尼经》，经卷长20尺，卷轴形式，无雕版印刷的日期，卷中有四个武周时期的制字。文献记载，《无垢净光大陀罗尼经》是由中亚细亚吐火罗僧侣弥陀山首次译为汉文的，而公元680年至704年，弥陀山寄居长安。这一时期正是武则天在位执政之时，女皇大约为了显示其至高无上的皇权，特意制造了18个怪诞的所谓"制字"，强行推广使用。长安五年(705)，大臣张柬之、桓彦范等发动政变，武则天被迫退位，中宗李显复位，并改元神龙，制字也就随着武周时代的结束被废止。据此可知，韩国发现的《无垢净光大陀罗尼经》是公元689年至公元705年唐代武周时期的长安印本，由当时入唐求学的新罗僧人携带回国。日本著名的中国学研究者长泽规矩也曾证明，日本藏有中国吐鲁番出土的《妙法莲华经》1卷，内容为《分别功德品》第十七，黄麻纸，行19字，经文中也发现武周制字，系武则天时期的印刷品。

《无垢净光大陀罗尼经》的雕印比《金刚经》早160多年，成为世界上现存印刷时间最早的雕版印刷品，同时也为雕版印刷术起源于贞观年间的观点提供了时间上更为接近因而也更为有力的实物证据。

2.历史文献记载

在古代文献记载中，有关雕版印刷术起源的文字，多出于唐宋时期。其中比较重要的有以下几则：

(1)唐文宗大和九年(835)，东川节度使冯宿奏请禁止民间私刻日历，其文见载于《册府元龟·帝王部》"革弊第二"中："剑南、两川及淮南道皆以版印历日鬻于市。每岁司天台未奏颁下新历，其印历已满天下，有乖敬授之道。"[①]由此可知其时四川民间已经形成雕印时宪书的传统，并具有一定的规模。

---

① 王钦若等编纂，周勋初等校订：《册府元龟》卷一六〇，南京：凤凰出版社，2006年，第2册，1782页。

(2)唐司空图《司空表圣集》卷九有《为东都敬爱寺讲律僧惠确化募雕刻律疏》一文，题下有注曰："印本共八百纸。"文中叙述募刻的缘起："自洛城罔遇时交,乃焚印本。渐虞散失,欲更雕锼。"①所谓"罔遇时交,乃焚印本",是指唐武宗禁佛事。向达曾指出此文作于咸通末叶,上距武宗禁佛25年左右。

(3)唐柳玭在所撰《家训》的序中谈及蜀中见闻,说："中和三年癸卯(883)夏,銮舆在蜀之三年也。余为中书舍人,旬休,阅书于重城之东南。其书多阴阳杂记、占梦相宅、九宫五纬之流,又有字书小学,率雕板。印纸浸染,不可尽晓。"②

《家训》今已散佚,此语见宋叶寘撰《爱日斋丛抄》卷一引。

这些记载说明中晚唐时期的雕版印刷已经广泛涉及佛经、日书、字书及阴阳、占梦、相宅之类社会有需求的书籍。向达先生依据这些集中在唐懿宗咸通前后的历史记载和印刷品实物,提出了"咸通时代"的概念③。

《无垢净光大陀罗尼经》的发现,说明武周时期已经出现体现较高水平的雕版印刷品,因而可以肯定雕版印刷术的发明年代还在其前。一项重大的技术从发明到实际开发应用,尤其是生产出比较成熟的产品,中间通常需要经历较长的实验提高阶段。目前就已经掌握的文字记载和印刷品实物,推断雕版印刷术至迟发明于初唐,即经济文化迅速发展的年代,是符合事实的。至于雕版印刷术更为确切的发明时间和发源地的认定,则有待更多印刷品实物的发现。

---

① 司空图著,祖保泉,陶礼天笺校:《司空表圣诗文集笺校》,合肥:安徽大学出版社,2002年,305页。
② 叶寘:《爱日斋丛抄》卷一,北京:中华书局,2010年,3页。
③ 向达:《唐代刊书考》,见《唐代长安与西域文明》,北京:生活·读书·新知三联书店,1979年,123页。

三、印刷术发明的意义及对书籍装帧的影响

印刷术的发明,宣告人类的文化知识传播活动由手写时代进入印刷新时代。

手写传播时代,书籍的生产只有人工抄写一种方式,费时耗力、差错率高是其基本特征。在这种状态下,书籍的复制量非常有限,"家有书疏者,百无一二"的现象十分普遍。图书复本的稀少会有两方面的影响:首先难以形成大规模的社会传播潮流,影响社会文化水平的整体提高;其次,造成图书流传保存的困难。图书的传与不传,有幸与不幸,存在复杂的因素,但是很重要的一条是复本的多少。在抄本时代,即使是国家藏书,一般也只有三份复本,这么少的流通数,很容易在流通中亡佚。进入印本时代,相对多的复本,使唐五代以后的书籍亡佚情况大大改善。

印刷术的推广应用,使图书的生产社会化和产业化,出版业逐渐形成,图书贸易规模不断扩大,从而带动书籍编辑业务的进步、装帧样式的革新和图书广告的发展。

可以说,唐五代以来古代书籍生产的发展和社会文化传播规模的扩大,都是以印刷术的应用为基础的。因此,印刷术的发明对书籍生产和文化传播的意义都是十分巨大和深远的。

雕版印刷术的发明和应用,还促成了图书由卷轴装向册页装的过渡与发展。

隋唐时期是书籍卷轴装帧艺术发展的全盛期。隋朝的图书都以广陵麻纸抄写,抄手普遍用南朝梁代名书法家萧子云的字体,笔迹健瘦,装帧都是赤轴绮带,体现出古代卷轴装图书的发展高峰。

唐开元时，朝廷所藏四部库书，西京长安、东都洛阳各一套，共125960卷，都以益州麻纸抄写。尤其是集贤院所藏御书："经库皆钿白牙轴，黄缥带，红牙签；史书库钿青牙轴，缥带，绿牙签；子库皆雕紫檀轴，紫带，碧牙签；集库皆绿牙轴，朱带，白牙签，以分别之。"①其装帧精美，粲然流光。

隋唐两代出现卷帙浩繁的大型图书，如类书、经、史和文学总集的集注本以及主要供人查检使用的韵书、训诂书等，超多的内容，造成卷面过长，这样卷轴装就显得舒卷不便。装帧形式很快得到部分革新，出现旋风装。

已经发现，在宋人笔记中，多次提及旋风装。欧阳修《归田录》卷二："唐人藏书，皆作卷子，其后有叶子，其制似今策子。凡文字有备检用者，卷轴难数卷舒，故以叶子写之，如吴彩鸾《唐韵》、李郃《彩选》之类是也。"②

南宋初张邦基的《墨庄漫录》卷三引唐裴铏《传奇》所载："成都古仙人吴彩鸾，善书小字，尝书《唐韵》鬻之。今蜀中导江迎祥院经藏中《佛本行经》六十卷，乃彩鸾所书，亦异物也。今世间所传《唐韵》犹有，皆旋风页，字画清劲，人家往往有之。"③"人家往往有之"是说当时旋风装已经很普遍。考吴彩鸾生活在唐文宗大和（827—835）前后，这说明旋风装在唐中期已经出现并十分普及。

现在北京故宫博物院保存有吴彩鸾手书《唐韵》的旋风装帧本，从实物看，全卷共25叶，除了首叶单面书写，且全部粘裱于底纸外，自第二叶起都双面书写，然后按序逐次向后相错约1厘米，粘在底纸上，各叶都可以自由翻转。这样，虽然仍未摆脱卷轴装的旧制，但是既解决了原来卷轴装不能翻转的问题，又在同样长度的卷面上大大增加

---

① 刘昫等：《旧唐书》卷四十七《经籍志》，北京：中华书局，1975年，2082页。
② 欧阳修：《归田录》卷二，北京：中华书局，1981年，31页。
③ 张邦基：《墨庄漫录》卷三，北京：中华书局，2002年，98页。

了文字的容量。

旋风装仍是抄本书的装帧形式,但它是书籍装帧形式由卷轴装向册叶制度转化的过渡形式。旋风装出现的意义在于完成了装帧单位由纸卷向单叶形式的转变,所以当雕版印刷术应用于书籍印刷时,旋风装的单叶与单张的印叶在形式上是一样的,于是旋风装就自然过渡到册叶制度的蝴蝶装。

第二节　初现光彩的刻书业

唐五代时期,雕版印刷术的发明和刻书业的初步形成,使我国历史上的出版业从手写时代编辑传录不分的状况中正式分离出来,成为相对独立的书籍生产行业。科举制度的最终确立,又为出版活动注入来自大规模社会需求的强大动力。从基本面分析,唐五代虽然仍然处于写本时代,但是上述情况的出现,使出版事业充满机会和诱惑。随着五代官刻、私刻书业的先后诞生,我国古代出版事业终于在两宋时期迎来繁荣局面。

一、唐代的刻书业

唐初,雕版印刷术发明之后,并没有立即被用来开展大规模的书籍雕印出版活动。从已经掌握的历史记载和留存实物来考察,雕版印刷术首先被民间书坊用来从事社会日常用品的制作,如佛经、日历、童蒙读物的印售活动,此后朝廷官府和豪门大家才先后介入刻书活动。

唐代的刻书业起源于民间的书坊。已知的民间书坊，从20世纪陆续发现的雕版印刷品实物来看，多集中在川蜀。

1944年，木刻印本《陀罗尼经咒》于成都东门外四川大学校园内一座唐墓中出土，现藏于四川省博物馆。据《中国版刻图录》的描述，其"四周双边，框外镌'成都府成都县龙池坊卞家印卖咒本'一行"。成都唐初为剑南道益州治，唐肃宗至德二年（757）改称府，卞家雕印经咒当在此后。

20世纪初，剑南西川成都樊赏家于唐僖宗中和二年（882）雕印的历书在敦煌莫高窟藏经洞内被发现，原件现藏于伦敦博物馆。北京国家图书馆藏唐人写经"有"字号《金刚经》残本，末有"西川过家真印本"及"丁卯年三月十二日八十四老人手写流传"的字样。丁卯是唐末哀帝天祐四年的干支，为公元907年。老人写毕此经后方16天，哀帝即禅位于梁。巴黎图书馆所藏敦煌唐写本《金刚经》卷末有"天福八年西州（川）过家真印本"字样。天福是五代后晋出帝石重贵的年号，天福八年为公元943年。由此可知西川过家刻经铺自唐末入五代，称得上成都的书铺老字号。

唐代日本僧宗睿于懿宗咸通三年（862）与贤真忠、全安展、禅念、惠池、善寂、原懿、猷继一行共八僧，随真如法亲王入唐，留学于长安右街西明寺，懿宗咸通六年（865）携带100多部经卷归国，包括西川印子《唐韵》1部5卷，同印子《玉篇》1部30卷。西川印子是当时剑南西川地区雕刻的印本书。

以上种种实物和历史记载证明，唐代中后期，以成都为中心的蜀地已拥有相当数量以印卖各类印刷品、印本书为业的民间书坊。

考唐肃宗至德二年（757）将剑南道分为东西两川，拥有四川平原数千平方公里肥沃土地的西川，凭借蜀道天堑，远避安史之乱、黄巢起义等兵燹之扰，经济文化得到了长足的发展。成都作为西川的政治文化中心，首先培育和发展了民间书坊业，逐渐成为当时全国最繁荣的刻书中心，并刊行了我国古代目前所知的最早一批民间坊刻印刷品和印本书。

北京国家图书馆藏敦煌唐写本《新集备急灸经》，下题"京中李家于东市印"字样。该写本纸背是懿宗咸通二年(861)所抄的阴阳书，咸通三年(862)所抄的神灵药方，可知写本是依据咸通以前京中李家的印本抄写的。又有上都东市大刁家印《历书》。

1967年，唐印本梵文《陀罗尼经咒》于西安沣西的一座古墓出土，该经咒印画在长约32厘米、宽约28厘米的长方形单叶纸上，经文为雕版印刷，由四块长22.6厘米、宽22.9厘米的长方形版面组成。专家根据经咒的画面风格和印文来源，经研究考证，推定其为唐玄宗时期的印本。此前，西安曾先后两次发现唐印本梵文或汉文的《大随求陀罗尼经咒》。①

唐代长安东市是京师繁华的商业区，上述京中李家、上都大刁家都在东市从事印卖活动，完全符合民间书坊作为经营商铺出现在商业中心的市场规律。

从经济文化发展水平来分析，李唐一代民间雕版印刷业分布的范围绝不会仅仅局限于成都一地。根据历史文献的记载，不少研究者指出，在西京洛阳，以及江南的扬州、越州(今浙江绍兴)、金陵、苏州、洪州(今江西南昌)、福州等地，都存在民间书坊刻书的可能，例如唐文宗大和九年(835)，冯宿在请禁版印时宪书的奏章中提到以板印历日鬻卖于市的"剑南、两川及淮南道"，就包括今四川、云南一部以及地处淮河以南、长江以北、汉水以东的湖北、安徽、江苏的部分地区，只是迄今尚未发现更多有力的证据和实物。

---

① 安家瑶、冯孝堂：《西安沣西出土的唐印本梵文陀罗尼经咒》，载《考古》(北京)，1998年，第5期。

二、五代的刻书业

晚唐民间书坊业的相对繁荣,直接引发了五代官刻和家刻的诞生。

朝廷与豪门大家各自挟雄厚的经济实力,强势进入板印领域,从而推动雕版印刷事业迅速发展。他们较大规模地雕印儒家经典和历史、文学典籍,大大拓展了此前民间坊刻基本局限于佛教经书、启蒙读物、日用生活杂书等相对狭窄的范围。

后唐长兴三年(932),明宗敕令国子监校正开雕印卖的"九经三传",史称"五代监本",被视为官刻之始。然而这项历经后唐、后晋、后汉、后周四朝五帝,耗时22年的浩大工程,发端却在于吴蜀坊间印板文字。考宋初《册府元龟》卷六〇八《学校部》所载,后唐宰相冯道重经学,而有感于当朝不能循汉唐崇儒之例刊立石经,因建言"尝见吴蜀之人鬻印板文字,色类绝多,终不及经典。如经典校定,雕摹流行,深益于文教矣"。

据现存文献的记载,五代国子监从后唐长兴三年(932)开刻,至后周太祖广顺三年(953)判国子监事田敏奏献印本止,22年间刊成的经籍,有九经、五经之说。对此,王国维在《五代两宋监本考》中指出,实际刻印的儒家经典有十二经,即《周易》《尚书》《诗经》《周礼》《仪礼》《礼记》《左传》《公羊传》《穀梁传》《孝经》《论语》《尔雅》,并附以《五经文字》《九经字样》,稍后世宗显德间又诏刻《经典释文》,凡十多种典籍。

五代国子监板印儒家经典,作为官刻之始,其编辑出版的运作程序在后世官府刻书和经典传播活动中具有重要的典范作用。首先,朝廷派国子监各经博士,将唐《开成石经》经文抄录下来,仔细校读后，选用能书者用端楷手书上板，能雕字匠人以部帙为单位雕刻印板。出版发行后，朝廷规定以后天下凡抄写经书，必须依照印刻本，不允许再出现杂抄本。同时，五代国子监刻本形成每半叶 8 行和每行大字 16、小字 21（注文）的版面行款，其与唐写本的大小行款相近。

五代监本十二经开雕不久，后蜀孟昶明德二年（935），蒲津（今山西永济）人毋昭裔仕至宰相，为酬布衣未显时所立夙愿，出资雕印《文选》《初学记》《白氏六帖》等文籍。又因唐末以来战乱不断，学校废绝，毋昭裔出私财百万营修学馆，且请板刻九经，开古代家刻之先河。据宋人的记载，毋昭裔早年曾因从他人处借读《文选》《初学记》诸书而遭冷遇，遂立下"他日稍达，愿刻板印之，庶及天下学者"[1]的志愿。由布衣而仕至宰相，当非一年半载，可知毋昭裔立愿之日，尚无冯道建言之事。他刻板印行的想法，也是源于蜀地坊间印板书广行天下的事实。

五代之世，官刻儒家经典流布天下，家刻也有《文选》《初学记》《白氏六帖》《禅月集》等，洋洋巨帙，独领风骚，对后世产生深远的影响。我们应该充分认识和评价儒家经典雕版印本行世在阅读传播史上的重要意义。

第三节　民间图书传播阅读活动初具规模

隋唐，尤其是初唐、盛唐时期，社会的经济和文化事业高速发展，社会上图书的需求量和保藏量大幅度上升，古代写本书的生产进入鼎盛时期，带动图书流通和贸易活动不断扩张，折射出社会阅读活动

---

[1]　叶德辉：《书林清话》卷一《总论刻书之益》，北京：中华书局，1957 年，2 页。

逐步发展的态势。

一、写本书的抄录与文集编纂

隋唐时期的官、私撰述和藏书，仍以写本为主，从盛唐开元十四年(726)，史官吴兢因所撰《唐书》《唐春秋》"卷轴稍广，缮写甚难"，奏请朝廷特派"楷书手三数人，并纸墨等"①，到晚唐诗人陆龟蒙家中藏书皆手抄正副两本，都证明了这一时期在文化发展史上属于写本时代。写本的装帧形式是卷轴，所以其又被称为卷轴文化时代。

当时抄书，除了官方组织和藏家自抄外，有的豪富之家，常专门雇人佣书。唐初，河内人王琚因行刺武三思事败露，"变姓名诣于江都，佣书于富商家"②。更多的则是以佣书为谋生自给的职业。白居易《效陶潜体诗十六首》，其十五首曰："西舍有贫者，匹夫配匹妇。布裙行赁舂，短褐坐佣书；以此求口食，一饱欣有余。"权德舆在《与黜陟使柳谏议书》中说："若以赀用所迫，苟进一官，则佣书贩舂，亦足自给，必不敢以区区之身，上累名器。"③

唐代造纸业相当发达，因原料和工艺不同，各地多有特色产品，据史料记载，有绫纸、麻纸、藤纸、黄纸以及销金笺、金凤纸、鱼笺、花笺等。纸笺作为重要的文房用品，与茶叶、笔砚一样，成为文人学士互赠的佳品。抄写诗文的用纸，以黄纸、剡溪藤纸为多。剡纸轻明洁白，尤受文士藏家的喜爱。如顾况在《剡纸歌》中写道："剡溪剡纸生剡藤，喷水捣后为蕉叶。欲写金人金口经，寄与山阴山里僧。"皮日休《二游诗》咏藏书家徐修矩："唯写坟籍多，必云清俸绝。宣毫利若风，剡纸光于月。"皇甫枚在所著《步非烟》中还记载了一个充满情趣的用

---

① 吴兢：《请总成国史奏》，见董诰等《全唐文》卷二九八，北京：中华书局，1983年，3023页。
② 刘昫等：《旧唐书》卷一〇六《王琚传》，北京：中华书局，1975年，922—923页。
③ 董诰等：《全唐文》卷四八九，北京：中华书局，1983年，4990页。

纸故事。河南功曹参军武公业有个爱妾，名曰非烟。其家北邻的小伙赵象窥见非烟，十分向慕，就选取薛涛诗作，恭抄在剡溪玉叶纸上传情。非烟见诗，取金凤纸，题诗酬复。① 这些都是当时用纸情况的真实写照。

纸张供应的相对充分，支持并促进了文人创作和图书抄录编纂活动的发展。晚唐诗人刘蜕在《梓州兜率寺文冢铭》一文中，自称15年的写作用去草稿2180纸。杜牧每有诗文新作，总会在写好后寄给千里之外的友人裴延翰，20年间驿传不断。后杜牧自选文集时，焚弃旧作十之七八。裴延翰所藏反为全本，各体作品达450首（篇），遂合辑为《樊川文集》。

写本时代，当代文人别集的编纂，以唐代为盛。宋姚铉编《唐文粹》卷九十一至卷九十三为集序，共选入唐人所写唐人别集序39篇，涉及王绩、陈子昂、上官婉儿、苏颋、孙逖、萧颖士、元结、皎然、顾况、灵澈、陆贽、欧阳詹、令狐楚、吕温、白居易、柳宗元、元稹、李德裕、李贺、杜牧等名家别集。考《全唐文》所收集序，更数倍于此。大量唐人所编唐集，在流传中散佚，而从这些今存集序中，我们还能大致归纳当时编集的几种途径和形式。

首先是朝廷征集。吴兴释皎然诗才飞扬，以诗作"缘情绮靡，辞多芳泽"驰名江南。贞元十九年（803），集贤殿御书院行文征其文集。吴兴刺史于頔采得他的诗作546首，抄录编成《杼山集》10卷，上纳于朝廷复命。其次是子嗣友朋弟子在作者身后编集。这是唐人别集编录的主要形式，目的在于追悼故人之先志，传播英名于后世。正如颜真卿序《孙逖文集》所谓"庶乎好事者传写讽诵，以垂乎无穷"，韦滔序《孟浩然集》所称"庶久而不泯，传芳无穷"。最后则是诗人生前自编。最著名的就是白居易三编《白氏文集》。大和九年（835），白居易编成

---

① 汪辟疆：《唐人小说》，上海：中华书局，1963年，292页。

《白氏文集》60卷,辑录作品2964首,藏之庐山东林寺经藏中。第二年改元开成,再编《白氏文集》65卷,作品增至3255首,藏洛阳圣善寺律疏库楼。李绅《题白乐天文集》:"寄玉莲花藏,缄珠贝叶扃。院闲容客读,讲倦许僧听。"其赞美的就是这部圣善寺藏本。开成四年(839),白居易三编《白氏文集》67卷,作品3487首,藏苏州南禅寺千佛堂。

二、图书的传播与阅读

写本时代书籍的传播方式,主要是辗转传抄,具体存在以下两种情况。其一,他人传写。卢藏用撰《陈氏别传》,记民间传抄陈子昂作品的情状:"时洛中传写其书,市肆间巷吟讽相属,乃至转相货鬻,飞驰远迩。"白居易《河南元公墓志铭》称元稹诗"自六宫、两都、八方,至南蛮、东夷国,皆写传之。每一章一句出,无胫而走,疾于珠玉"。类似记载,多见于相关的传记文献。

其二,自己集抄,主要用于投献上司,或寄达友人评赏。前者如柳宗元《上李中丞献所著文启》:"敢饰近文,及在京师官命所草者,凡三卷,合四十三篇,不敢繁故也。傥或以为有可采者,当缮录其余。"杜牧《上安州崔相公启》:"所为新旧文两卷,凡一十九首,上陈视听。"《献诗启》:"今谨录一百五十篇,编为一轴,封留献上。"后者以白居易与文朋诗友如元稹、刘禹锡诸人之间的酬唱赠答较为典型。如元稹外仕江陵,白居易集新诗一轴20章相送,希望他"在途讽读,且以遣日时,消忧懑,又有以张直气而扶壮心也"。元稹一到江陵,即将自己在途中所吟诗作17章寄赠。诗僧齐己《白莲集》中《谢欧阳侍郎寄示新集》《谢贯微上人寄示古风今体四轴》《谢王先辈湘中回惠示卷轴》诸篇,都是这种现象普遍存在的明证。

图书的社会流通量和保藏量的增加,使社会阅读活动明显加强。唐末进士翁承赞《书斋漫兴》二首:"池塘四五尺深水,篱落两三般样花。过客不须频问姓,读书声里是吾家。""官事归来衣雪埋,儿童灯火小茅斋。人家不必论贫富,惟有读书声最佳。"其对这一社会现象和风尚做出了形象而诗化的描述。

持久蓬勃的阅读活动需要一定的物质条件的支撑和精神因素的引导。我们以此为出发点,考察隋唐五代的社会阅读现象,觉得阅读存在着两种类型,即目标阅读和自由阅读。目标阅读是指以儒家经典为对象、以修身论道为特点的一种阅读行为。自由阅读则是指以诗文作品为对象、以欣赏谈艺为特点的阅读行为。

隋唐时期,尤其是初唐、盛唐,社会稳定,文化繁荣,科举制度稳步推行,逐渐完善。学子从学童时期识字开始,经科举考试出仕为官,读什么书、如何读由国家的教育制度加以规范、社会意志加以引导。史籍记载,张九龄弱冠读群史,殷践猷年十三诵《左传》,而杜牧在《注孙子序》中自述:幼年读礼,"及年二十始读《尚书》《毛诗》《左传》《国语》、十三代史书"。随着阅读的深入,呈现出各自的专精,如刘禹锡《送裴处士应制举序诗》称:"晋人裴昌禹读书数千卷,于《周官》《小戴礼》尤邃。"颜真卿总结殷践猷阅读的发展是"博览群言,尤精《史记》《汉书》、百家氏族之说"①。如此等等,可以说都与朝廷科举选士的制度相关,是目标阅读的结果。

唐代的诗歌创作空前繁荣,盛唐雅调,才士风流,受到社会读者的热烈追捧。名篇佳制,一经成文,天下之士,争相传录诵读,反映出社会对文学阅读的热情和兴趣。自六朝进入文学自觉时代以来,社会迎来了第一个文学阅读的高潮。文人学士的别集之中,出现大量

---

① 颜真卿:《曹州司法参军秘书省丽正殿二学士殷君墓碣铭》,见董诰等《全唐文》卷三四四,北京:中华书局,1983年,3497页。

以诗赋札记形式写就的读书感言，如贯休《禅月集》中《读杜工部集二首》《读刘得仁贾岛集二首》《读孟郊集》《览皎然渠南乡集》《览姚合极玄集》《读贾区贾岛集》诸篇和齐己《白莲集》中《读贾岛集》《读李贺歌集》《读李白集》《酬欧阳秀才卷》诸篇。晚唐皮日休《文薮》中《杂著》二卷大半也是读书札记。这些读书感言论才艺人品，究诗心文眼，如皎然《读张曲江集》："才兼荆衡秀，气助潇湘秋，逸荡子山匹，经奇文畅俦。"白居易《读李杜诗集因题卷后》："吟咏流千古，声名动四夷。文场供秀句，乐府待新词。天意君须会，人间要好诗。"其对于促进诗文创作和指导自由阅读活动的发展，都发挥了积极的作用。

从上文所述不难看出，唐代民间传抄的大部分是诗文作品，而且都是形式无定制、内容无规格的短篇简卷。这种节抄本流传十分广泛，徐俊纂辑的《敦煌诗集残卷辑考》（中华书局 2000 年版）上编收录了经撰者精心整理、厘定的敦煌诗集诗钞 63 种，大致反映了唐代边地的流传阅读情况。应该指出，正是欣赏趣味支配下的社会阅读活动，促成了以篇幅短小的节选抄本的大量出现。从某种意义上讲，这使文人别集定本的编纂和完整性传播受挫。

顾陶在穆宗长庆初开始编选《唐诗类选》，历时 30 年，神思耗竭，于宣宗大中末年告竣。《唐诗类选》今已散佚，但宋代的《文苑英华》卷七一四《诗集三》、清代《全唐文》卷七六五都收录了他所撰的《后序》。序中，顾陶谈到了当时中原地区唐人诗文集的流传情况：

> 如相国令狐楚、李凉公逢吉、李淮海绅、刘宾客禹锡、杨茂卿、卢仝、沈亚之、刘猛、李涉、李璆、陆畅、章孝标、陈罕等十数公，诗犹在世，及稍沦谢，即文集未行，纵有一篇一咏得于人者，亦未称所录。僻远孤儒，有志难就，粗随所见，不可殚论，终愧力不及心，庶非耳目之过也。近则杜舍人牧、许鄂州浑，洎张祜、赵嘏、顾非熊数公，并有诗句播在人口，身没才二三年，亦正集未得

绝笔之文,若有所得,别为卷轴附于二十卷之外,冀无见恨。若须待见全本,则撰集必无成功。若但泛取传闻,则篇章不得其美。①

顾陶所说的"正集",就是指收录作者全部或绝大部分作品的别集定本。杜甫、韩愈二位名家正集的流传情况,十分典型地反映了唐代图书传播和阅读的特点。

杜甫曾有文集60卷流行于江汉之南。但是他去世不久,润州刺史樊晃欲觅60卷正集而不得,采集遗文,只得290篇,辑成《小集》6卷。杜甫身后260多年,北宋苏舜钦曾见到一个20卷本别集,发现其"未经学者编辑,古律错乱,前后不伦",感叹"盖不为近世所尚,坠逸过半"。长庆四年(824),韩愈去世,其门人李汉辑《文集》40卷,诗文700余首(篇)。宋代方崧卿撰《韩集举正》时,仅搜集到一种唐写本:唐令狐澄藏咸通十一年写本,只有诗赋10卷。咸通十一年为公元870年,上距韩愈去世不到半个世纪。虽然现在无法确考杜韩二家正集散佚的原因,但是从苏舜钦的感叹中,我们还是可以分析一二。卷轴装长篇大制不但抄录成本高昂,而且难以携带,韩愈《赠崔立之评事》诗中"曾从关外来上都,随身卷轴车连轸"之句,就是一个很好的注脚。而选择性的自由阅读活动,十分自然地将正集中不适合人们阅读口味的部分剔除出去。

与写本时代自由阅读相适应,除了儒家经典以外,诗文作品的流传阅读以选抄本为主,别集的完整编辑和传播,从事实上看,其文献保存的意义要大于社会阅读的意义,它的实现有待宋代雕版印刷全盛时代的到来。

---

① 董诰等:《全唐文》卷七六五,北京:中华书局,1983年,第8册,7960页。

三、民间图书的流通与贸易

唐代社会图书生产和交流贸易情况,大致以人工手抄为主,交流和贸易活动可能是互相或雇人传抄和书肆买卖两种形式平分秋色。前者涉及的图书品种以四部书为主,详情见上述。后者则是日用生活类杂书和通俗文学读物较多。

书肆是古代社会图书交易的主要场所。关于唐代书肆,我们能从诗人文士的作品中得到一点信息。吕温的《上官昭容书楼歌》诗中有句云:"君不见洛阳南市卖书肆,有人买得《研神记》。"自注称:"贞元十四年(798),友人崔仁亮于东都买得《研神记》一卷,有昭容列名书缝处,因用感叹而作是歌。"从东汉王充早年常游洛阳书肆阅览所卖书的记述算起,可知洛阳书肆已经存在了700多年。与崔仁亮洛阳买书几乎同时,白行简传奇名篇《李娃传》中有李娃带书生在长安书肆购书的细节:"娃命车出游,生骑而从。至旗亭南偏门鬻坟典之肆,令生拣而市之,计费百金,尽载以归。"①

五代时期,官、私印本书的面市,尤其是国子监刻本的印卖,给当时的图书交易带来了新变化。五代国子监刻书印卖的活动,标志着儒家经典正式进入印本书的社会交流贸易领域,且首次由政府教育机构国子监参与印本书的销售发行活动,这为社会图书出版发行业建立和提高了信誉度,并吸引中上层知识分子和官吏把购书的目光从自己抄录转移到官私交易场所。这一点,在古代图书出版传播历史上起到的作用是重大的。

图书贸易的方式和价格是图书市场构成的要件,而销售价格与图书的制作方式及成本有关。由于缺乏起码的文献记载,现在很难

---

① 白行简:《李娃传》,见《唐人小说》,上卷,上海:中华书局上海编辑所,1963年,105页。

详细具体地了解隋唐五代时期图书的制作成本和交易价格,只能做一个大概的勾勒。

这个时期图书贸易的方式大致有两种,即实物交换和直接售卖。元稹在《白氏长庆集序》中描述了白居易诗作在民间的交易情况:"至于缮写模勒,炫卖于市井,或持之以交酒茗者,处处皆是。"这里两种交易方式齐全,售卖者或直接售出,或将书与酒、茶叶交换。实物交换是一种传统的商品交换流通方式,明代文人胡震亨在《唐音癸签·谈丛一》中谈到自己一开始不相信元稹的话,后来读到《丰年录》的记载:"开成中,物价至贱。村路卖鱼肉者,俗人买以胡绡半尺,士大夫买以乐天诗。"然后他才相信元稹关于"交酒茗"的描述。开成是唐文宗年号,上文所述《元白诗笔》传入日本的时间也是文宗开成年间。这应该不是巧合,至少说明两点事实:其一,当时民间的图书交易十分活跃;其二,以语言通俗、内容合事为特色的白居易的诗在社会大众中十分受欢迎。

在一般情况下,直接售卖是商品贸易活动的主要方式,图书也不例外。唐五代时期写本和印本同时流通,生产成本不同,价格也相应出现差别。

从已知历史记载来看,唐代写本书的价格大致为每卷 1000 文。据北宋《宣和书谱·正书》"小字三教经"条的记载,唐末女子吴彩鸾"以小楷书《唐韵》,一部市五千钱,为糊口计"。《唐韵》凡 5 卷,则平均每卷 1000 钱。在敦煌石室发现的写本经卷中,有的附注出当时的写书价,如:《药师经》1 卷,酬资 1 吊(合 1000 文);《大涅槃经》40 卷,酬资 30 吊;《法华经》7 卷,酬资 10 吊。每卷文字有所差别,其反映在书价上略有高低是正常的。从总体上讲,敦煌写本经卷的酬资相当于每卷 1000 文左右,这就从现存实物证据的层面肯定了北宋《宣和书谱》记载的中晚唐时期的写本售价。

印本书的价格,与生产成本直接相关。从下面一例中可以间接了解晚唐印本书的价格。公元838年至公元847年,日本学问僧圆仁入唐求法,写下了日记《入唐求法巡礼行记》,其中有他于唐文宗开成三年(838)在扬州买书的记载:"买《维摩关中疏》四卷,价四百五十文。"①平均每卷约110文,相当于上述写本的十分之一。由于圆仁买书与吴彩鸾卖书都在唐文宗时期,因此书价不应该如此悬殊,故有学者推断圆仁所买乃印本书,应该是可信的。

雕版印刷术使图书的生产实现批量化,当印刷数达到一定批量时,其生产成本会大幅度下降,书价就随之下降。从上述情况来看,印本书在价格上的优势,到晚唐五代时期已经得到十分明显的体现。所以,当北宋王朝建立,社会再次得到和平发展的良好环境时,雕版印刷业很快在大江南北遍地开花,图书出版事业进入崭新的高速发展时期。

第四节　佛经的翻译与阅读传播

西汉武帝时期,张骞出使西域,首次听说佛教。哀帝元寿元年(前2),大月氏使臣伊存把浮屠经传带入中国,博士弟子员秦景从使者处听到对佛经的讲解。这是中国传布佛经的开始。东汉明帝曾夜梦金人飞行殿庭,次日朝上询问诸臣,傅毅认为是佛。于是明帝派遣使者往西方天竺求经,得佛经四十二章及释迦立像,并请得中天竺僧人摄摩腾、竺法兰一起东归。归途以白马负经,明帝因此于洛阳立白马寺。法兰开始译经,明帝永平中译出《十住经》。然而东汉之世,

---

① 释圆仁著,小野胜年校注,白化文等修订校注:《入唐求法巡礼行记校注》卷一,石家庄:花山文艺出版社,2007年,61页。

由于佛教初入，国人崇佛尚未成风，因此佛经翻译始终没能形成气候。

魏晋之时，西域僧人赍经东来，中国人则西去求经，双向的宣教求经活动逐渐频繁，中国开始有信徒剃发为僧，皈依佛教，佛经翻译事业亦初露繁荣的趋势。佛教东传，至此为盛。

一、佛经翻译

佛经翻译是指将印度梵文本和西域其他佛教国文本的佛教经典转写为汉文文本的活动。它是佛教传播和佛经阅读的前提和基础，也是我国古代文化传播活动的重要内容。

隋唐是我国历史上佛经翻译的全盛时期，大家名师辈出。据元释念常撰《佛祖

《白马负经图》 [明]丁云鹏 绘

历代通载》卷十的记载，隋文帝杨坚生于般若寺，由释尼智仙抚养带大。周武帝灭佛，智仙避居杨家，预言杨坚日后必将大贵，重兴佛法。自称"少时在寺长育，至今乐闻钟磬之声"的杨坚登上帝位后，大度僧

尼,崇缉寺宇,炀帝杨广崇佛的热情和声势不减其父。二帝先后在长安大兴善寺和洛阳上林园设置翻经馆,诏请天竺僧人等入馆译经。隋文帝还任命奉诏主持大兴善寺译经事务的彦琮为翻经馆学士,开朝廷任命僧官的先例。终其两代37年,共翻译经论及传录等佛教经籍64部,301卷。

唐代的佛经翻译,主要集中在太宗贞观初至德宗贞元末近200年间,先后共有428部,2412卷,成就斐然。

1.从直译到意译

佛经的汉译,经过了由直译到意译的发展历程。汉桓帝时,安息僧人安清在洛阳译经,一人口说,一人笔录,首创照原本直译的方法。直译法强调保存梵文的本来面目,由于梵、汉语言相去甚远,所谓"咫尺千里,觌面难通",参译者很难左右精通,因此常出现翻译"方圆共凿,金石难和"的现象。

后秦弘始三年(401),天竺僧人鸠摩罗什被姚兴迎至长安,在国立译场逍遥园大译佛经。鸠摩罗什7岁出家习经,佛学精湛,通晓汉语。他的翻译,在保证不失经论大义的基础上,努力做到译文的通畅精美,创立意译一派。汉竺法护所译《正法华·受决品》有句:"天见人,人见天。"罗什认为其语虽与西域义合,但是文字过于质实,所以重译时采用助手僧睿的译文:"人天交接,两相得见。"此例较典型地体现了鸠摩罗什的意译原则。

隋翻经馆学士彦琮曾总结历代译家的翻译经验和自己的译经实践,著《辨正论》,提出"八备",即胜任翻译工作的八个必备条件:

> 诚心爱法,志愿益人,不惮久时,其备一也。将践觉场,先牢戒足,不染讥恶,其备二也。荃晓三藏,义贯两乘,不苦暗滞,其备三也。旁涉坟史,工缀典词,不过鲁拙,其备四也。襟抱平恕,器量虚融,不好专执,其备五也。耽于道术,澹于名利,不欲高

衔,其备六也。要识梵言,乃闲正译,不坠彼学,其备七也。薄阅苍雅,粗谙篆隶,不昧此文,其备八也。八者备矣,方是得人。①

范文澜先生对此"八备"做了现代阐释:①诚心爱佛法,立志帮助别人,不怕费时长久;②品行端正,忠实可信,不惹旁人讥疑;③博览经典,通达义旨,不存在暗昧疑难的问题;④涉猎中国经典,兼善文学,不要过于疏拙;⑤度量宽和,虚心求益,不可武断固执;⑥深爱道术,淡于名利,不想出风头;⑦精通梵文,熟习正确的翻译法,不失梵本所载的义理;⑧兼通中国训诂之学,不使译本文字欠准确。② 这里,彦琮不仅谈到翻译的规则,突出意译法的内涵,还涉及译师的人格修养、佛学造诣、梵语释读和汉文表达的水平。

2.译场的组织与职司

鸠摩罗什当年在逍遥园译经,为保证意译的准确华美,确立了宣本、笔受、义证、校勘等程序,译场组织初具规模。发展到唐代,经玄奘、义净的进一步改进和完善,译场的组织与职司更加精密。宋释赞宁在所撰《宋高僧传》卷三《译经篇·唐京师满月传》中,曾对唐代经馆译场的设官分职情况有详细记载,具体包括:

(1)译主,通常由德高望重的三藏法师担任,任务为执本宣译。所谓三藏,是指通晓佛教经律论的高僧。

(2)笔受,又称缀文,将译主宣译内容用汉文记录下来,常由汉僧担任,要求其言通汉梵双语。

(3)证梵本,由西域僧人担任,以梵本证对译文文字。

(4)证梵义,由西域僧人担任,证对译文与梵文的教义是否相合妥帖。要求华语不失梵义。

---

① 梅鼎祚:《释文纪》卷四十一,中国台北:台湾商务印书馆股份有限公司,《景印文渊阁四库全书》本,1986年,第1401册,614页。
② 范文澜:《中国通史简编》(修订本),第3编,第1册,北京:人民出版社,1965年,77页。

(5)证义,汉僧审查译文的内容是否妥帖。

(6)润文,人无定数,由政府委派精通儒佛二学的官员担任,在不失佛意的基础上润色译文。如玄奘译场,有左仆射于志宁、中书令来济、礼部尚书许敬宗等;义净译场,有修文馆大学士李峤、兵部尚书韦嗣立、吏部侍郎卢藏用、兵部侍郎张说等20余人次文润色。[①]

(7)校勘,汉僧最后定稿时通览译文。

(8)监护大使,负责协调解决译场译经活动的相关事宜,由朝廷委派高官充当。如:奘师译经,由房玄龄监护;义净译经,由左仆射韦巨源监护。

周密细致的设计和环环相扣的程序,从组织和技术两个层面,有力地保证了翻译成果的高质量。隋唐的佛经翻译,达到了历史的最高水平。

3.玄奘与义净

中国佛经翻译史上,意译派自鸠摩罗什树帜创法后,继起者众多,不乏声名赫赫的大师名家,其中尤以唐代玄奘最为通显,他的译本享有"印印皆同,声声不别"的盛誉。

玄奘(602—664)是法相宗的创始人,更是一名杰出的佛经翻译家。玄奘俗姓陈,名祎,洛州缑氏(今河南偃师)人,13岁在洛阳出家,曾游历各地,参访名师。玄奘因研读经论,为其纷纭之说所惑,立志远游五天竺国求学。贞观三年(629),玄奘离开长安,踏上漫漫西行之途,四年后到达北天竺的那烂陀寺。在这座印度佛教的最高学府中,玄奘勤学五年,以精湛的佛学造诣,当选为通晓三藏的十德之一。接着他遍游五天竺,访师参学。玄奘求法西域17年,行程五万里,客游百十国,其间历尽艰险:"万里山川,拨烟霞而进影;百重寒暑,蹑霜雨而前踪。"他在所撰《大唐西域记》一书中,真切翔实地记述了这一

---

① 赞宁撰,范祥雍点校:《宋高僧传》卷三,北京:中华书局,1987年,57页。

段具有重大文化历史意义的非凡经历。贞观十九年（645）二月十五日，玄奘带着657部梵文经典返回长安，入城之日，士女争相出迎，人流填城隘郭，盛况空前。

承太宗之命，玄奘很快在京师弘福寺开设译场，征召各寺高僧充任笔受、证义、缀文、字学、证梵文等职，"方操贝叶，开演梵文"，开始译经。此后，译场移置晋昌里慈恩寺、玉华宫寺。自贞观十九年（645），到高宗麟德元年（664），20年间，玄奘共翻译经论75部，总计1335卷，为中国的译经事业以及佛教典籍的广泛传播，做出了巨大的贡献。

玄奘译经，提出了"既须求真，又须喻俗"的标准。所谓"求真、喻俗"，就是要用汉文把梵语的真义表述得通俗明畅。曾在玄奘弘福寺译场参与译事的道宣对玄奘的翻译做过这样的评价："自前代以来，所译经教，初从梵语倒写本文，次乃回之，顺同此俗。然后笔人观理文句，中间增损，多坠全言。今所翻传，都由奘旨，意思独断，出语成章，词人随写，即可披玩。"[①]玄奘求法西域，通彻华梵两语，尽悟三藏佛意，译经之时，出口成章。"词人随写，即可披玩"，也就是说，玄奘的译文完全化解了梵文的艰涩，用通俗易懂的汉语传译出梵本中的佛学奥义。这正是一个深悉翻译之难的内行里手给出的最高评价。

玄奘主持译场的翻译活动，培养了不少专业人才，他们成为日后译经事业的领军人物，义净就是其中比较突出的一位。

义净（635—713），字文明，姓张氏，齐州（今山东历城）人[②]，14岁落发受戒，在佛门勤学苦读，手不释卷。他远仰法显之雅操，近慕玄奘之高风，立志往游西域，亲践圣地。咸亨二年（671），义净从长安出

---

① 道宣：《续高僧传》卷四《译经篇四》，见《续修四库全书》，第1281册，上海：上海古籍出版社，1995年，532页。
② 王邦维：《义净籍贯考辨及其他》，见《中华文史论丛》，第32辑，上海：上海古籍出版社，1984年，77页。

发,经中印入北天竺那烂陀寺,前后留学10年。证圣元年(695)仲夏,义净返回洛阳,武则天亲临上东门外相迎,在京师僧众旛盖歌乐的簇拥下,入住佛授记寺。义净西域求法,历经25年,跋涉30余国,求得梵本经律论近400部,合50万颂。在中国佛教史上,义净与法显、玄奘并称为"三大求法高僧"。

居洛之初,义净参加大遍空寺的"华严经译场",任宣读梵本之职。久视元年(700)起,义净自行组织译场专译,先后在福先寺、西明寺、洛阳内道场、大荐福寺主持翻译活动。武则天深崇释典,故义净备受优遇。所以,义净译场,能选拔当时享有盛名的华僧梵客专任笔受,读梵文,担证义等职,而朝廷则选派修文馆大学士李峤、中书侍郎赵彦昭、中书舍人李乂等20余人次文润色,左仆射韦巨源、右仆射苏瓌监护。

义净终其一生,共译经107部,428卷,又别撰《大唐西域求法高僧传》《南海寄归内法传》等。义净遍翻三藏,精研律部,翻译之暇,还选徒授学。

《宋高僧传》"译经篇"提及了包括义净、不空、菩提流志、实叉难陀等在内的唐代知名翻译家44人,说明了唐代自玄奘以来译经活动的繁盛。

意译派的诞生与大师的迭起,使佛教典籍被基本规范的汉文译出。这种凸现本土化的汉文佛典,符合中国士大夫的思维方式和阅读习惯。它们的大量传播,在很大程度上,有效地促进了佛教经典的社会阅读。

二、佛典的编纂

随着佛经翻译规模的扩大和翻译成果的积累,整理反映翻译成果的佛经目录开始出现。大凡一种思想学说的广泛传播都至少需要具备如下条件：核心的理论著作和有影响的代表人物。所以，《四库全书》比照儒家经典的体裁，收录了数种佛经目录、类书、传记，以备参考。

南朝梁释僧祐编撰的《出三藏记集》15卷，是现存最早且最完整的佛典目录，全目著录中国翻译佛教经律论三藏各书凡2162部4328卷，基本上反映了魏晋南北朝佛经翻译的总体概貌。僧祐（445—518），南朝名僧，俗姓俞，建业（今江苏南京）人，幼年出家，梁武帝时居钟山定林寺。其一生精研律学，曾与《文心雕龙》作者刘勰同处十几年。《出三藏记集》分缘起、名录、经序和列传四部分，其中缘起一卷叙述佛经结藏的情况，并追述译经起源。经序7卷，辑录各经原有的序跋识记，使读者可以据此了解经书的内容和译经的经过，在编纂上创立了辑录性的目录体制。

唐开元十八年（730），释智昇撰成《开元释教录》20卷，将佛教经录的编撰提高到新的水平。

智昇生平不详，开元中居长安西崇福寺，《宋高僧传》称其"文性愈高，博达今古"。是编以三藏经论编为目录，不分门目，以译人时代为先后，共著录汉明帝永平十年（67）至唐玄宗开元十八年（730）664年间，176位译师所译大小二乘、三藏圣教及圣贤集传等，共2278部7046卷。全书分为二录：《总括群经录》《别分乘藏录》。《总括群经录》10卷，前9卷各卷先列译人名氏，次列所译经名、卷数，标注存佚，末列译人小传；第10卷载历代佛经目录，凡古目录25家，仅存其名；新目录16家，俱列其数。《别分乘藏录》10卷，前8卷分为7类：有译有本、有译无本、支派别行、删略繁重、拾遗补阙、疑惑再译、伪邪乱真，各以经论类从，与总录经纬相辅；最末两卷分别为《大乘经律论入藏目录》和《小乘经律论圣贤集传入藏目录》。

《开元释教录》体例完备，内容丰富，实现了智昇在序中所确定的"欲使正教纶理，金言有绪，提纲举要，历然可观"的目标。《四库全书总目》对此评价甚高,以为"佛氏旧文,兹为大备,亦兹为最古,所列诸传,尤足为考证之资"。其首创千字文编目方法,为卷帙浩繁、名目繁复的佛经的整理、收藏和传播阅读,提供了相对便捷的方法,为后世各种版本的汉文大藏经的编录提供了范例。

《法苑珠林》100卷(或作120卷),佛教类书,唐释道世撰。道世字玄恽,京兆(今陕西西安)人,俗姓韩,12岁出家青龙寺。道世皈依佛门后,能研读经籍,深究教义,洞明实相,很快以英博召居上都西明寺,成为腾声于时的名师。道世遍览三藏,认为面对盈缣积籯、卷帙浩繁的佛典,读者难免"实相真源,卒难详览"。因而其在原编《诸经要集》的基础上,广事采集佛教经、律、论中的原典故实,用十年时间,于唐高宗总章元年(668)纂成是书。

《法苑珠林》全书凡100篇:劫量、三界、日月、六道、千佛、敬佛、敬法、敬僧、敬拜、福田、归信、士女、入道、惭愧、奖导、说听、见解、宿命、至诚、神异、感通、住持、潜遁、妖怪、变化、眠梦、兴福、摄念、发愿、法服、燃灯、悬幡、华香、呗赞、敬塔、伽蓝、舍利、供养、受请、轮王、君臣、纳谏、审察、思慎、俭约、惩恶、和顺、诫勖、忠孝、不孝、报恩、背恩、善友、恶友、择交、眷属、校量、机辨、愚戆、诈伪、惰慢、破邪、富贵、贫贱、债负、诤讼、谋谤、咒术、祭祀、占相、祈雨、园果、渔猎、慈悲、放生、救厄、怨苦、业因、受报、罪福、欲盖、四生、十使、十恶、六度、忏悔、受戒、破戒、受斋、破斋、赏罚、利害、酒肉、秽浊、病苦、舍身、送终、法灭、杂要、传记。其中有一篇而数卷,有数篇而一卷。从篇名上可以看出,其内容以佛教的基础教义及日常生活规范为重点,分类编排。篇下设部,部中分目,凡640余目。每篇卷首有文字简述本篇大意,篇末或部末往往征引感应事迹,足见其目的在于"推明罪福之由,用生敬信之念"。

据统计,道世在编撰《法苑珠林》的过程中引用典籍400余种,除佛教典籍外,尚有儒家、道家经典及其他杂著140多种,其中不少著作后世已经难见原本。"此书作于唐初,去古未远,在彼法之中,犹为引经据典,虽其间荒唐悠谬之说,与儒理抵牾,而要与儒不相乱,存之可考释氏之掌故。"四库馆臣的这一评价还是十分公允、中肯的。

《广弘明集》30卷,《续高僧传》30卷,唐释道宣撰。

道宣(596—667),俗姓钱,丹徒(今属江苏)人,一说长城(今浙江长兴)人。隋末唐初,道宣长年居终南白泉寺、丰德寺、净业寺,创立南山律宗,曾受诏为长安西明寺上座,参加玄奘译场,负责润文。道宣一生著述宏富,《广弘明集》和《续高僧传》是他作为佛教史学家的代表作。

梁代释僧祐曾编纂《弘明集》14卷,辑录东汉至梁代僧俗之士阐明佛法之文,其宗旨在于贬抑周孔,排斥黄老,弘扬佛法。道宣《广弘明集》上承僧祐书宗旨,续加采辑,而体例则趋完备。僧祐《弘明集》所辑之文原不分类,道宣续书按辑文内容归类,分为10篇:归正、辨惑、佛德、法义、僧行、慈济、戒功、启福、悔罪、统归。《弘明集》的著作体例是辑而不述,全书除殿后的《弘明论》一篇外,其余皆为他人之作。道宣续书则辑述相映,10篇之首,各撰小序,其他评述性文字则散见各处。此外,《广弘明集》采摭浩博,卷帙倍于僧祐书。道宣生于隋唐之间,其时古书多未散佚,所以坠简遗文,往往辑录其中。如阮孝绪《七录》的序文及其类目部分,儒家典籍久已失传,《隋书·经籍志》亦仅存其说,而道宣将其辑入第3卷内,成为后世目录学研究的重要史料。

佛教东传,自东汉至南朝萧梁,近500年间,丛林佛寺之中,含章秀发,群英迭出。于是系统记录表彰中国佛教僧人译经、立宗、传教功绩的总传开始出现,南朝梁会稽嘉祥寺释慧皎所撰《高僧传》,就是其中现存最早且保存完整的一种。始分立十科,《高僧传》集录汉明帝永平十年(67)至梁武帝天监十八年(519),453年间历代高僧257人的事迹,另有傍出附见者200余人。全书根据高僧德业所重,类分十科:译经、义解、神异、习禅、明律、遗身、诵经、兴福、经师、唱导。唐初,道宣撰《续高僧传》,上接梁天监,下终唐贞观末,撰录高僧正传498人,附见229人。《续高僧传》体例仿慧皎之书,亦类分十科,而名目稍异：译经、义解、习禅、明律、护法、感通、遗身、读诵、兴福、杂科。道宣续书，较之慧皎所撰，除了搜辑更为广博外，体例上亦有所开拓。《高僧传》不录在世之人，而《续高僧传》则收录有名望的在世高僧。另外，慧皎身居南国，《高僧传》中所录详于吴越而略于燕魏，《续高僧传》则南北并重，无所偏废。

在佛教逐渐本土化的进程中，一些汉僧率先从中国传统文化典籍的结构体例和编纂方法中撷取精华，创新佛教典籍的品种和编纂方法。如慧皎自述《高僧传》的体例只是删聚众记，"述而无作"，明显来自孔子整理六经时所采取的"述而不作"的编辑原则；兰台侍郎李俨序《法苑珠林》，以其"义丰文约"，比之虞世南所编的类书；道宣撰《广弘明集》《续高僧传》，博览四部典籍，广搜南北国史，征引文献，原无儒佛之界。这些带有明显中华典籍文化色彩的佛教著作，为僧众、佛徒和文士参习佛学、研读佛典，提供了必要的工具。

三、佛经的传播与阅读

雕版印刷术发明之前，佛教经典的流传主要靠传抄。佛经翻译事业的繁荣，带动了传抄业的发展，因此写经之风大盛，写经生成为南北朝以来专门替人传抄佛经的专职人员。随着民间写经之风的盛行以及写经的商业化，北朝民间出现相当数量的写经生，甚至有因此而富足者。《魏书·刘芳传》记载，刘芳"常为诸僧佣写经论，因笔迹称善，卷直以一缣，岁中能入百余匹，如此数十年，赖以颇振。由是与德学大僧，多有还往"。唐武周时秘书少监王绍宗早年家贫，也常常靠抄写佛经来谋生自给。

1. 佛经的传抄

《隋书·经籍志》记载：开皇元年（581），文帝杨广诏令京师及并州、相州、洛州等大都邑，由官府组织抄写佛经，藏置寺内。天下之人，从风而靡，竞相景慕，民间佛经多于六经十百倍。唐朝的官私写经活动同样十分活跃，寺院大都设立经坊所，写藏佛经。日本学问僧圆仁入唐求法，在五台山金阁寺，曾看到经藏阁中藏有《大藏经》6000余卷，都用金银粉写在绀碧纸上，以白檀玉牙之轴装帧，华美无比。久视元年(700)，武则天欲造大佛像，令天下僧尼每日人出一钱相助。狄仁杰上疏谏阻，疏中有"里陌动有经坊，阛阓亦立精舍"①之句，应该正是当时崇佛写经状况的真实写照。开元二年(714)，玄宗下诏，痛斥民间开铺写经，口食酒肉，手漫膻腥，慢狎佛教的行为，严令自今而后，"禁坊市等不得辄更铸佛、写经为业。须瞻仰尊容者，任就寺礼拜；须经典读诵者，勒于寺赎取。如经本少，僧为写供，诸州寺观并准此"②。

据统计，自南朝陈武帝下令写"一切经"起，至唐高宗显庆末年(661)西明寺写"一切经"止，百年之间，皇室、民间写经达800多藏，200余万卷。

从敦煌莫高窟发现的大量唐代写本和早期雕版印刷品中大部分为佛经的事实来看，佛经和佛教宣传品已经成为当时社会的大宗需求品。佛经的翻译与传播活动，在很大程度上推动了当时佣书、书铺等图书传播交流中介环节的发展，甚至对雕版印刷术的发明也起到了较大的促进作用。

2.佛经的阅读

值得注意的是，隋唐时期佛教盛行，不仅在民间拥有大量信徒，而且佛经在朝廷官员、文士儒流中也拥有大量读者，全社会弥漫着阅读佛典的风气。其因有二，其一，熟读儒家经典的文士在探讨宇宙人

---

① 狄仁杰：《谏造大像疏》，见董诰等《全唐文》卷一六九，北京：中华书局，1983年，1727页。
② 王钦若等编纂，周勋初等校订：《册府元龟》(校订版)卷一五九《帝王部·革弊》，南京：凤凰出版社，2006年，第2册，1773页。

生等哲学问题时,对佛教这一来自异域的思想产生浓厚兴趣,而在"曲径通幽处,禅房花木深"的古寺,与高僧论禅辩儒,往往机锋四起,理趣盎然。所以,六朝以来,文人雅客多读佛学之书,做名寺之游,有高僧之交。其二,在现实生活中,大量知识分子在科举、仕途、官场等人生重大事情上遭受挫折,陷于消沉的泥潭,难以自拔,于是转向佛教寻找自我解脱的精神庇护所。所谓"逃禅",就是逃避世事,研习佛典,皈依佛门。如杜甫《饮中八仙歌》:"苏晋长斋绣佛前,醉中往往爱逃禅。"苏晋,唐玄宗时官至太子左庶子。齐己《过陆鸿渐旧居》中所谓"佯狂未必轻儒业,高尚何妨诵佛书",正是文士崇儒礼佛情状的写照。

检唐代文献,有关文人儒士熟读佛典的记载很多。刘禹锡序中书侍郎韦处厚文集,称他"壮通六经,旁贯百氏……佛书尤邃"。与温庭筠、李商隐齐名的段成式也以"尤深佛书"鸣世,所著《酉阳杂俎》卷三《贝编》专叙佛事,而其他各卷亦多及佛教故事。刘禹锡自己也读佛书、参佛理,如他在《赠别君素上人》诗中所说的:"穷巷唯秋草,高僧独扣门。相欢如旧识,问法到无言。"精于佛典的盛唐诗人王维更在《春日上方即事》诗中,高唱"好读《高僧传》,时看辟穀方",安于"北窗桃李下,闲坐但焚香"。

细检隋唐文士集,与高僧名师论学之赠答,有关佛寺经藏之记序,咏诵丛林名胜之诗文,犹如繁星之于夜空,珠贝之于瀚海,不可胜计。白居易《白氏长庆集》卷六十有《三教论衡》,记述自己大和元年(827)奉敕在麟德殿内道场与安国寺僧义林、太清宫道士杨弘元对御三教谈论事,问难对答之间,双方互通儒典佛经,足见日常阅读参悟之勤。僧众博览儒籍,文士游心佛典,互相阅读,彼此交流,成为中国古代文化传播史上的一大胜景。

3.俗讲与变文

佛经的传播与阅读,还有一种通俗的形式,就是民间的俗讲、变文。

20世纪初，敦煌莫高窟藏经石室中发现大量写本经卷文书，其中不少为唐代寺院俗讲僧徒和民间艺人说唱佛教故事、中国历史故事、民间传说时所用的底本，大多用接近口语的通俗文字写成，有说有唱，散韵相间，一般具有首尾完整的情节。用这种底本进行的说唱，在寺院由僧人进行的叫"俗讲"，在街头闹市或变场由艺人进行的，一般称作"转变"。

这种有说有唱的技艺形式在当时深受民众的喜爱，十分盛行。韩愈《华山女》所述"街东街西讲佛经，撞钟吹螺闹宫庭"，应该就是当时的实况。僧人以俗讲知名，见于唐人记载的，首推文溆。

日本僧人圆仁在《入唐求法巡礼行记》卷三中说，开成六年（841），武宗即位，改元会昌。正月十五起，敕于京师长安左右街七佛寺开俗讲。左街四寺的俗讲法师为海岸、体虚、齐高和光影四人，右街是文溆及其他二人。圆仁特别指出："文溆法师讲《法华经》。城中俗讲，此法师为第一。"[1]据宋代司马光《资治通鉴》卷二四三的记载，早在宝历二年（826）六月，敬宗就曾到修德坊兴福寺观看文溆俗讲。唐代赵璘《因话录》卷四亦有类似文字："有文溆僧者……愚夫冶妇，乐闻其说，听者填咽。寺舍瞻礼崇奉，呼为和尚。教坊效其声调，以为歌曲。"[2]这曲子就名《文溆子》，唐代段安节《乐府杂录》"文叙子"条中说："长庆中（821—824），俗讲僧文溆善吟经，其声宛畅，感动里人。乐工黄米饭，依其念四声观世音菩萨，乃撰此曲。"[3]《册府元龟》卷一五三载：每逢文溆开筵讲经，"庸人观者奔走如不及，相与效其声调，周于闾陌"。这说明这种俗讲的形式非常受欢迎，传播的效果十分明显。

---

[1] 释圆仁著，小野胜年校注，白化文等修订校注：《入唐求法巡礼行记校注》卷三，石家庄：花山文艺出版社，2007年，365页。
[2] 赵璘：《因话录》卷四，上海：上海古籍出版社，1979年，94页。
[3] 段安节：《乐府杂录》，上海：古典文学出版社，1957年，40页。

这种俗讲的底本,在敦煌发现有近200种(包括部分复本),其中部分写本原抄有标题,约有变、变文、讲经文、缘、因缘、赋、话本、词文等不同名称,如《降魔变》《大目乾连冥间救母变文》《维摩讲经文》《喜欢国王缘》《悉达太子修道因缘》《晏子赋》等。这些名称复杂的文本,研究者将其通称为敦煌讲唱文学作品或"变文",它们就是宋元以来的话本、宝卷、弹词等文体的源头。仅敦煌一地的一个藏经室,就存有这么多出自普通的僧人、学仕郎之手的变文写本,说明这种文本拥有较广泛的社会阅读群体。这是我们今天探讨佛经传播与阅读问题时所不能忽视的。

第五节 日本遣唐使与汉籍东传

唐代是我国古代中外文化交流的鼎盛时期,与周边邻国日本、印度、朝鲜的交流尤其密切。贞观初年,因周边邻国使者来朝频繁,故太宗曾令画家阎立本摹写其衣服形貌,人各一图,纂成《职贡图》一书,以记其盛。下面以中日文化交流为例来说明唐代中国典籍交流外传的大致情况。

一、日本遣唐使

在中日两国的文化交流史上,佛教和书籍是两个十分重要的媒介。

隋文帝开皇十二年,即公元592年,日本推古女皇即位,圣德皇太子摄政,时以飞鸟为帝都,史称飞鸟时代(592—710)。两年后,圣德太子敕建佛寺，佛教大盛。开皇二十年（600），圣德太子首派遣隋使朝觐隋帝，开始了持续近三个世纪的大规模中日官方文化交流。

大业三年（607），朝臣小野妹子（汉名"苏因高"）受命使隋。关于这次使隋的使命，《隋书》记载如下："使者曰：'闻海西菩萨天子重兴佛法，故遣朝拜，兼沙门数十人来学佛法。'"日本史籍《善邻国宝记》卷上的记载则曰："是时国家书籍未多，爰遣小野臣因高于隋朝，买求书籍，兼聘隋天子。"①

稍后在大业四年（608）和大业十年（614）的两次遣隋使团中，出现了留学生和学问僧，表明了推古王朝全面学习中华文化的意图。由于隋朝立国短暂，故四次遣隋使，规模和影响都有限。但这是一曲激越的前奏，紧接而来的就是雄浑嘹亮的主旋律，更大规模的交流即将在更加辉煌的唐王朝展开。

唐代隋兴，从隋末社会大混乱中崛起的李氏统治集团对内实行较为开明的政治措施，对外采取睦邻友好的政策。到太宗贞观年间，唐王朝已经显现出空前的文明之光：制度先进，社会稳定，经济发达，文化繁荣，而且迅速向周边各国辐射。据《唐六典》卷四《礼部·主客郎中》条记载，当时周边有70多个国家与唐王朝保持政治、经济、文化和贸易方面的交往。日本以委派遣唐使的形式，成为这一文化交流大潮中的主要参与者。

从太宗贞观四年（630）到昭宗乾宁元年（894），250余年间，日本共19次派遣遣唐使，其中实际入唐的为15次。长安三年（703），日本大臣朝臣真人粟田入唐。朝臣真人的官职，相当于中国的户部尚书。《旧唐书·东夷传》描述他："冠进德冠，其顶为花，分而四散，身服紫袍，以帛为腰带。真人好读经史，解属文，容止温雅。"其颇有汉风，活脱儿是一位儒雅的唐朝官员。武则天在麟德殿设宴款待他，并授以

---

① 转引自王勇等撰《中日"书籍之路"研究》，北京：北京图书馆出版社，2003年，第7页。

司膳卿之职。开元四年(716),遣唐大使从五位下大伴山守率557之众,分乘四船自大阪起锚入唐。在长安,使团提出请儒士授经。玄宗诏令四门助教赵玄默在鸿胪寺向入唐留学生吉备真备等传授儒家经典。使团在唐,"所得锡赉,尽市文籍,泛海而还"①。

日本开支国费,派出规模较大的遣唐使团,目的在于促进两国交往,全面汲取中国文化的精华,以推进本国的政治革新和文化建设。所以,入唐的留学生和学问僧,除了在唐勤奋学习中国文化外,回国时携带承载中国文化精华的书籍也是他们的使命之一。

遣唐使每次归国,总要随身携带部分中国图书。晚唐诗人陆龟蒙有七言绝句《闻圆载上人挟儒书洎释典归日本国,更作一绝以送》,诗曰:"九流三藏一时倾,万轴光凌渤澥声。从此遗编东去后,却应荒外有诸生。"其对圆载上人携带大量汉籍佛经东归并在日本传播汉文化的行动表示赞赏。

二、汉籍东传及其意义

唐代,中国究竟有多少书籍流入日本,交流贸易的规模到底有多大,恐怕已经难以得出准确的数字,但是可以提出一个参照数字。日本阳成天皇贞观末年至元庆元年(876—884),学者藤原佐世奉敕编纂《日本国见在书目》,记录9世纪后半期日本国家机构及天皇藏书处公藏汉籍的情况。《日本国见在书目》著录图籍,据日本学者小长谷慧吉氏的研究统计,凡1586部,16734卷,大致仿《隋书·经籍志》,按经、史、子、集四部,分为40类,具体部类、家数及卷数如下:

易家33部177卷　尚书家14部113卷　诗家15部166卷

---

① 刘昫等:《旧唐书》卷一九九(上)《东夷·日本》,北京:中华书局,1975年,5341页。

礼家 46 部 1109 卷　　乐家 23 部 207 卷　　春秋家 35 部 374 卷　孝经家 20 部 45 卷　　论语家 35 部 269 卷　　异说家 17 部 85 卷　小学家 58 部 598 卷

　　正史家 35 部 1372 卷　　古史家 9 部 24 卷　　杂史家 34 部 616 卷　霸史家 3 部 122 卷　　起居注家 3 部 39 卷　　旧事家 4 部 20 卷　职官家 4 部 70 卷　　仪注家 11 部 154 卷　　刑法家 41 部 580 卷　杂传家 40 部 437 卷　　土地家 37 部 318 卷　　谱系家 7 部 16 卷　簿录家 7 部 22 卷　　儒家 15 部 134 卷　　道家 62 部 458 卷　法家 4 部 38 卷　　名家 2 部 4 卷　　墨家 3 部 3 卷　　纵横家 1 部 3 卷　　杂家 95 部 2617 卷　　农家 2 部 13 卷　　小说家 10 部 49 卷　　兵家 60 部 242 卷　　天文家 85 部 461 卷　　历数家 54 部 167 卷　　五行家 156 部 919 卷　　医方家 166 部 1309 卷

　　楚辞家 6 部 32 卷　　别集家 149 部 1568 卷　　总集家 85 部 1568 卷①

　　《日本国见在书目》的编纂年代，正与唐末僖宗在位时间相当，20多年后唐王朝就覆灭了。唐代藏书，以开元时期为最，其盛况见存于《旧唐书·经籍志》之中。《旧唐书·经籍志》共著录图书 3060 部，两相比较，说明公元 9 世纪，日本流传的汉籍，已经达到中国唐代官藏图书的二分之一，足见唐代流入日本的汉籍品种数量之多。

　　日本国内至今还珍藏有中国唐代写本的残卷和仿唐写本的古抄本，如东洋文库藏平安时期（相当于晚唐五代时期）日人仿唐写本所抄《春秋经传集解》《史记》（夏本纪、秦本纪）《文选集注》，东京国立博物馆藏唐人写本《细字法华经》《王勃集》残卷、南朝梁丘明撰琴谱《碣石调幽兰》，名古屋真福寺藏唐写本《翰林学士诗集》，京都上品莲台

---

① 王勇：《中日文化交流史大系·典籍卷》，杭州：浙江人民出版社，1996 年，38 页。

寺藏奈良时代仿初唐写本《绘因果经》①等,现在都被日本政府定为国宝级的文物。它们见证着这一段汉籍东传的精彩动人的历史情节。

《绘因果经》 日本奈良时期仿初唐写本

日本遣唐使团成员归国携带书籍是汉籍东传的主要途径。使团中不同身份的随员,对汉籍搜求是有所侧重的:学问僧侧重关注访求佛经,留学生则较注重对四部典籍的购求。据日本《续日本纪》的记载,开元二十二年(734)回国的学问僧玄昉,携归的佛经多达5000卷,而编成于开元十八年(730)的《开元释教录》著录的汉译佛经不过5048卷。同行的留学生吉备真备则携《唐礼》(《大唐开元礼》)130卷、《乐书要录》10卷、《太衍历经》1卷、《东观汉记》133卷等四部书籍回国。

此外,两国的商贸往来也是汉籍东传一条重要的渠道。唐代诗人白居易的诗很早就以旧钞卷子本的形式传入日本。会昌五年(845),白居易在《白氏集后记》中提及:"集有五本……其日本、新罗诸国及两京人传写者不在此记。"日本丸山清子在《源氏物语与白氏文集》一文中,注引日本《文德实录》卷三《仁寿元年九月二十六日》项所记:"散位从四位下藤原朝臣丘守卒。丘守者,从四位下三成之长

---

① 黛弘道等:《图说日本文化的历史》卷三《奈良》,东京:小学馆,1979年,202页。

子也……五年……出为太宰少贰。因检校大唐人货物,适得元白诗笔,奏上。帝甚耽悦,授五位上。"丸山氏认为,藤原丘守向天皇进献《元白诗笔》一事发生在仁明天皇承和五年,是《白氏文集》传入日本见于官修史书的最早记载。仁明天皇承和五年为公元838年,相当于我国唐文宗开成三年。据日本《文德实录》的记载,白居易的诗至迟在唐文宗开成三年(838),即《白氏长庆集》编成(824)后十余年就已传入日本,说明商贸渠道东传汉籍的速度相当快。从王维《送秘书晁监还日本国》诗序中描述的"彼以好来,废关弛禁","人民杂居,往来如市"的情况来看,通过这一渠道传入日本的汉籍应该不在少数。

唐代汉籍东传日本,在日本发展史上产生了重要的影响。严绍璗指出:"汉籍向日本的流布,这是中日文化总体关系中的一种文化现象,只有把它与总体的中日文化关系以及中日两国的文化史综合起来考察,才能更加深入地理解它的真正意义。"① 奈良时代留学生吉备真备学成归国后的政治学术活动,为我们考察和理解这种意义提供了典型的历史个案。

公元710年,元明天皇迁都平城京(今奈良市),日本进入奈良时代(710—794)。6年后,灵龟二年(716,即唐开元四年),22岁的吉备真备以留学生的身份随奈良时代首次遣唐使团入唐②。在长安,他师从四门助教赵玄默研习儒家经典。赵玄默是当时的名儒,曾受命在秘书省整理典籍,玄宗对其有"学兼儒墨"之誉。唐初,学者重三礼、《汉书》之学,演绎提纯经典精义,为朝廷施政提供历史经验。吉备真备带着赵玄默的传授和自己研读的心得扬帆归国,后以东宫学士的身份授皇太子阿倍内亲王《礼记》《汉书》之学。阿倍内亲王即位为孝谦天皇。《续日本纪》"孝谦天皇天平宝字元年(757)四月"条记载:

---

① 严绍璗等:《汉籍在日本的流布研究》"后记",南京:江苏古籍出版社,1992年,339页。
② 黛弘道等:《图说日本文化的历史》卷三《奈良》,东京:小学馆,1979年,194页。

"古者治民安国，必以孝理，百行之本，莫先于兹。宜令天下，家藏《孝经》一本，精勤诵习，倍加教授。"在此前14年，即唐天宝三年(744)，唐玄宗在东郊亲祭九宫贵神后，大赦天下，并下诏："自今以后，令天下家藏《孝经》一本，精勤诵习，乡学之中，倍增教授，郡县官吏，明申劝课。"两诏之间的相承关系是十分明显的。孝谦天皇接受这一儒家治国理念，是与吉备真备的传授分不开的。

日本奈良时代的天平文化深受唐朝文化的影响。吉备真备回国后的主要政治文化活动正处于天平文化的盛期，而且他一度出任朝廷的右大臣，在修订日本律令、传授唐朝礼仪、建设和完善日本大学教育的组织制度方面，都做出了重要贡献。

在教学制度上，日本仿效唐代国学的体制，其制定的学令规定《论语》为各科学生共同的必修教科书，并以三国魏何晏的集解为指定读本①。日本大东急纪念文库尚珍藏有康永元年(1342年，中国元代至正二年)的《论语集解》写本。

与此同时，接受汉籍东传的还有朝鲜三国时期的高句丽和新罗，《旧唐书·东夷列传》记载了汉籍传入其国的情况以及产生的影响。

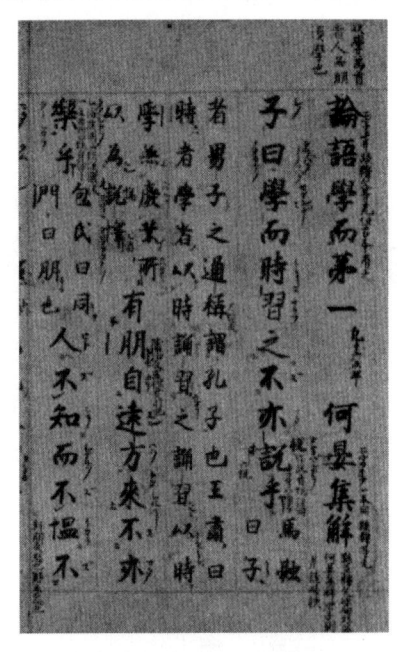
何晏《论语集解》 日本写本

高句丽的民众雅爱书籍，社会上流传的汉籍有五经及史书《史记》《汉书》《后汉书》《三国志》、孙盛《晋春秋》，字书《玉篇》《字统》《字林》，总集《文选》。唐时，新罗又称"鸡林"。

---

① 黛弘道等：《图说日本文化的历史》卷三《奈良》，东京：小学馆，1979年，198页。

唐高宗开耀二年(682)，新罗设立国学，学生读《论语》《礼记》等儒家典籍。四年后，高句丽遣使者上表请求《唐礼》及有关辞赋文章，开元十六年(728)，又遣使上表请准派留学生到长安学问经教，这些要求都得到了满足。在唐人的记载中，也多处出现有关新罗人求购传抄阅读汉籍的文字。如元稹在《白氏长庆集序》中云：白居易的作品"鸡林贾人，求市颇切，自云：本国宰相，每以百金换一篇。其甚伪者，宰相辄能辨别之"。咸通进士张乔《送新罗僧》诗："东来此学禅，多病念佛缘。把锡离岩寺，收经上海船。"晚唐徐寅的《斩蛇剑》《御沟水》《人生几何》等三篇赋作，在新罗被广泛传写，至以金书列为屏幛，价重一时。今存徐寅诗句"肯销金翠书屏上，谁把刍荛过日东"说的就是这一史实。

三、鉴真与空海

在中日文化交流史上，唐代的鉴真大师和弘法大师是最值得纪念的。

《空海入唐图》

鉴真(688—763)，扬州人，是唐代赴日传法的中国名僧。天宝元年(742)，他应日僧容睿、普照的邀请，力排众议，毅然东渡。然出于种种原因，他们四次渡海未果，第五次漂流到海南，容睿不幸病逝，鉴真双目失明,返回扬州。天宝十二年(753),鉴真再次随日本遣唐使团东渡,次年初春,顺利到达日本首都奈良,时为日本孝谦女皇天平胜宝六年。鉴真率领同行弟子,在奈良建唐招提寺,广泛传播唐朝文化。

半个世纪后,日本桓武天皇延历二十三年,时值德宗贞元二十年(804),日本派出由大使藤原葛野磨率领的第十七次遣唐使团,空海以学问僧的身份成为使团成员,来华求法,结出中日文化交流史上又一朵绚丽的奇葩①。

空海(774—835),俗姓佐伯,赞岐国多度郡屏风浦(今日本香川县善通寺市)人,佛教法号遍照金刚,谥号弘法大师。日本真济记《空海僧都传》称,他自幼志学,十五岁就到京师奈良,随外舅二千石阿刀大足受《论语》《孝经》及史传等汉籍经典,兼习辞章,喜好佛典。其又游太学,受读《毛诗》《尚书》及《左氏春秋》。长期的悉心阅读,使空海在入唐前就有了相当高的汉典和佛学造诣。

初到长安,空海被准敕留住名刹西明寺,后又在青龙寺东塔院从慧果受法,得遍照金刚法号。又从昙贞和尚学梵字,从韩方明学书法。在唐两年,元和元年(806)四月,空海离开长安回国,途中经越州,曾向唐越州节度使求书。他在《与越州节度使求内外经书启》中提出:"三教之中经律论疏传记,乃至诗赋碑铭卜医,五明所摄之教,可以发蒙济物者。"②空海归国后,编撰了《表上请来目录》③,共著录得自长安和越州的佛经汉籍216部561卷,可惜没有详列汉籍名目。

归国后,空海曾多次提及弘仁年间奉进在唐时期得到的汉籍,如《书刘希夷集献纳表》中提及《刘希夷集》4卷、王昌龄《诗格》1卷、《贞元英杰六言诗》3卷等,称:"王昌龄《诗格》一卷,此是在唐之日于作者

---

① 宫坂宥胜:《密教图典》,东京:筑摩书房,1980年,109页。
② 王利器:《弘法大师与〈文镜秘府论〉》,见《中华文史论丛》,第4辑,上海:上海古籍出版社,136页。
③ 宫坂宥胜:《密教图典》,东京:筑摩书房,1980年,114页。

边偶得此书,古诗格等虽有数家,近代才子,切爱此格。《贞元英杰六言诗》三卷,元是一卷,缘书样大,卷则随大,今分为三卷。"另外还有《急就章》1卷、《王昌龄集》1卷、《杂诗集》4卷、《朱书诗》1卷、《朱千乘诗》1卷、《杂文》1卷、《王智章诗》1卷、《赞》1卷、《诏敕》1卷、《译经图记》1卷等①。

还有一事值得特别提出,那就是素有深厚汉文化修养的空海,经过在唐的研习深造,擅长书法和中国文学。归国后,其撰写了论中国南朝至中唐时期骈俪文学的专著《文镜秘府论》,书中旁征博引,保存了相当数量的先唐和唐代的阙文佚诗。同时,他根据中国汉字草书的形体,简化创造了日文的平假名,与早在圣武天平年间由吉备真备取汉字偏旁假音而成的片假名一起,构成了日语的字母系统。

《表上请来目录》 空海手书

作为日本佛教真言宗的创始人,空海在中日文化交流史上的影响和贡献,远非佛学一端所能概括的。

---

① 弘法大师撰,王利器校注:《文镜秘府论校注》"附录一",北京:中国社会科学出版社,1983年,615页。

第五章　经典的注释与阅读

隋唐五代是中国自汉代独尊儒术后,再次大张旗鼓崇显儒家地位的重要时代,其首先表现在大规模、持久的儒家经典的整理、注疏活动上。从贞观年间唐太宗诏令勘正五经文字、撰定五经义疏,到200年后唐文宗《开成石经》的完成,又历百余年到五代后周广顺三年(953)官刻九经及《五经文字》《九经字样》《尔雅》浩大工程的竣工,三个多世纪中,朝廷组织的对儒家经典的校勘、注疏、刊行活动一直持续开展。其次,朝廷从崇儒的目的出发,规定科举考试的科目、内容以及评判依据直接源自儒家经典。

在这样的思想文化背景下,儒家学说被确定为社会考量人才、政府选拔精英的主要标准,而研读儒家经史典籍就是无数士子安身立命、实现鸿鹄之志的必由之路。要做好这样一件涉及社会众生的前程、关乎王朝统治稳固的大事,关键在于提供体现官方统治意志和符合传播阅读规范的标准文本。所以,解决经典的注释与阅读问题,自然成为朝廷思想文化政策中的重要任务,朝廷为此倾注了巨大的政治热情,学者对此承担着崇高的学术责任。

第一节 概述

古籍的注释,例创于汉儒的释经活动,历经魏晋南北朝的发展,到隋唐时期,在注释体例和方法方面逐渐积累了不少成功的经验。更为重要的是,受社会阅读需求的影响,注释已经突破经书的范畴,扩大到史、子、集各部类古籍,荟萃众家之说的集解性注书体式盛行,名家辈出。尤其是南北朝的三大名注——宋裴松之的《三国志注》、梁刘孝标的《世说新语注》和北魏郦道元的《水经注》,其特点都是博采群书,随文施注,详密的注文,大大超出原文的篇幅,使读者除了能更好地理解原文,还能获取远比原文丰富的相关信息,从而引发更为浓郁、更为广泛的阅读兴趣。

隋唐时期,学者们在良好的政治文化环境下,继承两汉以来古典注释之学的优良传统,在四部经典的阐释领域内不断推出具有时代特征的新成果,如经部的《五经正义》《周礼义疏》《仪礼义疏》《周易集解》等,史部的《汉书注》《史记索隐》《史记正义》等,子部杨倞的《荀子注》、尹知章的《管子注》,集部李善的《文选注》,都是始见于唐代的经典注本,有首创之功。四部经典注释本的不断推出,既满足了统治集团传播官方思想文化的需要,又有效地促进了社会阅读活动的持续发展。

古籍的注释属于理解和阐释范畴的一种学术活动。古典文本要在后世后人中得到广泛的传播,需要解决两个问题。首先是语言文字在使用发展中产生的历时性和共时性的差异,所谓古今语殊,楚夏声异。其次是读者与古典文本之间存在的历史距离如何超越时空,读者如何正确推知作者原意于千百年之上。为解决上述问题，汉儒遍注先秦儒家经典，为后世注释古籍确立了典范，形成了以训诂、考据为特征的学派——汉学。

汉代学者阅读注释先秦儒家经典，采用训诂、考据的方法。所谓训诂，是指"中国古代的一种词义解释的工作，即用易懂的、众所周知的语言来解释难懂的或只有少数人能懂的语言"，"以当代语言解释前代语言，以标准语解释方言，以常用词解释生僻词，都是训诂的内容"①。汉儒的注释通过训诂，从字义、制度、名物等的考释入手推求内蕴，重点在于体察、考证经典的本义。汉儒用训诂考据的方法注释经典，诞生了古代阐释史上第一批名家名著，如毛亨的《诗经传》、孔安国的《尚书传》、郑玄的《三礼注》，其注释要约明畅，堪为范式。

汉儒的经典注释活动很快出现偏差，首先，在注释文意时离章辨句，枝蔓繁衍，且语多附会，背离本旨。时人称之为章句之学。当时秦延君注《尧典》，十余万字；朱普之解《尚书》，三十万言。更有甚者，西汉末年博士弟子郭路，夜定旧说，不胜章句之烦琐，心力交瘁，竟至死于烛下。所以刘勰说："通人恶烦，羞学章句。"②其次，汉儒治经，遵师传，宗家法，久之各家义疏自成一派，形成门户之别。而东晋以来近300年的南北对峙，更造成南北学的差异。所以，隋文帝开皇年间，朝廷考核国子生的经学水平，面对学生的回答，考官竟然不能判别高下优劣。究其原因，国子博士房晖远一语中的："江南、河北，义例不同，博士不能遍涉。学生皆持其所短，称己所长，博士各各自疑，所以久而不决也。"③

隋唐新王朝要崇显儒学地位，必须对汉魏以来的经学也就是儒

---

① 陆宗达、王宁：《训诂方法论》，北京：中国社会科学出版社，1983年，186页。
② 刘勰著，范文澜注：《文心雕龙注》卷四《论说》，北京：人民文学出版社，1998年，328页。
③ 魏徵、令狐德棻等：《隋书》卷七十五《房晖远》，北京：中华书局，1973年，1716页。

家经典的义疏进行梳理统一。隋朝国运未盛,任务就历史性地落在继起的唐王朝的肩上。唐朝壮阔的经典注释活动就在这样的历史文化背景下,于贞观年间拉开了序幕。

从贞观到开元的100多年,是唐代经典注释活动的兴盛时期,在中国文化学术史上有着重要影响的《五经正义》以及《史记》《汉书》《文选》的注本都完成于这个时期。这些代表性成果广泛汲取旧注的精华,在体例、内容上同声相应,同气相求,充分反映出初唐、盛唐时期文化学术集大成的时代特点。如张守节在《史记正义》的叙例中谈到注释的体例,其中在处理《史记》所引五经文字的注释上确定了这样的原则:《史记》所引文字与《古文尚书》同者,则取孔安国传;与《春秋三传》同者,分别取杜预、服虔、何休等注;与《三礼》同者,则取郑玄注;与《韩诗》同者,则取毛《传》、郑《笺》的注释;与《周易》同者,则依王肃之注。① 其与《五经正义》确定的五经旧注完全一致。而颜师古的《汉书注》和李善的《文选注》同样使用大量的《汉书》旧注,因为"通常在读解《汉书》时,最难的部分是贾谊、枚乘、司马相如、扬雄等众多文人传记中所收录的大量文学作品,而汉代这些精致典雅的诗文正是《文选》文学所由以形成的基础与骨骼"②。

这些经典注释本的出现,除了受到学术统一的时代需求和学者的学术自觉的影响外,牟润孙先生还注意到科举利禄的影响。他认为:"武则天尚骈俪之文,特重进士之科,词赋足以博取利禄,终于家置《文选》,人工藻饰。且以文须用典,诗贵录事,注文选者为一时之显学。为史记、汉书作注者,纷纷然焉。使撰述不尚词藻,曷用博采?"③

---

① 张守节:《史记正义》卷末《论注例》,北京:中华书局,1963年,13—14页。
② 冈村繁:《文选之研究》,陆晓光译,上海:上海古籍出版社,2002年,142页。
③ 牟润孙:《唐初南北学人论学之异趣及其影响》,见《注史斋丛稿》,北京:中华书局,1987年,393页。

自汉武帝尊儒开始至唐初的750多年间，历代文化经典，尤其是儒家经典的阐释成果积淀十分深厚，其中注释的思想文化倾向很大程度上适应了当时封建君主统治的需要。自朝廷确定科举明经科目以经典义疏为考试内容以后，读者开始注重经典的义疏，而不再关注对文本的阅读与理解。这种舍本求末的阅读倾向随着年复一年的科考导向越来越明显，朝廷内外曾因此产生多次争议。

德宗贞元末，福州刺史柳冕与礼部侍郎权德舆有一次关于科举明经考试改革的讨论，主要内容就是降低背诵疏注在科考中的权重。柳冕在《与权侍郎书》中指出：明经考试，每经问义十道，要求五道全写疏，五道全写注，如果不能填出疏注文字，即使考生"明圣人之道，尽六经之意"，亦将斥去。柳冕认为"明六经之义，合先王之道，君子之儒，教之本也；明六经之注，与六经之疏，小人之儒，教之末也"。他希望权德舆申明德宗革除其弊，以明六经之义，合先王之道者为上等，而精于诵记疏注者为次等①。权德舆贞元十八年（802）任礼部侍郎，知贡举三年，深知士子专注于注疏的弊端，所以他在《答柳福州书》中肯定柳冕的建议是正确的。但是明经作为科考中应试和录取人数最多的一科，判卷需要有相对客观的标准，而疏注具有这样的功能，所以不能贸然改易。因为他担心一旦改易，"傥有司率情，下上其手，既失其末，又不得其本，则荡然矣"②。事虽未及解决，但是革新的提出本身就说明了经典注疏对科举考试和士子阅读的巨大影响。

柳冕与权德舆讨论后约半个世纪，杜牧再次提起注疏在阅读中的作用。针对当时流行的观点，即"使圣人微旨不传，乃郑玄辈为注解之罪"，杜牧提出了自己的看法：

---

① 董诰等：《全唐文》卷五二七，北京：中华书局，1983年，5353页。
② 董诰等：《全唐文》卷四八九，北京：中华书局，1983年，4993页。

仆观其所解释,明白完具,虽圣人复生,必挈置数子坐于游、夏之位。若使玄辈解释不足为师,要得圣人复生,如周公、夫子亲授微旨,然后为学。是则圣人不生,终不为学。假使圣人复生,即亦随而猾之矣。此则不学之徒,好出大言,欺乱常人耳。自汉已降,其有国者成败废兴,事业踪迹,一二亿万,青黄白黑,据实控有,皆可图画,考其来由,裁其短长,十得四五,足以应当时之务矣。①

我们可以从文中读出杜牧的三点见解:(1)以郑玄为代表的先儒经注"明白完具",并未曲解经典;(2)注释不可能完全正确地捕捉到圣人的微旨,所谓"《诗》无达诂";(3)人们完全可以通过阅读经典及其注释得到有益于处理时务的知识和经验。杜牧旗帜鲜明地肯定了前辈学者的注疏对后人阅读圣贤经典的重要作用。

事实上,唐代这场有关经典注释的阅读意义的争论,参与双方都只强调了问题的一个方面。经典的注释就是阅读者对经典文本的一种理解和阐释,当一种理解、阐释长时期为主流读者群所接受而形成权威或成为传统时,它将对后人的阅读产生积极的指导意义。但是注释者的注释活动作为一个自我理解的过程,始终闪现着主观的色彩。所以,当一种权威或传统的阐释的威望大到能使其替代阅读主体自身理解判断的程度时,它就会束缚读者的积极思维,影响读者理解的正确性。在唐朝科举考试热遍全国的时期,《五经正义》的权威地位,在很大程度上使官方认可的注释成为读书士子盲从的源泉。相反,如果读者采取积极的阅读态度,对经典及其注释下一番"考其来由,裁其短长"的功夫,阅读活动就会出现完全不同的效果。

显然,对于经典的注释,采取盲从抑或虚无的态度都是片面的、

---

① 杜牧:《上池州李使君书》,见《樊川文集》卷十三,上海:上海古籍出版社,1978年,191页。

错误的。唐代的这场关于经典注释的阅读价值的讨论,对我们今天的阅读活动还有着现实的启示意义。

第二节 《五经正义》

我国文化源远流长,积以万千计的思想文化典籍千百年来代代相传,绵延不绝,其中聚藏着极为丰富的文化意蕴,尤以儒家经典为最。自西汉以来,儒家经典一直稳处中华民族传统思想文化的顶峰,千百年间,笺释注解经义的著作风起云涌,蔚为大观。而西汉以来,五经原著闪耀千载的经典身份和雄视天下的权威地位,很大程度上就来自这些在广阔的时空背景中持续展开的上下师承的理解阐释活动。唐代的《五经正义》就是其中极为重要的阐释成果。

唐太宗继位后,迅即采取措施,推行尊孔崇儒的思想文化政策,除了国学扩建学舍、增加生员、强化儒学教学以外,更重要的是统一南北朝时分成南北的经学。贞观四年(630),唐太宗认为经籍去圣久远,文字多讹谬,应该加以重新考订,诏令中书侍郎颜师古在秘书省考订五经。颜师古精通小学,考订中,不但校正了正文和注文,而且为传抄经书的字体规定了正样。经考订的《五经定本》进奏后,太宗要求尚书左仆射房玄龄集诸儒重加详议。当时诸儒对通行五经文本传习已久,所以都对颜师古的定本提出了异议。面对诸儒的非难,颜师古旁征博引,据晋、宋以来的古今传本,从容应答,诸儒莫不叹服认从。于是,《五经定本》由朝廷颁行天下,成为从学者的通行读本[①]。

《五经定本》颁行后,自汉代以来经学发展中形成的师说多门、章

---

① 吴兢:《贞观政要》卷七《崇儒》,上海:上海古籍出版社,1978年,220页。

句繁杂的问题仍未得到解决。这种经义异说纷纭的状况,既影响到思想学术方面的发展,也不利于朝廷的科举取士。于是,太宗诏命国子祭酒孔颖达与颜师古、司马才章、王恭、王琰等撰定五经义训,以统一经义,书成后,赐名曰《五经正义》,凡182卷。其中《周易正义》16卷,《尚书正义》20卷,《毛诗正义》40卷,《礼记正义》70卷,《春秋左传正义》36卷。

孔颖达(574—648),字仲达,冀州衡水(今属河北)人,八岁就学,日诵千余言,长于经学,隋炀帝大业初举明经高第,授河内郡博士。炀帝召集天下儒官论学,令国子秘书、学士相与论难,颖达年最小而术冠群儒。入唐,被秦王招入秦府,位列文学馆十八学士。唐高祖武德九年(626),擢授国子博士。贞观十二年(638),拜国子祭酒,侍讲东宫。受诏与颜师古等撰定《五经正义》,得到太宗下诏褒扬:"卿等博综古今,义理该洽,考前儒之异说,符圣人之幽旨,实为不朽。"[①]

所谓"正义",从经学编纂意义上讲,就是依据传注而加以疏通解释。由于语言和典章制度的变化,前代学者为经文所做的注解,后世读者已经难以读通。唐代上距汉代已经好几百年,秦汉甚至魏晋时的经注,确实需要重加解释。从政治上来说,唐王朝实行政治思想上的大一统,亟须编出统一的经书注释本以为标准。但是正义这种经注体例信守"疏不破注"的宗旨,难免存在曲从注文的现象,致使前后出现矛盾。所以,《五经正义》奏进后,太学博士马嘉运提出异议。贞观十六年(642),太宗复命孔颖达与马嘉运、赵乾叶等人共同修订。次年,孔颖达因年老,致仕还乡。

唐高宗永徽元年(650),于志宁等奉诏对其再加考证,方颁行天下。钦定《五经正义》对汉代以来发展起来的经学做了总结,并为唐代的科举考试确定了试题范围,为天下应明经科的士子提供了标准

---

① 刘昫等:《旧唐书》卷七十三《孔颖达》,北京:中华书局,1975年,2602—2603页。

的经义。

　　孔颖达等学者受命撰定五经疏义,面对汉魏以来经学专门名家纷纭杂出的局面,选定卓然显行于世的五家经注作为依据:《周易》主于魏王弼、晋韩康伯注,《尚书》主于汉孔安国传,《诗经》主于汉毛亨传、郑玄笺,《礼记》主于汉郑玄注,《春秋左传》主于晋杜预注。然后撷取近代诸儒的相关注释,斟酌取去,撰成新疏。从孔颖达所撰《五经正义》的序言中,我们可以归纳其撰述正义的四条原则:(1)明确五经的指归,就是"其事必以仲尼为宗,义理可诠";(2)摈弃改张前义、异彼先儒的所谓新见。孔颖达批评皇侃的《礼记义疏》"既遵郑氏乃时乖郑义,此是木落不归其本,狐死不首其丘"。指责刘炫的《春秋左传义疏》纠正杜预注释中的 150 余条过失,是"习杜义而攻杜氏,犹蠹生于木而还食其木,非其理也";(3)考定是非,删繁就简,就是孔颖达所说的"存其是而去其非,削其烦而增其简";(4)若近代诸家义疏都无可取,则申说己见。如《春秋左传正义》以刘炫义疏为本,其疏漏处取沈氏之说救补,"若两义俱违,则特申短见"。

　　《五经正义》的完成,使两汉以来经学因传习不同、南北异学造成的分歧得到融合,讹舛得到厘正,经旨论归一定,无复歧途。很多学者因此论定孔颖达的注释成果有功于经学,有益于读者。也有论者提出,《五经正义》的一统经学,使其他数十百家义疏尽废,扼杀了经学在自由发展传播中迸发出的绚丽的学术生命力。尽管如此,《五经正义》作为官方定本,颁行后还是迅速成为社会最重要的经学读本。清中叶刊刻《十三经注疏》,《五经正义》被悉数列入,足见其在中国经学史上的重要地位。

第三节 《史记索隐》与《史记正义》

在中国史学发展的历史上,编年、纪传是两大主流体制,分别以《春秋》和《史记》为代表。所谓纪传,就是以记述人物活动为中心来反映历史的史书体制。司马迁以自己独特的方式审视历史,参酌古今史体,创造性地建构了以本纪、表、书、世家、列传五种形式相互精巧组合的宏大的纪传新体制。稍后,东汉史学家班固继承《史记》成法而撰《汉书》。自此而往,历代史学家多遵循其法并将其奉为圭臬。

《史记》是我国第一部纪传体通史。通史是一种纵贯古今、横通人事的史书体裁,能在广阔的时空背景下,气势恢弘地充分展示各民族继往开来、持续不断的生存活动和兴亡史迹。具有旷世才识的一代史家司马迁,在公元前2世纪末,满怀"究天人之际,通古今之变"的壮志宏愿,迎着中华民族文明演进那初露的晨曦,寻访历史遗迹,考察八方风俗,甄别古史记载,思接千载,视通万里,以十二本纪、十表、八书、三十世家、七十列传,凡130篇,生动卓越地再现了黄帝至汉武帝时期3000年波澜壮阔的历史风云,首次精心梳理出自黄帝以来中华民族源远流长的统一国家的正统系列,为中华民族千秋万代的统一事业做出了不朽的贡献。

《史记》成书于公元前1世纪初叶,至晋宋间已逾五个世纪,其间,社会文化环境和语言系统发生了很大变化。书中所叙史事以及典章名物制度、文字音义、疆域区划等,已与当代形成隔阂,需要加以疏通,方可扩大流传和影响。所以晋宋至中唐时期,《史记》的注家数起,如晋末宋初中散大夫徐广撰《史记音义》13卷,南齐时轻车录事邹诞生撰《史记音义》3卷,唐崇文馆学士刘伯庄撰《史记音义》20卷,唐吏部侍郎许子儒撰《史记音》3卷,等等。这些注本都没有流传下来,近人朱东润有《邹诞生〈史记音义〉辑佚》《刘伯庄〈史记音义〉辑佚》①,可略窥其书概要。这一时期首尾完整地流传至今的《史记》旧注凡三家,即刘宋裴骃的《史记集解》、唐司马贞的《史记索隐》和唐张守节的《史记正义》,史称"史记三家注"。

隋唐时期,社会研究阅读《史记》的风气初开,细检隋唐文献,可以看到以下记载:隋大业中司隶从事赵弘智学通三礼、《史记》《汉书》。中宗时修文馆学士褚无量早年读书,"尤精三礼及《史记》"。丽正学士殷践猷"年十三,日诵《左传》二十五纸,博览群言,尤精《史记》《汉书》,百家氏族之说"②。国子生李鱼"怀儒雅之量,九岁通《周易》,十岁明《礼》,十三精《史》《汉》"③。天宝时颍川陈照"雅好《史》《汉》《诗》《礼》,略通大义"④。但是《史记》阅读传播的深度和广度都不及《汉书》,究其原因,司马贞在《史记索隐·后序》中这样认为:"夫太史公纪事,上始轩辕,下讫天汉,虽博采古文及传记诸子,其间残缺盖多,或旁搜异闻以成其说,然其人好奇而词省,故事核而文微,是以后之学者多所未究。其班氏之书,成于后汉。彪既后迁而述,所以条流更明,是兼采众贤,群理毕备,故其旨富,其词文,是以近代诸儒共所钻仰。其训诂盖亦多门,蔡谟集解之时已有二十四家之说,所以于文无所滞,于理无所遗。而太史公之书,既上序轩黄,中述战国,或得之于名山坏壁,或取之以旧俗风谣,故其残文断句难究详矣。"司马贞指出了晋唐以来诸儒亲《汉书》而疏《史记》的历史原因:《史记》叙事时

---

① 朱东润:《史记考索》,上海:华东师范大学出版社,1996年,201页,211页。
② 颜真卿:《曹州司法参军秘书省丽正殿二学士殷君墓碣铭》,见董诰等《全唐文》卷三四四,北京:中华书局,1983年,3497页。
③ 周绍良:《唐代墓志汇编》,上海:上海古籍出版社,1992年,1232页。
④ 周绍良:《唐代墓志汇编》,上海:上海古籍出版社,1992年,1583页。

空广大而简约,所以文多微言,事见残缺,难以读通;《汉书》后出且断代,叙事时空有限,更能够博采众说,使文辞流畅,事独详明。所以司马贞开元之时,所见《史记》注释,仍仅裴骃、刘伯庄数家而已。《史记》《汉书》行文叙事的异同,造成了两书在流传阅读上的明显差异。

开元中,司马贞的《史记索隐》、张守节的《史记正义》先后继起,为扩大《史记》流传和阅读的范围做出了重要贡献。

司马贞,唐河内(今河南沁阳)人,开元中官朝散大夫,以国子博士除弘文馆学士,开元七年(719)以国子博士身份参加有关今古文《孝经》的讨论,后出任润州别驾。司马贞早年师从崇文馆学士张嘉会治《史记》,在研读过程中产生的三大感触激发他下决心新注《史记》:一是不满褚少孙的补篇多伤踳驳,一是无奈自东汉延笃至隋秘书监柳顾言等诸家音义并告失传,一是遗憾能见的刘伯庄、许子儒等《音义》多所疏漏。他在《史记索隐·后序》中自叙述作之旨云:"崇文馆学士张嘉会独善此书,而无注义。贞少从张学,晚更研寻,初以残阙处多,兼鄙褚少孙诬谬,因愤发而补《史记》,遂兼注之,然其功殆半。乃自唯曰:'千载古史,良难闲然。'因退撰《音义》,重作赞述,盖欲以剖盘根之错节,遵北辕于司南也。凡为三十卷,号曰《史记索隐》云。"

《史记索隐》前28卷注《史记》,兼采诸家音释,末两卷为述赞,130篇及《补史记条例》。司马贞认为《史记》各篇的"太史公曰"语意未安,故别为之赞。述赞四字为句,句之多少视文意而定,一般10句,而《项羽本纪》的述赞长达20句。

《史记》述史,上溯五帝,未及三皇。司马贞对此极为不满,认为"宜应上自开辟,下迄当代,以为一家之首尾"。故司马贞越俎代庖,补撰《三皇本纪》冠于卷首,而篇中多有蛇身人首、断鳌聚灰、三百二十七万六千岁之世等荒诞不经之说,殊失司马迁述史考信之旨,因而招致诸多批评。所为述赞,也因"未喻言外之旨",而为后人指为蛇足。

尽管《史记索隐》存在种种不足,但全书能探幽发微,注音释义,申解裴骃《史记集解》之未解,并多纠《史记》原文的谬失,持论有极精当处。后世读史家多尚《史记索隐》,号为小司马《史记》。宋代学者尤其推重《史记索隐》与颜师古注《汉书》,喻其为日月并照,并在自己的著作中多加征引。

张守节,生平事迹不详。据其《史记正义》自署诸王侍读、右清道率府长史,断其应为东宫属官。其自序称"守节涉学三十余年",末题"于时岁次丙子,开元二十四年(736)八月,杀青斯竟"。按以唐时人十岁左右入学授读计,张氏当生于武后朝,主要活动在玄宗朝,而稍晚于司马贞。张守节撰《史记正义》,长于地理。他在自序中说:"六籍九流地里苍雅锐心观采,评《史》《汉》诠众训释而作正义,郡国城邑委曲申明,古典幽微窃探其美,索理允惬,次旧书之旨,兼音解注,引致旁通,凡成三十卷,名曰《史记正义》。"

《史记》三家注中,张守节书最晚出,他所注引的古书阙文,多有徐广、裴骃未见者。且张守节遵用唐人经疏之例,兼注裴骃的集解文字。如《管晏列传》"晏子荐以为大夫"句下,裴骃《史记集解》注:"《皇览》云:'晏子冢在临菑城南淄水南桓公冢西北。'"《史记正义》则注曰:"《括地志》云:'齐桓公墓在青州临淄县东南二十三里鼎足上。'又云:'齐晏婴冢在齐子城北门外。《晏子》云:吾生近市,死岂易吾志?乃葬故宅后。人名曰清节里。'按:恐《皇览》误,乃管仲冢也。"这里指出《史记集解》所引《皇览》之误,从中亦可看出张守节《史记正义》长于地理的特点。

从研究阅读史的视角考察,历唐至宋,《史记》的地位迅速显扬,这与司马贞《史记索隐》和张守节《史记正义》的完成及传世有关。据《日本国见在书目录》,其已著录司马贞《史记索隐》30卷。该书目记录公元9世纪后半期日本的国家藏书机构及天皇私人藏书处所藏汉籍的情况,其时正值晚唐僖宗乾符三年(876)至昭宗光化元年(898),

上距《史记索隐》行世方过百年。这间接说明唐代司马贞、张守节二家《史记》注本问世后,社会阅读传播的速度还是相当快的。

《史记索隐》《史记正义》在唐代都别自单行,北宋雕印《史记》,将三家注散入正文下,南宋建安黄善夫《史记集解索隐正义》是现存宋刊合刻三家注的最古之本。今《史记正义》旧本失传,卷帙次第无可考。《史记索隐》有明末毛晋汲古阁覆刻本,卷数仍旧。

第四节 《汉书》颜师古注

《汉书》是我国第一部纪传体断代史。《史记》传世后,有机会在皇家的密室高阁中手触目睹这部旷世巨著的名流学士,既惊叹司马迁集 3000 年历史于一编的雄奇笔力,又深惜其叙事于武帝太初后阙而不录。于是才高博学之士,如扬雄、刘歆、卫衡等,先后续写西汉中晚期史事,以期上补《史记》之阙。东汉史学家班彪批评这些续写的篇目"多鄙俗",不足以踵继《史记》,"乃继采前史遗事,傍贯异闻,作后传数十篇"。班彪卒后,其子班固继承父业,夙兴夜寐 20 余年,终于完成堪与《史记》比肩的一代巨著《汉书》,全书 100 篇:十二本纪,八表,十志,七十列传,记西汉 230 年历史。

班固与司马迁一争高下的决心和信心在于创立一个纪传体断代史,这促使他在更为广泛的历史视野内,对西汉史事进行全面深入的审视和总结。改书为志,是《汉书》对《史记》体制的一个重要修改,其中刑法、五行、地理和艺文四志是班固的新创。《刑法志》记周代以来至东汉初年军制和刑法的变化。《地理志》以疆域区划为主体,记汉代郡县封国建置的由来与变革以及辖地内山川形势和风土人情等。

同时,用汉地对汉以前古籍中的地名进行注释,使后人得以了解其确切位置。《汉书》十志在广阔的历史背景中成功地展示了西汉一代的政治史、经济史和文化史,最足以代表班固的博洽学识和创新能力,对后世纪传体史书的书志部分产生重大影响。

《汉书》传世后,立刻受到朝野人士的重视,"当世甚重其书,学者莫不讽诵焉"①,享名远在《史记》之上。于是注家蜂起,解释音训,不异注经。仅见于《隋书·经籍志》著录的《汉书》注本,自东汉服虔、应劭而下,就有17种之多,可谓名家辈出。历魏晋至唐初,《汉书》的研究蔚为大观,成为专学。清代史学家赵翼根据唐代文献记载,曾梳理出唐初《汉书》学授受源流的基本情况。他说:

> 《汉书》之学,亦唐初人所竞尚。自隋时萧该精《汉书》,尝撰《汉书音义》,为当时所贵。包恺亦精《汉书》,世之为《汉书》学者,以萧、包二家为宗。刘臻精于两《汉书》,人称为"汉圣"。又有张冲撰《汉书音义》十二卷,于仲文撰《汉书刊繁》三十卷,是《汉书》之学,隋人已究心,及唐而益以考究为业。颜师古为太子承乾注《汉书》,解释详明,承乾表上之,太宗命编之秘阁。时人谓杜征南、颜秘书为左丘明、班孟坚忠臣。其叔游秦先撰《汉书决疑》,师古多取其义。此颜注《汉书》,至今奉为准的者也。房玄龄以其文繁难省,又令敬播撮其要成四十卷。当时汉书之学大行。又有刘伯庄撰《汉书音义》二十卷,秦景通与弟晖皆精《汉书》,号大秦君、小秦君。
>
> 当时治《汉书》者,非其指授,以为无法。又有刘纳言,亦以《汉书》名家。姚思廉少受《汉书》学于其父察。思廉之孙班,以察所撰《汉书训纂》,多为后之注《汉书》者隐其姓氏,攘为己说,

---

① 范晔:《后汉书》卷四十下《班彪列传》,北京:中华书局,1973年,1334页。

班乃撰《汉书绍训》四十卷,以发明其家学。又顾胤撰《汉书古今集》二十卷。李善撰《汉书辨惑》三十卷。王方庆尝就任希古受《史记》《汉书》,希古迁官,方庆仍随之卒业。他如郝处俊好读《汉书》,能暗诵。裴炎亦好《左氏传》《汉书》。此又唐人之究心《汉书》,各秉承旧说,不敢以意为穿凿者也。①

颜师古注《汉书》方出,时人已将其与杜预注《左传》对比,称为班氏忠臣。后世学者每每引用,成为定评,足见颜注在《汉书》传播阅读史上的重要地位。

颜师古(581—645),名籀,以字行,琅琊临沂(今属山东)人,北朝学者颜之推之孙,自幼秉承家学,博览群书,尤精训诂,唐高祖时官中书舍人,专掌机密。太宗即位,颜师古迁中书侍郎,奉诏在秘书省考订五经。颜师古精通小学,考订中,对文字多有厘正。

贞观七年(633),颜师古出任秘书少监,专管刊正文籍,后又奉诏与博士等撰定五礼,贞观十一年(637)完成后,晋爵为琅琊县开国子。同年受太子承乾之命注释班固的《汉书》,四年后完成。贞观十九年(645)从太宗东巡,病卒于途中。颜师古的著述,别集60卷已佚,今传有《汉书注》《急就章注》和《匡谬正俗》。

颜注《汉书》卷首冠有《汉书叙例》一篇,详说注释的体例,归纳其要,可有数端。颜师古注《汉书》,是以东汉服虔、应劭而下20余人的《汉书》旧注为基础的。对待旧注,《汉书叙例》规定,"凡旧注是者,具而存之。而有指趣略举,申说不到位的,衍而通之。至于有诡文僻见,越理乱真,匡而矫之。如果旧注泛说非当,芜辞竞逐,甚至出于异端,则删削无取"。凡是旧注缺漏,未尝解说的,颜师古广征文献,并

---

① 赵翼:《廿二史札记校证》卷二十《唐初三礼汉书文选之学》,北京:中华书局,1984年,440页。

加详释,使文辞洽通。

《汉书》旧文多有古字,在长期传写解说的过程中,以意刊改的情况经常发生,使正俗紊乱。《汉书叙例》规定,文字要依据古本,恢复古体,其中难识之字都要加注释。难字注释,音义并举。至如众所共晓的常用字,则一概省略,无烦笔墨。

颜师古批评近代注史,竟为赅博,以致多引杂说,攻击本文,诋诃前贤,声明自己注释《汉书》的原则是"翼赞旧书,一遵轨辙,闭绝歧路",也就是以前贤《汉书》旧注的学术总结为主。这与《五经正义》的修纂宗旨是完全一致的,充分体现出学术集大成的特色。

杨炯在《王子安集序》中称王勃"九岁读颜氏《汉书》,撰《指瑕》十卷"。王勃生于高宗永徽元年(650),九岁时为显庆三年(658),此时上距颜师古贞观十五年(641)完成《汉书注》不到20年。现在虽已无法确知《指瑕》的内容,但是九岁童儿能为此书,除了显示王勃的早慧外,还证明颜注《汉书》确有不够完备之处。南宋洪迈《容斋随笔》中有两则批评颜注的文字,《三笔》卷一《汉志之误》条指出其存在"注释纪传,虽有舛误,必委曲为之辨"的现象,而《续笔》卷十二《汉书注冗》条,论颜注《汉书》文字音释赘冗之失,认为有违《汉书叙例》中"至如常用可知,不涉疑昧者,众所共晓,无烦翰墨"的原则[①]。考房玄龄曾因为颜师古所注《汉书》文繁难省,所以要求敬播撮其机要,简约为40卷本。两者所指是颜注的同一问题:烦冗。

颜师古《汉书》注本由于在学术上具有集大成的特色,故一经流传即"大行于世",敦煌发现唐抄本颜注《汉书萧望之传》(伯2485)、《王莽传》(伯2513),为《旧唐书·颜师古传》中的这一描述提供了有力的佐证。后代学者在各自著述中大量引用颜注《汉书》,如宋代王观国《学林》中引述多达226处,宋毛晃撰《禹贡指南》,书中征引50

---

① 洪迈:《容斋随笔·续笔》卷十二《汉书注冗》,上海:上海古籍出版社,1978年,365页。

处。这充分说明其不仅在《汉书》的阅读研究中起到不可替代的指导作用,而且在其他的阅读和研究活动中也同样具有重要影响。

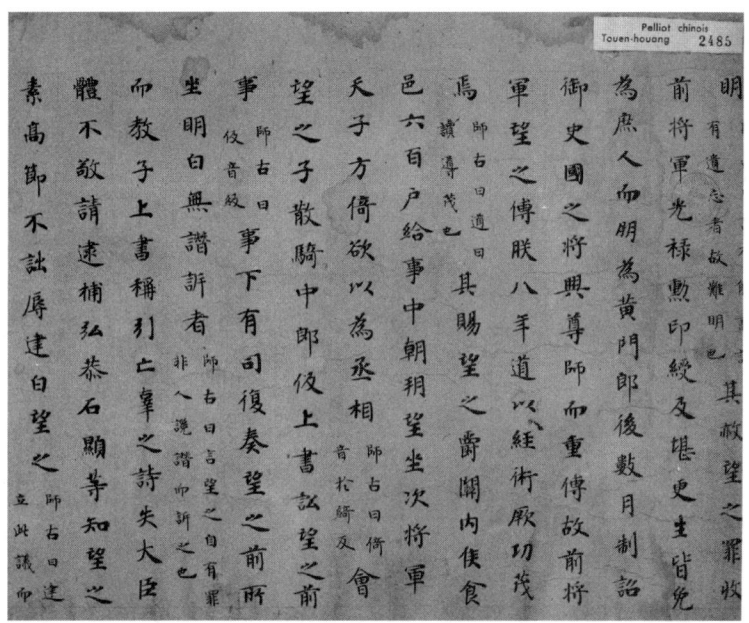

《汉书·萧望之传》 颜师古注 敦煌抄本(伯 2485)

第五节 《文选》李善注与五臣注

《文选》是我国现存最早的古代诗文总集,编纂者萧统为南朝梁武帝萧衍长子,卒后谥昭明,故又称《昭明文选》。全书 30 卷,成书于梁普通三年至大通元年(522 — 527),选录先秦至梁 130 位作家的各体作品 752 篇,分为 38 类:赋、诗、骚、七、诏、册、令、教、文、表、上书、启、弹事、笺、奏记、书、移、檄、对问、设论、辞、序、颂、赞、符命、史论、史述赞、论、连珠、箴、铭、诔、哀、碑文、墓志、行状、吊文、祭文。其大致可概括为诗歌、辞赋和杂文三大类。

萧统在《文选·序》中为全书的编纂提出了选文的标准："事出于沉思，义归乎翰藻。"他强调文质并重，内容形式俱佳。对于文学作品与非文学作品，先秦、秦、两汉时人们尚未清晰区分，六朝以后才逐步认识。《文选》精选了先秦以来大量代表作品，以总集的形式体现出当时比较进步的文学观念，并为后人提供了诵习和研究的方便。隋唐之际，《文选》作为专门之学蓬勃兴起，刘肃这样叙述当时的情况：

> 江淮间为《文选》学者，起自江都曹宪。贞观初，扬州长史李袭誉荐之，征为弘文馆学士。宪以年老不起，遣使就拜朝散大夫，赐帛三百匹。宪以仕隋为秘书，学徒数百人，公卿亦多从之学，撰《文选音义》十卷，年百余岁乃卒。其后句容许淹、江都李善、公孙罗相继以《文选》教授。开元中，中书令萧嵩以《文选》是先代旧业，欲注释之。奏请左补阙王智明、金吾卫佐李玄成、进士陈居等注《文选》。先是，东宫卫佐冯光震入院校《文选》，兼复注释。解"蹲鸱"云："今之芋子，即是著毛萝葡。"院中学士向挺之、萧嵩抚掌大笑。智明等学术非深，素无修撰之艺，其后或迁，功竟不就①。

刘肃此语成于元和二年（807），上距显庆三年（658）李善进《文选注》150年，《旧唐书·儒林传》中有关选学之记载即征引于此。清代学者赵翼论选学："梁昭明太子文选之学，亦自萧该撰《音义》始。入唐则曹宪撰《文选音义》，最为世所重，江淮间为选学者悉本之。又有许淹、李善、公孙罗，相继以《文选》教授，由此其学大行，淹、罗各撰《文选音义》行世，善撰《文选注解》六十卷，表上之，赐绢一百二十四。

---

① 刘肃：《大唐新语》卷九《著述》，北京：中华书局，1984年，133页。

至今言《文选》者,以善本为定。"①赵翼此论发于乾隆六十年(1795),上距李善注本行世已过千年,而独标举李善注本,正说明李善注本对千年来选学的发展和《文选》的阅读传播具有重大贡献。

李善(?—689),唐扬州江都(今属江苏)人,性好学,学问渊博,通贯古今,然不能属辞,时人号为"书簏"。显庆中,李善累擢太子内率府录事参军、崇贤馆直学士兼沛王侍读。显庆三年(658),表上所撰《文选注》,诏藏于秘阁。除潞王府记室参军,转秘书郎。乾封中,出为泾城令。咸亨二年(671),左侍极、兰台太史贺兰敏之以罪流放雷州,李善因贺兰敏之举荐而为崇贤馆直学士,故连坐配流姚州。后遇赦得还,居汴、郑间,以教授《文选》为业,诸生多自远方而至。

李善注《文选》,以广征旧注见长,所谓"释事而忘义"②,就是偏重于语源、典故的诠释,而略于文义的疏通。其体例主要有以下三类:(1)凡有旧注者,每篇存之,如《楚辞》用汉王逸注,司马相如《子虚赋》《上林赋》用晋郭璞注,张衡《二京赋》用三国吴薛综注;(2)如无旧注,必广征四部典籍,博引相关文献而成注,并详题原作者和书名、篇名;(3)如果旧注或征引文献未备,则标以"善曰"推出新意或补正,以示分别。李善注《文选》共征引1551种古籍或篇目③,如此广泛的搜集征引,为《文选》的阅读提供了极大的方便。

《文选》在唐世的影响是巨大的,首先是时君的钦重,唐高宗曾以绢素百卷,令工于草书的裴行俭草书《文选》一部,书成,赐帛五百段。玄宗朝宰相宋璟自称手抄《文选》三过。诗歌中也经常流露出对《文选》的景仰之意,如李颀《送皇甫曾游襄阳山水兼谒韦太守》:"元凯春秋传,昭明文选堂。风流满今古,烟岛思微茫。"杜甫《水阁朝霁奉简

---

① 赵翼:《廿二史札记校证》卷二十《唐初三礼汉书文选之学》,北京:中华书局,1984年,441页。
② 欧阳修、宋祁:《新唐书》卷二〇二《李邕传》,北京:中华书局,1975年,5754页。
③ 马念祖:《水经注等八种古籍引用书目汇编》,上海:中华书局,1959年,4页。

严云安》:"雨槛卧花丛,风床展书卷,钩帘宿鹭起,丸药流莺啭,呼婢取酒壶,续儿诵《文选》。"又《宗武生日》:"诗是吾家事,人传世上情。熟精文选理,休觅彩衣轻。"李益《送襄阳李尚书》:"俗尚春秋学,词称文选楼。都门送旌节,符竹领诸侯。"武后朝因为诗赋取士,更增强了《文选》在书香社会的地位,以至家置一部。虽然无文献记载证明当时家置的《文选》都是李善注本,但是若推断大部分是李善注本应该离事实不远。敦煌《文选》李善注本残卷有二:张衡《西京赋》(伯2528),东方朔《答客难》及扬雄《解嘲》(伯2527)。其中伯2528卷末别有题款"永隆年二月十九日弘济寺写"一行。永隆为高宗年号,凡二年(680—681),上距显庆三年(658)李善注表进仅20年,弘济寺则在长安。此卷在敦煌被发现,对我们推断李善《文选》注本当时在社会的流传情况具有重要意义。

李善注《文选》流传60年后,五臣《文选》注本问世。

开元六年(718),工部侍郎吕延祚进《五臣集注文选表》,声称自己阅读《文选》,发现李善注旨在征引旧文,而不释述作意义,所谓"精核注引则陷于末学,质访指趣则岿然旧文",因而召集常山县尉吕延济以及刘良、张铣、吕向、李周翰五位艺术精远之士重作训释。同时,其针对善注之短,扬己注之长:"相与三复乃词,周知秘旨,一贯于理。""作者为志,森乎可观。"这俨然已经弥补了李善注《文选》专于引事、不说意义的不足。唐代李匡乂《资暇集》卷上有"非五臣"条,其说"世人多谓李氏立意注《文选》,过为迂繁,徒自骋学,且不解文意,遂相尚习五臣者"。李匡乂晚唐昭宗时历官宗正少卿、南漳守,说明五臣注《文选》在问世后一个多世纪中流传一度盛于李善注《文选》。

《文选》有两种不同注本同时流传,其孰优孰劣的问题自然就会产生。李匡乂首先发表赞扬李善抑五臣的言论。他在"非五臣"条中,备摘五臣窃据善注巧为颠倒的例据,条分缕析,言之甚详。其后,宋代学者如苏轼、姚宽、王楙等都在其著述中提出对五臣注《文选》空疏、误导读者的批评,其中以苏轼的影响最大。他说:"李善注《文选》,本末详备,极可喜。所谓五臣者,真俚儒之荒陋者也。而世以为胜善,亦谬矣。谢瞻《张子房》诗曰:'苛慝暴三殇。'此礼所谓上中下殇。言暴秦无道,戮及孥稚也。而乃引'苛政猛于虎,吾父吾子吾夫皆死于是'。谓夫与父为殇,此岂非俚儒之荒陋者乎?诸如此类甚多,不足言,故不言。"①苏轼这里指出五臣注《文选》"三殇"出典有误是对的,但是五臣此注恰巧本自李善注,南宋陈振孙《直斋书录解题》卷十五《六臣文选六十卷》条已经指出这一点,陈氏说:"东坡谓五臣乃俚儒之荒陋者,反不及善,如谢瞻诗'苛慝暴三殇',引'苛政猛于虎',以夫与父为殇,非是。然此说乃实本于善也。"这正证明李匡乂五臣注《文选》因袭善注的观点。

李善注《文选》,采用注事不注义的体例,究竟对阅读有何影响?清初吴江朱鹤龄长于笺疏之学,撰有《杜工部集辑注》《李义山诗集笺注》。在古籍注释上,他明确反对"章为之解,句为之释"的烦琐之法,认为"李善注《文选》,止考某事出某书,若其意义所在,贯穿联络,则俟索解人自得之,此正引而不发之旨"。②康熙时徐乾学等奉敕编注《御选古文渊鉴》,陈廷敬等奉敕编注《御选唐诗》,其体例都声明以李善注《文选》为范式,前者是"名物训诂,各有笺释,用李善注《文选》例",后者为"逐句笺释,分注行间,悉引他书,旁推互证,不加疏解,并用李善注《文选》例也"。朱鹤龄"意义所在,贯穿联络,则俟索解人自得之"的观点,是学者注书之论,也就是说,注释"引而不发",留出给"解人自得"的空间,那是适合具有相当欣赏水平和美学修养之人阅读的注本。若从普及社会阅读的角度立论,李善"在事不在义"的注释方式似尚嫌不够。

---

① 苏轼撰,孔凡礼点校:《苏轼文集》卷六十七《书谢瞻诗》,北京:中华书局,1986年,2093页。
② 朱鹤龄:《愚庵小集》卷十《与李太史论杜注书》,上海:上海古籍出版社,1979年,468页。

《文选》作为一部文学选本，能在漫长的历史进程中始终以高雅鲜活的身姿活跃在广大读者的心中，鲁迅先生对此发表过精到的见解。他在《选本》一文中说："选者总是层出不穷的，至今尚存，影响也最广大者，我以为一部是《世说新语》，一部就是《文选》。"他进而分析道："凡选本，往往能比所选各家的全集或选者自己的文集更流行，更有作用。册数不多，而包罗诸作，固然也是一种原因，但还在近则由选者的名位，远则凭古人之威灵，读者想从一个有名的选家，窥见许多有名作家的作品。所以《昭明太子集》只剩一点轶本了，而《文选》却在的……凡是对于文术，自有主张的作家，他所赖以发表和流布自己的主张的手段，倒并不在作文心，文则，诗品，诗话，而在出选本。"①我们需要补充的是，李善的注对《文选》长久不衰的传播起到了极其重要的作用，注与文本已经融为一体，不能分开。

扬州旧有文选楼，始建于隋。唐代杜宪在《大业拾遗记》中记载隋炀帝游江都，"尝幸昭明文选楼"，此时距萧统去世尚不及百年。文选楼故址在扬州旧城旌忠寺旁，人皆以为即萧统当年遍选《文选》之处。其实此楼因由曹宪会同魏模、李善诸人居楼中教习研注《文选》而得名。清代学者阮元曾在文选楼旧址西侧立家祠，因出资重建"隋文选楼"，并作《扬州隋文选楼记》，对其中的史实考证甚明。

历代文人咏文选楼的作品甚多，其中晚唐杨夔的《文选楼铭》，辞诚意切，尤见深致。杨夔在铭序中对扬州隋时故迹唯文选楼巍巍独存、历久弥新的原因，提出这样的推测："其不由以学而立道者，道则不朽；以文而经业者，业则不磨乎？"他把文选楼历 500 年仍"清风懿号，蔼然不泯"的原因归结为萧统弘扬文化，以道德文章传授后世而产生的历史影响，是颇有见地的。其铭文曰：

---

① 鲁迅：《鲁迅全集》第 7 册《集外集》，北京：人民文学出版社，1973 年，504 页。

峨峨万宇，匪歌则舞。美哉此楼，独以文修。自由名贵，不以华致。虽超千古，靡有颠坠。孰堪其登，必精必诚。孰可以居，必贤必明。无聚优以为娱，无习伎以称荣。吾恐其素德，怀辱于冥冥。①

不难领悟，杨夔所表达的，不仅是对萧统、对文选楼、对李善的尊崇，而且是对他们所从事、所代表的文化事业的极端尊崇。

---

① 董诰等：《全唐文》卷八六七，北京：中华书局，1983年，9084页。

第六章　与时变化的劝学思想与读书方法

所谓劝学,是指勉励读书学习。"劝"在上古汉语中表示积极的鼓励。我国古代自先秦至六朝,知名的学者都重视读书学习,在他们的著作中设立"劝学"专章。如先秦尸佼的《尸子》、荀况的《荀子》,秦代吕不韦的《吕氏春秋》,汉代贾谊的《贾子》,都有《劝学篇》,而东汉王符的《潜夫论》有《赞学》,东晋葛洪的《抱朴子》有《勖学》,南朝梁刘勰的《刘子》有《崇学》,北齐颜之推的《颜氏家训》有《勉学》,等等。这些劝学的专篇,表述的劝学内容大致相同,其核心包括两

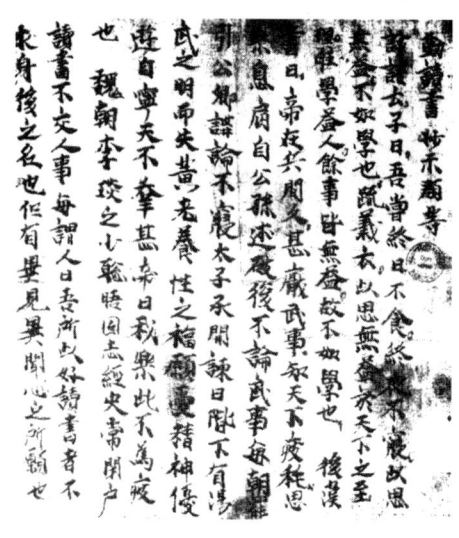

《勤读书抄》　敦煌写本

个方面:一是通过一连串形象的比喻,清楚地把学与不学之间的天壤之别反映出来;二是列举前人勤学苦读的事例,明确地肯定惜时、专心、勤奋的读书态度和学习精神,以此来表明劝学的思想,达到劝学

的目的。敦煌有一份卷端书题"勤读书抄示觋等"(伯2607)的唐人写本,抄录《论语》《后汉书》《庄子》《北史》《颜氏家训》《抱朴子》《风俗通》《墨子》《史记》等典籍中有关读书的文字,其中55%以上的内容抄自《抱朴子·勖学》和《颜氏家训·勉学》,这说明这些学者的劝学思想在民间具有较大的影响。

读书方法,实际上伴随着阅读活动的开始,就已经产生了。受时代学术风尚和个人治学倾向的影响,读书方法在继承中不断完善、创新。早在先秦——我国思想文化史上第一个辉煌灿烂的时代,各学派的大师们在创立自己的学术思想体系时,就不约而同地注意到"如何读书"这个几乎人人都会面临的问题,他们各自发表了自己的见解。儒家经典《论语》"为政"中记录了孔子读书的体会:"学而不思则罔,思而不学则殆。"意思是说:只是读书而不加思考,就会受到蒙蔽;只是空想而不去读书,就会产生疑惑。这种强调学思结合的读书方法,一直为历代读书人所尊崇。《礼记·学记》中"独学而无友,则孤陋而寡闻"两句,警示了闭门读书、不与师友交流切磋的弊端,实际上就是提倡广交朋友、互相讲论切磋的读书方法,备受学者的重视。

先秦至六朝的学者名儒发表了大量关于劝学和阅读方法的言论,这些格言式的词句,长期在社会流传,对古代读书风气的形成产生了重要的影响。一般来说,古代劝学的文章,大多出现在隋唐以前。隋唐以后,虽然仍有学者以劝学为务,但大多只是只言片语。隋唐时期,科举制度的确立,进一步激励了崇尚读书的社会风气,使学者们开始把精力转向有关读书方法的有针对性的指导方面。先秦以来的劝学思想在鼓励读书的基础上发生了变化,得到了充实和提高。

第一节　科举时代的劝学思想

先秦以来,劝学之论当以荀子的影响最大。《荀子》开卷首篇即《劝学》,篇中内容可分为两部分:首先,荀子以自然物性为喻,揭示君子读书向学的必要性;其次,深入阐述《书》《诗》《礼》《乐》的精义,强调君子之学以儒家经典为主的重要性。战国之世,诸子蜂起,异说勃兴,儒家学说的传播受到很大的冲击,荀子就是在这样的思想学术环境下,"独用《诗》《书》之言,贬异扶正,著书以非诸子,尤以劝学为急"①。显然,荀子劝学以传扬儒家学说为目的。

荀子后约550年,三国曹魏时辽东太守张邈撰《自然好学论》②,论证人"自然好学"的观点。张邈认为对人而言,所谓自然就是不教而能的本能反应,如喜、怒、哀、乐、爱、恶、欲、惧等情感。他把儒家六经比作太阳,把不学比作长夜,指出"长夜之冥,得照太阳",即使不教,人亦自然喜悦。所以人之好学就像是走出黑暗拥抱阳光一样出于自然,即使阅读六经有名禄之利,使人因此而学,也无妨于肯定向学属于人的自然之好。对此,主张"越名教而任自然"的嵇康提出反对意见,他在《难自然好学论》中认为人之好学,是因为朝廷以六经开

---

① 欧阳修著,李逸安点校:《欧阳修全集》卷四十四《郑荀改名序》,北京:中华书局,2001年,620页。
② 《嵇中散集》卷七有张辽叔《自然好学论》一首,张辽叔其人史书无传。检《三国志·魏书》卷十一《邴原传》,裴松之注引荀绰《冀州记》曰:"巨鹿张邈,字邵虎。父邈,字叔辽,辽东太守,著《自然好学论》,在《嵇康集》。"则辽叔为叔辽之误。《盛京通志》卷五十三《名宦》:"张邈,巨鹿人,为辽东太守,著《自然好学论》,为人有远识,吏民怀之。"即出自此。张邈《自然好学论》与嵇康《难自然好学论》并见戴明杨校注《嵇康集校注》卷七,北京:人民文学出版社,1962年,256—264页。

荣利之途,人学以致荣,先计而后学,积学明经,以代稼穑,因此好学非人的自然反应。这里,嵇康所说的"计",就是得利之欲,求禄之想。以代稼穑,就是将读书明经作为一种可以谋生的职业。这一点,北齐颜之推在《颜氏家训·勉学》中表达得更为明确:"谚曰:'积财千万,不如薄伎在身。'伎之易习而可贵者,无过读书也。"①劝学思想开始融入具体而世俗的目标指向。

嵇康后又约550年,韩愈于元和十一年(816)和十三年(818)先后写了两首引起后世学者争议的劝学诗:《符读书城南》《示儿》。《符读书城南》,符,一般认为是韩愈公子韩昶的小字,昶时年十八,全诗以"人之能为人,由腹有《诗》《书》。《诗》《书》勤乃有,不勤腹空虚"开篇,取两家生子比较为例。两家孩子童年时朝夕相同,长成后却有霄壤之别:"一为马前卒,鞭背生虫蛆。一为公与相,潭潭府中居。"出现这种情况的原因,仅在于"学与不学欤"。他重申"金璧虽重宝,费用难贮储;学问藏之身,身在则有余"的道理,最后提出"灯火稍可亲,简编可卷舒。岂不旦夕念,为尔惜居诸②。恩义有相夺,作诗劝踌躇"的谆谆嘱咐。③《示儿》诗中,韩愈更以自己30年读书仕进的成功劝诱儿子勤学苦读,其劝学思想争议最大,现移录如下④:

> 始我来京师,止携一束书。辛勤三十年,以有此屋庐。此屋岂为华,于我自有余。中堂高且新,四时登牢蔬。前荣馔宾亲,冠婚之所于。庭内无所有,高树八九株。有藤娄络之,春华夏阴敷。东堂坐见山,云风相吹嘘。松果连南亭,外有瓜芋区。西偏

---

① 颜之推撰,王利器集解:《颜氏家训集解》卷三《勉学》,北京:中华书局,1993年,157页。
② 居诸,本为语助词,《诗经·日月》中有"日居月诸",后因代指日月。诗中借指光阴。
③ 韩愈:《符读书城南》,见《韩昌黎诗系年集释》卷九,上海:上海古籍出版社,1984年,1011页。
④ 韩愈撰,钱仲联集释:《韩昌黎诗系年集释》卷九,上海:上海古籍出版社,1984年,952页。

屋不多,槐榆翳空虚。山鸟旦夕鸣,有类涧谷居。主妇治北堂,膳服适戚疏。恩封高平君,子孙从朝裾。开门问谁来,无非卿大夫。不知官高卑,玉带悬金鱼。问客之所为,峨冠讲唐虞。酒食罢无为,棋槊以相娱。凡此座中人,十九持钧枢。又问谁与频,莫与张樊如,来过亦无事,考评道精粗。躞躞媚学子,墙屏日有徒,以能问不能,其蔽岂可祛。嗟我不修饰,事与庸人俱,安能坐如此,比肩于朝儒。诗以示儿曹,其无迷厥初。

文献记载,已知最早对《示儿》进行评价的是苏轼。苏轼认为,诗中"主妇治北堂,膳服适戚疏。恩封高平君,子孙从朝裾。开门问谁来,无非卿大夫。不知官高卑,玉带悬金鱼……凡此座中人,十九持钧枢",所示皆利禄事也。杜甫在儿子宗武年十五时,作《又示宗武》:"觅句知新律,摊书解满床。试吟青玉案,莫羡紫罗囊……应须饱经术,已似爱文章。十五男儿志,三千弟子行。曾参与游夏,达者得升堂。"苏轼以为其"所示皆圣贤事也"①。比较之下,他的褒贬十分鲜明。南宋学者洪迈则批评《符读书城南》中两家生子的比较是"觊觎富贵,为可议也",而杜牧《冬至日寄小侄阿宜诗》"其意与韩类"。②

在取士"无流品之别,无华夷之限"③的隋唐科举时代,文士可以通过读书科试自拔于寒微之中,社会和个人都难以摆脱科举的名缰利锁。于是每年科试之期,大批举子怀揣扬眉吐气、激昂青云的梦想,云集京师。唐代科举以德宗之世最盛,众举子发扬踔厉,名进士摩肩接踵,唐代古文运动的代表韩愈、柳宗元,新乐府运动的倡导者元稹、白居易,诗人刘禹锡、孟郊、张籍,以及在宪宗、穆宗、敬宗、文宗

---

① 胡仔:《苕溪渔隐丛话前集》卷十六《韩吏部上》,北京:人民文学出版社,1984年,102页。又苏轼此语宋元人引述较多,今本苏轼全集未见。
② 洪迈:《容斋三笔》卷十一《符读书城南》,上海:上海古籍出版社,1978年,558页。
③ 徐松:《登科记考·叙言》,北京:中华书局,1984年,1页。

四朝中先后拜相的裴度、王涯、李逢吉、段文昌、令狐楚、王播、李宗闵、牛僧孺等,都是德宗贞元年间的进士。

唐代选拔官员,进士登第后并不马上被授职,尚需候选,或再参加制举。韩愈贞元八年(792)进士及第后,参加博学宏辞的考试,三试于吏部而无成。贞元十一年(795)又上书宰相求仕,三上而不报。当年五月,韩愈挟策东归。贞元十六年(800)再赴东都调选求官,贞元十八年(802)调授国子四门博士,次年拜监察御史。从贞元二年(786)进京准备应举至此已近二十年。如此艰辛的经历,使韩愈倍感早年勤奋读书、刻苦习业的重要性。更何况攻习举业,既可以恃才,也能以勤补拙,个人的努力已经上升为成功的首要因素。韩愈将自己的亲身经历作为劝学的内容,是完全可以理解的,这正折射出科举时代风声习气的移易和劝学的新情况。

宋元时代,科举制度对社会的影响进一步扩大,读书习业的本心到底是否在于利禄的讨论时有出现,韩愈的劝学思想得到肯定。南宋孙奕认为,杜甫、韩愈的示儿诗虽然角度有所不同,但是这种不同缘于对象的不同,"君子苟不能忘其子,则随其资而示以意,使之知学同,则一而已"[①]。元初翰林学士李治说得更清楚,他首先肯定科举时代绝大部分士子勤奋读书主要是为了功名,所以劝学应该围绕如何实现这一目标展开,只有有针对性的劝学才容易被接受而且产生效应。从这一观点出发,李治比较前贤的劝学言论,特拈出颜之推《颜氏家训·勉学》中的观点:"虽百世小人,知读《论语》《孝经》者,尚为人师;虽千载冠冕,不晓书记者,莫不耕田养马。以此观之,安可不自勉耶?若能常保数百卷书,千载终不为小人也"。韩愈《符读书城南》"金璧虽重宝,费用难贮储,学问藏之身,身在则有余",认为"古今劝

---

① 孙奕撰,侯体健、况正兵点校:《履斋示儿编·自序》,北京:中华书局,2014年,19页。

学者多矣,是二说者,最得其要"①。宋代周必大《王籍文学求读书堂》:"十年莫作攸之恨②,万卷方知甫也神。堂下从渠糟粕议,城南容我简编亲。"从中可以看出,其作为一首劝学诗,作者对韩愈的劝学思想是赞同的。

很显然,这种完全脱离说教的思想观点和具有针对性的直白表述,是符合科举时代劝学的特点和要求的。

第二节　科举导向下的阅读风尚

隋唐两代的社会阅读风尚深受科举制度的导引。首先,"科举考试偏重文学、历史和学术问题,使得统治阶层产生一种讲求考证、沉溺文学或一味好古的倾向"③。中国古代挑选朝廷官员的重要标准之一就是文才,《毛诗传》曰:"不歌而诵谓之赋,登高能赋,可以为大夫。"班固对此解释说:"感物造端,材知深美。可与图事,故可以列为大夫也。古者诸侯卿大夫交接邻国,以微言相感,当揖让之时,必称《诗》以谕其志,盖以别贤不肖而观盛衰焉。故孔子曰'不学《诗》,无以言'也。"④能否感物言志,是古代衡量文士才智高下的重要标准。先秦诸侯使臣能否称《诗》谕志,成为对方判别使臣的贤或不肖,进而观察出使诸侯国朝政盛衰的依据。所以,科举作为朝廷选拔官员的重要手段,其重视文学、历史和学术问题是有其历史渊源的。朝廷科

---

① 李治撰,刘德权点校:《敬斋古今注》卷之四,北京:中华书局,2006年,57页。
② 沈攸之,字仲达,吴兴武康人。晚好读书,手不释卷。常叹曰:"早知穷达有命,恨不十年读书。"
③ 费正清:《中国:传统与变迁》,张沛译,北京:世界知识出版社,2002年,120页。
④ 班固撰,陈国庆编:《汉书艺文志注释汇编》"诗赋略",北京:中华书局,1983年,183页。

考的这种倾向和评判标准,始终左右着天下应试者的阅读行为。

一、科举考试对阅读的要求

应试者参加科考,其基本条件是精熟经旨,了然古今。这样的条件,需要经过长期的阅读积累方能具备,而积累具备这一条件之艰难,可以从博学宏辞科的考试中得到堪为典型的体现。

博学宏辞科是唐代制举中的常科,韩愈在进士及第后没能立即授官得仕,候选时期,听说吏部有博学宏辞之选,一旦中举,不但能够获取人才之誉,而且可以得到理想之官。于是他就满怀希望地去参选,谁知竟然三试而不第。40余年后,开成三年(838),李商隐应博学宏辞试,不中。他撰文道出了应试博学宏辞之难:"夫所谓博学宏辞者,岂容易哉!天地之灾变尽解矣,人事之兴废尽究矣,皇王之道尽识矣,圣贤之文尽知矣,而又下及虫豸草木鬼神精魅,一物已上,莫不开会。"①在这样近乎苛刻的考试面前,士子要想实现自己博取一第的人生目标,唯一的途径就是勤奋读书。当时名流的自述,足以让我们体味到古代十年寒窗、勤奋读书的流行语绝非虚言。李白《上安州裴长史书》:"五岁诵六甲,十岁观百家。轩辕以来,颇得闻矣。常横经籍书,制作不倦,迄于今三十春矣。"韩愈《与凤翔邢尚书书》:"生七岁而读书,十三而能文,二十五而擢第于春官,以文名于四方。"白居易《与元九书》:"及五六岁便学为诗,九岁谙识声韵,十五六始知有进士,苦节读书。二十已来,昼课赋,夜课书,间又课诗,不遑寝息矣,以至于口舌成疮,手肘成胝。"

应试者自孩童起就为应举的长远目标终日孜孜不倦,一旦应试不第,同样要为来年怎样实现中试的短期目标而坚持不懈。北宋钱

---
① 李商隐:《樊南文集》卷八《与陶进士书》,上海:上海古籍出版社,1988年,442页。

易的这段记载向我们描绘了唐代举子们坚持不懈的忙碌场景:"长安举子,自六月已后,落第者不出京,谓之'过夏'。多借静坊庙院及闲宅居住。做新文章,谓之'夏课'。亦有十人五人醵率酒馔,请题目于知己朝达,谓之'私试'。七月后,投献新课,并于诸州府拔解。人为语曰:'槐花黄,举子忙。'"①读书复读书,课诗又课文,就是以应试出仕为人生目标的文士们平居生活的常态。

二、以经书为核心的阅读活动

唐代科举科目中,偏重文学最突出的就是进士科。因此中唐以来,要求废除进士科、废除诗赋考试的声音不绝于耳。有人提出以孝悌、经术、兵、农等科目替代进士科,柳宗元对此不以为然。他肯定进士科对天下读书人的吸引力,指出:"以今世尚进士,故凡天下家推其良,公卿大夫之名子弟,国之秀民举归之。"②仅仅因为其崇尚文学而转尚其他科目,并不能选得更为优秀的人才,因为参加考试的还是这些举子,关键是要确立合适的衡文标准。以韩愈、柳宗元为代表的唐代古文运动反对骈文,提倡古文,以复兴儒学,他们树起的旗帜就是宗经明道。对此,白居易的理解是"文章合为时而著,歌诗合为事而作",他的《读张籍古乐府》就是以此为准绳进行解读的:"读君学仙诗,可讽放佚君。读君董公诗,可诲贪暴臣。读君商女诗,可感悍妇仁。读君勤齐诗,可劝薄夫敦。上可裨教化,舒之济万民;下可理情性,卷之善一身。"

其实,所谓宗经,就是将儒家经典作为阅读的对象和范围,阅读活动应该始终围绕儒家经典展开。韩愈在《进学解》中自述阅读的范

---

① 钱易撰,黄寿成点校:《南部新书》"乙",北京:中华书局,2002年,21页。
② 柳宗元:《送崔子符罢举诗序》,见《柳宗元集》卷二十三,北京:中华书局,1979年,625页。

围和含英咀华的所得:"上规姚姒,浑浑无涯;《周诰》《殷盘》,佶屈聱牙;《春秋》谨严,《左氏》浮夸,《易》奇而法,《诗》正而葩;下逮《庄》《骚》,太史所录,子云相如,同工异曲。"①柳宗元也有类似的表述:"本之《书》以求其质,本之《诗》以求其恒,本之《礼》以求其宜,本之《春秋》以求其断,本之《易》以求其动,此吾所以取道之原也。参之谷梁氏以厉其气,参之《孟》《荀》以畅其支,参之《庄》《老》以肆其端,参之《国语》以博其趣,参之《离骚》以致其幽,参之太史以著其洁,此吾所以旁推交通而以为之文也。"②两人都强调读书为文,上以儒家六经为原,下参孟子、荀子以及庄子、屈原、司马迁、扬雄等前贤大儒创作的艺术精华。

韩愈、柳宗元倡导将读书的重点落实在儒家经典上,使文章的旨归不出孔子,这本来就是朝廷科举选拔人才的出发点,韩愈《符读书城南》中"文章岂不贵,经训乃菑畬。潢潦无根源,朝满夕已除"之句,就是强调读书应举,应该重在经书,经训乃文章立论之本。但是仅仅将阅读的重点限定在儒家经典上是不够的,因为读经习业还涉及读什么、如何读的问题。

经过观察,白居易发现国家太学中的生徒,诵读《诗》《书》的文字,却不了解《诗》《书》的旨意,这样去本而从末、弃精而得粗式的读经习业,违背了朝廷崇儒育才的初衷,因而提出:"讲《诗》者以六义风赋为宗,不专于鸟兽草木之名也。读《书》者以五代典谟为旨,不专于章句诂训之文也。习礼者以上下长幼为节,不专于俎豆之数,裼袭之容也。学乐者以中和友孝为德,不专于节奏之变,缀兆之度也。"③换言之,就是确立以体味、理解、掌握经书的宗旨为教学读书

---

① 韩愈撰,马其昶校注:《韩昌黎文集校注》卷一,上海:上海古籍出版社,1986年,46页。
② 柳宗元:《答韦中立论师道书》,见《柳宗元集》卷三十四.北京:中华书局,1979年,873页。
③ 白居易:《救学者之失》,见《白居易集》卷六十五《策林四》.北京:中华书局,1985年.1360页。

的目标。与白居易同庚而早两年登进士第的吕温也发表了同样的看法。他在《与族兄皋请学春秋书》中强调：读《尚书》，理解掌握的重点在于"辩帝王，稽道德，补大政，建皇极"，而非古今文字之舛，大小章句之异；读《诗经》，理解掌握的重点在于"警暴虐，刺淫昏，全君亲，尽忠孝"，而非山川风土之状，草木鸟兽之名；读《春秋》，理解掌握的重点在于"尊天子，讨诸侯，正华夷，绳贼乱"，而非战争攻伐之事，聘享盟会之仪。① 800年后，清初学者顾炎武继续这个读经为文的话题，并做了更为明快直白的表述："孔子之删述六经，即伊尹、太公救民于水火之心，而今之注虫鱼、命草木者，皆不足以语此也……故凡文之不关于六经之指、当世之务者，一切不为。"②顾炎武心目中衡文的标准，所谓有关六经之指、当世之务，就是要明道，纪政事，察民隐，乐道人之善，③而不在于因袭古语，徒有辞藻，体现了经世致用的思想。

  唐代科举，每年州郡抵京赶考求进士者数百上千人，个个娴于绘文，人人擅长摛藻，吏部司贡官员面对上千万言的试卷文字，往往读不到十之一二，就会神情疲惫，目眩心废，英才能士常常因此被误甄漏识而名落孙山。他们意识到应该在考试之前，就造就文名驰誉于世，这样有司在评阅文章时必然心目俱张，失察的情况就很少出现了。要早获文名，最便捷的方法就是找当时的文章宗师为自己点评文章，借以延誉。韩愈、柳宗元等古文大家正是最合适的人选。韩愈、柳宗元等人的文集中有不少"与某某秀才书""送某某秀才序"，其主要内容就是品论文章以及如何读书习作。这些书序的存

---

① 吕温：《与族兄皋请学春秋书》，见董诰等《全唐文》卷六二七，北京：中华书局，1983年，6333页。
② 顾炎武：《与人书三》，见《顾亭林诗文集》卷四，北京：中华书局，1983年，91页。
③ 顾炎武撰，黄汝成集释，栾保群、吕宗力校点：《日知录集释》（全校本）卷十九《文须有益于天下》，上海：上海古籍出版社，2006年，1079页。

在，正是当时社会风气的真实反映。书序在社会上的广泛传播，又使韩、柳有关阅读作文的主张影响日益深广。所以，韩、柳等人在京之日，后学之士登门求教的，每天多至数十人，即使在贬谪期间，也常有秀才不远千里前来问学。

可以想见，由于全国每年参加科考的人群相当庞大，这一以经书为核心的阅读活动遍及城乡，其规模应是十分可观的。

三、阅读精神

晚唐皮日休有一首《读书》诗："家资是何物，积帙列梁桷。高斋晓开卷，独共圣人语。英贤虽异世，自古心相许。案头见蠹鱼，犹胜凡俦侣。"诗作表达出诗人对书籍的崇敬和对阅读的倾情以及读书过程的悠闲从容。我们在今存唐人诗文中还能看到不少内容类似的作品。

但是，悠闲从容不是唐人阅读的常态，尤其是以应举出仕为人生目标的士子诸生，在科举的重压下，于读书习业攻苦食淡，孜孜不倦，不敢有丝毫懈怠。如韩愈自述"口不绝吟于六艺之文，手不停披于百家之编"，杜牧自述"读书为文，日夜不倦"。所以，紧迫才是唐代士人在科举时代阅读的基本状态。即使中举，为了取得美仕，还要参加制举。如元稹贞元六年（790）明经及第，白居易贞元十六年（800）进士及第，二人于贞元十九年（803）参加制举，均中书判拔萃科，同授校书郎。两年后，二人再次参加制举，退居华阳观，闭户累月，焚膏继晷，以当代时政为例，拟构策目75门，一一撰写成文。当科才识兼茂、明于体用科，元稹对策第一，拜左拾遗，白居易次之，授周至县尉。白居易自述，就这75篇拟作而言，考试应对时"百不用其一二"。在这样紧迫的时间里，要完成如此繁重的阅读写作任务，没有坚忍顽强的精神是难以坚持并最终实现既定目标的。

唐人的阅读精神以杜甫的"读书破万卷,下笔如有神"最为知名,影响也最为深远。

杜甫(712—770),开元二十三年(735)举进士不第,屡次上诗献赋,后又遭遇安史之乱,直到至德二年(757),方获授左拾遗,困顿长达20多年。天宝七年(748),杜甫在《奉赠韦左丞丈二十二韵》中写下了这样的诗句:"甫昔少年日,早充观国宾。读书破万卷,下笔如有神。赋料扬雄敌,诗看子建亲。李邕求识面,王翰愿卜邻。"这八句,历代注家皆以为是杜甫自述学优才敏,足以驰骋古今。读书破①万卷,下笔如有神,是杜甫读书创作的经验之谈,其中透出的是他顽强的阅读精神。杜甫胸怀"至君尧舜上,再使风俗淳"的济世抱负,身在朝野,心忧社稷,一生读破万卷书,为后世留下了一部光耀千秋的伟大史诗。其诗作无可比拟的艺术成就,完全来源于平日持久且刻苦顽强的阅读活动。正如金元好问在《杜诗学引》中所说的:"及读之熟,求之深,含咀之久,则九经、百氏、古人之精华所以膏润其笔端者,犹可仿佛其余韵也。"②有人曾问王安石:"杜甫诗何故妙绝古今?"王安石说杜甫对此解说过,那就是"读书破万卷,下笔如有神"③。苏轼《柳氏二甥求笔迹》:"退笔如山未足珍,读书万卷始通神";宋释道潜《送刘不已推官罢奉符尉入都注拟》:"少年读书破万卷,河朔声名压诸彦",都取意于"读书破万卷,下笔如有神"之句,足见杜甫这种阅读精神对后世的影响。

清初学者冯班自称不能教人作诗,然喜劝人读书,认为有一分学识便有一分文章。他曾分析杜甫"读书破万卷,下笔如有神"中关

---

① "书破"有两解:一是孔子韦编三绝之意,经久翻看,书卷易破;一是识破万卷之理。参见清仇兆鳌《杜诗详注》卷一,北京:中华书局,1999年,74页。
② 元好问著,狄宝心校注:《元好问文编年校注》卷一,北京:中华书局,2012年,91页。
③ 胡仔:《苕溪渔隐丛话后集》卷五《杜子美》,北京:人民文学出版社,1984年,29页。

于读书与下笔之间的关系,指出:"多读书则胸次自高,出语皆与古人相应,一也;博识多知,文章有根据,二也;所见既多,自知得失,下笔知取舍,三也。"①这一概括是十分准确的。杜甫诗中还有不少关于阅读精神的表述,如《柏学士茅屋》:"古人已用三冬足,年少今开万卷余……富贵必从勤苦得,男儿须读五车书。"②《咸淳临安志》卷十三记载,南宋孝宗少年时曾将杜甫"富贵必从勤苦得,男儿须读五车书"的诗句题书于壁间,理宗则将全篇写刻于东官厅的屏风上。显然,令这两位帝王深有所动的是诗中洋溢的顽强又充满自信的阅读精神。

读书破万卷,一个"破"字,透出不可战胜的气势,充满攻克一切阅读困难的自信。下笔如有神,不仅吟诗会如此,而且写文章、研究学问,都会如此。这是唐代阅读精神的一种诗意的表述,杜甫以其杰出的诗歌创作和阅读行为,为这一阅读精神的内涵做出了最好的注解,更为中国阅读史树立了令人常忆、促人奋进的光辉典范。

古代读书史上还有一种特殊现象与杜甫相关,那就是读书图的涌现。

大历二年(767),杜甫在夔州作《孟氏》,述孟氏兄弟养亲读书事,有"负米夕葵外,读书秋树根"之句。900年后,清康熙中,以人物写照名冠天下的宫廷画家禹之鼎为编修汪霦画《读书秋树根图》,即取意于这首诗。翰林院编修姜宸英为之写记,强调人生有三不可悔之事:"少年不读书,老大不可悔;有亲不能事,亲后不可悔;此身一败行,终身不可悔。"③他将读书、事亲与品行并列为人生大节。几乎同时,还

---

① 冯班:《钝吟杂录》卷三《正俗》,上海:上海大东书局,《指海》影印本,1935年,第1册,15页。
② 五车书:《庄子·天下》:"惠子多方,其书五车。"意谓惠施学术广博,著述有五车之多。后人取喻勤读博学。
③ 姜宸英:《姜先生全集》卷七《汪春坊读书图记》,见《清代诗文集汇编》,第107册,上海:上海古籍出版社,2010年,145页。

有其他的读书秋树根图出现:清张大受《匠门书屋文集》卷八有《题朱稼翁读书秋树根图》、查慎行《敬业堂诗集》卷十九有《题项霜田读书秋树根图》、姚鼐《惜抱轩诗集》卷九有《读书秋树根图》,足见杜甫诗意对后人的影响。

关于"读书秋树根"的出典,三国吴唐滂曾在所著《唐子》中说道:"人性苟有一孝,则无所不包,犹树根一植,百枝生焉。"①由此可见树根为奉亲孝道之比。杜甫用秋树根则更有他意。秋天是收获的季节,《尔雅·释天》:"秋为收成。"晋陆机《纂要》:"秋树名成。"古人因物比事,认为"人之立事,自春而图之,积功至秋,亦可以成矣"②。所

《秋窗读书图》题 [宋]刘松年 绘

以,尽管秋天风残霜摧,草木摇落,其肃杀寒凉之气常令人生出悲忧穷戚之感,但读书人仍独钟情于秋天,以秋树象征积功事成的吉祥寓

---

① 《唐子》今佚,上述所引见唐马总《意林》卷五。见王天海、王韧撰:《意林校释》,北京:中华书局,2014年,580页。
② 王与之:《周礼订义》卷六十七《秋官司寇》,中国台北:台湾商务印书馆股份有限公司,《景印文渊阁四库全书》本,1986年,第94册,302页。

意,乐意以其为读书图增加传统的文化内涵。

　　古代读书图兴盛于明清,宋代现在能见到的是题名李唐的《雪窗读书图》。元明以来,读书图多以秋林、秋树为名,如元王蒙的《秋山读书图》、谢应芳的《秋林读书图》、郭钰的《题金守正所藏谢君绩秋山读书图》,明沈周的《秋林读书图》、唐寅的《秋窗读书图》、钱穀的《秋林读书图》,清查慎行的《汪东川宫赞属题秋林读书图》、厉鹗的《题陈楞山秋林读书图》、张英的《题江眉瞻太守秋树读书图》、张鹏翀的《秋林读书图》、王昶《题史诵芬秋树读书楼图》,等等。分析起来,这种取意中就包含一种希望并预示"读书成就"的民族传统文化心理,是读书人渴望成就功名的心态的一种表现符号,可以说杜甫"读书秋树根"一句的寓意应该是这一文化传统心理的最初表现。

第三节　各具特色的读书方法

　　自孔子以来,历代学者提出了很多行之有效的读书方法,对指导、推动我国历久不衰的读书活动和促进文化学术的发展,发挥了积极的作用。隋唐五代是我国推行科举制度的初试时期,经科举登第出仕的人晋升新途——"操数寸之管,书盈尺之纸,高可以钓爵位,循次而进,亦不失万一于甲科"[①],这令无数寒门子弟燃起读书应举的激情,年少才俊之士,不论出身,无不期望脱颖而出。科举的繁复程式和考试的广博内容,决定了对读书课业质量、效果的更高要求,以至德宗建中年间(780—783),金吾将军裴冀提出"礼部先时颁天下某年

---

① 韩愈撰,马其昶校注:《韩昌黎文集校注》卷二《答窦秀才书》,上海:上海古籍出版社,1986年,139页。

试题取某经,某年试题取某史"的建议①,适当降低应试课业的难度,以为可以起到劝学的作用。这说明科举时代的阅读有着特殊的要求,读书方法也有相应的变化,开始从宏观的理性概括转向相对微观的具体指导。其中以韩愈的提要钩玄法、刘知幾的探赜索隐法最为知名。

一、提要钩玄法

韩愈(768—824)是唐代有关读书言论最丰富的学者,其中以《进学解》中一段自述读书生活的文字最受世人重视:"口不绝吟于六艺之文,手不停披于百家之编;记事者必提其要,纂言者必钩其玄;贪多务得,细大不捐,焚膏油以继晷,恒兀兀以穷年。先生之业可谓勤矣。"据已知文献的记载,最早将"记事"两句标举为读书法的是南宋理宗朝校书郎姚勉。他在《本朝通鉴长编节要纲目》的序文中指出:"记事者必提其要,纂言者必钩其玄,此韩退之读书法也。"姚氏进而解释说,《本朝通鉴长编节要纲目》虽然依据李焘的《续资治通鉴长编》改编,但是"辞剪其浮,事举其要,类总其萃,年系其时,挈提以纲而纪载以目,经综而纬列,璧合而珠连。使读之者可以便览观,可以备遗忘,可以识伦类,可以记岁月,可以旁通而曲畅,可以本具而末举,其有益于学者大矣"②。显然姚勉是从嘉惠学者的角度来评说韩愈的提要钩玄读书法的。明王樵在《方麓集》卷十五《戊申笔记》中特别强调"记事者必提其要,纂言者必钩其玄,此韩文公读书要法也"。

提要钩玄法更多的是被后人取作指导自己阅读的方法。清政权入主中原之初,孜孜图治的顺治皇帝福临希望尽快熟悉汉文经典如

---

① 李肇:《唐国史补》卷下,上海:上海古籍出版社,1979年,57页。
② 姚勉:《雪坡舍人集》卷三十八,见曾枣庄、刘琳《全宋文》卷八一三四,上海:上海辞书出版社,合肥:安徽教育出版社,2006年,第351册,462页。

四书五经、通鉴、二十一史及诸子等的要义梗概，又苦于卷帙浩繁，因想到"记事必提其要，纂言必钩其玄"的韩愈读书法，遂采集诸书中关于政事的重要文章 30 篇，编成《资政要览》一书。

清代理学家李光地曾摘录韩愈《进学解》中这段文字，将其作为读书诀训诫子弟，强调"此文公自言读书事也，其要诀却在纪事纂言两句"。他进而解释说：

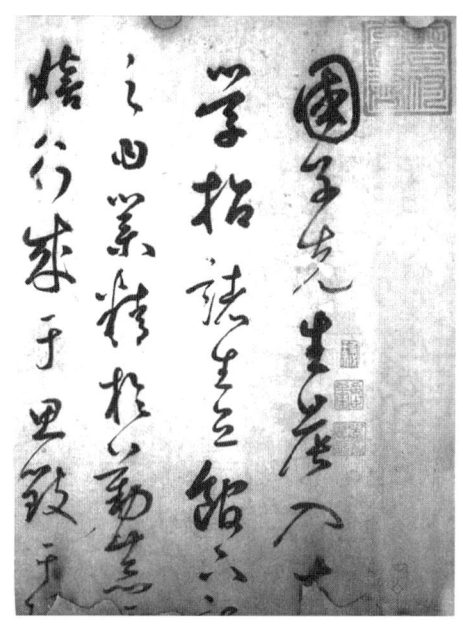

《进学解卷》 [元]鲜于枢　书

"凡书目过口过，终不如手过。盖手动则心必随之，虽览诵二十遍，不如钞撮一次之功多也，况必提其要，则阅事不容不详；必钩其玄，则思理不容不精。若此中更能考究同异，剖断是非，而自纪所疑，附以辨论，则浚知愈深，著心愈牢矣。近代前辈当为诸生时，皆有《经书讲旨》及《纲鉴性理》等钞略，尚是古人遗意。盖自为温习之功，非欲垂世也。"①他对记事、钩玄的内涵做了透彻的剖析，突出了其作为读书法对个人阅读理解的指导意义。

二、探赜索隐法

刘知幾(661—721)，字子玄，彭城(今江苏徐州)人，弱冠擢进士

---

① 李光地：《摘韩子读书诀课子弟》，见《榕村集》卷二十一，中国台北：台湾商务印书馆股份有限公司，《景印文渊阁四库全书》本，1986 年，第 1324 册，831 页。

第,调获嘉尉,迁凤阁舍人兼修国史。唐中宗时擢太子率更令,累迁秘书监、太子左庶子、崇文馆学士;开元初官至左散骑常侍,九年(721)因替其子犯罪辩解,贬安州别驾,卒于贬所。刘知幾自幼勤于读书,12岁已经读毕《古文尚书》《春秋左氏传》;年十七,《史记》《汉书》《三国志》以及历代实录,浏览略周而大义略知。登第出仕后,刘知幾更是利用馆阁丰富的藏书,恣情披阅。

出仕为官,刘知幾20年间主要从事国史的纂修工作,于史学有很高的造诣和识见。当时礼部尚书郑惟忠曾经问刘知幾:"自古已来文士多,而史才少,何也?"他回答说:"史才须有三长,世无其人,故史才少也。三长,谓才也、学也、识也。夫有学而无才,亦犹有良田百顷、黄金满籝,而使愚者营生,终不能致于货殖者矣。如有才而无学,亦犹思兼匠石,巧若公输,而家无梗柟斧斤,终不果成其宫室者矣。犹须好是正直,善恶必书,使骄主贼臣,所以知惧,此则为虎傅翼,善无可加,所向无敌者矣。"①闻者都以之为至理名言,于是三才之说盛传于世。

刘知幾对古代史学最大的贡献,就是撰著了我国历史上也是世界历史上首部对史著体例进行系统探讨研究的史学巨著《史通》。《史通》完成于唐中宗景龙四年(710),全书分内外篇:内篇10卷39篇,论史家体例,辨别是非;外篇10卷13篇,述史籍源流以及杂评古人得失。《四库全书总目》评价其"贯穿今古,洞悉利病,实非后人之所及……其缕析条分,如别白黑,一经抉摘,虽马迁班固几无词以自解免,亦可云载笔之法家,著书之监史矣"。推崇之意溢于言表。《史通》内篇第26为《鉴识》,所谓鉴识,就是阐释史学"三才论"中的识。篇中,刘知幾提出了探赜索隐的阅读方法,指出:"史传为文,渊源广博,学者苟不能探赜索隐,致远钩深,乌足以辨其利害,明其善恶。"

---

① 刘昫等:《旧唐书》卷一○二《刘子玄》,北京:中华书局,1975年,3173页。

"探赜索隐,致远钩深"本出《周易·系辞上》:"探赜索隐,致远钩深,以定天下之吉凶,成天下之亹亹者,莫大乎蓍龟。"文中的"探赜索隐",据孔颖达《正义》的解释,是指窥探幽昧之理,求索隐藏之处。刘知幾取之用于阅读中探求典籍中精微深奥之意,寻找文字背后隐秘的事迹。《鉴识》的下篇为《探赜》,刘知幾在篇中进一步阐述探赜索隐的基本原则,为"考众家之异说,参作者之本意",其文曰:

> 盖明月之珠,不能无瑕;夜光之璧,不能无颣。故作者著书,或有病累。而后生不能诋诃其过,又更文饰其非。遂推而广之,强为其说者,盖亦多矣。如葛洪有云:"司马迁发愤作《史记》百三十篇,伯夷居列传之首,以为善而无报也。项羽列于本纪,以为居高位者,非关有德也。"按史之于书也,有其事则记,无其事则阙。寻迁之驰骛今古,上下数千载,《春秋》已往,得其遗事者,盖惟首阳山之二子而已。然适使夷、齐生于秦氏,死于汉日,而乃升诸传首,庸谓有情。今者考其先后,随而编次,斯则理之常也。乌可怪乎!必谓子长以善而无报,推为传始,若伍子胥、大夫种、孟轲、墨翟、贾谊、屈原之徒,或行仁而不遇,或尽忠而受戮,何不求其品类,同在一科,而乃异其篇目,分为数卷也。又迁之纰缪,其流甚多,夫陈胜之为世家,既云无据。项羽之称本纪,何必有凭。必谓遭彼腐刑,怨刺孝武,故书违凡例,志存激切。若先黄、老而后六经,进奸雄而退处士,此之乖剌,复何为乎?
>
> 于是考众家之异说,参作者之本意,或出自胸怀,枉申探赜;或妄加向背,辄有异同。而流俗腐儒,后来末学,习其狂狷,成其诖误。自谓见所未见,闻所未闻,铭诸舌端,以为口实。惟智者不惑,无所疑焉。①

---

① 刘知幾撰,张振珮笺注:《史通笺注》卷七,贵阳:贵州人民出版社,1985年,282页。

上文所引，以《史记》的阅读为例，讲述如何读懂史书的深意。篇中，刘知幾提出了明其旨归，力戒妄生穿凿的阅读原则。他认为一部卷帙浩繁的史书，不可能通体无瑕，后人读之，轻诃其过或曲为文饰都是不正确的态度。他用归谬法批评晋代葛洪关于司马迁冠《伯夷列传》于列传之首是为了突出善而无报的评论，同时反对把《史记》有违史法的现象都视为司马迁身受腐刑而怨刺武帝的结果。这对于后人阅读《史记》是有启发的，也是十分有益的。

宋元以来，探赜索隐法一直影响着文人的阅读，也经常成为学者评说文人读书问学的状态。如宋宣城李德孚筑舫斋读书，释惠洪为撰《舫斋记》，描述室内列五经之遗编，布百家之陈说，明窗棐几，主人在其中展卷摊读，"探赜索隐，与古圣贤相际于百千岁之后"①。清代浙江德清人许宗彦九岁能读经史，恬淡无宦情，居杭州，杜门以读书为事。阮元赞许道："君于学无所不通，探赜索隐，识力卓然，发千年儒者所未发，是为通儒。"②

社会阅读的发展，有赖于社会的安定、富庶，或者说社会阅读活动的兴盛本身就是社会进步发展的一种鲜明标志。唐末社会动荡之中，国家藏书遭受灭顶之灾。僖宗广明元年（880）农民战争中，"曩时遗籍，尺简无存"。昭宗天祐二年（905），朱温大肆贬杀朝廷大臣，白马驿惨案中，宰相裴枢、独孤损、崔远等30余人，被先贬后杀，"一夕尽杀之，投尸于河"③，史称"斯文扫地"，所谓"内库烧为锦绣灰，天街踏尽公卿骨"。中国社会带着盛唐的余晖，步履蹒跚地走入

---

① 释惠洪：《石门文字禅》卷二十二，见曾枣庄、刘琳《全宋文》卷三〇二二，上海：上海辞书出版社，合肥：安徽教育出版社，2006年，第140册，235页。
② 阮元：《浙儒许君积卿传》，见《揅经室二集》卷二，北京：中华书局，1993年，402页。
③ 司马光编著，胡三省音注：《资治通鉴》卷二六五《唐纪》八十一，北京：中华书局，1976年，8643页。

五代。五代各朝承袭隋唐科举制度,文士仍旧读书习业,朝廷依然开考择士,但是社会声势和影响已远不及唐代,只能说处于维持状态,磕磕绊绊挨过半个世纪的短暂分裂,公元960年,赵宋王朝再建统一的中央集权,时代进入雕版文化时期,文化传播空前发达,社会阅读热情持续高涨,中国阅读史再次迎来辉煌。

主要参考书目

魏徵、令狐德棻.隋书.北京:中华书局,1973.

刘昫等.旧唐书.北京:中华书局,1975.

欧阳修、宋祁.新唐书.北京:中华书局,1975.

薛居正等.旧五代史.北京:中华书局,1976.

欧阳修撰,徐无党注.新五代史.北京:中华书局,1974.

王溥.唐会要.上海:上海古籍出版社,1991.

王溥.五代会要.上海:上海古籍出版社,1978.

杜佑撰,王文锦等点校.通典.北京:中华书局,1988.

李林甫等撰,陈仲夫点校.唐六典.北京:中华书局,1992.

刘昫、欧阳修等.唐书经籍艺文合志.上海:商务印书馆,1956.

向达.唐代长安与西域文明.北京:生活·读书·新知三联书店,1979.

王重民.敦煌古籍叙录.北京:中华书局,1979.

万曼.唐集叙录.北京:中华书局,1980.

周勋初.唐人轶事汇编.上海:上海古籍出版社,1995.

董诰等.全唐文.北京:中华书局,1983.

陈鸿墀.全唐文纪事.上海:上海古籍出版社,1987.

中华书局编辑部点校.全唐诗(增订本).北京:中华书局,1999.

计有功.唐诗纪事.上海:上海古籍出版社,1987.

辛文房撰,傅璇琮主编.唐才子传校笺.北京:中华书局,1987—1990.

玄奘、辩机原著,季羡林等校注.大唐西域记校注.北京:中华书局,2000.

圆仁著,小野胜年校注,白化文等修订校注.入唐求法巡礼行记校注.石家庄:花山文艺出版社,2007.

徐松撰,李健超增订.增订唐两京城坊考.西安:三秦出版社,2006.

荣新江.唐研究.北京:北京大学出版社,1995—2002.

王重民等.敦煌变文集.北京:人民文学出版社,1984.

任半塘.敦煌歌辞总编.上海:上海古籍出版社,1987.

饶宗颐.敦煌吐鲁番本文选.北京:中华书局,2000.

汪习波.隋唐文选学研究.上海:上海古籍出版社,2005.

李渊著,韩理洲辑校编年.唐高祖文集辑校编年.西安:三秦出版社,2002.

吴兢.贞观政要.上海:上海古籍出版社,1978.

严耕望.严耕望史学论文选集.北京:中华书局,2006.

黛弘道等.图说日本文化的历史.东京:小学馆,1979.

宫坂宥胜等.密教图典.东京:筑摩书房,1980.

两宋编

960年，赵匡胤推翻后周政权，结束了唐末农民大起义后五代十国的封建割据局面，重建统一的中央集权国家。赵匡胤建国前任后周宋州归德军节度使，因此就将新建的政权命名为"宋"，建都汴梁（今河南开封），史称北宋。靖康之乱后，宋王室南迁，定都临安（今浙江杭州），史称南宋。赵宋政权前后持续320年，其中北宋168年，南宋152年。

宋朝承五代之余，民众厌惧干戈，人心向往太平。太祖赵匡胤平荆湖、灭后蜀、定南汉、降南唐，在策马提剑统一天下的同时，确立了重文轻武的国策，以绝擅权将帅乱政之弊。太宗赵匡义、真宗赵恒任用大批文臣执政，倡导"文治"，在思想文化领域确立了崇儒读经的指导思想。朝廷利用科举考试和图书出版对此进行宣传，并以此为号召，来影响和引导社会的阅读活动。

雕版印刷术的广泛应用，使社会图书出版流通的数量激增。官府积极利用印刷术介入图书的出版发行领域，民间书坊则充分发挥辅助作用，众多图书新品和巨帙大书接踵问世。社会的阅读活动和文化传播事业空前繁荣。

导　言

赵宋王朝是一个权力高度集中于中央的封建王朝,从太祖赵匡胤开始,重用文臣,抑制武将,集军、政、财大权于一身,成为两宋历朝帝王君临天下的重要国策。据记载,建隆中太祖议改年号,要求宰相勿用前世旧号,于是改元乾德。后来他发现宫中妆镜背面有"乾德"之号,就问学士窦仪,窦仪回答乾德是前蜀王衍的年号,太祖因而叹曰:"宰相须用读书人。"由是其益重儒臣。① 太祖以读书学问论大臣,为后世朝廷任人和士人用世确立了一个标准。百年后,哲宗朝史臣范祖禹对此做出了诠释,他说:既然太祖要求宰相是读书人,那么宰相以下的执政侍从之臣,台谏之职,都必须是文学之士;州县的行政长官,亦必由进士出身,方可任用。一句话,"是朝廷之士皆不可以无学也"②。所以,真宗朝以文辞清丽名世的翰林学士钱惟演才有这样的体会:"翰林学士备顾问,司典诰,于天下之书,一有所不观,何以称职?"③北宋历朝名臣辈出,大都与钱惟演相仿,勤读经史,学术该贯,容止清雅,属辞秀彻。

---

① 欧阳修:《归田录》卷一,《欧阳修全集》,第5册,北京:中华书局,2001年,1913页。
② 范祖禹:《劝学札子》,见曾枣庄、刘琳《全宋文》卷二一二九,上海:上海辞书出版社,合肥:安徽教育出版社,2006年,第98册,56页。
③ 李焘:《续资治通鉴长编》卷一一五,北京:中华书局,1985年,2690页。

宋朝选用官员主要通过科举一途，所以在科举的科目和内容上体现崇儒的思想原则，以确保未来的官员在政治上与朝廷同声合调，就显得十分重要。真宗咸平五年（1002），河阳节度判官张知白上疏，提出科举"正儒术"的建议，认为与汉代相比，宋代"章句之学弥盛，而异端之书又滋多乎数倍"。其进而引汉董仲舒春秋大一统之说，强调科举考试出题，内容应该以儒家经典为限，而参以正史；诸子百家之书，必须是辅于经、合于道者方可兼取；程序则应是先策论，后诗赋，"责治道之大体，舍声病之小疵"①。真宗对张知白这一科举崇儒的建议大为嘉许。大中祥符五年（1012），真宗作《崇儒术论》，强调："儒术污隆，其应实大。国家崇替，何莫由斯。"朝廷将其刻在石上，置于国子监，向天下昭示儒学作为宋朝统治的指导思想，具有至高无上的地位。当时翰林学士杨亿有"九天下诏崇儒术，好绝韦编待至公"之句，一个半世纪后，南宋绍兴状元王十朋在《集英殿赐第》诗中再次高唱："太平天子崇儒术，寒贱书生荷作成。槐市育才叨舍选，枫宸唱第冠时英。"其积极响应朝廷崇儒取士的举措，文字间涌动着参选的热情、对中举的期待和登第的自豪。

科举成为朝廷与士子博弈的方式，朝廷希望通过科举选拔人才，士子祈愿通过科举出仕为官。双方得以达到各自目的的关键环节，就是读书。朝廷将代表其统治思想和政治理念的书籍确定为科举考试的科目和出题范围，要求士子专心阅读；士子则通过各种途径与方法，晨读夕诵，心识意会，去阅读钻研这些书籍的文字和内涵，以期经年苦读，一朝高中。

从阅读史的角度审视，宋代科举制度对社会的阅读具有重大的意义和深远的影响。

宋代的科举，不但向文人无条件敞开大门，而且一旦文人中举，

---

① 李焘：《续资治通鉴长编》卷五十三，北京：中华书局，1980年，1169页。

即按不同等第除授大小相应的官职。如是状元登第,更是迁擢荣速,往往10年间即能挟荣出府入相。于是,天下读书人争先恐后奔向科举之途,科举规模不断扩大。

史料统计,北宋自太祖建隆元年(960)至宣和六年(1124)凡八朝69科,共取士35080名,南宋自高宗建炎二年(1128)至度宗咸淳十年(1274)凡六朝48科,取士约22800名①。这样的取士规模说明当时有着更为庞大的应试人数。福州在北宋哲宗元祐时,每次参加考试者有3000人,解试之日,个个"峨冠鹄袖,雍容而入"。不及百年,至南宋孝宗淳熙年间,举士之数猛增至20000人②。南宋初,福建台州参加解试者有3000人,至宁宗嘉定年间多至8000人③,连仅领三县的兴化军,应考举士也有6000人④。当时阅卷官任希夷作诗《礼闱奏号毕呈天官侍郎》:"奉诏程文阅四旬,纷来万卷日横陈。怜渠灯火勤三岁,恼我帘帷度一春。"洪咨夔作诗《省闱试士》:"拣金沙里须精鉴,脱颖囊中尽异材。容受直言天子圣,好听胪唱响春雷。"其所言正是这种盛况的真实写照。

徽宗大观三年(1109),录取进士685名,当时北宋24路州县学共有学生十六万七千多,加上太学、宗学及私学学生,总数应在十八万左右,其中举比例约为千分之四。《宋史·地理志》记载:大观四年"天下有户二千八十八万二千二百五十八,口四千六百七十三万四千七百八十四"⑤。全国总人口达到1亿,这样,大约500人中有一名学

---

① 马端临:《文献通考》卷三十二《选举考》,北京:中华书局,1986年,304页。原文中缺淳祐、宝祐、开庆、景定、咸淳年间11科数字,此以前后平均数每科500计入。
② 梁克家:《淳熙三山志》卷七《试院》,见《宋元方志丛刊》,第8册,北京:中华书局,1990年,7850页。
③ 陈耆卿:《嘉定赤城志》卷四《贡院》,见《宋元方志丛刊》,第7册,北京:中华书局,1990年,7314页。
④ 陈俊卿:《兴化军贡院记》,见《福建通志·艺文》,北京:书目文献出版社,1988年,2593页。
⑤ 脱脱等:《宋史》卷八十五,北京:中华书局,1975年,2095页。

生。这就是支撑科举盛况不衰的社会基础,这么庞大的阅读群体,无疑是社会阅读活动的主力军,他们的阅读取向左右着社会阅读的风尚。

宋王朝长期实施崇儒重文的政策,通过科举选拔大批文人进入统治阶层,朝廷的名臣硕辅皆由是出。仁宗朝13次科举,共取进士4570人,其高中甲科者凡39人,后除五人外都位至公卿,如天圣五年(1027)的王尧臣,天圣八年(1030)的王拱辰、欧阳修,宝元元年(1038)的吕溱、范镇,皇祐元年(1049)的冯京,等等,可谓彬彬盛矣。所以仁宗天圣进士尹洙说:"状元登第,虽将兵数十万,恢复幽、蓟,凯歌劳还,献捷太庙,其荣亦不可及也。"①风光荣耀如此! 这不应仅仅被看作是尹洙的一己之见,而且是社会对读书登第向慕追求态度的激情流露。政府以科举来控制士人的阅读内容,并以此刺激、推动社会的阅读活动。所以,以科举为中心的阅读活动具有明显的政治和功利色彩。

与崇儒重文的国策相适应,宋王朝在建立之初就沿袭唐代旧制,迅速建立起一套文化机构——史馆、昭文馆、集贤院、秘阁、崇文院,通称馆阁。馆阁除了藏书以外,更是朝廷培育隽材之地,正如曾巩所指出的"盖朝廷常引天下文学之士,聚之馆阁,所以长养其材而待上之用"②。馆阁常受命与国子监共同承担整理、校勘、编纂、出版经官方认定的经典图籍的职责,体现朝廷的崇儒之策,引导天下的阅读风尚。王国维的《五代两宋监本考》对宋代国子监刻书情况做了系统的梳理,从中可以看出作为朝廷主要的刻书机构,国子监刻书以经史经典为主,皇帝常常将监本九经三史赐予王公大臣、天下学宫,以示崇儒劝学之意。海陵王正隆六年(1161),金国兴兵大举侵宋,攻占两淮

---

① 丁传靖:《宋人轶事汇编》卷九,北京:中华书局,1981年,406页。
② 曾巩:《曾巩集》卷十三《馆阁送钱纯老知婺州诗序》,北京:中华书局,1984年,214页。

众多州县。时胡景崧以良家子弟从军南征,"载国子监书以归。因之起'万卷堂',延致儒士,门不绝宾;儒素起宗,实兆于此"①。其时正值南宋绍兴三十一年(1161),这说明两宋国子监刻书传播儒术的影响远达于辽金地区。

雕版印刷术的广泛应用,使宋代的出版传播事业如虎添翼。在朝廷崇儒政策和科举制度的双重作用下,民间刻书业迅速崛起,各地刻书坊肆如雨后春笋,布满大江南北,形成了官刻、家刻和坊刻三足鼎立的繁荣局面。朝廷、家塾、书坊三管齐下,点染出一幅波澜壮阔的出版长卷。种类齐全、数量繁多的出版物,为两宋千姿百态的社会阅读活动搭建起广阔的历史舞台。关于两宋 300 多年间出版物的总量,人们迄今尚无准确的统计。据明代王世贞《朝野异闻录》的记载,明代权相严嵩抄家的清单上有宋版书籍 6853 部(轴)的记录。据此,"估计宋代刻本当有数万部,传至今日,国内外所存不过一千部左右,内台湾约存二百部,又多为残书或复本"②。数万部上下弹性较大,但确切数字已经无法统计。宋世之书,有大量为应时使用者,如科举编类之册,时文之选、童蒙之书,以及通俗文学读本。宣和间,秘书少监韩驹在奏疏中说道:"今荆、广、闽、蜀之间,去京师数千里,学者无所取师,而都下鬻书者,岁取进士高选之文,集为版本,传播四方,谓之义格。后生小儒……诵读以为师法。"③科举类图书的社会阅读量从中可见一斑。这些类似今日名之为文化快餐的图书,大都出自民间书坊,无出版目录,学者藏家往往又不屑记载,随刊随读随散。我们今天在梳理宋代社会的出版总量和阅读规模时,不能将其舍去不记,

---

① 元好问著,狄宝心校注:《元好问文编年校注》卷五《朝散大夫同知东平府事胡公神道碑》,北京:中华书局,2012 年,920 页。
② 张秀民:《中国印刷史》,上海:上海人民出版社,1989 年,58 页。
③ 黄淮、杨士奇等:《历代名臣奏议》卷一百十五《学校》,中国台北:学生书局,影印明永乐十四年内府刊本,1985 年,1539 页。

因为这类面广量大的书籍,是当时社会阅读尤其是普通人群阅读的重要对象。

处于雕版文化时期,官方可以更有效地发挥其强大的行政威力,大张旗鼓地进行以"一道德"为目的的思想文化宣传活动,但是民间非官方的出版传播渠道也因此而滋生,未经朝廷允许传播的书籍经常在无监管的情况下编纂出版,流向社会,成为社会阅读的热点。如何在出版印刷业空前发达的情况下,有效地控制整个社会的出版传播,以达到主导社会阅读、统一思想道德观念的目的,自然就成为宋王朝需要认真对待的重要问题。尤其是两宋长期与辽、西夏、金、蒙古等少数民族政权南北对峙,朝廷在对外政策上始终存在战和两派的斗争,内政方面存在改革与保守的较量。这些斗争往往以思想文化或学术的形式表现出来,如科举考试中,经义与诗赋、史学之争,汉唐章句注疏之学与王安石新学、程朱理学之选。宋朝统治集团选择的解决办法就是简单的二字方针:查禁。元祐学术案,从徽宗崇宁元年(1102)以司马光、文彦博、苏轼、王钦臣、程颐、黄庭坚等百二十人为奸党,御书为党人碑立于端礼门,到靖康元年(1126)解除党禁,历时24年。道学崇诎,从高宗绍兴六年(1136)左司谏陈公辅首请禁程氏学,到淳祐元年(1241)理宗诏以周敦颐、张载、程颢、程颐、朱熹五臣从祀孔孟,前后历时一个世纪,百年之中,几经反复。其间,查禁书籍成为政治思想斗争的主要手段。如崇宁二年(1103)诏禁苏洵、苏轼、苏辙、黄庭坚、张耒、晁补之、秦观、马涓文集,以及范祖禹《唐鉴》、范镇《东斋记事》、刘攽《诗话》、僧文莹《湘山野录》等,宁宗庆元中禁朱熹《四书集注》等道学著述。从史料记载来看,查禁的效果并不理想。

宋费衮《梁溪漫志》中有一则《禁东坡文》,说,在严禁苏轼文集的宣和年间,某日京师城卒查获一个偷带《东坡集》出城的士人,地方官看见集后题有一诗,有句云:"文星落处天地泣,此老已亡吾道穷。平日万篇谁爱惜?六丁收拾上瑶宫。"他遂将那士人私下放行。在权相蔡京制造元祐党人案期间，有长安石工安民当镌党人碑而不愿动工，称自己虽然只是普通百姓，不明白立碑之用意，但知道天下都称誉司马光为正人君子，今贬作奸邪，不忍刻也。这里，苏轼、司马光之所以得到士人、平民的敬重和称颂，主要是因为他们的著作早已在社会上得到广泛的传播阅读。最终，这些禁令还是极大地影响了社会的自由出版和阅读活动。

在朝廷崇儒重文和科举取士的社会环境下，登上仕途的希望和光明，极大地刺激了人们读书的积极性。两宋之世，官宦之府，豪富之门，簪缨之族，士庶之家，无不以诗书教子，以文籍传家。自古以来，学士大夫之家无不以家藏图书为美，而已经进入雕版文化时代的两宋，藏书之风尤盛。在宋人文集中，有关万卷楼、万卷堂的诗文记叙，如闪烁的珠贝，随处可见。冯时行《题张粹夫万卷楼》中"想当日月出没间，玉轴牙签互璀璨"之句和赵蕃《题喻氏万卷楼》中"有楼不肯贮风月，名以万卷非徒然"之句，可以说印证了这种盛况。今人翻阅宋代300多年历史可以发现，名门望族家家建有书楼藏室，儒臣学士人人结撰读书题跋。一部部卷帙逾万的藏书目，见证着书香门第世代相承的文化岁月；一篇篇神采飞扬的题跋文，传出了文人学者一以贯之的读书情结。

两宋文人读书之风炽盛，其读书治学的刻苦精神和出色成就，在中国历史上十分突出。他们即使出仕成名，读书问学的勤奋精神仍无丝毫松懈。书卷逐渐从科举的敲门砖，转而成为文化生活中不可或缺的重要物品和精神寄托。如南宋，战事频仍，士大夫读书如故，风雨如晦，鸡鸣不已，如鸢飞鱼跃，各遂其性。广泛深入的阅读活动使新学问、新著述往往相继而出，如金石、谱录等，精彩纷呈，令人目不暇接。欧阳修18年辛勤收集的千卷《集古录》，蔡襄以为远较犀珠金玉为贵；沈括集一生精力结撰的《梦溪笔谈》，被李约瑟誉为"中国科学史上的坐标"。这些著作为世人读书问学拓展出崭新的天地。

有关日常生活及生产技术的谱录类著作,如蔡襄的《茶录》、朱翼中的《北山酒经》、王灼的《糖霜谱》、欧阳修的《洛阳牡丹记》、赵时庚的《金漳兰谱》、韩彦直的《橘录》等,大量问世,说明文人的读书情趣已经深入到社会生活的各个层面。

布置一间古香淡雅的书斋,以与恬淡宁静的读书、藏书环境相谐和,这就是古代读书人在出仕前、仕宦中或致仕后所孜孜追求的。自宋代苏易简仿类书体例,在唐五代以前的旧籍中广征博引,辑成《文房四谱》以后,与阅读息息相关的书斋文化,如书斋的精心取名、内外环境的协调等,日益引起世人注意。南宋刘子翚有《书斋十咏》:笔架、剪刀、纸拂、图书、压纸狮子、灯檠,以及"敲铁小童应"的唤铁、"抄书防纵逸"的界方、"小瓶防砚渴"的瓶砚、"楮案定欹倾"的楮案木,这说明当时书房读书写作的工具已经相当齐备。

尤其应当指出的是,受时代学术风尚和个人治学倾向的影响,宋人在阅读实践活动中总结出了不少具有个人特色的读书方法,呈现出丰富多彩的可喜局面。以朱熹为代表的理学家在传播理学、主持书院教学的过程中积累形成的系统读书理论,成为中国历史上儒家读书法的集大成之论,影响深远。

《真赏斋图》 [明]文徵明 绘

上述种种,都极大地丰富了阅读文化的内涵,增添了读书时光的情趣。

最后我们来说说饶有趣味的小说阅读问题。宋代的小说,北宋有《太平广记》,南宋有《夷坚志》,其间又有话本小说盛行,传播不可谓不旺。然而朝廷对小说的传播阅读采取不提倡的态度。仁宗时期,先是因为《初学记》《六帖》《韵对》等书"皆钞集小说,无益学者",所以皇帝于天圣三年(1025)诏国子监罢刊,①稍后又因科举考试取资别书、小说出题,使学生习尚异端而禁止引用。虽然如此,但小说阅读的风气在社会上十分盛行。首先是士大夫热衷,欧阳修说钱惟演坐读经史、卧读小说,理宗时权相贾似道热衷于阅读小说杂著,曾计划仿曾慥《类说》例,编纂百卷《悦生堂随抄》,"板成未及印,其书遂不传,其所援引多奇书"②。洪迈的《夷坚初志》编成后,"士大夫或传之,今镂板于闽、于蜀、于婺、于临安,盖家有其书"③。南宋民间书坊云集的四大刻书中心都有刻板,且"家有其书",足见这部志怪小说广受欢迎,阅读者众多,流通量巨大。说话艺术在宋代城乡十分流行,孟元老《东京梦华录》、耐得翁《都城纪胜》、吴自牧《梦粱录》等记录两宋都城盛世繁华景象的宋代文献对此都有大致相同的叙述。苏轼听王彭说,当市井陋巷中的小孩调皮捣蛋的时候,家人往往给钱让其聚坐在一起听人说话,"至说三国事,闻刘玄德败,颦蹙有出涕者;闻曹操败,即喜唱快"④。南宋陆游则在《小舟游近村舍舟步归》诗中记下了大致相同的情景:"斜阳古柳赵家庄,负鼓盲翁正作场。死后是非谁管得,满村听说蔡中郎。"这说明说话是一种民众喜闻乐见的艺术形式。话本小说就是这些说话人的底本,其中讲史家的话本被后人称为"平话",在宋代也应十分流行。余嘉锡根据宋元文献的记载,指出《宣和

---

① 李焘:《续资治通鉴长编》卷一〇三,北京:中华书局,1985年,第8册,2378页。
② 周密:《癸辛杂识》后集《贾廖刊书》,北京:中华书局,1988年,84页。
③ 洪迈:《夷坚志·夷坚乙志序》,北京:中华书局,1981年,185页。
④ 苏轼:《东坡志林》卷一,北京:中华书局,1981年,7页。

遗事》记宋江三十六人事，"盖采自南宋说话人所用话本"，而凡元杂剧所演"皆脱胎于话本，特话本今不传，遂莫知其所本耳"。① 这一建立在史料基础上的推论是可信的，从中可以想见话本小说作为通俗文学读物在宋代被广泛传播阅读的情形。

  一个社会在特定时代的阅读活动受到政府的思想文化政策、社会生存环境、整体传播条件、成员的文化程度等因素的影响，在内容、形式、方法上呈现错综复杂的形态。在话语权完全掌握在统治集团手中的封建时代，能在历史记载中得到较为完整反映的只是其中士大夫阶层的阅读状况，而为朝廷所禁止或不提倡的出版物，其传播阅读的情况大都语焉不详，市井平民的阅读活动则基本销声匿迹，宋代也不例外。有关这一部分的阅读情况，有待更为深入的研究挖掘。铁爱花曾根据206例墓志资料研究宋代生活于中产阶级以上家庭的女性阅读活动，发现其时女性阅读的范围相当广，包括儒家经典、佛道经典、女教典籍、家训、史书、诗词文、诸子百家、方技小说等。她认为这种情况的出现，与"重文教的社会风气、书籍的普遍流通以及士人的提倡等密切相关"②。这表现出现代学术界对宋代阅读史的研究正不断开拓深入的喜人趋向。

---

① 余嘉锡：《杨家将故事考信录》，见《余嘉锡文史论集》，长沙：岳麓书社，1997年，396页。
② 铁爱花：《宋代女性阅读活动初探》，载《史学月刊》，2005年第10期，35页。

第一章 两宋时期的图书文化事业概貌

北宋梅尧臣《书斋》诗中"圣贤有事业,皆在经籍中"一联,极为精辟地道出了儒家经典在封建社会的重要意义。宋太祖两世为裨将,与乱世相浮沉,一旦轻取周祚,即兴文教,重儒臣,修孔庙,定《通礼》,殿试进士,要求武臣尽读书以通治国之道。历经太宗、真宗两朝的努力,朝廷完成了九经三传的重校新刊工作,在政府崇儒右文的思想文化政策的指导下,宋代的图书出版事业欣欣向荣。

第一节 政府的思想文化政策

宋仁宗天圣八年(1030),范仲淹在《上时相议制举书》中提出:"夫善国者,莫先育材。育材之方,莫先劝学。劝学之要,莫尚宗经。宗经则道大,道大则才大,才大则功大。"[1]这段话正是对宋兴70年来实施的,以后赵宋历朝继续贯彻的思想文化政策的准确阐释。

---

[1] 范仲淹:《上时相议制举书》,见李勇先、王蓉贵《范仲淹全集》,上册,成都:四川大学出版社,2002年,第237页。

一、尊孔宗经

宋朝建立之初，太祖赵匡胤就在剑指残余割据势力的同时开始尊孔的准备。建隆三年（962），太祖下诏修孔子庙，除了崇饰祠宇外，还塑绘先圣、先贤、先儒之像。四年后，太祖又特除孔子四十四世孙孔宜为曲阜县主簿。他在君天下的 17 年中，初步建成了一个高度集权的统一政权，制定了尊孔崇儒的国策。建隆初，杨徽之建言："海内宁一，宜崇儒术，以厚风教。"太祖以为其语含讥讽，遂将他贬黜为天兴令。揣摩太祖的心态，其唯恐世人怀疑他的崇儒之策。太宗继位，延续太祖的国策，诏孔宜袭封文宣公，并修曲阜文宣王庙。真宗时，孔宜之子孔延世袭封文宣公，并得到了曲阜令的位子，而曲阜孔庙的书楼则得赐九经及先帝御书。大中祥符元年（1008），真宗在泰山封禅后，更是专程到曲阜孔庙行礼，以表钦崇之志。尊孔的规格不断提升。

在宋代君王中，太宗、真宗最以儒雅称，崇尚儒术，读书手不释卷。他们先后设置翰林侍讲、侍读学士，日由儒臣讲读经史，有勤无怠。真宗曾在四年中遍读十一经、十九代史，并要求南宫、北宅大将军以下，各赴书院讲读经史。诸子 10 岁以上，必须入学，每日授读经书。更为重要的是，太宗、真宗主持完成了主要经史典籍的校刊工作。

端拱元年（988），太宗命国子司业孔维等校勘唐孔颖达《五经正义》，诏国子监镂板印行。至道二年（996），太宗复命李沆等校订唐贾公彦《周礼疏》《仪礼疏》《春秋公羊传疏》，唐杨士勋《春秋穀梁传疏》四经疏，别纂《孝经正义》《论语正义》《尔雅疏》，取唐元行冲、梁皇侃、魏孙炎旧疏，约而修之。咸平三年（1000），真宗命国子祭酒邢昺主持继续校订上述七经疏。景德二年（1005），十二经疏全部新校别纂一遍。大中祥符七年(1014),国子监上新校《孟子》及《音义》印本。

北宋初,唐代定本《五经正义》仍是官定的经书注疏,所以天圣八年(1030),范仲淹在上书中强调宗经求道的重要性时仍主要提及五经:"盖圣人法度之言存乎《书》,安危之几存乎《易》,得失之鉴在乎《诗》,是非之辩存乎《春秋》,天下之制存乎《礼》,万物之情存乎《乐》。"①后朝廷又陆续校订四经疏,重定三经疏以及《孟子》,扩大了官定经注的范围,这正是宋王朝加强思想统治的重要的文化政策。

终两宋之世,学者的经学著述十分丰富,以清修《四库全书》为例,其经部著录两汉至清初著述667部,其中宋人著述占30%。十三经的最后确定在宋代,而四书的崛起并取得与五经并列的地位,也在宋代。这些都是宗经政策下的重大收获,或者说是实施宗经政策的重大成果。有了代言统治思想的儒家经典,宋王朝就可以继续完善充实自己的思想文化政策。

二、赐书劝学

自太宗始,帝王常以赐书的形式传达劝学之意。赐书的内容遍及四部,但以经史与御书为主,对象则以朝廷官员、州县官学为主。

太宗御试进士,日以《礼记·儒行篇》为论题,意欲激劝士人,敦修儒行,所以特命崇文院雕印。淳化三年(992),太宗诏以新印《儒行》《中庸》赐宰辅、近臣、台阁、臣僚,并铨司、选人,并赐新第进士孙何等《儒行》各一轴。后皇帝赐予登第进士《儒行》成为常例,绍兴五年(1135),高宗甚至赐新第进士汪应辰等御书《儒行篇》,以示崇儒劝学之意。

---

① 范仲淹:《上时相议制举书》,见李勇先、王蓉贵《范仲淹全集》,上册,成都:四川大学出版社,2002年,237页。

景德元年（1004），真宗赐宰执、近臣、亲王新印《周礼》《仪礼》《公羊》《穀梁》四经传疏，二年（1005）赐殿前都指挥使高琼九经书疏、诸史各一部。大中祥符七年（1014），真宗分赐新印《孟子》及《音义》予辅臣，同时应周边诸国之请，赐予经书。如景德四年（1007）真宗赐交趾九经，嘉祐中仁宗赐夏国九经及正义、《孟子》、医书等。

宋代科举殿试图

从朝廷的角度考虑，最急于了解政府崇儒宗经意图，阅读经书，进行"一道德"教育的是天下的在读学生。所以，咸平四年（1001）真宗下诏："郡县有学校聚徒讲诵之所，赐九经书一部。"仁宗自天圣九年（1031）至景祐二年（1035），连续赐青州、寿州、楚州州学和大名府学九经书。庆历兴学以后，朝廷更是为州县学选任教授，设置藏书，劝励学子读书应试。

宋代朝廷儒臣还经常以下对上，向皇帝劝学。元祐元年（1086），12岁的哲宗继位，高太后执政。元祐八年（1093），高太后病逝，19岁的哲宗亲政。元祐四年（1089），范祖禹进《劝学疏》，以列祖列宗读书好学的事迹，进劝哲宗"以学为急"。宰相文彦博则从《册府元龟·帝王部》中节录十门类，并将其分为十卷以上进，作为哲宗夜读的内容。宰相吕公著在迩英殿为哲宗讲《论语》，事毕，哲宗将手书唐人诗分赐辅臣和讲读学士。翌日，吕公著带着连夜从《尚书》《论语》《孝经》中摘出的要语上进哲宗，供御笔翰墨挥染。高太后对宰臣说："吕相进《三经要语》,皇帝每书以省览,甚有益学问,与书唐人诗不类也。"①政和四年(1114),徽宗诏令东宫讲读罢读史,专以经术,目的是以儒学为太子"迪其初心,开其正路"。其都将儒术作为劝学的内容。

真宗、仁宗朝还针对科举考试,分别向天下士子发出《劝学诏》。《景德劝学诏》严厉批评考试中士子攘窃古人之作,怀藏所习之书,假手以成文,遥口而授义等种种不良行为,要求士子在学服勤,更专学问。仁宗《劝学诏》出现在庆历兴学和新政酝酿时期,主要谈到学校教育和科考改革的问题,说"有司务先声病章句以拘牵之,则吾豪隽奇伟之士,何以奋焉",所以要"更制革弊,以尽学者之才",而学者要"进德修业,无失其时"。宋朝廷改革科举,使之更好地体现崇儒的性质,这正是宋代思想文化政策中十分重要的内容。

三、科举崇儒

在科举取士的博弈中,朝廷居高临下,始终牢牢地掌握着主动权,不断根据政治需要变更考试的形式和内容。北宋两次重要的革新运动,即仁宗庆历年间范仲淹的"新政"和神宗熙宁年间王安石的"新法",都将科举改革列为重要内容,其要点是崇儒术,废弃传统的诗赋、墨义,转而以经学、策、论取士。庆历新政实施仅一年,就因范仲淹的罢政而告失败。熙宁新法的推行则如火如荼,对宋代的政治和思想文化以及社会阅读产生了深刻的影响。

熙宁二年(1069),久怀变革大志的翰林学士王安石被年轻有为的神宗皇帝授以参知政事的重任,开始领导酝酿已久的变法,依次推行各项新政,科举改革位列其中。宋代科举以进士科为主,考试诗赋,以声病偶对定优劣;明经科考试帖经、墨义,以记诵字句进退天下

---

① 张知甫撰,孔凡礼点校:《可书·吕正献进三经要语》,北京:中华书局,2002年,411页。

之士。王安石认为这种完全着眼于文才辞藻和死记功夫的考试严重背离朝廷选士的宗旨,他说:"今以少壮之士,正当讲求天下正理,乃闭门学作诗赋,及其入官,世事皆所未习,此科法败坏人材,致不如古。"①他主张罢诗赋及明经诸科,专以经义、论、策试士。熙宁四年(1071),朝廷颁布了新科举考试法:废除明经科,罢考诗赋、帖经、墨义;士子在《易》《诗》《书》《周礼》《礼记》中选治一经(本经),兼习《论语》《孟子》(兼经);主要考试本经、兼经的大义,以及论、策。稍后,王安石整顿了太学和州县官学,确立"以经义为主而兼习论策"的教学方针,开设经术和论策课程,取消了诗赋教学。

北宋前期从建隆开国至仁宗庆历近百年间,学者研究经学,多尊汉唐章句注疏之学,守训故少发明。所以这一时期官学的经学教材主要是唐代学者的注疏本:孔颖达的《五经正义》、徐彦的《公羊传疏》、杨士勋的《穀梁传疏》、贾公彦的《周礼注疏》《仪礼注疏》。

庆历后,刘敞首倡新说,撰《七经小传》,对儒家经典做出了新的诠释。同时,学者欧阳修、司马光、苏轼、苏辙、李觏、晁说之等纷纷撰文,对《周易》《孟子》《周礼》《诗》《书》等儒家经典提出异于传统儒学的新见解,为长期苍白乏力的经学研究注入一股生气,涂出一抹亮色。

承接这股经学新潮的巨大活力,王安石为科举新法准备新的经学教材。熙宁八年(1075),他将自己撰写的《诗义》《书义》《周礼义》进呈神宗,由朝廷颁于学官,号《三经新义》。王安石在书中打破先儒旧注,提出蕴含变法革新思想的儒学新解,一时号为"新学"。于是,神宗时期官学的经学教材改为由王安石主持撰述的《三经新义》,以及《易义》《礼记要义》《论语解》《孟子义》《字说》等。熙宁八年(1075),神宗诏付《三经新义》由杭州、成都府转运司镂板。由于科举纯以"新学"取士,因此一时学者无不争相传习《三经新义》之类"新学"著述。

---

① 陈邦瞻:《宋史纪事本末》卷三十八《学校科举之制》,北京:中华书局,1977年,372页。

神宗以后,科举之制又历经反复,经义诗赋,废兴离合,或专或兼,随时更革,然而士人诵义成为每日的常课。

当然,学者非《三经》《字说》不学,自然就不再关注先儒注疏或其他经籍。南宋陈傅良回忆,儿时在乡校,有人举《尔雅》问题,他用"能辨鼠豹,不识蟛蜞"为对。陈傅良以为"其事至浅,诸老先生往往惊叹,以为博也"。① 这就是过分专注新学的弊端,即造成学子阅读面不广、知识面偏窄。

第二节　国家图书的整理建设

实现文治的目标之一,就是要向天下读书人提供足够多的图书。这就要求朝廷首先整理、充实国家藏书,然后设立健全的编纂机构,组织出版体现统治阶级意志的各类经典。经过太宗、真宗两朝的努力,国家图书的整理建设工作取得了长足的进展。大中祥符三年(1010),真宗与大臣向敏中的一段对话证明了这一点。真宗问:"今学者易得书籍?"向敏中回答:"国初惟张昭家有三史,今三史、《三国志》《晋书》皆镂板,士大夫不劳力而家有旧典,此实千龄之盛也。"

一、编校机构

宋代的图书编辑出版活动异常活跃,硕果累累。这其中固然存在印刷术普及带来的有利因素,但是宋初帝王重视文治,制定并推行

---

① 陈傅良:《跋尔雅疏》,见周梦江《陈傅良先生文集》卷四十一,杭州:浙江大学出版社,1999年,524页。

一套有利于学术研究和图书出版的文化政策显得更为重要。其中，组建强有力的编纂机构，持久组织大规模的编纂活动尤为引人注目。

1.崇文院及三馆

北宋初，朝廷沿袭唐代旧制，以史馆、昭文馆、集贤院为三馆，置其址于长庆门以北，称为西馆。太平兴国二年（977），太宗在升龙门东北创立三馆书院，敞园圃，植花木，引注御沟水。太平兴国三年（978），赐名崇文院，将原西馆藏书迁入院中贮藏。院内东廊为昭文书库，南廊是集贤书库，西廊为史馆书库。三馆藏书各分经、史、子、集四库，总藏量达到8万卷。三馆富丽堂皇，用雕木成书架，以青绫帕为帘幕。

秘阁，太宗端拱元年（988）始建于崇文院中堂，收藏三馆书籍真本并古画墨迹等。淳化元年（990），太宗诏三馆设置直阁、校理之职，以通领阁事，掌缮写秘阁所藏。

崇文院、三馆常受命校勘典籍，曾巩、黄伯思、苏颂、宋敏求等著名学者先后在崇文院馆阁中从事图书的校勘整理工作，一时名流云集。此外，崇文院还负有奉诏雕印图书的职能，曾先后雕印《律文》《唐律疏义》《文苑英华》、李善注《文选》，以及《列子》《广韵》《齐民要术》《群经音辨》等。

三馆、秘阁、崇文院通称馆阁，其所置贴职官，与集贤殿修撰、直龙图阁、校勘，通谓馆职。馆阁是朝廷培育隽材之所，因此，馆职就成为文臣清贵之选。然而宋代对馆阁官员的选拔十分严格，规定所有被推荐入馆阁者都必须参加考试，称为"试馆职"，神宗即位初就特别诏令："自今试馆职专用策论。"南宋洪迈《容斋随笔》卷十六《馆阁名存》说："国朝馆阁之选，皆天下英俊，然必试而后命。一经此职，遂为名流。"[①]

---

① 洪迈：《容斋随笔》卷十六，上海：上海古籍出版社，1978年，206页。

2.秘书省

北宋初,秘书省与崇文院互不统属,秘书省的主要职责是掌管祭祀祝版的撰书,其长官秘书监、丞则参与国史的修纂。元丰五年(1082),神宗改革官制,一度废馆职,恢复秘书省职能,通领三馆、秘阁,设秘书监、少监、丞各一人,监掌古今经籍图书、国史实录、校雠典籍之事。

南宋于绍兴元年(1131)恢复秘书省的建制,沿袭元丰旧制,稍后在秘书省建立史馆,设修撰、检讨、校勘等职事官,负责编修《神宗实录》《哲宗实录》。绍兴九年(1139),高宗诏令秘书省所属著作局唯修日历,遇修国史则开国史院,遇修实录则开实录院,以正名实。

日历所,隶属秘书省,由著作郎、著作佐郎掌管,自绍兴元年(1131)起,先后编成《孝宗皇帝日历》2000卷、《孝宗皇帝圣政》50卷、《光宗皇帝日历》300卷、《光宗皇帝圣政》30卷、《宁宗皇帝日历》510卷、《神宗皇帝宝训》100卷、《太上皇帝圣政》60卷、《太上皇帝日历》1000卷等。

会要所,南宋朝廷编纂历朝会要的专门机构,隶属秘书省。会要是以事类为中心,记载一代典章制度的史籍,属于断代性政书。这种史体始于唐德宗时苏冕所著的《会要》,宋初王溥先后编纂《唐会要》100卷和《五代会要》30卷。政府官修本朝会要,始于宋仁宗庆历四年(1044),至神宗元丰四年(1081),先后编成六朝《国朝会要》。南宋绍兴九年(1139),诏秘书省校雠《国朝会要》;乾道四年(1168),诏尚书右仆射陈俊卿兼提举续修《国朝会要》。会要所先后修成《续修国朝会要》300卷、《国朝中兴会要》200卷、《孝宗会要》158卷、《续孝宗会要》130卷、《光宗会要》100卷、《宁宗会要》100卷,又录进张从祖纂辑《国朝会要》588卷等。

国史实录院,南宋诏修历朝国史、实录的编纂机构,绍兴三年置实录院,先后编成《重修神宗皇帝实录》200卷、《重修哲宗实录》150

卷、《徽宗皇帝御集》100卷、《徽宗实录》150卷、《高宗实录》220卷、《孝宗实录》500卷、《钦宗实录》40卷、《高宗皇帝御集》100卷等。后逢修国史,朝廷开国史院,该馆先后编成《三朝正史》《钦宗正史》《四朝国史》,及《高宗皇帝宝训实录》70卷、《哲宗皇帝宝训》60卷等。

二、整理编目

北宋建立之初,三馆仅有万余卷藏书,其后北宋王朝在统一全国的过程中,注意将南方各国的图书文籍收归汴梁。乾德元年(963),北宋平荆南,尽收高氏藏书;乾德四年(966),朝廷派遣孙逢吉至成都收后蜀图书,得13000卷。开宝八年(975),北宋平南唐,太子洗马吕龟祥至金陵收得图书2万余卷。这些从各地征得的图书运抵京师,都充实三馆藏书。同时,朝廷及时遣使购求民间藏书,三馆之书,得到较大的增长。太祖开宝间,政府藏书已经达到8万册。

太平兴国九年(984),倡导文治的宋太宗极为重视藏书,以为"教化之本,治乱之源,如无书籍,何以取法",因此下诏求天下遗书,要求馆臣依照唐代《开元四库目录》,将三馆中缺藏之书列目征求,并规定不论士庶臣僚,凡家藏三馆所缺之书,都可以持书进纳。进书300卷以上者,可以经过一定的考试程序,量才委任一职;进书不及300卷的,可根据卷帙的多少和优劣给予相应数量的金帛;如不愿进书,则可以出借,由政府命人缮写,抄毕归还。真宗咸平四年(1001)、仁宗嘉祐五年(1060),朝廷都下诏复求遗书,重申太宗太平兴国九年(984)之诏的规定,鼓励天下士庶官宦之家踊跃献书。一时民间献书画、献印板之举十分踊跃,真宗时有19人献书1万余卷。

除三馆、秘阁外,北宋宫廷内府另有太清楼、龙图阁、天章阁等藏书处所。随着藏书的逐渐丰富,朝廷开始不断指令馆阁组织藏书的抄写、分藏、整理、编目等工作。国家藏书被多次大规模抄写、分藏，咸平二年(999)，真宗命三馆写四部书二本，分别贮置禁中的龙图阁及后苑的太清楼，而玉宸殿、四门殿亦各有书万余卷。大中祥符八年(1015)，汴梁荣王宫失火，延及崇文、秘阁，书多煨烬。真宗诏命重新抄写藏书，与经整理的劫余书籍，一并归藏太清楼。

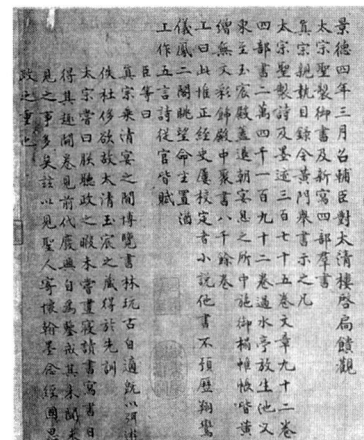

《太清观书》 宋人绘景德四图之一

嘉祐四年(1059)，仁宗诏令编定四馆书，设馆阁编定书籍官，命秘阁校理蔡抗、陈襄，集贤校理苏颂，馆阁校勘陈绎分别主持史馆、昭文馆、集贤院、秘阁编定抄录活动，并选用黄纸写印正本，以防蠹败。嘉祐六年(1061)十二月，三馆秘阁完成编定抄录工作，共写录黄本书6496卷，补白本书2954卷。因为崇文馆所藏白本书岁久多蠹，又多散失，所以在整理中一并安排官员校正补写，亦用具有防蠹功能的黄纸写录。此所谓补白本书。

宣和四年(1122)夏四月，徽宗诏令设置补完校正文籍局，将三馆藏书校正补缺后，抄写三份，分别放置在宣和楼、太清楼和秘阁。

在馆阁主持的政府图书事业中，编目与整理、征集、校勘、缮写一样，是一个不可或缺的重要环节。两宋时期，馆阁编制了多种缺书目录。所谓缺书目录,就是著录前代书目中有而当代馆阁缺藏的图书,为访求募献图书提供依据。另外,国家的藏书目录以北宋的《崇文总目》和南宋的《中兴馆阁书目》《续目》最为重要。

景祐元年(1034),新建崇文院使用不久,仁宗命翰林学士张观等勘查三馆及秘阁藏书,同时诏翰林学士王尧臣、馆阁校勘欧阳修等仿《开元四部录》的体例,编制新的国家藏书目录。编目工作历时七年,至庆历元年(1041)完成,赐名《崇文总目》。《崇文总目》66卷,分四部45类,著录三馆和秘阁藏书3445部,30669卷。各类有小序,每书有题录。徽宗时,《崇文总目》增补数万卷图书而更名为《秘书总目》。《崇文总目》编成于北宋国家图书文献收藏的黄金期,反映了当时知识文化积累的实际,问世后,引起了学者藏家的注意。秘书郎黄伯思在所著《东观余论》中,校正《崇文总目》十七条书目。如:《三茅君内传》的作者李遵非唐人;《德山集》作者德山即宣鉴禅师,唐僖宗朝人;李善注《文选》于五臣之前,而非因五臣而自为注;《蔡融诗》《来鹏诗集》的作者皆唐人,见《丹阳集》;等等。金章宗完颜璟因兴儒学而遍访汉文典籍,明昌五年(1194)下诏购求《崇文总目》内所缺书籍。

靖康之难,使宣和、馆阁藏书散亡殆尽。宋室南渡后,重建秘书省,搜访遗缺,整理旧藏,国家藏书日益富足。孝宗淳熙五年(1178),秘书少监陈骙编成《中兴馆阁书目》70卷,分52类,著录国家藏书44486卷。宁宗嘉定十三年(1220),秘书丞张攀编《中兴馆阁续书目》30卷,著录淳熙以来入藏新书14943卷。两目相加,说明孝宗时国家藏书达到59429卷,经过百年努力,南宋的国家藏书终于基本恢复北宋徽宗时的盛况。

两宋自太祖至宁宗,先后编制了四部国家藏书目录,前后著录,各有增损,互存异同。元代修《宋史·艺文志》,合并四目,删去重复,共著录图书9819部,119972卷。这一数字应反映了两宋国家藏书的概貌。

三、编校活动

两宋馆阁多次校勘四部书，北宋九朝校书总次数近60，南宋为18，其中以经部、史部书居多。经部典籍的校勘，规模较大的如下：太宗端拱元年（988）孔维等校正《五经正义》180卷，着国子监刊行；真宗咸平四年（1001）邢昺、李维重校《周礼》《仪礼》等七经、《七经疏义》163卷，并募印颁行。

据《麟台故事》《玉海》《宋会要辑稿》等宋人著述的统计，北宋馆阁校勘史书12次，其中9次校勘正史，遍校成书于北宋前的全部16史：《史记》《汉书》《后汉书》《三国志》《晋书》《南史》《北史》《隋书》、南北朝七史、《唐书》。另外还有《国语》《荀子》《文中子》《资治通鉴》《天和殿御览》等。值得注意的是，在大多数情况下，校勘完毕即送雕印。如太宗时校前三史，真宗咸平时校《三国志》、乾兴元年（1022）校刘昭《补后汉志》，仁宗天圣时校《天和殿御览》（40卷，为《册府元龟》的精华），神宗元丰八年（1085）年校《资治通鉴》，校毕都送国子监或秘阁镂板印行。仁宗嘉祐时，工作人员校南北朝七史，为了校勘的精审，在一年多的时间里，远及州县搜求书籍。

南宋馆阁校史9次，主要涉及当代所修的会要、实录、日历三类史书。这类官修史书属于官方档案，编成后即入藏宫内天章阁、敷文阁或秘阁，一般人不能翻阅，多不刊印。所以，校勘结束，只是对其加以缮写或抄录而已。

宋代校史十分精审。仁宗景祐年间，翰林学士张观、秘书丞余靖、直讲王洙等奉命校正《史记》及《汉书》《后汉书》。他们悉取三馆所藏各种三史版本，再取先儒注解、训传、六经、小说、《字林》《说文》等数百家书，用以参校。校正原书大量衍误脱略，新校本面目一新，堪称精备。余靖等又将雠校所得，别为《三史刊误》45卷。至南宋，馆阁校书更是制定了严格的条例。绍兴六年(1136)，史馆修撰范冲、秘书少监吴表臣制定了《校雠式》①，即校勘条例，以进一步规范校书活动。

正史和地志也是宋代馆阁编纂活动的重要内容，比较重要的成果有欧阳修的《新唐书》、乐史的《太平寰宇记》、王存的《元丰九域志》等。

欧阳修于仁宗天圣八年(1030)举进士后，大半生任职馆阁，先后担任秘书省校书郎、馆阁校勘、集贤校理、史馆修撰等，多次参与主持馆阁藏书的整理缮录和编目工作。五代后晋时张昭远等曾编修《唐书》200卷，该书成于众多史官之手，内容错杂，前后详略不一。仁宗庆历五年(1045)设局重修该书，嘉祐五年(1060)全书告成，主要成于欧阳修、宋祁二人之手，名为《新唐书》。与《旧唐书》相比，《新唐书》在体裁上显得更加完备。纪传体史书的完整结构应该包括《史记》《汉书》创立的纪、表、志、传四个部分，但是魏晋以来，正史多缺表、志，有志的也大多失之简略。《新唐书》纪、表、志、传齐备，在编纂学上，恢复了纪传体例的完整性，对后世修史产生了重要影响。《旧唐书》无表，而《新唐书》中欧阳修、宋祁所撰表及新增《仪卫》《选举》《兵》诸志，保存了许多重要史料，故《新唐书》素为史家所重视。

宋代的地理学十分发达，地志尤其是地理总志编纂的普遍是一个具体的标志。现存宋代总志有北宋乐史的《太平寰宇记》、王存的《元丰九域志》、欧阳忞的《舆地广记》，南宋王象之的《舆地纪胜》、祝穆的《方舆胜览》等。其中，《太平寰宇记》编纂最早，影响最大。

乐史(930—1008)，字子正，抚州宜黄(今属江西)人，南唐时为秘书郎，入宋，先后在馆阁任著作郎、直史馆等职。其一生著述颇丰，而

---

① 陈骙撰，张富祥点校：《南宋馆阁录》卷三《储藏》，北京：中华书局，1998年，23页。

以《太平寰宇记》最为著名。《太平寰宇记》始修于太平兴国年间,书中反映的行政区划以雍熙四年(987)为断限,分十三道详叙全国的府州,后晋时已经割让给契丹的燕云十六州仍在叙名之列。编纂中,乐史征引古籍多达200种,搜集范围除了正史外,还包括历朝地志、杂记、碑刻、文集等,为后世保存了大量的珍贵史料。

在编纂上,乐史虽然上承《元和郡县图志》的体例,但是有所创新。《元和郡县图志》记载了四至八道范围内山川、古迹、人口、贡赋等内容,《太平寰宇记》更增加了风俗、姓氏、人物、四夷等项,并将"贡赋"改为"土产"。贡赋只是指地方向中央政府上缴物品的种类和数量,而土产则除了贡赋以外,还涉及非贡品,即各地农、林、牧、渔以及药材等全部特产,其内容全面反映了宋代各地的经济特点和物产分布情况。乐史的这一革新,意义重大,正如清代《四库全书总目》所评介的那样:"盖地理之书记载至是书而始详,体例亦自是而大变。"

第三节 宋代四大书的编纂及其社会影响

976年,宋太宗赵匡义继位,改元太平兴国,并改变对外伐辽作战的政策,转为集中精力加强国内的统治,提倡"文治"。于是,朝廷开始组织大规模的编辑活动,太宗先后诏命儒臣编纂具有百科全书性质的《太平御览》1000卷、小说类编《太平广记》500卷、文章总集《文苑英华》1000卷。接着,真宗赵恒又诏令编成反映政事历史的专门性类书《册府元龟》1000卷。这四种卷帙浩繁的御修大书在宋代发达的雕版印刷业的促进作用下得以完整地流传于世,形象地反映出宋初文治的盛况,对宋代乃至后世的阅读治学活动产生了重要影响,史称"宋代四大书"。

一、《太平御览》

太平兴国二年(977),太宗命翰林学士李昉、扈蒙等人汇聚北齐《修文殿御览》,以及欧阳询《艺文类聚》、房玄龄《文思博要》等前代类书和宫中藏书,"参详条次,分定门目",编纂一部新类书,初名《太平总类》。经过近七年之劳,清本即将完成之际,太宗要求日进三卷,以供御览,因此《太平总类》易名《太平御览》。《太平御览》全书分为55部,5363类。全编引录古书,据卷首所附《太平御览经史图书纲目》,"为一千六百九十件,外有古律诗、古赋、铭、箴、杂书等类,不及具录";据马念祖《水经注等八种古籍引用书目汇编》的统计,多达2579种。这使得《太平御览》成为现存古类书中保存五代以前文献、古籍最多的一部。

《太平御览》虽然存在许多因编纂草率而产生的谬误,但是作为一部卷帙浩繁的敕撰大书,在当时迅速为学者所重。宋人的笔记文集中,征引《太平御览》内容的频率很高。明清两代,由于五代以前的图书文献散佚严重,因此《太平御览》更是成为频繁征引的文献渊薮。今存《太平御览》的刻本,大都为明清的雕版和活字本。

据李焘《续资治通鉴长编》,高丽于哲宗元祐元年(1086),即《太平御览》成书百年后,要求赐予,朝廷因禁书难以传示外国,故不许。七年后,高丽使臣来朝再次陈乞《太平御览》,朝廷仍不许。又六年,高丽国进奉使尹瓘等三言乞赐《太平御览》等书,哲宗终于答应待见校完毕,于下次使臣到阙时赐之。1928年,张元济东渡日本访书,在京都东福寺和帝国图书寮分别发现《太平御览》的宋刻蜀本,后摄归影印,刊入《四部丛刊三编》,足见其书的影响。

在中国阅读史上有影响的一则勉励读书的典故——开卷有益,

就是因宋太宗读《太平御览》而起的。

宋代许多文献都记载了太宗日读三卷《太平御览》的故事①，大意是说太宗日览三卷，如因事耽搁，则在日后抽空补读。大臣以为这样太过劳神。太宗回答说："朕性喜读书，开卷有益，不以为劳也。"考东晋陶渊明已有"开卷有得，便欣然忘食"的句子，两者意思相近，而开卷有益的劝学意味更浓。明末学者胡承诺在《读书说·诵记》中强调："开卷之时，止可得其梗概，其中曲折肯綮，更在掩卷后平心静气，绀绎寻思。有开卷之功，无掩卷之功者，所得亦恍惚。"其对"开卷有益"一词的深意做出了正确的诠释。

二、《太平广记》

太平兴国二年（977），太宗复命李昉、扈蒙、徐铉等人取《道藏》《佛藏》及汉以来的野史、笔记、小说等，分类汇编其中的文言小说故事，赐名《太平广记》。全书分为神仙、女仙、道术、方士、童仆、奴婢、幻术、妖妄、神、鬼、草木等92类，150多个小类，保存了有关古代小说和社会经济、典章制度方面的大量宝贵资料。书中共引用古书475种，其中半数以上已经散佚。

《太平广记》修成后，即于太平兴国六年（981）镂板，颁行之时，有人提出书"非学者所亟"，于是就将印板收回，藏宫中太清楼。尽管如此，《太平广记》还是很快在社会上流传开来。在宋代文人的诗文笔记中，如苏轼《东坡全集》《东坡志林》，晁补之《鸡肋集》，邵博《邵氏闻见后录》，赵德麟《侯鲭录》，陆游《老学庵笔记》，周密《癸辛杂识》等，经常出现以《太平广记》所载印证自己所见所闻的怪异之事的文字。

---

① 王辟之《渑水燕谈录》卷六《文儒》、范祖禹《帝学》卷三、李焘《续资治通鉴长编》卷二十四都有记载，文字大同小异。

张邦基在《墨庄漫录》中谈读《太平广记》的情形:"建炎改元冬,予闲居扬州里庐,因阅《太平广记》,每遇予兄子章家夜集,谈记中异事,以供笑语。"洪适《盘洲文集》卷四有《还李举之太平广记》诗:"稗官九百起虞初,过眼宁论所失讹。午枕黑甜君所赐,持还深愧一瓻无。"(黑甜为方言,形容睡得甜美)南宋绍兴年间,朝廷曾在秘书省曝书会期间分赠《太平广记》,这对它的流传起到了进一步的推动作用。

读小说是古代喜好读书的士大夫们娱乐消遣的一种文雅方式,正如宋刘敞在《读杂说小书》诗中所说:"长日无与语,聊及齐谐书。苟以忘吾忧,焉能识其余。"所以士人家藏书,往往"五三载籍多为贵,九百虞初小不遗"①。宋人罗烨在《醉翁谈录》中指出当时说话人的基本功包括"幼习《太平广记》,长攻历代史书"。宋元话本、杂剧、诸宫调等也经常采用其中的故事,说明《太平广记》不仅对士大夫阶层的阅读,而且对小说戏曲的创作都产生过很大的影响。

三、《文苑英华》

太平兴国七年(982),李昉、扈蒙、徐弦、宋白等17位儒臣奉敕总览前代文章,采撮精华,总为一编。编辑活动持续到雍熙三年(986),书成后取名《文苑英华》。全书在体例上仿《文选》按文体分类的做法,时间上承接《文选》,收录梁末至唐代的诗文作品19102首,其中南北朝作品不到十分之一,绝大部分为唐人之作。《文苑英华》的成书,上距唐亡仅80年,许多唐代的重要文集当时还没有散佚,所以书中保存了大量不见于他书的唐人作品,的确是一部值得珍视的诗文总集。

由于《文苑英华》卷帙浩繁,因此真宗朝姚铉"遍阅群集,耽玩研

---

① 周必大:《寄题龙泉李氏万卷堂》,见《全宋诗》卷二三二九,北京:北京大学出版社,1998年,第43册,26791页。

究,掇菁撷华",尽 10 年精力,编成《唐文粹》100 卷。于是,《唐文粹》以精简盛行于世,《文苑英华》则印本极少,士大夫间绝无仅有。南宋孝宗淳熙八年(1181),周必大奉命校订,至宁宗嘉泰四年(1204)完成,参加校订的彭叔夏同时写成《文苑英华辨证》10 卷。《文苑英华辨证》将校勘中出现的问题区分为 21 例,大抵可归属承讹当改、别有依据不可妄改、义可两存不必遽改三类。全书考核精密,是古代校勘学的经典之作。

《文苑英华》于唐代文章采撷至备,虽然宋代流传非广,但明清时期由于唐代文献散佚严重,学者遂多自其中辑录。唐人别集如王绩《东皋子集》、王勃《王子安集》、李邕《李北海集》、萧颖士《萧茂挺文集》、李华《李遐叔文集》、刘蜕《文泉子集》、徐寅《徐正字诗赋》、李商隐《樊南甲乙集》等,唐宋旧本都已散佚,今传本皆系明清学人自《文苑英华》《唐文粹》中采撷汇编而成。

四、《册府元龟》

《册府元龟》是一部以历代君臣事迹为核心内容的类书,真宗景德二年(1005),大臣王钦若、杨亿、钱惟演、李维等奉敕编纂,大中祥符六年(1013)编成,初名《历代君臣事迹》,进呈后,真宗赐题今名。所谓"册府",是指书籍的府库,"元龟"即大龟。古人以为龟有预见未来的神力,殷商时期,统治者用龟甲来占卜,祈求预示未来。后世遂有"龟鉴"之称。这里即取其借鉴的意思。真宗希望此书能为赵宋王朝治理国家提供正反两方面的鉴戒。

全书类分 31 部。与《太平御览》等类书相比,《册府元龟》在编辑上具有两个特点:其一,引用文献不改旧文,然都不注明出处;其二,仿照《汉书·艺文志》《隋书·经籍志》例,为每一部、类作序,计总序

31篇,小序1116篇。其中总录部有勤学、游学、赐书、聚书、晚学诸目,汇集了历代有关读书的大量文献记载。

真宗编纂此书是为了"著历代君臣德美之事,为将来取法;至于开卷览古,亦颇资于学者"。所以此书采录图书以经籍为先,异端、小说,咸所不取;只以《国语》《战国策》《管子》《孟子》《韩非子》《淮南子》《晏子春秋》《吕氏春秋》《韩诗外传》等,与经史俱编;历代类书,则采

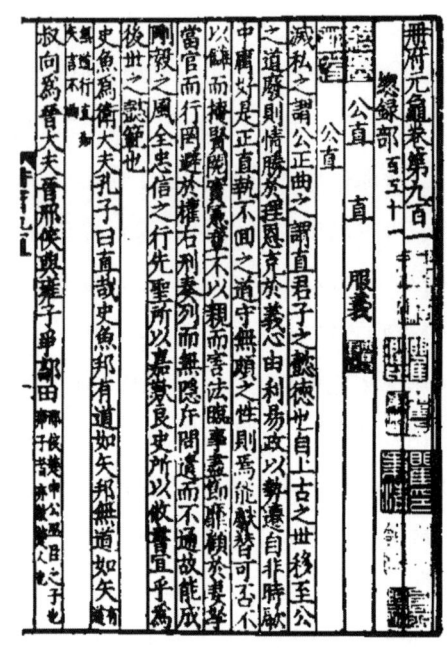

蜀刻本《册府元龟》书影

摭铨择。洪迈曾就不取之书列出一个举例式的清单,包括杂史、琐说、家传若干种,并就此提出批评。他说司马光修《资治通鉴》时,叙唐朝王世充、李密事,用《河洛记》;李泌事,用《邺侯家传》;李德裕太原、泽潞、回鹘事,用《两朝献替记》;韩偓凤翔谋划,用《金銮密记》;裴甫被讨伐之事,用《平剡录》。这些史籍都在《册府元龟》不取之列。洪氏以为上述各书皆本末粲然,因此"杂史、琐说、家传,岂可尽废也"①。

《册府元龟》的编纂完全按照真宗的政治要求,全书竣工,他欣然作序,十分自豪地宣称书中"君臣善迹,邦家美政,礼乐沿革,法令宽猛,官师论议,多士名行,靡不具载,用存典刑"。所以编成后两年内,这部篇幅整整大出《太平御览》一倍的巨著就雕版付印了。天禧四年(1020)真宗就将它赐予辅臣,每人一部。景祐四年(1037)仁宗又

---

① 洪迈:《容斋四笔》卷十一《册府元龟》,上海:上海古籍出版社,1978年,742页。

将其赐予御史台官员。

除了北宋本,已知《册府元龟》在南宋续有两次雕版,即眉山蜀刻本和题《新刊监本册府元龟》本。虽有雕版印本,但终因篇幅过于浩繁,流传缓慢,人欲得之十分不易。南宋学者、淮南西路安抚司参议陈造为得到一部,尚费尽心机。为此他在《题册府元龟》中讲了一段十分动情的话:"吾为儒,思有之,凡四十余年乃酬其志。是书,都大王公赐也,自成都之襄阳,走三千里。夫其成之久,求之不易,致之甚难。束阁不观,委之蠹鱼鼠矢,此非吾佳子孙也。书以谂之。"①

宋代四大书雕版传世后,为当时及后世士大夫的读书治学提供了很大便利,同时也借此显示出帝王好读书、朝廷兴文治的盛大气象。南宋王明清在《挥麈后录》中引用朱敦儒的话,说太平兴国中,诸降王死,其旧臣或宣怨言,太宗为钳其口,将他们放到馆阁修《册府元龟》《文苑英华》《太平广记》等书,以役其心。最后修书文人"多卒老于文字之间"。后史学家李心传指出,与修四书者如李穆、杨徽之、贾黄中、李至、吕蒙正、宋白等,都是一代名臣,江南旧臣只有汤光禄、张师黯、徐鼎臣、杜文周、吴正仪等数人与纂。其后,汤、徐并直学士院,张出任参知政事,杜官至龙图阁直学士,吴知制诰,对"多卒老于文字之间"之说予以驳正。②清王夫之撰《宋论》,对此又有新论。他说五代时期,只有江南、西蜀保国数十年,兵革不兴,所以士人能读书治学而从容无忧。太宗要成文苑编纂大业,必须委任于博雅之儒,而当时"舍此二方之士,无有能任之者",所以王夫之赞叹:"太宗可谓善取材者矣。"③无疑,王夫之对宋初朝廷任用江南旧臣编纂四大书用意的分析是较为合理的。

---

① 陈造:《江湖长翁集》卷三十一,见曾枣庄、刘琳《全宋文》卷五七五九,上海:上海辞书出版社,合肥:安徽教育出版社,2006年,第256册,272页。
② 李心传:《旧闻证误》卷一,北京:中华书局,1981年,9页。
③ 王夫之:《宋论》卷二《太宗》,北京:中华书局,1964年,37页。

第四节　图书出版的禁与行

在朝廷崇儒右文政策和雕版印刷技术的双重推动下，宋代的图书出版出现了前所未有的繁荣局面，元初学者吴澄说："宋三百年间，锓板成市，板本布满乎天下，而中秘所储，莫不家藏而人有。不惟是也，凡世所未尝有与所不必有，亦且日新日益。"①吴澄生于宋末，自幼勤读经史，度宗咸淳末曾举进士不中，他的话是符合事实的。在这个由官方、私家和书坊三方组成的规模巨大的图书出版市场里，基本情况是官版图书为主导，经史典籍唱主角。早在天禧元年（1017），真宗就重申政府刊印经书的用意是"用广师儒"，所以"固靡言利"，而不准国子监经书提价。②朝廷以平价出售儒家经典的形式，来主导图书出版，进而影响社会阅读。

但是，民间书坊的出版活动往往脱离政府的指导，超越朝廷政策的允许范围违禁出书，从而频繁地引发出版禁令。关于宋代民间书坊的出版情况，我们首先来看几则宋人的相关记载。

张咏《许昌诗集序》：咸平六年（1003），得许昌薛侯 400 余篇，"编为十卷，授鬻书者雕印行用"③。

张守《秦楚材易书序》："圣人之经仅出于鬻书之肆，刊印射利，乃与传记、小说、巫医、卜祝、下里淫邪之词并寿于廛闬。大抵捐数千钱

---

① 吴澄：《吴文正集》卷三十四《赠鬻书人杨良甫序》，见曾枣庄、刘琳《全宋文》卷四八一，南京：江苏古籍出版社，1999 年，第 14 册，246 页。
② 宋真宗：《国子监经书更不增价诏》，见曾枣庄、刘琳《全宋文》卷二五五，上海：上海辞书出版社，合肥：安徽教育出版社，2006 年，第 12 册，420 页。
③ 张咏：《乖崖先生文集》卷八，见曾枣庄、刘琳《全宋文》卷一一一，上海：上海辞书出版社，合肥：安徽教育出版社，2006 年，第 6 册，125 页。

则巾箱五经可以立办。"①

欧阳守道《送黄信叔序》："今书肆之书易得,有铜钱数百即可得语录若干家。"②

张咏是太宗太平兴国年间进士,曾两次入川知益州。张守是徽宗崇宁年间进士,建炎初为御史中丞,北宋末南宋初人。欧阳守道是理宗淳祐年间进士,度宗咸淳三年迁著作佐郎,南宋末年人。三人的生活年代正好贯穿两宋始末,他们的记述反映出当时书坊刻书巨大的整体规模,而景德三年(1006)朝廷禁止民间人带九经书疏以外的书籍去边界市场交易,又从侧面反映出宋初民间书坊的刻书内容十分广泛。

在社会传播手段相对单一的宋代,出版图书几乎是统治集团向天下宣扬官方思想、传达统治意志的最好形式。在雕版文化时代,具有如此规模的民间出版业一旦生产传播违禁书籍,就会对朝廷统一的思想文化宣传产生很严重的负面影响。于是,朝廷再三严申出版禁令,朝廷与书坊围绕出版的禁与行展开了一场持久的拉锯战。

仁宗天圣五年(1027),因书坊所印包含国家机密的臣僚文集经交易流向辽国,诏令雕印文集须经朝廷官员审查核准,禁止私印。哲宗元祐五年(1090),礼部出台查禁细则,至宁宗嘉泰二年(1202)严禁书坊私刊本朝国史,违者施以重典。近两个世纪中,朝廷多次重申严禁之令和审查核准之制。查禁的内容,从北宋议时政得失、边事军机文字不得写录传布,本朝会要、国史实录不得雕印,到南宋科举策试文字、编类时文等,范围不断扩大。查禁手段也有所发展,从北宋毁板、鼓励知情者告发,官府按例发给赏钱,到各地凡有书肆官府即进行拉网式检查,违禁出版物一律焚书毁板,处理不能说不严厉。但是

---

① 张守:《毗陵集》卷十,见曾枣庄、刘琳《全宋文》卷三七九三,上海:上海辞书出版社,合肥:安徽教育出版社,2006年,第174册,3页。
② 欧阳守道:《巽斋文集》卷七,见曾枣庄、刘琳《全宋文》卷八〇〇五,上海:上海辞书出版社,合肥:安徽教育出版社,2006年,第346册,388页。

违禁雕印出版国朝史书、臣僚文集的事件还是不断出现。从一次次对相同问题下禁令的事实中可以看出，分散在各地，而且可以长途鬻贩，出版可以改头换面的书坊为着自己的商业利益，狡猾地与朝廷玩起了老鼠逗猫的游戏。

书坊之所以视禁令于不顾，乐此不疲地孜孜于违禁图书的编选出版，就是因为这些书有市场，多读者。以科举书为例，徽宗政和四年（1114），提举利州路学事黄潜善以"读之则似是，究之则不根于经术本源之学，为害不细"为由，奏请朝廷禁毁此类科举用书。然而百年后，时至南宋嘉定年间，其书竟然"充栋汗牛矣。建阳书肆方日辑月刊，时异而岁不同，以冀速售，而四方转致传习"①。这完全与朝廷的科举制度有关。熙宁罢诗赋，重经义，用策、论取士，天下学者都将博综古今、参考典制确定为自己应试的阅读目标，但又因为涉及的历代相关史料浩如烟海，实在难以穷遍而烦心苦恼。于是就有民间书坊与文人学者联手，及时推出专对科举应试问题的类书，如吕祖谦《历代制度详说》，林駉、黄履翁撰《古今源流至论》，无名氏《群书会元截江网》，等等。这类书籍往往针对科举考试可能涉及的问题，撮取纲要，析为条目，类聚史料，标示异同，排比连贯，荟萃成书。此类科举用书除了供举子场屋采掇之用外，还有两点值得注意：其一，由于科考策、论要求多及当代故事，因此编者于宋代典故引用尤详，间可裨补史阙；其二，书中大量涉及经史百家之书，其内容叙源流，提纲要，列书目，类似阅读指导，确实能为科举应试提供很多便利，况且应试者的数量在逐年递增。南宋万安有位名叫欧阳豹的举子，年逾六十而决科之意未已，特将自己的读书斋取名"益壮"，周必大为书斋作铭，有"事竟成于有志，刚大亨于无妄"之句，以资鼓励。在如此持续

---

① 岳珂：《愧郯录》卷九《场屋编类之书》，见《学海类编》，第38册，上海：上海涵芬楼，影印本，1920年，11页。

旺盛的需求下,科举用书市场怎么能不火?

有时朝廷为缓和政治气氛,表示行政的宽大,会根据实际政治需要,表现出某种通融。如南宋绍兴二十六年(1156),朝廷刚下令取索福建、四川等路私自雕印文书赴国子监审查,国子司业张震就以对近世名公文集,恐怕有人妄以私意尽行毁板,不问是非,玉石俱焚为由,奏请朝廷下令福建、四川等路,如有私自雕印文字,就地委任官员依法审查,"不须发赴国子监,及提举秘书省,庶几知圣朝无有所讳"①。

但是从根本上讲,朝廷的禁依据的是政治标准,而书坊的行瞄准的是市场利益,两者之间存在利益和目的的不一致,难以完全走到一起。不过,在朝廷的高压政策下,书坊的违禁出版不再无法无天。民间书坊数量多、分布散的特点,又使政府的查禁难以百分之百奏效。这种状况延续了下去。

---

① 李心传:《建炎以来系年要录》卷一七一,北京:中华书局,1956年,2811页。

第二章　印本书的兴盛与社会图书传播阅读活动的高涨

两宋时期是我国雕版印刷术发明后迎来的第一个兴盛期，前后300多年间，刻书机构林立，图书品种繁多。宋版书讲究书体、刀法、纸质、墨色，开卷悦目，可谓精美绝伦。大量雕版书籍在社会上广泛流通，上至帝王，下及庶民，都在尽情享受着文本变化带来的阅读愉悦，开创了中国乃至世界史上一个灿烂辉煌的印本书时代。

印本书的兴盛，大大加快了社会图书的流通和积累的速度，为满足人们的多层次阅读需求创造了基本条件。图书制作技术的划时代的创新，使文人学者的著述热情空前高涨，思想文化的传播、阅读活动的活跃，都进入了写本书时代无法比拟的亢奋状态。

思想文化的传播，影响到王朝的统治，事关社会的发展和稳定。宋代统治者在享受印本书时代带来传播阅读之便的同时，对可能失去出版传播领域的绝对控制权感到不安。他们一方面加大官方的出版力度，另一方面控制民间的出版活动，试图从内容上规范社会阅读，保证官方思想传播渠道的畅通无阻。

尽管如此，印本书的诞生，为宋代文化的绚丽多彩、社会的进步发展，做出了不可磨灭的伟大贡献。

第一节　刻书业三足鼎立的社会生产格局

五代国子监刻印发售经史典籍，表明朝廷利用先进的雕版印刷术，强势介入图书的出版发行业，对雕版印刷术的普及和出版业的发展产生了重大影响。宋代的图书出版事业，乘着五代的发展势头，逐渐形成官刻、家刻和坊刻三足鼎立的社会生产格局，呈现出热闹繁荣的大好景象。

一、官刻

官刻，政府刻书的统称，指由中央政府机关及地方各级行政文化机构出资或主办的印刷出版业，具体又分为中央和地方两大系统。所刻书统称为官刻本，又可冠以具体刻书机构的名称，如中央的国子监刻本、地方的茶盐司刻本等。

宋代的中央官刻涉及很多文化管理机构，如国子监、崇文院、秘阁、秘书监等，其中主要为国子监。

国子监是宋代中央政府主要的刻书发行机构，其所刻书，史称"监本"。

国子监刻书，始于五代后唐长兴三年（932）国子监受命校勘并雕印、发售九经的活动。北宋国子监刻书，今见于记载的以刊行《五经正义》为最早。太宗端拱元年（988），国子司业孔维等奉敕校勘孔颖达《五经正义》180卷，诏国子监镂板行之。淳化初（990—992），太宗又因为五代监本十二经有被田敏臆删的文字，所以诏令李觉、孔维等重加校订，刻板印行。从北宋建立至真宗景德二年（1005），国子监经书版片由不及四千片猛增至十余万片，不到半个世纪就增加了25倍，足见宋初国子监刻书的盛况。此后，馆阁校勘的历代正史，亦陆续由国子监刊印。北宋国子监刻书，以仁宗朝（1023—1063）为盛，其中又以医书为最。嘉祐二年（1057），仁宗在编修院设置校正医书局，命直集贤院掌禹锡、林亿，校理张洞、校勘苏颂等为校正。每一书校毕，则奏上，然后下国子监雕刻颁行。汉唐以来的大量重要医籍，如《黄帝内经》《素问》《黄帝三部针灸甲乙经》《金匮要略》《伤寒论》《本草图经》《备急千金要方》《千金翼方》等，从此大行于世。

南宋国子监刻书，始于绍兴年间。绍兴九年（1139），高宗诏令州郡取北宋国子监原颁善本，校对镂板印行。绍兴二十一年（1151），高宗复诏令国子监访寻北宋五经监本镂板颁行。于是，国子监开始进行大规模的雕印出版活动，九经三传、群经义疏、前四史、南北朝七史等经史典籍，于绍兴年间先后刊成印

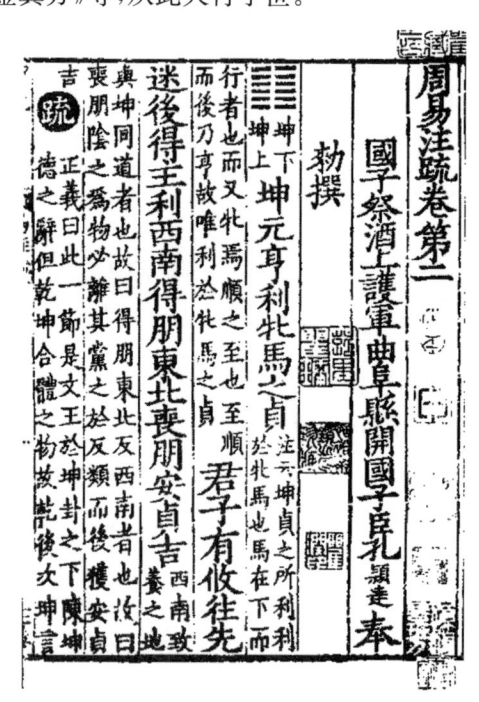

《周易注疏》 南宋绍兴初国子监刻本

行。南宋初，监本并非都出自国子监所刻，而是多由国子监取江南地方旧版，或令地方府州雕刻的。如南监本群经义疏就是绍兴十五年

(1145)令绍兴府雕造的,而前三史由两淮江东转运司所刻,《三国志》由衢州所刻。

两宋监本,据王国维《五代两宋监本考》的梳理考证,有数百种。宋代监本以校勘雕造的精审,素为世重,虽然现在存世极少,却是现存很多版本的祖本。监本之所以在古代出版史上具有重要影响,是有其历史原因和特殊条件的,概括来说,主要有以下几点。第一,国子监所刻,多是经史类重要典籍,与宣扬统治者的治国思想和政治文化政策直接相关,所以备受帝王的重视。几乎所有监本,都是皇帝直接下诏雕印的,而且经常成为皇帝赠书的来源。第二,监本从校勘开始,就由馆阁学有专精的一流学者在文字上层层把关,先由负责校理的官员初校,再由覆勘官复校,然后送馆阁主官最后把关,三校官员的名衔最终一起刻印在全书卷末。在这种三校负责制下,参与者谁也不敢对皇命和自己的学术声誉掉以轻心。第三,书法名家手写上版。雕版印刷首先要将文字书写在纸上,然后倒印上版,由工匠雕刻。监本自五代起,就由馆阁遴选书法名家担当此任,五代监本以李鹗所书最多,宋初监本以赵安仁最多。赵安仁善楷隶,书体在欧、柳之间。书法名家亲为监本写版,使览者读之有赏心悦目的美感。

宋代实行路、州、县三级行政建制,路级机构为转运使司,俗称"漕司",行政长官为转运使,掌管全路的军、政、财、刑大权。后增设提点刑狱司,负责本路刑狱;提举常平司,掌管义仓、市易、坊场、水利等;提举茶盐司,掌管茶盐的产销;安抚使司,掌一地军事、民政事务。

以上衙门及州、府、军、监等州级官府,都从事出版活动,迄今皆有刻本存世。其所刻书籍,在流通中,习惯上都冠以官署名,如转运使本、提刑司本、茶盐司本、安抚司本等。其中两浙东路的茶盐司刻书较多,现中国国家图书馆就藏有其所刻《周易注疏》《尚书正义》《周礼疏》等。

在众多地方机构中,公使库的刻书活动最有特色。公使库是各地方官府负责接待公务往来人员的专设机构，其经费由政府拨发，但数额有限，不敷使用，所以朝廷允许自开财源贴补。公使库各寻财路，多种经营，介入出版业，刻书、卖书就成为一条极其有效的开源之路。据记载，仁宗嘉祐四年（1059），苏州知州王琪借公使库钱修葺官署，无力偿还，于是拿出家藏杜甫诗集的善本，"俾公使库镂板，印万本，每部直千钱，士人争买之"，不但还清公使库钱，还有盈余，所谓"大裨帑费，不但文雅也"。

公使库刻书，作为一种维持其正常行使公务职能的重要经济来源，逐渐形成产业化的趋向，积极网罗民间雕版高手，雕印了大量高质量的经史典籍，在宋代出版事业中占有重要地位。已知苏州、台州、明州、吉州、舒州、抚州、泉州、婺州等公使库都参与刻书，有记载可征者就有20余种，其中以抚州公使库刻"十二经"最为著名。中国国家图书馆现藏其中淳熙四年（1177）所刻《礼记郑注》20卷，原山东杨氏海源阁旧藏。

二、家刻

家刻，是指由私人出资校刻书籍的出版活动，所刻书籍称为"家刻本"或"家塾本"。家刻源于五代毋昭裔雕造《文选》《初学记》和九经的出版活动，至宋成为时尚，形成与官刻、坊刻鼎足之势。参与家刻活动的大多数为官宦豪门、名流大族，他们刻书，除了附庸风雅，更多的是为了弘扬学术，传承文化，往往选刻名家名著，精加校勘，所刻书以精善扬名于世。

宋代家刻本可考者，北宋有仁宗宝元元年（1038）临安进士孟琪刻《唐文粹》，庆历六年（1046）京台岳氏刻《诗品》，嘉祐二年（1057）建邑王氏世翰堂刻《史记索隐》，英宗治平三年（1066）建安蔡子文东塾刻邵雍《击壤集》，徽宗宣和元年（1119）寇约刻寇宗奭《本草衍义》等①，但传本极少。

南宋家刻活动随着整个社会出版风气的旺盛而进入发展的佳期，其标志就是名家名刻不断涌现，且后世传本也相对较多。其中比较著名的有陆游幼子子遹刻《渭南文集》，廖莹中世綵堂刻《昌黎先生集》和《河东先生集》，周必大刻《欧阳文忠公集》，黄善夫家塾刻《史记》三家注，蔡琪家塾刻《汉书集注》，朱熹刻《南轩集》等。

廖莹中（？—1275），字群玉，号药洲，福建邵武人，举进士后，谄事权相贾似道。度宗德祐元年（1275），廖莹中因贾似道革职待罪，于家服冰脑自尽。廖莹中曾在西湖旁建世綵堂，藏书、刻书，成为南宋家刻中的名家。世綵堂刻书，以精美取胜。相传其刻印书籍，取数十种版本，经数百人校勘，用墨皆杂以泥金、香麝。其刻于宋末咸淳年间（1265—1274）的《昌黎先生集》，半页九行，行十七字，书法在褚、柳间，秀雅绝伦。今中国国家图书馆藏有原刻本，纸润墨香，有宋版书中"无上神品"之誉。

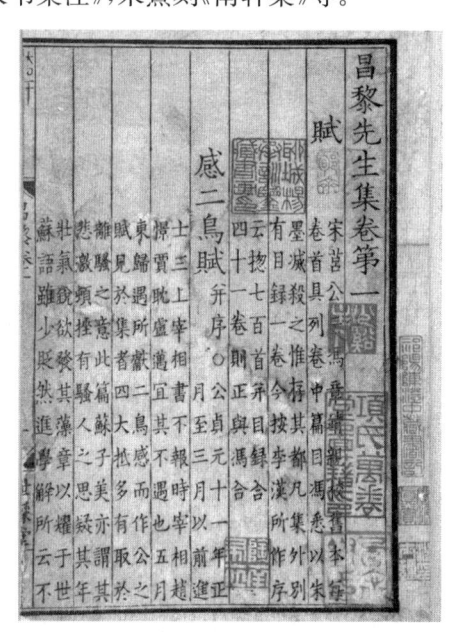

《昌黎先生集》 南宋廖莹中家刻本

---

① 叶德辉：《书林清话》卷三《宋私宅家塾刻书》，北京：中华书局，1957年，78页。

三、坊刻

坊刻,是指古代书坊的刻书活动,所刻书称为"坊刻本"。古代书坊是指由个人经营、以生产兼及销售印本书为主的手工业作坊,从两汉时期的书肆发展而来。古代书肆是文献抄录时代的传播中介,书坊则是雕版印刷术广泛运用于实践,文献生产方式发生巨大变革时代的产物,其生产经营具有一定的规模。

文献记载,书坊刻印文化典籍的活动始自北宋,繁盛于南宋,所刻书中经常出现官府没有收藏之本。北宋崇宁初,徽宗就曾诏令两浙成都府路,求取民间镂板的奇书上缴秘书省。

两宋坊刻活动主要集中在京师、福建建阳和四川成都、眉山地区。其中最为著名的是临安陈氏的陈宅书籍铺和建安余氏的勤有堂。

陈宅书籍铺是南宋临安最负盛名的书坊,设肆于棚北大街睦亲坊,坊主陈起好学多艺,颇有诗名。刊书以唐人小集和时人诗集为主,版式划一,半页十行,行十八字,白口,左右双边,字画方板,迹近欧体,精丽工整,传世者甚众,素为明清藏家宝爱,史称"书棚本"。

陈宅书籍铺所刻书,见于记载和流传至今者,大致可分为三类:唐人小集、子部杂著、南宋江湖诗集。其中见存者有中国国家图书馆藏原刻本《甲乙集》10卷,《唐女郎鱼玄机集》1卷,《王建集》10卷,《周贺诗集》1卷,《唐求诗集》1卷(黄丕烈跋),《朱庆馀诗集》1卷,等等。南宋陈宅书棚本,历经近800年的风雨辗转,名流大家递藏而流传至今者,都已成稀世珍宝。即便是影抄覆刻者,其身价亦上涨百倍,傅增湘曾见《圣宋高僧诗选》汲古阁影抄本一册,书贾索价至五百金。

福建建安余氏是我国古代经营时间最长、名声最著的民间书坊世家，从事书业活动自南宋至清初，绵延近600年，其中尤以南宋余仁仲万卷堂最为著名。

余氏世家原居南京扬州府盱眙县泗州下邳郡，南朝梁武帝中大通二年（530），余焕随父余青入闽，为书林余氏始祖。① 传十四世，余同祖于广西安抚使任上退归，遂迁建阳书林定居，时在北宋初年。已知余氏刻书的最早记载为南宋中叶余仁仲万卷堂，以及稍后余唐卿明经堂等。

元代岳浚在所撰《九经三传沿革例》中开宗明义："世所传九经，自监、蜀、京、杭而下，有建余氏、兴国于氏二本，皆分句读，称为善本。"②岳浚所说"建余氏"，即指余仁仲万卷堂。余氏万卷堂刻九经，历经700多年的流传，历代藏家递相传授，至清末，仅《周礼》《春秋公羊传》《春秋穀梁传》尚存世间，而《周礼》已是残帙，唯公、穀二传，居然足本，其书字画端谨，楮墨精妙，堪称宋刻精品。藏家无不视其为稀世之珍。③

当南宋初年各地官府大张旗鼓开雕经史典籍之际，民间书坊尚处于蓄势待发的状态之中。根据现存题记刊刻年代的实物和清代藏书目录的著录，仅见建阳麻沙书坊绍兴十年（1140）刊行曾慥《类说》、绍兴二十三（1153）年刊行宋江少虞《皇宋事实类苑》等数种。宋孝宗淳熙年间（1174—1189）及以后，坊刻本蜂起，始成燎原之势，其内容

---

① 刘龄：《书林余氏宗谱序》，见北京图书馆《文献》丛刊编辑部《文献》第21辑，北京：书目文献出版社，1984年，232页。
② 《相台书塾刊正九经三传沿革例》，清初以来一直著录为"宋岳珂撰"。20世纪60年代，北京图书馆编著《中国版本图录》，在元相台岳氏荆溪家塾刻本《春秋经传集解》的解题中，引据张政烺先生的考证，以为系出元荆溪（今江苏宜兴）岳浚之手。张政烺先生的考证详见所撰《读〈相台书塾刊正九经三传沿革例〉》，收入中华书局2012年出版《张政烺文集》第2卷《文史丛考》，313页。
③ 南宋建安余氏绍熙二年（1191）所刊《春秋公羊经传解诂》一部，入清曾经藏书家黄丕烈、常熟瞿氏铁琴铜剑楼递藏，民国入《四部丛刊》后，原本一度下落不明。2005年，吴璧雍先生在《故宫文物月刊》第272期《众里寻它——谈南宋建安余仁仲刊〈春秋公羊经传解诂〉》一文中明确该本及《春秋穀梁传集解》现藏于中国台北"故宫博物院"。

又多触及朝廷之禁,致使绍熙元年(1190)朝廷命"建宁府将书坊日前违禁雕卖策试文字,日下尽行毁板"。嘉泰二年(1202),新差权知随州赵彦卫又上言:"史馆成书,有《三朝国史》《两朝国史》《五朝国史》,莫不命大臣以总提,选鸿儒以撰辑,秘诸金匮,传写有禁。近来忽见本朝《通鉴长编》《东都事略》《九朝通略》《丁未录》、与夫语录、家传,品目类多,镂板盛行于世。"奏请查禁。① 赵氏所列均系坊本,且未经官府审查,故有此禁。

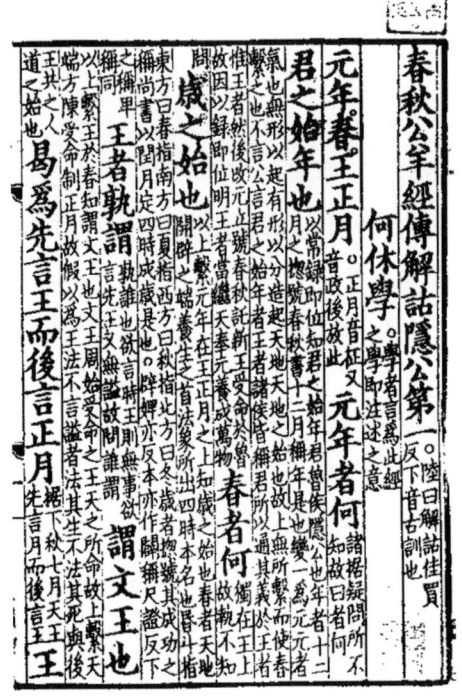

《春秋公羊经传解诂》 余氏万卷堂刻本

南宋以来,民间书坊林立,坊本盛行,遂与官本、家刻风水互激,造成巨大声浪,有力地推动了古代雕版印刷事业的发展和社会图书阅读的普及。

---

① 徐松辑,刘琳等校点:《宋会要辑稿·刑法二》,上海:上海古籍出版社,2014年,第14册,8360页。

第二节　文本变化对社会阅读风尚的影响

从手写到雕版印刷,图书生产技术的伟大革新,极大地影响了社会阅读风尚。印本书的出现,导致了文本变化。雕版的页面较之抄本,墨色均匀,字大端正,开卷赏心悦目,如配以版画插图,更能有效地激发读者的阅读兴趣。雕版印刷引起书籍装帧的革新,当端坐阅读时,雕版折页本的翻读显然要优于手抄卷子本的摊读。更重要的是,印本书可以快速批量生产,这样,同一本书、同一类书可以大规模集中上市,可能引发社会阅读热潮,这在复制相对困难的写本时代是较难做到的。

一、装帧形式的变革

雕版印刷术在出版业的广泛应用以及印本书的普及,引发书籍在版式、行款、字体和装帧各方面产生变革,催生新的书籍制度——册页制度,走上历史舞台。

雕版印刷,一块书版印一页纸,单面印刷,印页中间有书口,将页面分为左右两页。册页制度的主要内容就是合理地将单面散页装订成书册,所谓合理,就是符合装帧牢固、翻阅方便的原则。册页装帧的基本原理,就是将单面书页沿版心中线对折,积页粘装成册。在宋代,由于书页折叠和粘装方法的改进,先后形成蝴蝶装和包背装两种形式。

蝴蝶装起源于五代。五代国子监大规模开雕儒家经典,《册府元龟》记载其时的雕刻流程："召能书人谨楷写出,旋付匠人镂刻。每五百纸,与减一选。"所谓"五百纸",就是指500张印页。《五代会要》记载后周广顺三年(953)国子监进印板九经书与《五经文字》《九经字样》时,描述其卷帙单位道："各二部,一百三十册。"这证明这批印本九经已经采用积页成册的装订方法,而且是蝴蝶装。蝴蝶装积页成册,开始真正册页制度。

清代学者叶德辉在《书林清话·书之称本》条说："蝴蝶装者,不用线订,但以糊粘书背,夹以坚硬护面,以版心向内,单口向外,揭之若蝴蝶翼然。"①版心向内,单口向外是蝴蝶装的折页方式:每页印纸沿版心向内对折,即印有文字的两页向内相对。折页依次排齐,版心背面即折口涂上粘胶,折口统一粘贴在一张裹背纸上。首尾书衣用硬纸衬装,考究的再用绫、锦等高档织品裱褙。书一打开,书页向两边展开,若蝴蝶的双翅,故以蝴蝶命名。当时的黏合材料,是用楮树汁、飞面、白芨末三物调和而成的。据记载,其用以粘纸,永不脱落,坚如胶漆。

蝴蝶装盛行于宋代。《明史·艺文志序》云："秘阁书籍,皆宋、元所遗,无不精美。装用倒折,四周外向,虫鼠不能损。"②装用倒折,四周外向,就是蝴蝶装的特征。宋代蝴蝶装,其书衣皆硬壳,书版之左上角,往往于栏外刻书之篇题一小行。中国国家图书馆现藏《春秋左传》《欧阳文忠公集》《册府元龟》《文苑英华》等都是宋时原装,尤其《文苑英华》的书衣有"景定元年十月装背臣王润照管讫"字样。考敦煌石室藏五代、北宋时期的写本、印本书,基本上还都是卷子本,即卷轴装。完成于北宋太平兴国八年(983)的《开宝藏》、完成于崇宁三年(1104)的《崇宁藏》也是卷子本,即使是完成于金大定十三年(1173)

---

① 叶德辉:《书林清话》卷一,北京:中华书局,1957年,15页。
② 张廷玉等:《明史》卷九十六,北京:中华书局,1974年,2344页。

的《赵城藏》也仍是卷子本。由此可以认为,宋代书籍装帧的革新,普通书籍与宗教经典并不是同步的。

蝴蝶装全书书页的固定完全靠粘连,并不凿孔穿线,所以书页容易脱落。同时,书页都为单层,一面空白一面印字,纸薄则容易使印刷面粘连,致翻检时多见纸背空白面。针对蝴蝶装的这一不足,南宋中叶出现改进型,即包背装。

包背装的基本装帧思路与蝴蝶装一样,但是在方法和工艺上做了两项改进:第一,将折页方式由沿版心中线向内折改为向外折,使书口向外,书页的余幅为背;第二,在书页的余幅俗称书脑的地方穿孔,用绵性的纸捻贯穿锁定,使之无脱落之虞。

图书装帧形式的变革,使文本的阅读由舒卷摊读变为可以随意翻读,而且雕版页面的行数和每行的字数都是基本固定的,这些都给阅读带来相当的便利。

另外,南宋建阳书坊从方便阅读的角度出发,在版面上增加书耳,即在版框边栏左上角或右上角拉出一个小长框,用来书刻篇名卷次,便于读者翻检书中的内容。如南宋黄善夫刻《史记集解索隐正义》、建阳坊本《杜工部草堂诗笺》、余仁仲万卷堂刻《春秋公羊经传解诂》等。

二、图书编纂的创新

印本书的出现,极大地改变了社会公众对阅读的态度。雕版印刷术的大规模应用,使图书成为一种易得的商品,极大地提高了人们对阅读的兴趣。要使阅读兴趣长期保持并不断高涨,除了内容以外,还需要在形式、体例各方面不断推陈出新。在这一方面,宋代成鼎足之势的出版业做得十分出色,其中尤以体制灵活、时时应社会阅读需求而动的民间出版业为最,在民间出版业诸多应对社会阅读需求的创新案例中,又以科举类图书为最。

宋代科举规模逐年扩大,洪适《宋朝登科记》著录建隆元年(960)宋朝建立至绍兴三十年(1160)两百年间中举者23600余人,因有"鹤鸣子和,鸢飞鱼跃,何其盛也"之叹。科举之途,具有难以抗拒的诱惑力,人皆趋之若鹜。正如苏辙在宋神宗熙宁二年(1069)《上皇帝书》中所言:"今世之取人,诵文书,习程课,未有不可为吏者也。其求之不难而得之甚乐,是以群起而趋之。凡今农工商贾之家,未有不舍其旧而为士者也。"①在这种千军万马竞相驰逐于科举之途的时代,相关阅读活动之盛是可以想见的。

与这样大规模的社会阅读活动相适应,各地书坊纷纷镂刻朝廷规定的举业之书,以供天下士子取备温习程式之用,并想方设法在书籍的编纂上做文章,推出新颖类型,其中最有代表性的就是纂图互注重言重意本。

纂图互注重言重意本作为一种在图书编纂上出新的版本类型,主要流行在南宋时期,多为民间书坊刻本,内容则集中在经、子二部。根据文献记载和现存实物,这类图书经部有巾箱本《纂图附释音重

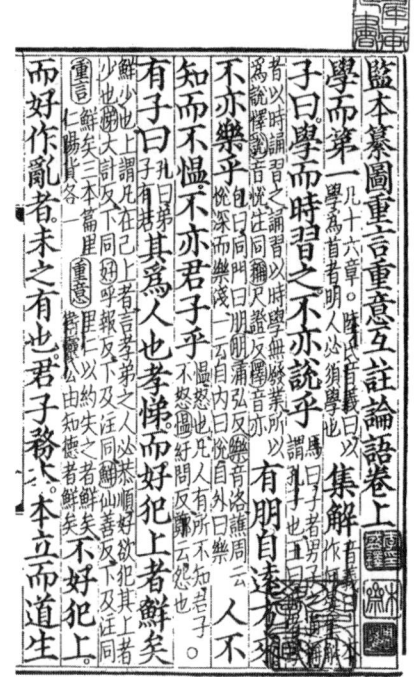

《监本纂图重言重意互注论语》 南宋刻本

---

① 苏辙:《苏辙集》卷二十一《上皇帝书》,北京:中华书局,1990年,370页。

言重意互注周易》9卷,《监本纂图重言重意互注点校尚书》13卷,麻沙坊本《附释音纂图重言重意互注毛诗》20卷,巾箱本《纂图附音重言重意互注周礼郑注》12卷,《监本纂图重言重意互注礼记》20卷,麻沙本《纂图互注礼记》20卷,《京本纂图附音重言重意互注春秋经传集解》30卷,《监本纂图重言重意互注论语》20卷等,凡七种十四部。子部有《纂图互注荀子》20卷,《纂图互注扬子法言》10卷,《纂图互注老子道德经》2卷等,凡六种六部。

清孙星衍在《廉石居藏书记》卷上《纂图互注春秋经传集解》题跋中,对此例有简明的解释:"书中引他经注证本书者,曰互注;词之复出者,曰重言;体例相似者,曰重意。"具体来讲,所谓互注,就是在一书中某句文下,将其他经书注中出现的同一文句标引出来,类似引文索引。所谓重言,是指在一书某句文下,将本书其他篇章中文字相同的词句一一注出;重意,是在某一句文下,注出本书其他篇章中与之意思相近的句子;纂图,就是绘图,是指书中有插图。以《监本纂图重言重意互注尚书》为例,书中《周书·君陈》篇有这么一段话:"我闻曰:'至治馨香,感于神明。黍稷非馨,明德惟馨。'"其下重言:"'我闻曰',康诰、多士、本篇、毕命,各一。"其意思是"我闻曰"三字在本书《康诰》《君陈》《多士》《毕命》中各出现一次。重意:"'至治馨香,感于神明',《酒诰》'弗惟德馨香祀,登闻于天',《吕刑》'罔有馨香德,刑发闻惟腥'。"其分别注出本书《酒诰》《吕刑》两篇中与"至治馨香,感于神明"意思相近的句子。互注:"《左僖公五年》晋侯复假道于虞以伐虢。宫之奇谏云云。公曰:'吾享祀丰洁,神必据我。'对曰:'臣闻之,鬼神非人是亲,惟德是依。'故《周书》曰:'黍稷非馨,明德惟馨。'"其标出了《左传》中的相同文句。

纂图互注重言重意类书籍,作为一种科举考试用书,其编例的形成有一个发展过程。南宋建安坊本《纂图互注扬子法言》卷末有木记:"本宅今将监本四子纂图互注附入重言重意,精加校正,殆无谬误,誊作大字刊行。务令学者得以参考,互相发动,诚为益之大也。"后其又将大字本改为小字巾箱本。

纂图、互注、重言、重意各项义例的确立,对读书学子来说,确实有助于进行对比、联想,具有举一反三、深刻理解文意、易于记忆等优点。这对于现代图书的编纂仍有借鉴意义。

出现在南宋的经疏合刊本,也是一种在体例上创新的品种。如建安刘叔刚桂轩一经堂刻《附音释礼记注疏》《附音释毛诗注疏》,将经、注、疏、释文合刻于一体。据清孙星衍《平津馆鉴藏记》,南宋闽中尚有春秋三传的附音释注疏本刊行。其与纂图互注重言重意类书籍一样,有利于提高阅读的质量和速度。

三、图书形式的出新

为了进一步提高读者的阅读兴趣,印本书还充分利用版刻技术的长处,在形式上努力出新,宋代风尚一时,并对后世产生重大影响的插图本,就是这种努力的成功体现。

我国插图本的历史,根据历代史志的记载,可追溯到魏晋南北朝时期。随着雕版印刷术的发明和应用,在晚唐的宗教印本中开始出现精美的雕版插图。如刻于唐懿宗咸通九年(868)的《金刚般若波罗蜜经》,其卷首为一幅《祇树给孤独园图》,图示释迦牟尼在孤独园坐于莲花座上为长老须菩提说法的情景,这是纸本手写佛经彩绘插图的习惯做

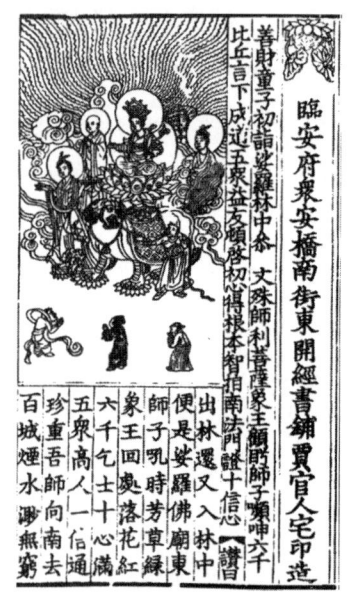

《文殊指南图赞》

法在雕版印本时代的继续。佛教在传播中,善于以图画的形式向文化水平相对较低的广大信徒宣说教义,栩栩如生的图画会给信徒留下深刻的印象,起到很好的宣传作用。随着印本书的繁荣,上图下文的形式开始出现,如南宋嘉定三年(1210)临安众安桥南街东开经书铺贾官人宅所刊佛教童蒙读物《佛国禅师文殊指南图赞》,这成为元明时期小说戏曲文本插图的重要形式。两宋时期插图本大量出现,我们有理由相信,这在一定程度上受到佛经插图的影响。

宋代的插图以人物插图居多,如北宋衢州刊本,南宋中叶补版的《东家杂记》,其卷首的《杏坛图》中的孔子是现存书籍插图中最早出现的孔子形象。[①] 从此以孔子形象和活动为内容的插图越来越多地出现在儒家图书之中,其原因正如明万历间吴嘉谟在《孔圣家语图集校》的凡例中所说:"自天子王侯、学士大夫,幼如童蒙、远如四夷、微如市贩、愚如妇人女子,莫不欲想见圣人之仪容。"这与佛经插图以佛像为主的情况相似,都是缘于读者对崇敬对象礼拜和欲见的阅读心理。插图本的出现并日趋精美,人物插图的增多且日益丰富,都是出版者为满足或者说培养公众的阅读愿望而精心设计制作的结果。

人物插图以外,还有器物、科学和生产活动等方面的内容,前者如《博古图》,后者如《营造法式》《大观本草》等,这些被郑振铎先生称为"大气魄的有插图的书籍",虽然北宋原刻本已经失传,但是今人从北宋后世之人的翻刻本或摹绘本上,"犹可看出他们精致而准确的有上等的科学价值的版画的光彩来"。[②] 值得注意的是,宋代的插图本很多属于实用性书籍,如上述的《营造法式》《大观本草》,以及南宋的《耕织图》。这种图文并茂的雕版印刷文本,通俗形象地反映了那个

---

① 薛冰:《圣迹图》,见《中国版本文化丛书·插图本》,南京:江苏古籍出版社,2002年,133页。
② 郑振铎:《中国古代版画丛刊总序》,见《中国古代版画丛刊》第一辑,上海:上海古籍出版社,1994年,2页。

时代现实的生活和生产活动,对社会公众的阅读应该有相当的吸引力。

上述图书文本的变化,是雕版印刷时代的产物。这些变化由于大多集中体现在民间编刊的科举类书籍上,其中有书坊主们速售营利的因素在内,因此时常招致批评。但是其对于社会阅读活动的影响无疑是巨大的,其主流影响是积极的。

不过,由于雕版印刷日传万纸,加上互相摹刻,彼此沿袭,图书源流辗转失真,各种版本出现文字异同的情况,所谓"书有板本而读者甚易,亦自有板本而校者转难"。所以宋人的藏书目录中开始出现记录版本的先例,版本学因此逐渐发展成为一门独立的学科。

第三节 图书的普及与流通

雕版印刷术自五代起开始较大规模地用于经史典籍的刊印,但是从社会流通的要求来看,远没达到普及的程度。直至宋太宗雍熙年间(984—987),仍是"印本绝少,虽韩柳元白之文尚未甚传,其他如陈子昂、张说、张九龄、李翱等诸名士文集,世尤罕见"[①]。真宗在位时期(998—1022),情况有了明显改观,李焘的《续资治通鉴长编》中开始不断出现有关朝廷雕印书籍的记载:景德二年(1005),雕印《景德农田敕》;天禧四年(1020),雕印《四时纂要》《齐民要术》;等等。随着各级各类机构和民间书坊刻书活动的火热展开,内容丰富、形式多样的图书源源不断地流向社会,图书普及和与之相适应的阅读活动的发展进入新的历史阶段。

---

① 周必大:《文苑英华序》,见《文苑英华》,北京:中华书局,1966年,2页。

一、图书的普及

宋初雕版印本书的普及情况，我们可以从宋真宗与大臣的两次对话中略知大概。大中祥符三年(1010)，即赵宋王朝建立50年，在崇正殿有一次君臣对话。真宗问资政殿大学士向敏中曰："今学者易得书籍？"敏中曰："国初惟张昭家有三史。太祖克定四方，太宗崇尚儒学，继以陛下稽古好文，今三史、《三国志》《晋书》皆镂板，士大夫不劳力而家有旧典，此实千龄之盛也。"①而五年前，即景德二年(1005)，真宗在国子监阅书库问翰林侍讲学士邢昺藏有多少经版，邢昺回答说："国初不及四千，今十余万，经、传、正义皆具。臣少从师业儒时，经具有疏者百无一二，盖力不能传写。今板本大备，士庶家皆有之，斯乃儒者逢辰之幸也。"②仅仅半个世纪，国子监仅经版的数量就翻了20多倍，足见朝廷刻书的扩张规模。苏轼《李氏山房藏书记》中有这样一段记述："近岁，市人转相摹刻诸子百家之书，日传万纸。学者之于书，多且易致如此。"文中所说"近岁，市人转相摹刻"云云，应是当时京师开封民间雕刻印卖书籍的真实记述。经史典籍、诸子百家之书能够满足士大夫阶层阅读的需要，印本书时代带来了图书的大普及。

不仅如此，北宋国子监和地方官府大规模刊行四部典籍，有的为了适应市场购买力，进一步普及图书，甚至采用小字雕版，以降低售价。宋哲宗元祐三年(1088)，因原刊医书"册数重大，纸墨价高，民间难以买置"，敕令国子监别作小字雕印；绍圣三年(1096)，因《千金翼方》《金匮要略》《王氏脉经补注》等五种日用医书都是大字本，医家往

---

① 李焘：《续资治通鉴长编》卷七十四，北京：中华书局，1980年，1694页。
② 脱脱等：《宋史》卷四三一《邢昺传》，北京：中华书局，1977年，第37册，12798页。

往无钱请购,再次敕准国子监"开作小字,重行校对出售,及降外州施行,本部看详"之请。所谓"降外州施行"云云,就是委托地方书坊刊行。

南宋理宗景定年间(1260—1264),周应合编纂《景定建康志》,其卷三十三为《文籍志》,主要著录了景定二年(1261)建康府学的藏书。这一目录细分为御书石经、经书、史书、子书、理学书、文集、图志、类书、字书、法书、医书等11类,共著录300余种,基本包括四部中的重要典籍。其中经书九种有176种不同的版本,而史书中的《资治通鉴》《续资治通鉴长编》,文集中的《文选》《文苑英华》《唐文粹》《皇朝文鉴》,类书中的《艺文类聚》《太平广记》等都卷帙浩繁。另藏有68种图书的书版2万余版。府学这样一个地方教学机构,能有这样在数量、质量上都处于较高水平的收藏,间接地说明了当时社会图书普及的状况。建康府学的藏书始于天圣七年(1029),张士逊出守江宁,奏请朝廷下拨国子监所刻书。绍兴中,叶梦得两次出守建康,先拨后捐800万缗,授府学校刊六经,四处购置经史诸书,重建毁于靖康兵火的藏书。① 从这里我们可以看出,建康府学通过朝廷下拨国子监所刻书、自刻和市场选购三种渠道建设自己的藏书。这正反映出宋代的图书市场和图书传播流通的基本状况。

二、图书市场

两宋的图书市场,由于民间书坊业的形成、政府机构和官吏的参与,呈现比较繁荣的局面,图书销售发行活动遍布大江南北,并且进入边境周边地区。两宋政府为了强化符合自己统治意愿的政治思想

---

① 周应合:《景定建康志》卷三十三,《宋元方志丛刊》,第2册,北京:中华书局,1990年,1884页。

文化的宣扬传播,对日益繁荣的社会图书发行活动采取了限制措施。

1.政府机构积极印售书籍

宋代政府机构参与图书贸易活动,以国子监为代表。《宋史·职官五》记载曰:国子监书库官"掌印经史群书,以备朝廷宣索赐予之用,及鬻而收其直以上于官"①。这表明销售出鬻图书是国子监的管理职能之一。国子监刻书,不仅在本监,而且将刻书业务大量下发至州府地方刻书机构。其所刻图书品种齐、数量多、质量好,在全国刻书出版业中独占鳌头。监本以官刻的良好信誉,迅速占领市场。宋代文献中留下了很多监本在全国的销售记录。北宋徽宗时,吴兴沈偕京师擢第后,"尽买国子监书以归"。四川眉山孙氏购买国子监书万卷,成为名著一方的藏书家。北宋末年,遭逢靖康之乱的著名藏书家赵明诚、李清照夫妇南下之际,将家中所藏"先去书之重大印本者,又去画之多幅者,又去古器之无款识者,后又去书之监本者"。李清照《金石录后序》中的这段描述,说明了两点:一是像赵明诚这样的士大夫家中大多藏有很多监本书籍;二是他们十分珍视监本,所以到最后才忍痛割舍。

国子监以外,各地政府或官学的刻书机构也参与图书发售活动,以此来补贴财政,充实办学经费。其中以公使库最为知名,规模可能也较大。

2.活跃的民间贸易活动

宋代民间刻书业已经形成较大的规模,苏轼《李氏山房藏书记》中"近岁,市人转相摹刻诸子百家之书,日传万纸",南宋咸淳年间(1265—1274)明州刻本《佛祖统纪》"刊板后记"中透露销售设想——"拟办纸印造万部为最初流通",都证明了这一点。生产规模的扩大,必定带动发行销售活动的繁荣。历阳沈立在蜀为官期间,悉以公粟

---

① 脱脱等:《宋史》卷一六五,北京:中华书局,1977年,3916页。

售书,积卷数万,所谓"蜀道归来品异香"。其藏书的佳话引起了宋神宗的兴趣,神宗曾问起所藏的内容。南宋初,陆游曾任职西蜀,奉诏自夔州出峡入京之日,尽买蜀书而归。由此可以推测,两宋时期四川民间的图书市场肯定是买卖两旺。我们在现存宋人的文字中,可以看到很多关于在北宋开封的相国寺和南宋成都药市购书的记载。南宋林光朝自述:"每自吴中来,必至空囊尽买书。"① 由此可见吴地的图书市场也相当红火。曹之根据《郡斋读书志》《遂初堂书目》《直斋书录解题》等宋人藏书目录的得书记载,统计编制了一份《宋代全国书市贸易分布地区表》②,其中包括浙江 21 个地区、福建 21 个地区、四川 10 个地区、江西 22 个地区、湖北 12 个地区、湖南 13 个地区、江苏 6 个地区、安徽 8 个地区、河南 3 个地区、山西 5 个地区、广东 3 个地区。这虽然仅是一份不完全的统计,但足以说明宋代民间图书贸易市场遍及全国的事实。

宋代的图书市场还涉及与辽、金、西夏的流通交易。这三个先后与两宋对峙的少数民族政权都全面接受汉文化,使用雕版印刷术刻印书籍。辽代在燕京,金国在平水,各自形成自己的刻书中心,印行大量汉文典籍,其中以两部汉文大藏经《契丹藏》《金藏》的雕造工程最为浩大壮观。辽道宗清宁元年(1055)、金章宗明昌五年(1194),两国朝廷先后下诏购求汉文经籍,金章宗还明确购求《崇文总目》内所缺书籍。除了官方交流外,民间流通的形式也十分多样。

宋仁宗景祐年间(1034—1038),范仲淹因"离间大臣,自结朋党"的罪名黜知饶州,余靖、尹洙上疏论救,以朋党坐贬。欧阳修因此贻书指责司谏高若讷不辨是非,被降职为夷陵县令。当时为西京留守推官的蔡襄作《四贤一不肖诗》,以张正气,都下人士争相传写,书坊

---

① 林光朝:《与王舍人宣子》,《艾轩先生文集》卷六,见曾枣庄、刘琳《全宋文》卷四六五一,上海:上海辞书出版社,合肥:安徽教育出版社,2006 年,第 210 册,12 页。
② 曹之:《中国印刷术的起源》,武汉:武汉大学出版社,1994 年,421 页。

因此雕印市卖，喜得厚利。此时正好辽国使者来京，急买带归。50多年后，宋哲宗元祐九年（1094），张舜民奉使辽国，在幽州看到范阳书坊刻印的苏轼诗集。① 民间流通的多样化，使不少具有赵宋朝廷禁止外泄内容的书籍得以通过市售交易的形式传到辽、金，两宋时期朝廷有关出版物雕印交易的禁令，就是针对这种情况出台的。应该看到，尽管当时宋朝与辽、金以敌国对峙，但双方的文化交流始终没有中断，汉文书籍以及相应的阅读方式和习惯在辽、金的盛行，对中华民族的统一大业具有十分重要的意义。

3.政府对图书出版流通环节的管制

当社会形成对图书的规模需求后，刻书就成为可以营利的行业。于是，为了追求利润，民间书坊开始以赚钱作为选择雕造图书品种的标准，图书出版和发行领域逐渐出现政府不允许的违禁现象。所以，政府开始对图书出版流通环节进行管理控制，发布禁令是通常的做法。

两宋政府关于严防泄露国家机密的出版禁令，包括涉外和对内两个方面。早在宋初景德三年（1006），真宗就下达《非九经书疏禁缘边榷场博易诏》："民以书籍赴缘边榷场博易者，自非《九经》书疏，悉禁之。违者案罪，其书没官。"仁宗天圣五年（1027），中书省奏请：在与辽国往来中，常有将"皇朝臣僚著撰文集印本传布往彼，其中多有论说朝廷防遏边鄙机宜事件"，于是诏令"今后如合有雕印文集，仰于逐处投纳，附递闻奏，候差官看详，别无妨碍，许令开板，方得雕印。如敢违犯，必行朝典"。至和二年（1055），欧阳修见京师书铺雕印贩卖文集，其中有论议时政的文章，不可流布，因此写了《论雕印文字札子》，要求下诏严禁妄行雕印文集随便货卖。

然而数十年后，哲宗元祐四年（1089），苏辙使辽，在燕都发现自

---

① 王辟之：《渑水燕谈录》卷七，北京：中华书局，1981年，89页。

己的家谱,并有多人问及哥哥苏轼的近况,以为事涉国家机密,要求朝廷加以防范。次年,礼部拟定了出版管理条例,规定:"凡议时政得失、边事军机文字,不得写录传布;本朝会要、国史实录不得雕印。违者徒二年,告者赏缗钱十万。内国史、实录仍不得传写。即其他书籍欲雕印者,选官详定,有益于学者方许镂板。候印讫,送秘书省,如详定不当,取勘施行。诸戏亵之文,不得雕印,违者杖一百。委州县、监司、国子监觉察。"①真宗以来关于限制宋辽边境书籍贸易,以及不准书坊擅刻掺杂论及朝廷边防机要内容的书籍之多项禁令、管理条例,主要是针对民间坊肆和民间图书买卖活动的。

朝廷图书查禁的另一个重点就是图书的违碍思想。所谓违碍思想,就是与统治者的政治意愿相违背的思想内容,一切宣扬传播违碍思想的出版传播活动都在查禁之列。这类查禁情况比较复杂。据《宋史·真宗本纪》记载,大中祥符二年(1009)诏令:"读非圣之书及属辞浮靡者,皆严遣之。已镂板文集,令转运司择官看详,可者录奏。"此后,徽宗朝查禁元祐学术,崇宁元年(1102)下诏:"诸邪说诐行,非先圣贤之书,及元祐学术政事,并勿施用。"朝廷遂禁印司马光、苏轼文集,稍后又禁印诸子百家,以及一切不合儒家经义之书。

在两宋300多年的统治中,出版禁令出台不少,但是效果不佳,很多只是一纸空文而已。其原因是多方面的:首先是朝廷只禁不导,地方政府执行不力;其次是查禁存在随意性,内容过于宽泛。徽宗时因党同伐异的政治需要,株连查禁司马光、苏轼、黄庭坚等人在社会上流传已久的有着广大读者的诗文集,只能起到相反的作用,致使宋室南渡后,出现"人传元祐之学,家有眉山之书"的传播盛况。早在查禁甚严的政和年间,京师书坊突然印行元祐党人张舜民的《画墁集》,购

---

① 徐松辑,刘琳等校点:《宋会要辑稿·刑法二》,上海:上海古籍出版社,2014年,第14册,8304页。

者踊跃,"至于填塞衢巷"。周紫芝适在京师,目睹其事,深有感慨,以为元祐诸贤的"遗风余韵在人耳目,不可掩盖如此也"①。这充分说明社会阅读活动对出版传播的作用。

三、宋代图书的价格与广告

宋代书价比较低,监本书价基本与工本费持平。天禧元年(1017),有朝臣建议提高监本书价,真宗回答说:"此固非为利,正欲文籍流布耳。"哲宗元祐初,监本曾一度提高书价,陈师道上书《论国子卖书状》,说:"伏见国子监所卖书,向用越纸而价小,今用襄纸而价高……臣愚欲乞计工纸之费以为之价,务广其传,不以求利,亦圣教之一助……诸州学所买监书系用官钱买充官物,价之高下何所损益;而外学常苦无钱而书价贵,以是在所不能有国子之书,而学者闻见亦寡。今乞止计工纸,别为之价,所翼学者益广见闻,以称朝廷教养之意。"②

哲宗似乎采纳了陈师道的建议。元祐三年(1088),刊行汉张仲景医书时,朝廷下令刊行小字本,降低成本。《注解伤寒论》四部丛刊本附有元祐三年(1088)的牒文:"中书省勘会:下项医书册数重大,纸墨价高,民间难以买置。八月一日奉圣旨:令国子监别作小字雕印,内有浙路小字本者,令所属官司校对,别无差错,即摹印雕版,并候了日,广行印造,只收官纸工墨价,许民间请买。"绍圣元年(1094),哲宗再次批准国子监用小字刊印日用医书的请求。

宋代刻印书籍的成本可以分解为纸墨等材料费、雕刻印装工钱、

---

① 周紫芝:《书浮休生画墁集后》,见曾枣庄、刘琳《全宋文》卷三五二二,上海:上海辞书出版社,合肥:安徽教育出版社,2006年,第162册,192页。
② 陈师道:《后山先生集》卷一,见曾枣庄、刘琳《全宋文》卷二六六四,上海:上海辞书出版社,合肥:安徽教育出版社,2006年,第123册,278—279页。

伙食补贴支出等项。这里有一份当时的工料成本单。宋淳熙三年（1176）舒州刻方闻一辑《大易粹言》10卷，计20册，其题识称：纸副耗共1300张，装背饶青纸30张，背清白纸30张，棕墨糊药印背匠工等钱共1贯500文足，赁板钱1贯200文足，库本印造，见成出卖，每部价钱8贯文足。

宋代读者购书有两种方式：一是购买成书，二是自备纸张到藏版处刷印。上述题记中讲到"赁板钱"，即指自备纸张者刷印需付的租赁印板的费用。

宋代刻书，经营意识比较强的民间书坊主已经开始为自己的图书做广告。书坊为所刻书做的广告有两种区别于其他商品广告的形式：坊号牌记与告白文字。坊号牌记用来表示印本书的刻印者及其刻印年月，一般出现在扉页的背面，或目录后，或卷末，其常见的形式是将文字刻在由单线或双线构成的长方形边框内。有的甚至没有边框，如南宋刻本《朱庆馀诗集》的"临安府睦亲坊陈宅经籍铺印"和《续

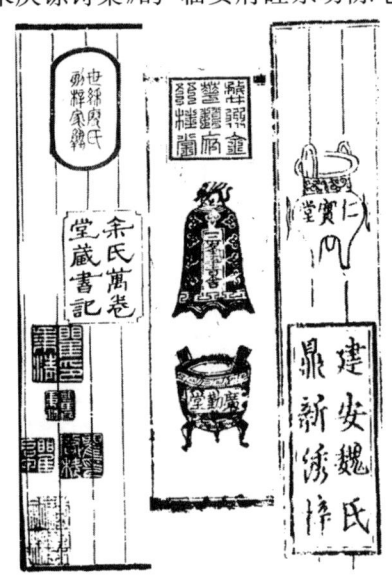

宋元坊刻本牌记

幽怪录》的"临安府太庙前尹家书籍铺刊行",虽然仅仅只有一行字,但是形体稍显夸张,尤其"行"字,颇有汉简的古雅风味。

形状和文字形体的变化常常成为不同书坊的特定标记,甚至同一家书坊往往会使用不同的牌记。坊号牌记从形状上讲,其发展由简单到复杂,由朴实进而美观。综观现存坊本的牌记,宋元时期的较为简单朴实,如宋廖氏世彩堂刻《河东先生集》的"世綵廖氏刻梓家塾"的篆体木记、金华双桂堂的九叠篆朱文方形木记。

告白属于印本书的题记文字,或称为题识、跋尾,刻书者就所刻书的某些问题——有关底本、校勘、独具的特点——加以说明,是坊刻本经常采用的宣传方式。

坊刻本的告白,往往出现在卷末,其形式比较随便,有的如牌记加以双线框,有的则没有,但其文字往往是手写体,以区别于正文,比较醒目。如南宋麻沙镇刘仲吉宅刻《类编增广黄先生大全文集》、元刘氏日新堂刻《伯生诗续编》、元翠岩精舍刻《渔隐丛话》的告白形式就典型地体现了这样的特点。

南宋绍兴二十二年(1152),临安荣六郎经史书籍铺刻《抱朴子》卷末的告白,是今见最早的,其文曰:"旧日东京大相国寺东荣六郎家,见寄居临安府中瓦南街东,开印输经史书籍铺。今将京师旧本《抱朴子内篇》校正刊行,的无一字差讹,请四方收书好事君子,幸赐藻鉴。绍兴壬申岁六月旦日。"其将书坊及其书本的来历、特色表述得简要明了。将自己从旧日东京迁移而来的家况说出,恐有坊主的深意所在:取得同遭靖康之难南渡寄居临安之中原士族的认同。500年后,清初钱谦益读此书,尚写下"此二行五十字,是一部《东京梦华录》也。老人抚卷,为之流涕"的动情之句,足见这段告白动人情思的巨大力量。

宋元以来,坊刻本普遍使用告白的形式,叙述刊刻原委,宣传特色,基本已形成固定的模式。对这种类似王婆卖瓜、自卖自夸式的吆喝,有人却不以为意。陆心源《仪顾堂题跋》卷一在《宋刻玉篇残本》的跋中说:"南宋时蜀、浙、闽坊刻最为风行,闽刻往往于书之前后别为题识,序述刊刻原委,其末则曰:博雅君子,幸毋忽诸。乃书估恶札,蜀、浙本则无此种语。"陆心源根据经眼的古籍,正确地指出了三地坊本告白的数量、雅俗的区别,但是有一点必须了解的是,宋元时期建阳坊刻本的流通量要超过蜀浙二地。这或许与建阳坊本更注重广告宣传有关。

在现存宋人的著述中,有关买书的记载不可胜数,大致不外乎千金买书,万卷藏书,闭门读书,其大要总在于突出读书在个人修养成材上的重要性,虽然存在套话的因素,但在整体上反映出崇尚阅读的社会风尚则是完全可以肯定的。南宋张镃《南湖集》中有一首《买书》诗:"自笑从来癖,诗书满屋藏。不充饥鼠喙,即饱蠹鱼肠。插架牙签整,开编竹简香。他年林下去,谁与记山房。"读经史辅君王,藏诗书伴晚年,是士大夫萦绕一生的情结和理想。宋代雕版印刷事业的兴盛和图书市场的活跃,为日益扩大的读书人群实现自己的理想提供了良好的条件。

第四节　佛经的传播与阅读

宋代佛经传播的最大举措,就是开雕卷帙浩繁的大藏经。唐玄宗开元十八年(730),僧智昇撰成《开元释教录》,著录汉译佛经1076部,5048卷。佛教经典开始形成作为文献整体的佛藏,后世称之为"大藏经"。《开元释教录》著录的佛经均为卷轴写本,宋朝开国方过十载,成都就有人着手开雕大藏经,这是雕版印刷术应用以来最为浩大的出版工程,而且在此后的 200 多年间,南方五大名寺连续雕印五部大藏经,佛经传播之盛,前所未有。

佛经传播的盛况基于社会崇佛的风尚,宋代寺僧和信徒众多,如宋初歙人谢泌福州诗中所描述的"潮田种稻重收谷,山路逢人半是僧。城里三山千簇寺,夜间七塔万枝灯"。如此庞大的诵经僧众,自然带来阅读活动的繁荣,所谓"除却弦歌庠序外,家家同念佛经声"①。佛徒的诵经声与学童的读书声在同一空间响起,此话可能有些夸张,但多少反映出宋代民间佛经阅读的状况,这与当时佛经刊行传播的情况是相一致的。

一、大藏经的雕印与佛经翻译

大藏经的雕版印刷,始于宋初开宝年间。开宝四年(971),太祖敕高品、张从信往成都雕大藏经,于太平兴国八年(983)雕印毕,凡 1076 部,5048 卷,装为 480 函,经版 13 万片,世称《开宝藏》或《蜀藏》。《开宝藏》书法端丽严谨,雕刻精良,且以黄麻纸印刷,开我国官刻佛教总集之先河,极大地刺激了后来寺院的刻经活动。终两宋之世,先后又刊印了五部佛藏:北宋神宗元丰三年(1080)福州东禅院开雕,徽宗崇宁三年(1104)刻竣的《崇宁藏》;北宋政和二年(1112)福州开元寺开雕的《毗卢藏》;南宋绍兴二年(1132)基本刻竣的湖州思溪圆觉禅院的《圆觉藏》;南宋淳熙二年(1175)刻竣的安吉州思溪法宝资福禅寺的《资福藏》;南宋宝庆至绍定间(1225—1233)开雕的平江府碛砂延圣院的《碛砂藏》。

宋代佛寺,无论名刹还是僻院,都普遍收藏大藏经,其卷数均与《开宝藏》合。如王安石《真州长芦寺经藏记》曰:"真州(今江苏仪征)

---

① 祝穆:《方舆胜览》卷十,上海:上海古籍出版社,1991 年,122 页。

长芦寺释智福者,为高屋……以藏五千四十八卷者。"王安国《治平禅寺记》记处州松阳(今浙江遂昌)资圣寺僧道宁"输钱于印经之院,售五千四十八卷归之寺"。

物力雄厚的名寺古刹常自己开雕全藏,如上述福州东禅寺刻《崇宁藏》、开元寺刻《毗卢藏》等。无力开雕者则募钱购买或抄录以藏,如陈舜禹《海惠院经藏记》称院僧:"募人书所传之经,其函八百,其卷五千四十有八。"王庭珪《卢溪文集》中有一篇写于绍兴十四年(1144)的《龙须山转轮经藏记》,记当时佛经的传播情况:"积其书至五千四十八卷,于是其徒作华藏之居,建大轴两轮,以藏此五千四十八卷于轮间者,往往遍九州也。"由此可见南宋初年佛寺藏经的盛况。

宋代的佛经翻译始于太宗太平兴国年间。据李焘《续资治通鉴长编》"太平兴国七年"条的记载,太平兴国五年(980),中天竺摩伽陀国僧法天、北天竺加湿弥罗国僧天息灾、乌填曩国僧施护等通晓华语的梵学僧先后至京师,素来崇尚佛教的太宗赵炅见此,有意组织译经,遂命内侍郑守钧就太平兴国寺建译经院(三年后易名传法院),招延梵学僧入院翻译新经。①

宋代译经参照唐制。译经院运作之初,择梵学僧常谨、清沼等与法进任笔受、缀文之职,光禄卿汤悦、兵部员外郎张洎参详润色,内侍刘素为都监。稍后,朝廷大臣赵安仁、杨亿、晁宗悫、李维等先后担任译经润文官。天禧五年(1021),宰相丁谓出任译经润文使,五年后王钦若继任。每年佛诞节,必进新经。节前两个月,参政、枢密二府官员都集中观看翻译,称为"开堂",前一月,译经使、润文官集中呈进新译经,名为"闲堂",②显示朝廷对译经的重视。真宗时,盐铁使陈恕尝建议,以为传法院耗费国家财力过大,力请罢之,言辞恳切。真宗曰:

---

① 李焘:《续资治通鉴长编》卷二十三,北京:中华书局,1995年,第3册,522—523页。
② 宋敏求:《春明退朝录》卷上,北京:中华书局,1980年,10页。

"三教之兴,其来已久,前代毁之者多矣,但存而不论可也。"真宗不许。神宗元丰五年(1082),诏令罢译经润文使,令礼部尚书领之,同时废去译经使司印。朝廷译经之势有所衰退。

二、佛教典籍的编撰与阅读

宋代佛教典籍的编纂,内容主要集中在传记和禅宗史方面,其中以《宋高僧传》《景德传灯录》《五灯会元》最为著名。

《宋高僧传》30卷,释赞宁撰。赞宁(919—1001),世姓高氏,法名赞宁,浙江吴兴德清人。后唐天成年间(926—930),赞宁在杭州祥符寺出家。他不仅精通佛典,熟读儒书,而且工诗善文,被王禹偁推为一代之冠。① 相传太宗幸相国寺礼佛,问赞宁当拜不当拜,赞宁回奏曰"不拜",理由是"见在佛不拜过去佛"。欧阳修因此赞他"颇知书,有口才"。太平兴国八年(983),赞宁奉诏回杭州旧寺撰修《大宋高僧传》,七经寒暑成书30卷。《宋高僧传》上接唐道宣《续高僧传》,下迄太宗雍熙年间(984—987),凡记述唐、后梁、后唐、后汉、后周、北宋高僧正传532人,附传125人。

《景德传灯录》30卷,吴僧道原撰。传灯录简称灯录,是禅宗历代传法机缘的记载,以法传人,犹如灯火相传,光明不断,辗转不绝,故名。全书记禅宗世系源流,上起七佛,下止法眼宗文益法嗣,凡52世1701人。作者道原为苏州永安禅院禅师,据《吴郡图经续记》的记载,他曾在太宗朝诣阙借板印造佛经藏于院中。② 景德中道原完成此书,上献朝廷,真宗诏翰林学士杨亿等润色裁定,遂盛行于世。

灯录是一种介于僧传与语录之间的文体,以禅宗传授的世次编

---

① 王禹偁:《左街僧录通惠大师文集序》,见曾枣庄、刘琳《全宋文》卷一五四,上海:上海辞书出版社,合肥:安徽教育出版社,2006年,第8册,27页。
② 朱长文:《吴郡图经续记》卷中,见《宋元方志丛刊》,北京:中华书局,1990年,655页。

次,详于记言,为禅宗首创,可视为一部禅宗思想发展史。《景德传灯录》问世以后,影响极大,正如陈垣先生所指出的"自灯录盛行,影响及于儒家,朱子之《伊洛渊源录》,黄梨洲之《明儒学案》,万季野之《儒林宗派》等,皆仿此体而作也"①。这就是说,朱熹编写反映理学思想渊源的《伊洛渊源录》,其编写思想就来自《景德传灯录》,可以想见当时儒者研读此书的用心和专志。

《五灯会元》20卷,释普济撰。《景德传灯录》行世后,佛教内很快出现后续之作,包括仁宗天圣间李遵勖撰《天圣广灯录》、徽宗建中靖国年间惟白撰《建中靖国续灯录》、南宋孝宗淳熙年间悟明撰《联灯会要》和宁宗嘉泰年间正受撰《嘉泰普灯录》。五灯者,即《景德传灯录》与此四灯录之合称。五灯录各为30卷,卷帙浩繁而内容多有重复。淳祐十二年(1252),即道原完成《景德传灯录》后250年,普济删繁就简,合五为一。《五灯会元》由于文字精简,宗派分明,线索清晰,便于观览,因此一经刊印,便大行于世,五灯原书之名,反为所掩。

关于佛经的阅读,范纯仁《安州白兆山寺经藏记》中的一段对话很有意思。元丰元年(1078)冬,白兆山寺长老垂素请范纯仁为寺中新修经藏写一篇记文。范纯仁问长老:你曾经说"传达摩之宗,不立语言文字,直指心源,见性成佛。奚取五千之书,而复新其藏为?"长老回答道:世上众生虽然真心向佛,但是往往情牵于世事,不能自拔而为病。"今之经,犹对病之药也。物之感情无穷,故众生之病无穷,则其所治之药亦无穷。此五千之书所以必有也。"②这就是善男信女礼佛诵经的最简单且通俗的理由。

君王与士大夫阅读佛经的目的和方法则有所不同。宋太宗曾经向宰相展示新译佛经,说佛教之说,有裨政治。他自称阅读佛经,研

---

① 陈垣:《中国佛教史籍概论》,北京:中华书局,1988年,92页。
② 范纯仁:《安州白兆山寺经藏记》,见曾枣庄、刘琳《全宋文》卷一五五五,上海:上海辞书出版社,合肥:安徽教育出版社,2006年,第71册,299页。

究微旨,从中找到有益于为君治国的思想观点:"凡为君治人,即是修行之地,行一好事,天下获利,即释氏所谓利他者也。"因此,太宗认为佛经"虽方外之说,亦有可观者",大力推荐"卿等试读之,盖存其教,非溺于释氏也"。① 宋真宗也有类似的言论,他在所写的《释氏论》中指出:"释氏戒律之书,与儒家学说迹异而道同,大旨都在劝人之善,禁人之恶。若人能遵此,则朝野君子多而小人少。"

《妙法莲华经》 宋夏竦刊本

君王对佛经阅读的热情和偏好,自然会影响到朝野的官宦学士。历仕真宗、仁宗两朝,官居礼部尚书、枢密使等职的夏竦一生勤奋读书,经史百家以外,还精研佛经。仁宗皇祐三年(1051),他主持刊印《妙法莲华经》,用欧体字,写刻精审;为了方便诵读,不但采用句读标点,而且为冷僻难读字注音。②

另外,从现存宋人文集中,我们还可以看到大量有关寺院、经藏、佛殿的记文,在他们的小说笔记中有大量记录名公大臣、文人学士与高僧大师交游雅集、谈经论道、吟诗品艺的生动文字。这些文字记载,足以说明宋代儒者与禅师都阅读研究对方的经典、学说,如此方

---

① 李焘:《续资治通鉴长编》卷二十四,北京:中华书局,1995年,54页。
② 胡进杉:《夏竦遗珍 北宋佳椠——记宋皇祐三年刊本妙法莲华经》,载《故宫文物月刊》,中国台北,2006年第281期,44页。

能与对方进行深入的对话。如赞宁,当时就有"以著书立言、尊崇儒术为佛事"的评价,曾以所著《驳董仲舒繁露》《难王充论衡》《证蔡邕独断》《斥颜师古正俗》《非史通》等论文,为王禹偁所激赏。① 同为僧人的文莹在所著《湘山野录》中十分推崇他的博学,说当时知名学者王禹偁、徐铉读书有疑问,就登门请教。柳开因请教问题得释,欣然题诗,其中有"空门今日见张华"之句。士大夫中间也有喜读佛典、精通佛学之人,如王安石、苏轼、张商英等,他们一生中多与高僧大师往来,而过从交往的基础就是熟读佛教典籍。王安石嗜读佛书,但是他阅读的理念是"善学者读其书,惟理之求。有合吾心者,则樵牧之言犹不废。言而无理,周、孔所不敢从"。苏轼相传曾经在曹溪夜读《传灯录》,不意灯花坠卷上,烧掉一个"僧"字,即以笔记于窗间吟写小诗一首:"山堂夜岑寂,灯下读《传灯》。不觉灯花落,茶毗一个僧。"王、苏二人这两则读佛书的逸事,都见于释惠洪的《冷斋夜话》,虽无法考证真假,但应该不会空穴来风。管中窥豹,从中可以看到宋代士大夫阅读佛书的态度与方法。

士大夫习佛论禅而最终成为佛教信徒的,不在少数。如程颐的高徒,有"程门四先生"之称的游酢、杨时、谢佐良、吕大临之辈,都晚年嗜佛。司马光对士大夫嗜修佛学、时作偈颂发明禅理的现象十分忧虑,特作《解禅偈》六首,以警醒习佛陷入迷妄之潭者。其辞云:"忿怒如烈火,利欲如铦锋,终朝长戚戚,是名阿鼻狱。颜回甘陋巷,孟轲安自然,富贵如浮云,是名极乐国。孝悌通神明,忠信行蛮貊,积善来百祥,是名作因果。仁人之安宅,义人之正路,行之诚且久,是名不坏身。道德修一身,功德被万物,为贤为大圣,是名菩萨佛。言为百世师,行为天下法,久久不可掩,是名光明藏。"②

---

① 吴处厚:《青箱杂记》卷六,北京:中华书局,1985年,61页。
② 王辟之:《渑水燕谈录》卷三《奇节》,北京:中华书局,1981年,31页。

第五节　两宋与高丽、日本的文化图书交流

雕版文化时代的到来,使中国古代的书籍出版事业进入新的历史发展阶段,刻书中心和繁华的都市形成了书肆林立的特色文化街市,如建阳的麻沙书业中心,以及临安(今浙江杭州)镇海楼、涌金门一带的书肆区。那持久涌动的书潮不仅极大地推动了我国文化传播和社会阅读活动的发展,而且惠及和影响到周边的国家和地区,其中以高丽和日本为最,20世纪60年代在韩国庆州佛国寺释迦塔内发现唐代武则天时期长安的雕版印本《无垢净光大陀罗尼经》,证明了这一点。

雕版文化的影响包括两个方面:一是雕版印本书提供的阅读便利,加快了文化传播的速度,扩大了文化交流的范围;二是在雕版印刷术的影响下,自己直接刻印书籍,发展本民族的印刷业,以满足对汉籍及其他文本日益扩大的阅读需求。高丽和日本作为中国的近邻,深受雕版文化的影响,使宋王朝与他们的文化图书交流,发生了新的变化:其一,呈现出双向交流的趋向;其二,各自的民族雕版印刷事业开始起步并初具规模。

一、高丽

918年,开城航海世家后裔王建推翻新罗王族弓裔建立的泰封政权,改国号为高丽,仿唐制建立起中央集权的新王朝。长兴三年(932),王建遣使者来,后唐明宗封王建为高丽国王。同年,后唐国子监开雕儒家经典。建隆三年(962),王建子王昭遣使向宋朝贺,次

年,宋朝册封王昭为高丽国王。宋朝与高丽的政治经济和文化图书交流,随之持续展开。

从已知的文献记载考察,宋与高丽的书籍交流,通常经过官方和民间两大途径。

所谓官方途径,就是在高丽使入朝通问贡物之际,提出求书目录,宋帝常常以赠送或准购的方式给予满足或部分满足。据《宋史》《续资治通鉴长编》《玉海》等文献的记载,在北宋太宗、真宗朝,宋帝应高丽王之请,赠送大藏经、九经、《史记》《汉书》《后汉书》《三国志》《晋书》、诸子、历日、《圣惠方》、阴阳地理书等。哲宗朝赠送《文苑英华》,准购《册府元龟》等。

所谓民间渠道,主要是指宋朝商人带书籍浮海到高丽出售的贸易行为。这存在两种情况:一是商人主动带去求售,如天圣五年(1027),宋江南人李文通等到高丽,售出图书 597 卷;二是商人应高丽方的要求专门采购甚至雕印,如元祐四年(1089)泉州商人徐戬受高丽方的委托,在杭州为其雕造《华严经》,经板达 2900 余片。元丰六年(1083)继位的高丽国王王运仁贤好文,《宋史》记载,他"每贾客市书至,则洁服焚香对之"。由此可见朝廷十分重视这种书籍贸易形式,因此而流入高丽的汉籍数量不在少数。

不过,宋朝与高丽的图书交流已经不是单向输出。欧阳修《新五代史》中有这样一段关于高丽进贡宋帝书籍的记载:"高丽俗知文字,喜读书,昭进《别叙孝经》一卷、《越王新义》八卷、《皇灵孝经》一卷、《孝经雌图》一卷。《别叙》,叙孔子所生及弟子事迹;《越王新义》,以'越王'为问目,若今'正义';《皇灵》,述延年辟穀;《雌图》,载日食、星变。皆不经之说。"①虽然欧阳修用了"皆不经之说"五字来否定这些汉籍的价值,但后来的情况发生了变化。元祐七年(1092),高丽使来

---

① 欧阳修:《新五代史》卷七十四,北京:中华书局,1974 年,919 页。

献《黄帝针经》九卷。当时有大臣说，此书见于《汉书·艺文志》著录，而国内"几经兵火，散失几尽，偶存于东夷。今此来献，篇帙具存，不可不宣布海内，使学者诵习"①，建议朝廷交国子监雕版印行，颁行天下。哲宗准奏施行。

哲宗知道高丽书籍有很多好本，就命接待高丽使者的官员开列求书目录，由高丽使李资义回国向宣宗报告，并要求："虽有卷第不足者，亦须传写附来。"据《高丽史·宣宗世家》所载，这份来自宋朝的求书目录列有书籍120余种，计4980余卷。② 长期的图书交流，使高丽保存了大量在中国反而已经毁于兵火的汉籍古本，这也是当时双方开展交流活动时并没有预料到的积极后果。

出于政治上的原因，这样的交流渠道并不能始终保持畅通。高丽与宋朝敌国辽国接壤，并有密切往来，这引起了宋朝的警觉。元祐七年（1092），高丽使来献《黄帝针经》的同时，请准购买的书籍很多。时任礼部尚书的苏轼三上《论高丽买书利害札子》，要求不许高丽使购买历代史、《册府元龟》《敕式》，不准高丽使抄写曲谱，理由是高丽与辽国并为敌国，不可假以书籍。③ 苏轼一直对高丽"使者所至，图画山川，购买书籍"的行为十分不满，忧心忡忡，原因在于高丽在宋所得赐予，大半归于辽国。出于同样的考虑，早在元丰三年（1080），神宗就曾下令杭州民众不得将涉及边机的文字书籍卖给高丽人。

自王建依唐制建立高丽王朝以来，其国服膺儒学，睿宗听翰林学士讲《中庸》《尚书》，仁宗下令将《孝经》《论语》等儒家经典分赐予闾巷儿童，以广教化，所谓"虽居燕、韩之左僻，而有齐、鲁之气韵"。而

---

① 江少虞：《宋朝事实类苑》卷三十一《词翰书籍》，上海：上海古籍出版社，1981年，397页。
② 杨通方：《源远流长的中朝文化交流》，见周一良《中外文化交流史》，郑州：河南人民出版社，1987年，377页。
③ 苏轼：《苏轼文集》卷三十五《论高丽买书利害札子》，北京：中华书局，1986年，994页。

后高丽国内对汉籍阅读需求不断扩大,仅仅通过交流不可能在品种和数量上得到满足。于是,高丽在12世纪开始大规模建设自己的印刷事业,靖宗八年(1042)、十一年(1045),分别刻成最早一批儒家典籍,包括《汉书》《后汉书》《唐书》《礼记正义》《毛诗正义》《三礼图》等。1101年,高丽在国子监设立印刷所,接收皇室收藏的印版。[1] 20余年后,徐兢出使高丽,看到的已是朝廷"临川阁藏书至数万卷,又有清燕阁,亦实以经史子集四部之书"[2]。

二、日本

唐末政局动荡,原定894年启程的日本第十九次遣唐使团未能成行。此后日本只允许少数僧人前往中国,927年,日僧宽建乘中国商船入后唐。建隆元年(960),宋朝建立,时值日本村上天皇天德四年,藤原氏执政的全盛期。20余年后,雕版文化时期的中日图书交流以日本僧人奝然等到来为标志,徐徐拉开了序幕。

宋太宗太平兴国八年(983),日本为丹融天皇永观元年,日本僧人奝然与其徒五六人,搭乘吴越人陈仁爽、徐仁满的商船浮海入宋。这位姓藤原氏的奝然不通华言,但是善于隶书,当宋朝官员询问日本风土时,以书对答,其中有关于图书阅读和流传的情况。他说:"国中有五经书及佛经、《白居易集》70卷,并得自中国。"奝然抵达京师后,向朝廷和宋帝赠送了一批礼品,包括铜器、日本书籍《职员今》《王年代纪》各一卷,以及中国古籍。《宋史》对此有这样的记载:"其国多有中国典籍,奝然之来,复得《孝经》一卷、越王《孝经新义》第十五一卷,

---

[1] 钱存训:《中国科学技术史·纸与印刷》,北京:科学出版社,上海:上海古籍出版社,1990年,290页。
[2] 徐兢:《宣和奉使高丽图经》卷四十《儒学》,上海:商务印书馆,丛书集成初编本,1937年,139页。

皆金缕红罗褾,水晶为轴。《孝经》即郑氏注者,越王者,乃唐太宗子越王贞;新义者,记室参军任希古等撰也。裔然复求诣五台,许之,令所过续食;又求印本大藏经,诏亦给之。"① 文中所说的印本大藏经,就是宋太祖开宝年间新刊的《开宝藏》。这部宋版大藏经的东渡,标志着中国雕版印本书通过官方途径开始传入日本。

宋真宗景德三年(1006),日本僧寂照入贡。寂照同样不通华言而善书札,在介绍本国书籍收藏和流通情况时,他写道:书有《史记》《汉书》《文选》、五经、《论语》《孝经》《尔雅》《醉乡日月》《御览》《玉篇》《蒋鲂歌》《老列子》《神仙传》《朝野佥载》《白集六帖》《初学记》,本国有《国史秘府略》《日本记》②《文馆词林》《混元录》等书,释氏论及疏抄传集之类多有,不可悉数。③ 这段记载出自当时在召对现场的杨亿之手,当然是可信的。"不可悉数"四字,充分反映出日本当时收藏汉籍的丰富程度,这引起了宋朝士大夫的关注。欧阳修有一首流传甚广的《日本刀歌》,其写作背景应该与此有所关联。其歌曰:

昆夷道远不复通,世传切玉谁能穷？宝刀近出日本国,越贾得之沧海东。鱼皮装贴香木鞘,黄白间杂鍮与铜。百金传入好事手,佩服可以禳妖凶。传闻其国居大岛,土壤沃饶风俗好。其先徐福诈秦民,采药淹留丱童老。百工五种与之居,至今器玩皆精巧。前朝贡献屡往来,士人往往工词藻。徐福行时书未焚,逸书百篇今尚存。令严不许传中国,举世无人识古文。先王大典藏夷貊,苍波浩荡无通津。令人感激坐流涕,锈涩短刀何足云！④

---

① 脱脱等:《宋史》卷四九一《外国·日本国》,北京:中华书局,1975年,第40册,14135页。
② 黛弘道等:《图说日本文化的历史》卷三《奈良》,东京:小学馆,1979年,218页。
③ 江少虞:《宋朝事实类苑》卷四十三《日本僧》,上海:上海古籍出版社,1981年,569页。
④ 欧阳修:《欧阳修全集》卷五十四《日本刀歌》,北京:中华书局,2001年,766页。

宋司马光《传家集》卷五(《四部丛刊》南宋绍兴刻本)也有一首《和钱君倚日本刀歌》,文字基本相同,其末四句云:"嗟予乘桴欲往学,沧波浩荡无通津。令人感叹坐流涕,锈涩短刀何足云。"我们从中可以看出,诗歌虽以日本宝刀为题,但真正使作者倾心的是那些中土已经失传的稀世珍宝——古籍。

根据中日两国的文献记载,宋代中日两国的图书交流以宋朝雕版印本输入日本为主,这在当时日本公卿大臣们的相关记录中可以得到印证。日本大臣藤原道长的《御堂关白记》中有宽宏三年(1006)宋朝商人曾令文赠送五臣注《文选》和《白氏文集》,宽宏八年(1011)向天皇进印本文献和《白氏文集》,以及长和二年(1013)入宋僧念救回国后赠送道长印本书等事的记载。藤原赖长久安六年(1150)把所需书目寄给宋朝商人刘文冲,托其相机购买。今人从中可知日本儒雅的公卿大臣获取汉籍的途径。①

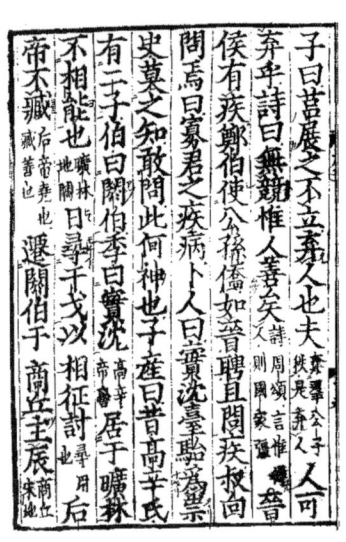

《春秋经传集解》 宋兴国军学刊本　　《春秋经传集解》 日本覆宋嘉定刊本

---

① 大庭修:《关于东传汉籍的研究方法与资料》,见陆坚、王勇《中国典籍在日本的流传与影响》,杭州:杭州大学出版社,1990年,40页。

藤原赖长是当时日本的一流学者,久安五年(1149)出任左大臣,他熟读汉籍,仅在康治二年(1143)一年之中,他读过的汉籍就达1030卷,几乎每日三卷,可与宋太宗日读三卷《太平御览》的故事媲美。这1030卷汉籍涉及经、史、子、集四部,而以经、史、子三部书居多。[①] 可以说,藤原赖长的阅读活动是当时日本儒雅的公卿大臣阅读汉籍的一个缩影。

　　日本上层知识分子和僧人对汉籍持续的收藏热情和阅读兴趣,使印本汉籍在南宋的东输规模不断扩大。宋宁宗嘉定四年(1211),日本僧俊芿自中国返日,随身携带的中国四部经籍达719卷。由学问僧一次带回如此浩繁的中国书籍,这在中日文化交流史上是开先风、创纪录的。理宗淳祐元年(1241),日本学问僧圆尔辨圆从中国返抵故土,带回的中国经籍更是有数千卷之巨,藏于京都东福寺的普门院。从百年后东福寺所编《普门院经论章疏语录儒书等目录》来看,其含有较多朱熹及其他理学家的著述,这与南宋当时理学兴盛的社会思潮和学术环境有关,同时也将儒学新派理学的思想和学风带给了日本的学术界,为日本知识界的汉籍阅读和汉学研究提供了新的内容。[②]

　　六年后,即后深草天皇宝治元年(1247),日本自己刻的第一部儒书,陋巷子据宋婺州本翻雕的《论语集注》问世。在此后的一个多世纪中,受宋元文化的影响,京都及镰仓的五山禅宗寺院持续覆刻中国的宋元雕版书籍,覆刻追求完美保持原本的风貌韵致。如五山版《春秋经传集解》覆刻自南宋嘉定九年(1216)的兴国军学刊本,两者不仅版式、界栏,而且连版木的断裂痕迹都得到了如实的反映。

[①] 王勇、大庭修:《中日文化交流史大系·典籍卷》,杭州:浙江人民出版社,1996年,62页。

[②] 严绍璗:《中国古代文献典籍东传日本的轨迹》,见陆坚、王勇《中国典籍在日本的流传与影响》,杭州:杭州大学出版社,1990年,21页。

日本学者认为这种现象的出现,"一方面是呈显了从事五山版(覆宋本)雕印的刻工们优秀的技术,同时也表现了刻工们对宋版书崇敬的心情"[1]。其标志着中日文化图书交流和日本汉籍的阅读和传播进入新的历史阶段。

---

[1] 增田晴美撰,吴璧雍译:《静嘉堂文库所藏宋元善本图书》,载《故宫文物月刊》,中国台北,2002年总第231期,56页。

第三章　图书积累与社会阅读活动的发展

两宋是古代私人藏书的勃兴时期。雕版印刷术自五代推广以来，至北宋仁宗年间，重要的四部典籍大都已有雕版印本流传。印本书籍的盛行，使社会图书供应流通量日益增加，求书变得比较容易，正如当时学者王明清所说："近年所至郡府多刊文籍，且易得本传录，仕宦稍显者，家必有书数千卷。"①公卿、士大夫引领的藏书、读书活动在整个社会蔚成风气。

宋代藏书家的藏书活动，大都以阅读为目的，和煦的藏书之风唤起了学术活动的勃勃生机。王国维曾对宋代学术的发展、创新和成果做出很高的评价，在分析其原因时，他认为是"缘宋自仁宗以后，海内无事，士大夫政事之暇得以肆力学问。其时哲学、科学、史学、美术，各有相当之进步，士大夫亦各有相当之素养，赏鉴之趣味与研究之趣味，思古之情与求新之念，互相错综。此种精神于当时之代表人物苏轼、沈括、黄庭坚、黄伯思诸人著述中，在在可以遇之"②。王氏所谓素养趣味，思古之情与求新之念，它们的培养和萌生，当然离不开

---

① 王明清：《挥麈录前录》卷一，上海：上海书店出版社，2001年，8页。
② 王国维：《宋代之金石学》，见《王国维遗书》，第3册，上海：上海书店出版社，1996年，708页。

建立在社会图书积累和个人藏书日渐丰富基础上的阅读活动。

第一节　社会藏书家群体亮相历史舞台

宋代士大夫藏书者甚众，著名的学者、文学家如北宋的宋绶、欧阳修、曾巩、司马光、苏颂、沈括、赵明诚，南宋的叶梦得、陆游、尤袤、岳珂等人，个个家富藏书，人人饱读经史。其中欧阳修的"六一堂"、司马光洛阳独乐园中的"读书堂"、沈括的"梦溪园"、赵明诚的"归来堂"、叶梦得的"绌书阁"、陆游的"书巢"、尤袤的"遂初堂"，在古代藏书史上都具有很大的影响。

据有关史料记载的不完全统计，宋代藏书家有300余位，他们创造了先秦以来历代藏书总量的最高纪录。其中拥有万卷以上的藏书家占有很高的比例，不少藏家仅见于同时期师友同僚的诗文之中，如家藏"宝轴牙签三万余，中园华宇荫清渠"的转运沈贤本郎中[1]，富有"锦袋牙签二万卷，羡君能似昔人贤"的省判沈郎中[2]，以及"阁书深藏一万轴，牙签锦带严编封"的朱郎中[3]。方城范觊有经史阁，"高阁惟藏万卷书"，阁中"牙签玉轴比四库，缥帙锦囊过五车"。[4] 李茂举家有拥书堂，堂中"插架牙签灿属联"，"万卷新如手未触"。[5] 尤其是出现

---

[1] 刘敞：《为转运沈郎中题》，见《全宋诗》，第9册，北京：北京大学出版社，1992年，5882页。
[2] 刘敞：《赠省判沈郎中》，见《全宋诗》，第9册，北京：北京大学出版社，1992年，5925页。
[3] 刘挚：《题致政朱郎中适园林》，见《全宋诗》，第12册，北京：北京大学出版社，1993年，7932页。
[4] 李廌：《经史阁》，见《全宋诗》，第20册，北京：北京大学出版社，1995年，13604页。
[5] 李纲：《题李茂举拥书堂》，见《全宋诗》，第27册，北京：北京大学出版社，1996年，17640页。

了在收藏品种堪与政府藏书媲美,在数量上直与政府藏书比肩的大藏家。北宋大中祥符年间,安徽无为李景仙有万卷堂藏书,其中多秘阁缺藏之本,后来将半数藏书进献朝廷。徽宗宣和七年(1125),秘书省发现藏书家王阐、张宿等的藏书,有658部2417卷是朝廷三馆秘阁所缺藏的,而且经过秘书省官员校勘鉴定,都属于善本。

宋代学者在所撰笔记中,屡屡提及当代的藏书家。其虽然大都是说明藏书难保的情况,但也足以说明宋世社会图书的收藏和阅读情况,十分真切。诸家所记,以南宋周密最为翔实:

> 宋室承平时,如南都戚氏、历阳沈氏、庐山李氏、九江陈氏、番易吴氏、王文康、李文正、宋宣献、晁以道、刘壮舆,皆号藏书之富。邯郸李淑五十七类二万三千一百八十余卷,田镐三万卷,昭德晁氏二万四千五百卷,南都王仲至四万三千余卷,而类书浩博,若《太平御览》之类,复不与焉。次如曾南丰及李氏山房,亦皆一、二万卷,然后靡不厄于兵火者。
>
> 至若吾乡故家如石林叶氏、贺氏,皆号藏书之多,至十万卷。其后齐斋倪氏,月河莫氏,竹斋沈氏,程氏,贺氏,皆号藏书之富,各不下数万余卷,亦皆散失无遗。近年惟直斋陈氏书最多,盖尝仕于莆,传录夹漈郑氏、方氏、林氏、吴氏旧书至五万一千一百八十余卷,且仿《读书志》作解题,极其精详,近亦散失。至如秀岩、东窗、凤山三李,高氏,牟氏皆蜀人,号为史家,所藏僻书尤多,今亦已无余矣。
>
> 吾家三世积累,先君子尤酷嗜,至鬻负郭之田以供笔札之用。冥搜极讨,不惮劳费,凡有书四万二千余卷,及三代以来金石之刻一千五百余种,庋置书种、志雅二堂,日事校雠,居然籯金之富。余小子遭时多故,不善保藏,善和之书,一旦扫地。因考

今昔,有感斯文,为之流涕。因书以识吾过,且以示子孙云。①

周密所述,大多为公卿士大夫,其藏书无一不以校勘阅读为尚。

北宋仁宗时,官至参知政事的宋绶(谥宣献),家有藏书万卷,后又得外祖翰林侍读学士杨徽之毕生所积藏书,时称家藏与朝廷秘阁相埒。绶子宋敏求仕至龙图阁直学士,在他问学从政的人生中,读书藏书始终是首要之事,藏书增至3万卷。宋氏父子都强调校勘的重要性,经常对藏书做精心校勘,时有善本之目。宋敏求当时居住在京师汴梁(今河南开封)的春明坊,一时喜欢读书的士大夫纷纷在春明坊寻租房子,与他为邻,从而便于借读他的藏书,以至其地住宅的租金较他处高出一倍。此后,"卜居春明坊"就成为一则书史典故,用来赞扬主人藏书丰富和学识超人。

汝阴王家世代书香。宋初,王昭素以博通九经著称于世,后裔王莘师从欧阳修。莘子王铚字性之,读书能五行俱下,以博记多识闻名于时,藏书数百箧,无所不备,绍兴中历官枢密院编修官、右承事郎,因纂集《祖宗兵制》,得到高宗赵构的赏识。其苦心经营、手自校勘的数万卷书都藏于乡里,当地的士大夫经常登门借传。陆游《老学庵笔记》卷二记载了一则王氏后人护书的故事。王铚去世,秦熺仗恃其父秦桧的嚣张气焰,诱以官位,企图强夺王氏藏书。长子王廉清素受家风书香熏陶,苦学有守,面对祸福诱胁,只有一句话:"愿守此书以死,不愿官也。"秦熺的卑劣行径最终没能得逞。这种可资寒窗尽阅读之用,不入豪门为风雅之具的风操,是令人钦佩的。

为了更好地发挥藏书传播文化知识的作用,宋代的藏书家还专门配置阅读场所。川蜀眉山有孙氏书楼,始建于唐文宗开成年间(836—840),至光启元年(885),唐僖宗在武德殿御书"书楼"二字赐

---

① 周密:《齐东野语》卷十二《书籍之厄》,北京:中华书局,1983年,217—218页。

之。入宋,书楼多次重修,增藏国子监刻本多达万卷。值得称道的是,孙氏后裔在修葺一新的书楼聘师设塾,名曰"山学",远近士人,欣然而至。

南宋福州藏书家郑元英曾在四川购得大批图书,船载归藏巢经楼。他在楼侧另建一室,名尚友斋,有朋友来读楼中藏书,就在尚友斋中阅览,但概不出借。词人辛弃疾《归朝欢·寄题三山郑元英巢经楼》词中"试问辛勤携一束,何似牙签三万轴。古来不作借人痴,有朋只就芸窗读"之句,说的就是这件事。郑氏早在南宋就实行提供阅览场所的做法,视书籍为天下公器,潇洒通脱,不失藏家的本色。

雕版书的盛行,使天下读书人昂首走出了以往一书难求的窘境。但是,事情往往存在两面性,书籍的充裕易得,并没有如葵花向阳一样,吸引书生埋头阅读,前辈学人在得书艰难之际那种口诵手抄、慎思笃行的阅读精神和传统,有逐步丧失的危险,正如苏轼在《李氏山房藏书记》中所流露的无奈:"后生科举之士,皆束书不观,游谈无根,此又何也?"宋代的藏书家、学者始终在为扭转这种局面而不懈努力。魏了翁在《眉山孙氏书楼记》中,强调读书人必须时刻想到读书的目的:"果为何事而学之,于人果何用?"叶适曾为朋友卫湜写过一篇《栎斋藏书记》,记中提出:"问学之要,除之又除之,至于不容除;尽之又尽之,至于不容尽。"这就是说读书以明道为要,撷取精华,剔除糟粕,这样才能"读虽广,不眩也;记虽博,不杂也"[①]。如此日积月累,一心向学,就能远离声色玩好,心形俱化。这些都说明宋代的藏书家、学者并不单纯追求收藏,附庸风雅,而是以藏带读,用心于倡导社会阅读活动的健康发展。

当然,藏书家应以藏书为先。宋代正当六朝古抄卷子本和五代以来新雕印本并行之际,如何收藏图书,尤其是搜求善本,使长期深

---

① 叶适:《栎斋藏书记》,见《叶适集·水心文集》卷十一,北京:中华书局,1983年,200页。

藏民间的秘籍进入社会的传播通道,丰富学者的阅读内容,正是藏书家所关注的。南宋学者郑樵在这方面的研究独树一帜。郑樵(1104—1162),字渔仲,兴化军莆田(今属福建)人。宋室南渡,郑樵曾上书当政,要求抗金报国,横遭冷遇后,隐居家乡夹漈山,藏书数千卷,励志读书治学,自称"古今之书,稍经耳目;百家之学,粗识门庭"①。其一生著述宏富,名著朝野,故宋高宗召见之时有"闻卿名久矣,敷陈古学,自成一家,何相见之晚耶"之语。他最为著名的传世之作是《通志》200卷。这是一部包括纪、谱、略、世家、列传、载记六个部分的通史,最为学术界推重的是其中的二十略。二十略中的《艺文略》《校雠略》《图谱略》《金石略》四略与图书文献的收藏阅读有关,而《校雠略》甚至涉及整个图书事业。

郑樵在《校雠略》中系统提出图书文献搜集整理编目的理论,如强调亡书出于后世、民间,总结求书八法:即类以求,旁类以求,因地以求,因家以求,求之公,求之私,因人以求,因代以求。所谓因地以求,是指到与书籍内容相关的地方去搜求,他举例说:"《零陵先贤传》,零陵必有。《桂阳先贤赞》,桂阳必有。《茅山记》必见于茅山观。"所谓因家以求,是指到作者家乡去访求,如"徐寅《文赋》,今莆田有之,以其家在莆田。潘佑《文集》,今长乐有之,以其后居长乐"。郑樵同乡李氏曾经在和州为官,北宋神宗时当地有谏议沈立,其家富有藏书。后李氏进呈的《褚方回清慎帖》即沈家旧物。郑樵以为"其家或有沈氏之书"。他的另一位乡人陈氏尝为湖北监司,其地北宋时有田氏藏书,郑樵曾在他家见到《荆州田氏目录》,因推测"其家或有田氏之书"。所以,郑樵以为,对于熟识之人,"若迹其官守,知所由来",或许能访到故家的旧藏。这就是所谓因人以求。郑樵一生读书访书,其求书八法就是在寻访的实践中总结归纳出来的,其目的在于使

---

① 郑樵:《献皇帝书》,见《郑樵文集》,北京:书目文献出版社,1992年,23页。

"千章万卷,日见流通"。这些对我国古代图书收藏和阅读活动的深入开展,有着十分重要的指导意义。

在收藏行为和阅读活动之间,书目,尤其是解题目录,发挥着十分重要的沟通指导作用。宋徐度在所著《却扫编》卷下中,记载了这样一则故事:王钦臣和宋敏求约定,互相置有对方的藏书目录,凡遇到对方缺藏的书籍,则代为抄录送寄。这极大地方便了两大藏家丰富各自收藏的数量与品种。宋代藏书家往往编有藏书目录,仅见于《宋史》著录的就有欧阳修《集古录》5卷、李淑《邯郸书目》10卷、吴秘《家藏书目》2卷、李德刍《邯郸再集书目》30卷、田镐《荆州田氏书总目》3卷、赵明诚《金石录》30卷、董逌《广川藏书志》26卷、陈贻范《颍川庆善楼家藏书目》2卷、尤袤《遂初堂书目》2卷、晁公武《郡斋读书志》4卷、陈振孙《直斋书录解题》56卷,以及《沈氏万卷堂目录》2卷、《徐州江氏书目》2卷、《吕氏书目》2卷、《鄱阳吴氏籯金堂书目》3卷、《孙氏群书目录》2卷、《紫云楼书目》1卷等。其中以晁公武、陈振孙二目最为著名。

第二节 《郡斋读书志》与《直斋书录解题》

北宋学者朱长文有一首《次韵杨彝甫见成甫装褾旧书之什》诗:"儒者须看万卷书,古人精博固难如。残编莫惜装褫费,旧迹堪怜缮写初。轻拨蠹虫文未损,平齐缃帙架无虚。白头更且穷经艺,谁道忘筌便得鱼。"①这正是晁公武、陈振孙这两位南宋学者一生精心藏书,

---

① 朱长文:《乐圃余稿》卷四,见《全宋诗》卷八四七,北京:北京大学出版社,1993年,第15册,9801页。

用心读书,悉心编目的治书生活的真实写照。

晁公武(约1105—约1185),字子止,号昭德先生,澶州清丰(今属河南)人。绍兴二年(1132)进士,仕至四川安抚制置使。清丰晁氏世居京师宣德门前天街昭德坊,北宋时为天下甲门,文献之宗。自公武五世祖、礼部尚书晁迥以下,高祖宗慤、曾祖仲衍、父冲之以及叔伯载之、说之、咏之,先后登第,出仕入阁,所谓"巍科清秩,中外联翩"。自晁迥以来,晁氏六世藏书,以校雠精审,为时之冠。晁公武自幼受儒风书香的浸润,勤读诗书,自称"少时贯穿群书,出入百氏,旁逮释、老恢诡之学,一再终星,其勤亦至矣"①。靖康末,公武携家避乱入蜀,寓居嘉州,及第后,在四川转运司供职。当时转运副使井度是一位藏书家,临终前将藏书50箧悉数赠予公武。晁公武合井度赠书和家中旧藏,除去重复,得24500多卷。绍兴二十一年(1151),晁氏开始整理这些藏书,一一亲加校雠,撰写提要,类分四部,并撰写部论类序,编成解题书目《郡斋读书志》4卷,约在孝宗淳熙七年(1180)由门人杜鹏举刊行。晁公武继续利用自己生命中的最后时刻,对4卷本进行精心修正订补。订补本扩展为20卷,在公武去世前,由他的另一位门人姚应绩刊行。

晁公武编撰《郡斋读书志》后不及百年,浙江藏书家陈振孙以他和他的《郡斋读书志》为榜样,开始为自己编撰藏书目录。

陈振孙(约1183—约1262),字伯玉,号直斋,浙江安吉人。历官浙东、浙西提举,国子监司业。几十年间,宦迹所及,公余暇时,无不汲汲于访书传录。通判兴化军时曾传录大量故家旧藏,藏书积至数万卷。晚年花费将近20年的时间,仿《郡斋读书志》的体例,编成《直斋书录解题》56卷,著录图书3096种,51180余卷,比南宋国家书目《中兴馆阁书目》及《续目》著录的总和59000余卷仅少7000余卷。较

---

① 晁公武:《答进士刘兴宗书》,见《文献通考·经籍考》卷六十五,上海:华东师范大学出版社,1985年,1517页。

陈振孙稍晚的周密对此目曾有"极其精详"的评价，清代学者据此认为《直斋书录解题》"在宋末已为世所重矣"①。

《郡斋读书志》《直斋书录解题》是我国现存最早的两部私家藏书解题书目，在古代目录学史上素有双璧之誉。《郡斋读书志》最早由晁氏门人先后刊行于四川的 4 卷本和 20 卷本早已散佚。南宋理宗淳祐九年(1249)，游钧在衢州(今属浙江)重刻姚应绩 20 卷本，史称"衢本"。同年，黎安朝在袁州(今江西宜春)重刻杜鹏举 4 卷本，附刻赵希弁据自家藏书目所编的《读书附志》1 卷，及据衢本增加的部分摘编而成的《读书后志》2 卷，凡 7 卷，史称"袁本"。今通行上海古籍出版社 1990 年出版的孙猛校正本，该本以清嘉庆间汪士钟艺云书舍刊衢本为底本，取校宋刻袁本等，做了标点、校勘、疏证和考订的工作，最便于使用。

《直斋书录解题》原 56 卷本亦早已散佚，清乾隆年间修《四库全书》，馆臣们曾从《永乐大典》中辑得，重编为 22 卷，由武英殿刊行，习称殿本。上海古籍出版社 1987 年出版徐小蛮、顾美华点校本，以殿本为底本，博采清代学者的校勘成果，为现代通行本。

宋代是我国古代学术文化事业进入雕版印刷传播时代的第一个繁盛期，相对于手写传播时代，新时期的文化传播规模和图书阅读状况都出现了令人眼花缭乱的新奇变化，晁、陈二目正是这种历史变化的真实记录。两宋时期，记录宋代国家藏书、反映社会阅读状况的书目有很多，其中比较著名且保存至今的，除了晁、陈二目外，还有国家书目《崇文总目》和私藏目录《遂初堂书目》，但是后者都没有解题，尤其是《崇文总目》成于宋初，基本没有涉及宋人著述和宋代的编刊活动。所以，晁、陈二目自然成为研究者了解宋代图书出版和传播情况的主要依据。宋末元初马端临撰《文献通考·经籍考》，主要就是援

---

① 永瑢等：《四库全书总目》卷八十五，北京：中华书局，1987 年，730 页。

引晁、陈二目而成的。明代曹学佺撰《蜀中广记》,其中《著作记》一门亦多援引晁、陈之说。至清代,学者藏家考证编目,无不援据晁、陈当年留下的解题为证验。

一个时代图书的出版,新品种的传播,在很大程度上反映出社会的阅读状况。《郡斋读书志》和《直斋书录解题》记录了宋代图书,尤其是新品种编刊传播的情况,为我们了解传统阅读活动在宋代的发展,提供了翔实而珍贵的史料。这正是两部书目的学术价值和文化意义的所在。

首先从晁、陈两书目的著录来看宋代文化学术的发展。自《隋书·经籍志》以来,我国典籍四部分类法的名目和原则已经正式确立。《郡斋读书志》采用的是四部分类,而《直斋书录解题》直接将历代典籍分为53类,然而其前三卷易、书、诗、礼、春秋、孝经、语孟、谶纬、经解、小学等10类,正是经部的内容。以下各类依次有16类、20类、7类分别与史、子、集三部相合。所以,陈氏虽然没有标出经、史、子、集的名目,但实际上遵循的仍然是四部分类的原则。检视两部书目,我们可以发现其最大的特点是其中本朝人著述非常丰富。《郡斋读书志》著录的1967种图书中,宋人著作近1100种,占总数50%以上;《直斋书录解题》著录3096种,宋人著述近2000种,比例超过60%。其中反映两宋阅读风尚和学术研究特点的传记、金石、地理、谱录、笔记、别集类著述占有很高的比例,尤其是宋人别集,晁志有228种,陈目除了277种外,另有诗集134家,词集118家,充分反映了南宋著述和出版的繁荣。此外,陈目还因为"今国家设科取士,《语》《孟》并列为经,而程氏诸儒训解二书常相表里"[1],而专设"语孟类",著录37种,其中宋人著作就达29种。晁志附志中专

---

[1] 陈振孙撰,徐小蛮、顾美华点校:《直斋书录解题》卷三,上海:上海古籍出版社,1987年,72页。

设"语录类",著录《河南二程遗书》《近思录》等理学家语录 25 种,陈目则在"儒家类"中著录基本相同的著作,反映了宋代哲学思想领域的新气象。

其次是了解民间图书阅读和出版传播的信息。宋代,尤其是南宋,民间出版十分兴盛,这是社会阅读活动在科举制度刺激下持续高涨在出版业的反映。如陈振孙在书目总集类中著录了《指南赋笺》《指南论》《攫犀策》《攫象策》等多部时文集。其集动辄数十上百卷,编录北宋哲宗元祐至南宋光宗绍熙百年间的名流时文。陈氏指出,这些都是民间书坊所为,"大抵科举场屋之文,每降愈下,后生亦不复识前辈之旧作,姑存之以观世变"①。又如其在卷五《高宗孝宗圣政编要》的解题中指出,此书系书坊之人抄节于《高宗圣政》《孝宗圣政》,"以便举子应用之储者也";卷十四《增广射谱》的出版,是因为"淳熙中诏进士习射,书坊为此以射利"。

宋代在图书品种和结构体例上有很多创新,社会阅读的好尚和需求是这种创新的持久动力,《郡斋读书志》和《直斋书录解题》中有关杜甫诗集在宋代传播情况的解说很好地证明了这一点。晁公武在《杜甫集》的解题中说:

> 集有王洙原叔、王琪君玉序。皇朝自王原叔以后,学者喜观甫诗,世有为之注者数家,率皆鄙浅可笑。有托原叔名者,其实非也。吕微仲在成都时,尝谱其年月。近时有蔡兴宗者,再用年月编次之,而赵次公者,又以古律诗杂次第之,且为之注。两人颇以意改定其误字云。②

---

① 陈振孙撰,徐小蛮、顾美华点校:《直斋书录解题》卷十五,上海:上海古籍出版社,1987年,458页。
② 晁公武撰,孙猛校证:《郡斋读书志校证》卷十七,上海:上海古籍出版社,1990年,857页。

陈振孙在《杜工部诗集注》的解题中说：

> 蜀人郭知达所集九家注。世有称东坡《杜诗故事》者，随事造文，一一牵合，而皆不言其所自出。且其辞气首末若出一口，盖妄人依托以欺乱流俗者。书坊辄剿入《集注》中，殊败人意，此本独削去之。福清曾噩子肃刻板五羊漕司，最为善本。①

两篇解题的写作前后相隔将近百年，但所述由于学者喜观杜甫诗而注家蜂起的现象没有变。所以，在名家别集有众多版本行世的情况下，读者应当会选择其中好的版本进行阅读，晁、陈二目对图书的编辑情况经常有所介绍，目的就是便于读者了解异同，选择善本。晁志介绍宋敏求重编《孟郊诗集》："郊集于是始有完书。"《韩愈集》："屡经名人是正，其讹舛绝少，但编次殊失伦类，当重为编辑之。"陈目在《东坡别集》的解题中指明"麻沙书坊又有大全集，兼载《志林》《杂说》之类，亦杂以颍滨（苏辙）及小坡之文，且间有讹伪剿入者"。而周必大《周益公集》中有《奉诏录》《亲征录》《龙飞录》《思陵录》凡11卷，其多论及时事，家人托言未刊，一般读者都看不到。郑寅曾设法募印得到全本，都属此类。

最后是从书目解题中感受时代的阅读风尚。晁、陈二位在阅读理念上都受理学的影响，晁公武在经部类序中，肯定孔子学说的精要在于"修身"二字，而"修身之道，内之则本于正心诚意，致知格物，外之则推于齐家、治国、平天下；内外兼尽，无施而不宜"②。这些话都是理学家关于阅读的精要之语。晁氏要求读者本着这一理念，审

---

① 陈振孙撰，徐小蛮、顾美华点校：《直斋书录解题》卷十九，上海：上海古籍出版社，1987年，559页。
② 晁公武撰，孙猛校证：《郡斋读书志校证》卷一，上海：上海古籍出版社，1990年，1页。

慎选择书目中著录的图书。《论语或问》是朱熹《论语集注》外的又一部解读《论语》的著作，陈振孙指出书中述"读书者之要法。其与《集注》实相表里"，强调"学者所当并观也"。① 在张栻《通鉴论笃》的解题中，陈振孙赞扬张栻"去取甚严，可以见前辈读书眼力之高"。晁公武主要生活在南宋初年，与朱熹约略同时；陈振孙为宋末人，晚于朱熹半个世纪。二人通过书目倡导理学的阅读理念，推崇朱熹的著作，正折射出南宋的阅读风尚，也大致反映出理学在南宋思想界、学术界的影响。

除此以外，两书目中还有大量书史典故的记载，以及他们自己，尤其是陈振孙藏书之执着、抄书之艰辛、读书之勤勉的描述，字里行间灌注着一种令人肃然起敬的崇尚阅读、敬畏学术的精神。可以想见，一部数万卷的解题书目，首先必须使记录的内容有效地融入社会知识体系，有关著录和内容评价需要参酌历代公私著录，加之自己的体察和考证。这样，除了一一翻阅原书外，还要阅读大量相关的典籍，进行参阅、对照、体察、考证。完成这样庞大的阅读量和学术甄别任务，时间以外，必须有坚忍的毅力和崇高的责任心。晁公武和陈振孙都以一己之力，出色地完成了反映有宋一代文化学术活动的水平和盛况的巨著。

晁公武、陈振孙二人，《宋史》皆不为立传，而凝聚着他们毕生心血的二部目录却传之百世，辉耀千古。正如明代学者胡应麟所说："以若人撰述之勤，有功千古，泯没若斯，良可扼腕。然此书自足永久，何藉史臣也。"②

---

① 陈振孙撰，徐小蛮、顾美华点校：《直斋书录解题》卷三，上海：上海古籍出版社，1987年，77页。
② 胡应麟：《少室山房笔丛》卷一《经籍会通一》，北京：中华书局，1958年，19页。

第三节　笔记小说的勃兴

自有书籍以来，士大夫无不以读书为务，而两宋的士大夫尤有极大的热情，"游文章之林府，漱六艺之芳润"，正如黄庭坚所说："人久不读书，照镜则面目可憎，对人亦语言无味。"米芾所谓"三日不读书，便觉思涩"。阅读活动甚为旺盛。在相对安定的社会环境中，受朝廷重文崇儒政策的鼓励，士大夫、名公学者读书治学，吟诗问艺，追求高雅的文化生活，营造浓郁的学术氛围。所以，王国维十分推崇宋代的学术文化，他一一列举宋人在哲学、科学、史学、文学艺术、金石学、考证学诸领域取得的成就，得出了"宋代学术方面最多进步，亦最著"，"近世学术多发端于宋人"的结论。[1] 清代学者赵翼曾经研究统计历代文人学者的著述情况，所举著述最富的五人，即乐史、周必大、李心传、李焘、王应麟，都是宋代学者。[2] 二人对宋人读书治学成就的看法是一致的。

宋人著述的规模是空前的，仅别集一项，陈振孙《直斋书录解题》就著录了277种，另有诗、词集250余家。20世纪80年代，四川大学古籍整理研究所为编辑《全宋文》，对现存宋人别集进行搜集整理，得宋人诗文集包括词集、各类文集及后人的辑本739家。[3] 这些宋人别集中保存了反映阅读经典作家作品体会感想的大量诗文。这些诗文或评论鉴赏，或发挥引申，或辩驳指谬，凸现出阅读对作者思想文化

---

[1]　王国维：《宋代之金石学》，见《王国维遗书》，第3册，上海：上海书店出版社，1983年，708页。
[2]　赵翼：《陔余丛考》卷四十《著述最多》，北京：中华书局，1963年，880页。
[3]　四川大学古籍整理研究所：《现存宋人别集版本目录》，成都：巴蜀书社，1990年，1页。

修养的影响。宋人读书活动的情况则更多地直接反映在他们精心倾情撰著的笔记小说中。

在古代四部分类体系中，子部有杂家类、小说家类。杂家源于先秦诸子，而杂糅儒墨名法各家之说，其中重在辩证者，称为杂考，兼具议论叙述者，称为杂说。小说家源出古时为王者陈说里巷风俗的稗官，至唐宋间，衍为三派：或叙述杂事，或记录异闻，或缀辑琐语。其中杂事一类，谈朝政国事，兼及里巷闲谈、辞章掌故，出入于杂史杂家之间。两类图书有相同之处，古人习惯称为说部，一般概称为笔记小说或笔记。《四库全书总目》著录历代杂家著述190部，而宋人著述近90部，几占一半。其中杂考类，历代总数57部，宋人所著包括洪迈的《容斋随笔》、吴曾的《能改斋漫录》、王应麟的《困学纪闻》等28部；杂说类，历代总数86部，宋人所著包括沈括的《梦溪笔谈》、苏轼的《东坡志林》、周密的《齐东野语》等49部，平均约占53%。小说家杂事类著录历代86部，宋人所著包括欧阳修的《归田录》、司马光的《涑水纪闻》、王明清的《挥麈录》等52部，占约60%。这些笔记的作者，几乎涉及两宋历朝的名臣大家，笔记内容涉及范围极其广泛，举凡经史学术、人文地理、语言文字、诗词博艺、名物制度、风俗民情、名人逸事、奇闻趣谈等，其共同特点是广征博引，语言生动活泼。从整体上看，宋人笔记可以视为一部社会生活史，既有严肃性，又具可读性，在社会上传播很快。即使尊贵为帝王，也喜为读者。如欧阳修致仕归田后，神宗看到他为《归田录》所写的序，派使者去索取原书。由于这部"以备闲居之览"的《归田录》所记"朝廷之遗事，史官之所不记，与夫士大夫笑谈之余而可录者"中，有欧阳修不愿广传的内容，因而欧阳修将其删去，缮写进览。洪迈的《容斋随笔》十六卷，淳熙间由金华民间书坊刻印后，经书商贩卖到京师，并辗转由贵人买入宫中，孝宗读后，称赞"煞有好议论"，洪迈倍感"至荣"，五年后写成《续笔》十六卷行世。

丛书起源于宋代,南宋俞鼎孙、俞经辑刻的《儒学警悟》和左圭所辑《百川学海》作为我国最早的两部丛书,汇集的基本都是笔记,而且绝大部分是宋人著述。这说明宋人笔记在当时就有通畅的传播渠道和广大的读者群体。

元代学者袁桷受命撰修辽、金、宋史时,开出一个必备参考书目,《归田录》《涑水纪闻》《梦溪笔谈》《挥麈录》《能改斋漫录》等几十种著名的宋人笔记赫然在列①,充分说明这些笔记在学术研究中的重要作用。我们如果从阅读这样一个崭新的层面来考察宋人笔记的影响,则可以得出同样的结论。这些笔记中有着大量有关阅读的内容,对历代读者产生了深刻的影响,明代学者娄坚对《容斋随笔》"考据精确,议论高简,读书作文之法尽是矣"②的评价,有力地证明了这一点。具体来说,以下几方面的内容可以帮助我们确认宋人笔记在古代阅读史上的地位。

一、自述读书经历

宋代笔记的作者无一例外,都是饱学之士,不论地位贵贱、身份显隐,阅读都是他们生活中不可或缺的充满乐趣的重要内容。南宋张淏在所著笔记《云谷杂记》中自述:"予自幼无他好,独嗜书之癖,根著胶固,与日加益。每获一异书,则津津喜见眉宇,意世间所谓乐事,无以易此。"③他把读书视为一种"可以娱闲暇而资见闻"的活动,阅读面十分广泛,当读到书中抵牾讹谬的地方,就随所见做辩证笔记。李

---

① 袁桷:《修辽金宋史搜访遗书条列事状》,见李修生《全元文》卷七一二,南京:江苏古籍出版社,2001年,第23册,140页。
② 马元调:《重刻容斋随笔纪事一》,见洪迈《容斋随笔》,上海:上海古籍出版社,1978年,1页。
③ 张淏:《云谷杂记》卷末,北京:中华书局,1958年,75页。

廌曾师从苏轼学艺,为苏门六君子之一,他在《师友谈记》中记录了苏轼大量言行,而开卷冠首一条就是苏轼关于读书情况的自述:"幼时,父兄驱率读书,初甚苦之,渐知好学,则自知趣向,既久则中心乐之,既有乐好之意,则自进不已。古人所谓'知之者不如好之者,好之者不如乐之者。'"①这实际上就是强调读书进学,需要从好乐中悟入。"知之者不如好之者,好之者不如乐之者"出自《论语·雍也》,大意是对于学问或事业,仅仅喜爱还不够,必须以其为乐,才能在实际过程中不畏困难,百折不挠。南宋初闽人叶廷珪入仕40多年,"未尝一日手释卷","每闻士大夫家有异书,无不借,借无不读,读无不终篇而后止",②后将读书抄录的"新奇事,未经前人文字中用"的内容,分类辑成一部"虽小书,却甚好"的中型类书《海录碎事》,嘉惠后学。

  宋末学者周密一生撰著数种笔记,以《齐东野语》最为知名。在这部杂说类笔记的自序中,周密侃侃而谈写作的原委,其中说到先世前辈读书著述之风对自己的影响。周密出身于书香门第,家有书种堂,取意于黄庭坚"士大夫子弟能知忠、信、孝、友,斯可也矣,然不可令读书种子断绝"之说。其父博览群书,熟悉朝廷旧事。周密自幼在父身边,耳濡目染。随着自己阅读面的不断扩大,他发现早年父亲所训,有的与《国史》的记载相异。请教之际,父亲取出祖父、曾祖父的有关著述手稿,一一说明相异的原因,激励周密继承家学,"参之史传诸书,博以近闻脞说",写成《齐东野语》。

  其实,一部优秀的笔记本身就是作者持久阅读活动的成果。沈括史称北宋学问最为博洽者,他那部被英国学者李约瑟誉为"中国科学史上的坐标"的笔记名著《梦溪笔谈》,正文凡609条,类分为17门:故事、辩证、乐律、象数、人事、官政、权智、艺文、书画、技艺、器用、神

---

① 李廌:《东坡先生言人君之学与臣庶异》,见《师友谈记》,北京:中华书局,2002年,11页。
② 叶廷珪:《海录碎事序》,见《海录碎事》卷首,北京:中华书局,2002年,1页。

奇、异事、谬误、讥谑、杂志、药议。同样,以记诵渊博著称的南宋学者吴曾,他的笔记名著《能改斋漫录》分为事始、辨误、沿袭、地理、议论、记诗、谨正、记事、记文、方物、乐府、神仙、鬼怪等13类。从整体上看,两书的共同特点是援据赅洽,辨析精核。可以想见,不以常年广泛的阅读为基础,这样的成就是难以取得的。

二、劝勉读书,追求博学

把读书作为治学之本的理念,在宋人的笔记中随处可见,其对读者的影响是潜移默化的。苏轼在《谏论》一文中指出唐代魏徵"以苏张之辩,而为谏诤之术"。所谓"苏张之辩",是指战国苏秦、张仪合纵连横的谋略。不少学者对此提出疑义。吴曾在《能改斋漫录》中,根据魏徵的《出关诗》和《旧唐书·本传》所载,证明"魏公少学纵横无疑",因而感叹"乃知读书不博,未可以轻议前辈也"。① 苏轼《卜算子》词有"拣尽寒枝不肯栖"之句,《苕溪渔隐丛话》指责说鸿雁未尝栖宿树枝,只在田苇间。王楙在《野客丛书》中举隋诗例支持苏轼,进而提出"人读书不多,不可妄议前辈诗句"②。周邦彦《满江红·春闺》词有句"蝶粉蜂黄都褪了",说者以为宫妆。杨东山据《道藏经》的记载,对其加以驳正。罗大经征引此则材料后,深有感触地说:"区区小词,读书不博者,尚不能得其旨,况古人之文章,而可以臆见妄解乎!"③欧阳修有《赠王介甫》诗,诗中有"翰林风月三千首,吏部文章二百年"之句,王安石以吏部为韩愈,欧阳修则指正说,谢朓为吏部尚书,沈约在给他的书札中有"二百年来无此作"之语,时人都以为王安石错了。

---

① 吴曾:《能改斋漫录》卷十《东坡以魏郑公学纵横之术》,上海:上海古籍出版社,1979年,281页。
② 王楙:《野客丛书》卷二十四《东坡卜算子》,北京:中华书局,1987年,276页。
③ 罗大经:《鹤林玉露》卷四《蝶粉蜂黄》,北京:中华书局,1983年,72页。

其实王安石也有依据,唐代孙樵《上韩退之吏部书》中也有"二百年来无此文"之语。所以他说欧阳修读书未博。南宋朱翌以此为例,要求"后学读书未博,观人文字不可轻诋"①。

从上面所述来看,其核心内容就是要求多读书,扎扎实实地读,追求博学。但是还有一个基本精神,那就是谦虚,上文中所谓"未可以轻议""不可妄议""不可轻诋"云云,这是读书治学必须具有并始终保持的态度。正如王楙所说:"天下之书,岂能遍睹。持尺寸之绠,而欲穷万丈之泉,多笑其不知量也。"②他告诫天下读书人轻议要千万戒之,谦虚则要终身持之。

北宋王观国的学术笔记《学林》以"辨文字之正借,审音读之是非"为主,四库馆臣评价全书"引据详洽,辨析精核者十之八九"。检书中尚有不少有关阅读的内容。其中"好癖"一则,列举历来以癖好知名者,如"王僧孺好聚书,陶弘景好松风,何思澄好造谒,顾恺之好丹青,王筠、唐文琮皆好抄书,陆龟蒙好茶,苏威好古物"。对诸家的嗜好,王观国认为,校其优劣,以好聚书者为胜,因为"聚书多则子孙必多博学者,盖其所习者然也"③。很显然,他之所以独标举藏书为胜,用意还在于倡导读书博学。

南宋孝宗之世,读书之风卑弱不振,士人读书治学没有远大志向,"己所未知者,辄讪薄之,以为不足学,排抑沮折,惟恐不力。诋穷经者,则曰传注已尽矣;诋博学者,则曰不知无害为君子"。陆游将其称为"挟陋之病"④。上述诸公劝勉世人读书、追求博学的言论,可谓对症的救治之策。

---

① 陈鹄:《西塘集耆旧续闻》卷一《欧公荆公辩诗》,北京:中华书局,2002年,290页。
② 王楙:《野客丛书》卷二十九《续释常谈》,北京:中华书局,1987年,338页。
③ 王观国:《学林》卷五《好癖》,北京:中华书局,1988年,179页。
④ 陆游:《答刘主簿书》,《陆游集》,第5册,北京:中华书局,1976年,2089页。

三、弘扬阅读精神

宋人笔记中有大量文字记载了当代名家学者勤读苦学的事迹，有关阅读的嘉言懿行，足以垂范后人。其中以欧阳修三读三上最为著名。

欧阳修在《归田录》中记钱惟演自言"平生惟好读书，坐则读经史，卧则读小说，上厕则阅小辞，盖未尝顷刻释卷也"，记谢绛言宋绶"在史院，每走厕必挟书以往，讽诵之声琅然闻于远近，其笃学如此"，而总结自己"平生所作文章，多在三上，乃马上、枕上、厕上也"。① 王安石的"手不释卷"也很知名。王安石性嗜读书，手不释卷，在常州太守任上，经常默坐深思，接待客人时也少有笑容。"一日大会宾佐，倡优在庭，公忽大笑，人颇怪之。乃共呼优人厚遗之，曰：'汝之艺能使太守开颜，其可赏也。'"有人怀疑王安石所笑并非因为演技高超，经追问，方知当时王安石在苦思《易经》中的卦义，豁然有悟，不禁发笑。② 何薳在《春渚纪闻》中记录了秦观有关苏轼读书写作的一段叙述，说苏轼经常与友朋后学谈读书的乐趣，晚上读书以三鼓为限，即使雅集醉归，也必定披卷展读，至倦而寝。秦观曾经"于钱塘从公学二年，未尝见公特观一书也。然每有赋咏及著撰所用故实，虽目前烂熟事，必令秦与叔党诸人检视而后出"③。叔党是苏轼的儿子苏过。秦氏所言，令后人感受到苏轼阅读的执着、写作的严谨。

---

① 欧阳修：《归田录》卷二，北京：中华书局，1981年，24页。
② 彭乘：《墨客挥犀》卷四《手不释卷》，北京：中华书局，2002年，318页。
③ 何薳：《春渚纪闻》卷六《东坡事实》，北京：中华书局，1983年，88页。

四、考辨书籍讹误,指导阅读

宋人笔记中,大量的内容涉及对社会通行书籍真伪讹误的考辨,对于后之读者具有现实的指导意义。官至端明殿学士的洪迈,学问精博,展卷读书,意有所得,即随手札记,所成《容斋随笔》,辩证审核,考据精博,素有南宋说部之冠的盛誉。书中《浅妄书》一则,辩驳《云仙散录》诸书之讹误极为精审,在同类文字中具有代表性:

俗间所传浅妄之书,如所谓《云仙散录》《老杜事实》《开元天宝遗事》之属,皆绝可笑。然士大夫或信之,至以《老杜事实》为东坡所作者,今蜀本刻杜集,遂以入注。孔传《续六帖》,采撷唐事殊有功,而悉载《云仙录》中事,自秽其书。《开天遗事》托云王仁裕所著,仁裕五代时人,虽文章乏气骨,恐不至此。姑析其数端以为笑。其一云:"姚元崇开元初作翰林学士,有步辇之召。"按元崇自武后时已为宰相,及开元初三入辅矣。其二云:"郭元振少时美风姿,宰相张嘉贞欲纳为婿,遂牵红丝线,得第三女,果随夫贵达。"按,元振为睿宗宰相,明皇初年即贬死,后十年嘉贞方作相。其三云:"杨国忠盛时,朝之文武,争附之以求富贵,惟张九龄未尝及门。"按九龄去相位十年,国忠方得官耳。其四云:"张九龄览苏颋文卷,谓为文阵之雄师。"按,颋为相时,九龄元未达也。此皆显显可言者,固鄙浅不足攻,然颇能疑误后生也。惟张象指杨国忠为冰山事,《资治通鉴》亦取之,不知别有何据?近岁,兴化军学刊《遗事》,南剑州学刊《散录》,皆可毁。①

---

① 洪迈:《容斋随笔》卷一,上海:上海古籍出版社,1978年,6页。

文中"颇能疑误后生"一语,道出了洪迈用力考辨讹误的原因。陈鹄《西塘集耆旧续闻》中有《容斋先生谓云仙散录题东坡注杜皆伪著》一则,称:"容斋先生语余云:'唐金城冯贽编《云仙散录》,不著出处,皆为伪撰,初无此事。'"而《伪注杜诗》中,"往往特引史传所有之事及东坡已载于笔录者,饰伪乱真,其言又皆鄙缪",指出:"世俗浅识辈,又引其注为故事用,岂不误后学哉!"①其为洪迈的考辨提供进一步的证据,而"岂不误后学"云云,说明陈鹄续辨的用意与洪迈是一致的:提示后来学者阅读时加以注意。

尤其值得注意的是,宋人笔记中的这类文字,绝大部分是针对同时代学者著述的,可以称之为对同时代人著述的阅读研究。李心传是宋代的著述大家,撰有《建炎以来系年要录》《建炎以来朝野杂记》等数百卷。其中《旧闻证误》是以考证见长的笔记名著,原本15卷,今传世本4卷,系从《永乐大典》中辑出,凡152条。书中的考辨正误,专门对宋人著述,包括官修、私撰史籍,以及笔记杂著中的记载错误加以驳证。仅以现存本统计,有王明清《挥麈录》30条,李焘《续资治通鉴长编》18条,魏泰《东轩笔记》8条,叶梦得《石林燕语》7条,可称得上是宋代历史考据学的代表作。② 王楙的《野客丛书》以"考证典籍异同"为特点,其学术水平与文化价值在《梦溪笔谈》《缃素杂记》《容斋随笔》之间。王楙书中征引或讨论的内容,大量涉及宋代的笔记小说,如《梦溪笔谈》《容斋随笔》《能改斋漫录》《石林燕语》《学林》《缃素杂记》《冷斋夜话》《苕溪渔隐》《后山诗话》《蔡宽夫诗话》《隶释》《嬾真子》《遁斋闲览》《西清诗话》《南部新书》《春明退朝录》《东轩笔录》等几十种。对同时代社会广泛流传的著作大量引证,加以辨析,是一项

---

① 陈鹄:《西塘集耆旧续闻》卷九,北京:中华书局,2002年,381页。
② 许规:《〈旧闻证误〉研究》,见《宋史研究论文集》,杭州:浙江人民出版社,1987年,471页。

艰巨而严肃的学术任务,要求作者持久保持广泛深入的阅读活动。这样的学术风尚,对社会阅读活动的指导和促进作用十分明显。

五、传播阅读的方法与理念

叙述与名公大家的交往,记述他们的读书活动或阅读方法,用其成功的经验来训导后代,津逮来学,以传扬名家阅读方法和理念。这样的文字,我们在宋人笔记如陈鹄的《西塘集耆旧续闻》、李廌的《师友谈记》等中能经常读到。朱载上任黄州教授时,结识谪居其地的苏轼,得知名扬天下的他仍日以手抄《汉书》为课,十分惊讶,请教其由。苏轼语出惊人:"某读《汉书》,至此凡三经手抄矣。初则一段事,抄三字为题,次则两字,今则一字。"他要求"举题一字"相试。朱氏试举一字,"东坡应声辄诵数百言,无一字差缺。凡数挑皆然"。朱载上感叹良久,以此劝勉儿子朱翌:"东坡尚如此,中人之性,岂可不勤读书耶!"朱翌亦以此教诲儿子朱辂。① 从这一记载中,我们除了敬佩苏轼的阅读精神,更对他的读书方法留下深刻的印象。三读《汉书》,理解一次比一次精深,所以能以一字而概括数百言,是传统熟读深思方法的典范事例。

随着科举制度的确立,社会崇尚文名的风气炽盛,传统阅读理念中学以致用的宗旨逐渐被淡化。主要活动在宋理宗年间的罗大经,对当时"士非尧、舜、文王、周、孔不谈,非《语》《孟》《中庸》《大学》不观,言必称周、程、张、朱,学必曰'致知格物',此自三代而后所未有"②的盛况表示忧虑,因为在这样看似向学之风炽烈的表象下,他看到读书者仅仅把读书视为追逐世俗名利的工具,仅仅停留在"入耳出口"

---

① 陈鹄:《西塘集耆旧续闻》卷一《东坡抄汉书》,北京:中华书局,2002年,289页。
② 罗大经:《鹤林玉露》卷五《读书》,北京:中华书局,1983年,314页。

而已。其后果就是"豪杰之士不出,礼义之俗不成,士风日陋于一日,人才岁衰于一岁"。所以他呼吁读书人重温传统阅读理念,确立"取之以抚世酬物"的宗旨,就是要把阅读作为服务社会建设和提高自身

《鹤林玉露》一则书画合璧(局部) [明]彭年、钱榖 创作

修养的重要途径,将儒家经典中的字字句句落实到自己的言行中去。罗大经晚年罢官隐居,自述:"余家深山之中,每春夏之交,苍藓盈阶,落花满径,门无剥啄,松影参差,禽声上下。午睡初足,旋汲山泉,拾松枝,煮苦茗啜之。随意读《周易》《国风》《左氏传》《离骚》《太史公书》及陶杜诗、韩苏文数篇。从容步山径,抚松竹,与麛犊共偃息于长林丰草间……"①这段著名的文字曾经赵孟頫行书,取名《读书乐趣》。明代苏州书画家彭年、钱榖即以罗大经这段文字为题,创作长卷,书画合璧。这位在如此恬静悠然的心境中写作《鹤林玉露》的学者,仍不忘倡导正确的阅读理念,这确实难能可贵。

宋人笔记的内容,可以说是包罗万象,雅俗共赏,有关阅读的只是其中的一部分。近人丁传靖辑《宋人轶事汇编》,从近500种宋元明

---

① 罗大经:《鹤林玉露》卷四《山静日长》,北京:中华书局,1983年,304页。

清著述中辑录 600 余位宋人的有关材料、轶事,而所取 287 种宋人著述中以笔记居多。吴文治主编《宋诗话全编》,编纂宋代诗话 562 家,其中原已单独成书的 170 余种,新辑者近 400 家,很多即从存世文集、笔记等中辑出。其前言中说:"诗话盛行于宋代,由于不仅在内容上比较宽泛自由,可深可浅,在文字上也比较通俗易解,雅俗共赏。这种体式为论诗提供了方便法门,因而它不仅能拥有广大的读者,而且也拥有广大的作者。"①其足以说明宋人笔记的这种特点。

所以,上述所举并不足以穷尽宋人笔记在古代阅读史上的意义。尽管如此,但见一叶而感春,尝一脔而知味,今人从中还是可以体味到作者们为推进社会阅读活动所做出的努力和贡献。

第四节 书院与私学的繁荣

书院是中国古代一种私学性质的教育组织,它远继先秦以来私人讲学的遗风,近承唐代丽正书院藏书的传统,以讲学、藏书为基本规制。

书院之名始于唐代,兴起于北宋,鼎盛于南宋。据现存方志、书院志及相关文献记载的不完全统计,两宋时期兴建的各式书院有大小 600 余所②,绝大多数兴建于南宋。南宋书院在江南星罗棋布,它的繁盛与理学的传播有关,而理学阅读理论的建立和完善,又与书院的教育活动有着密切的关系。

---

① 吴文治:《宋诗话全编·前言》,南京:江苏古籍出版社,1998 年。
② 季啸风:《中国书院名录》,见《中国书院辞典》,杭州:浙江教育出版社,1996 年,738 页。

一、书院的发展

宋代书院的发展,受朝廷文化政策和社会思潮变化的影响,大致可以分为三个阶段。

宋初,江西白鹿洞书院、湖南岳麓书院与河南睢阳书院、嵩阳书院南北雄峙,有天下四大书院之美誉。对此,吕祖谦在《白鹿洞书院记》中分析说"国初,斯民新脱五季锋镝之厄,学者尚寡,海内向平,文风日起。儒先往往依山林,即闲旷以讲授,大率多至数十百人。嵩阳、岳麓、睢阳及是洞为尤著,天下所谓四书院在者也"[①]。岳麓书院名冠四大书院之首,为潭州守朱洞在开宝九年(976)创建于岳麓山抱黄洞下,咸平二年(999),潭守李允则扩建之,两年后,御赐经史典籍。大中祥符八年(1015),真宗便殿召见山长周式,拜国子监主簿,并赐"岳麓书院"额。嵩阳书院原名太乙书院,始建于后周显德年间,太宗至道二年(996)赐名"太室书院",并赐印本九经。大中祥符三年(1010),真宗再赐太室书院九经。景祐二年(1035)朝廷新修太室书院,并赐额更名为"嵩阳书院"。睢阳书院即应天府书院。宋初,戚同文在商丘筑室聚徒施教,称睢阳学舍。商丘升为应天府,邑民曹诚即同文旧居建学舍。大中祥符二年(1009),曹诚愿以学舍入官,真宗赐"应天府书院"额。白鹿洞书院在江西庐山五老峰下,唐李渤读书庐山,常畜一白鹿相随,因以得名。正如朱熹《白鹿洞书院》诗所谓"昔人读书地,町疃白鹿场"。南唐因洞建学,学者大集,当时名曰白鹿国庠。宋初始置书院,太宗于太平兴国二年(977)赐之九经。湖南衡阳的石鼓书院,在有的文献中也名登四大书院之列。唐元和中州人李宽在石鼓山结庐读书,宋至道三年(997),李士真修建书院。景祐二

[①] 吕祖谦:《白鹿洞书院记》,见黄灵庚、吴战垒《吕祖谦全集》卷六,杭州:浙江古籍出版社,2008年,99—100页。

年(1035),仁宗御赐学田及"石鼓书院"额。

宋初尊右儒术,科举取士,书院聚徒习儒,深合朝廷文治之策。因此朝廷赠书、授职、赐额,对其关爱备至。一经皇帝赐额,书院之名便声闻天下。但是这时的书院在教育体制、管理、方法等方面,并没有形成创新内容,无出色建树。仁宗景祐(1034—1038)前后,知名书院大都改为官学,并逐渐衰落。仁宗庆历年间(1041—1048),诏令天下州县兴办学校。各地闻风而动,学校如雨后春笋,纷纷破土而出,于是出现了"庆历兴学之后,虽陋邦小邑,亦弦诵相闻"[1]的动人场面。50多年后,徽宗大观年间,再次兴学,历史再一次留下了"人士向慕,山陬海隅,弦诵之声相闻,庠序之盛,近古未有抗者"[2]这样的激扬文字。于是,以科举为目标的各级学校的读书教育,成为社会阅读活动的风向标。

早在仁宗景祐年间,有"宋初三先生"之称的胡瑗、孙复、石介就开始从事私学教学活动,先后创办泰山书院、徂徕书院等。学生风从,甚至有道士张生、孟生者,掷黄冠,顶章甫,来从石介读儒家书,并请易名。石介就以"归鲁""宗儒"分别名之。稍后,康定元年(1040),周敦颐开始聚徒讲学,四年后,程颢、程颐从师受业。聚徒读书讲学始终是古代学者传授学术思想的一种驾轻就熟的方式,理学思想家们也不例外。从孙复等三先生作为理学的先驱,开始酝酿儒学的复兴,到二程建立理学体系,他们传授自己的学说,选择的是同样的方式。但是,其时理学尚未成为显学,理学的阅读方法对社会的影响,尚不足以与官学传统方法相抗衡。这种局面的改变,有待南宋理学

---

[1] 袁燮:《四明教授厅续壁记》,《絜斋集》卷十,见曾枣庄、刘琳《全宋文》卷六三七六,上海:上海辞书出版社,合肥:安徽教育出版社,2006年,第281册,225页。

[2] 葛胜仲:《故显谟阁直学士魏公(宪)墓志铭》,《丹阳集》卷十二,见曾枣庄、刘琳《全宋文》卷三〇七五,上海:上海辞书出版社,合肥:安徽教育出版社,2006年,第143册,58页。

的盛行。

南宋初,时称"东南三贤"的朱熹、张栻、吕祖谦等理学大家群起角立,以办书院讲学的形式,传播理学。乾道元年(1165),岳麓书院重修,张栻主持院务;淳熙六年(1179),出任南康军行政长官的朱熹,获准重建庐山白鹿洞书院;淳熙十五年(1188),陆九渊在象山书院讲学;淳熙间,吕祖谦在婺州(今浙江金华)建丽泽书院。一时俊秀,四方学子,慕名联袂而来,云集书院,向学之势颇为壮观。正如宋末学者王应麟在《广平书院记》中所说:"乾道、淳熙间,正学大明,朱子在建,张子在潭,吕子在婺,陆子在抚,学者宗之,如日月江汉,光润所被,皆为名儒。"①南宋书院的复兴进而辉煌,正与朱熹等人以宣扬光大理学为旨归的学术教育活动有着因果关系。

二、南宋书院的教学宗旨和读书方法

南宋书院崛起于理学家之手,是他们传播理学的主要途径之一。所以,书院标举并实施以明道切己为核心的教学宗旨与读书方法,《白鹿洞书院揭示》是这一教学思想的集中体现。

朱熹重建白鹿洞书院后,考虑制定书院学规。他从《尚书》《周易》《礼记》《论语》《孟子》等儒家典籍中撷取有关为学、处事、修身、接物的经典成语,制定《白鹿洞书院揭示》(一名《白鹿洞书院学规》),明确以明道为教学宗旨,以切己为读书方法,以此规范书院的读书教学活动。全文如下②:

---

① 王应麟:《广平书院记》,《四明文献集》卷一,见曾枣庄、刘琳《全宋文》卷八二〇一,上海:上海辞书出版社,合肥:安徽教育出版社,2006年,第354册,300页。
② 朱熹:《晦庵先生朱文公文集》卷七十四,见《朱子全书》,上海:上海古籍出版社,合肥:安徽教育出版社,2012年,第24册,3586页。

父子有亲，君臣有义，夫妇有别，长幼有序，朋友有信。

右五教之目。尧舜使契为司徒，敬敷五教，即此是也。学者学此而已，而其所以学之之序，亦有五焉，其别如左：

博学之，审问之，慎思之，明辨之，笃行之。

右为学之序。学、问、思、辨，四者所以穷理也。若夫笃行之事，则自修身以至于处事接物，亦各有要，其别如左：

言忠信，行笃敬，惩忿窒欲，迁善改过。

右修身之要。

正其义不谋其利，明其道不计其功。

右处事之要。

己所不欲，勿施于人。行有不得，反求诸己。

右接物之要。

熹窃观古昔圣贤所以教人为学之意，莫非使之讲明义理，以修其身，然后推己及人，非徒欲其务记览、为词章，以钓声名、取利禄而已也。今人之为学者，则既反是矣。然圣贤所以教人之法，具存于经，有志之士，固当熟读深思而问辨之。苟知其理之当然，而责其身以必然，则夫规矩禁防之具，岂待他人设之而后有所持循哉！近世于学有规，其待学者为已浅矣，而其为法又未必古人之意也。故今不复以施于此堂，而特取凡圣贤所以教人为学之大端，条列如右，而揭之楣间。诸君其相与讲明遵守而责之于身焉，则夫思虑云为之际，其所以戒谨而恐惧者，必有严于彼者矣。其有不然，而或出于此言之所弃，则彼所谓规者必将取之，固不得而略也。诸君其亦念之哉！

朱熹在《白鹿洞书院揭示》中明确宣布书院教学和学生读书活动的宗旨在于讲明义理，以达到修身进而推己及人的目的，断然否定以记诵写作为任务，以科举取利为目标的世俗观念。淳熙十三年(1186),衡州石鼓书院重修,朱熹在所撰记文中尖锐地指出官学教学的不足:"今郡县之学官,置博士弟子员,皆未尝考其德行道艺之素。其所受授,又皆世俗之书,进取之业,使人见利而不见义。"他再次强调书院要坚持自己的办学宗旨和阅读理念,"毋以今日学校科举之意乱焉"。①

书院这种建立在理学思想基础上的全新的阅读理念和读书目的,张栻早在所撰《潭州重修岳麓书院记》中已有所表述。他说:重修书院,招生读书讲学,"但为决科利禄计乎?抑岂使子习为言语文词之工而已乎?盖欲成就人才,以传斯道而济斯民也"②。其用设问自答的形式,突出书院讲学读书的目的不在于科举辞章,而在于培养成就传道济世之人才。

朱熹创学规后30年,嘉定二年(1209)任福建南剑州知州的陈宓,先后在南平、将乐分别创建延平书院、龟山书院,办学理念和教学方法完全依仿白鹿洞书院的成规。绍定五年(1232),理宗为新移建三峰山的象山书院赐额,袁甫在《象山书院记》中再次申明"书院之建,为明道也"。稍后他又在《重修白鹿书院记》中高度赞扬张栻、朱熹、陆九渊诸先生建书院讲学明道的绩功。③ 一时书院蔚起,名儒大家的故居、讲学处、读书处,纷纷被改建为书院,如建阳刘爚故居的云庄书院,衢州汪应辰故居的明正书院,陆九渊门人杨简故居的慈湖书院,江苏苏州尹焞读书处的和靖书院、镇江周敦颐读书处的濂溪书院,湖南安仁周必大读书处的清溪书院,浙江瑞安陈傅良读书处的心极书院,等等。理学"明道切己"的教学读书主张风行天下。

---

① 朱熹:《衡州石鼓书院记》,《晦庵集》卷十九,见《朱子全书》,上海:上海古籍出版社,合肥:安徽教育出版社,2002年,第24册,3783页。
② 张栻:《潭州重修岳麓书院记》,《南轩集》卷十,见曾枣庄、刘琳《全宋文》卷五三七九,上海:上海辞书出版社,合肥:安徽教育出版社,2006年,第255册,368页。
③ 袁甫:《蒙斋集》卷十三,见曾枣庄、刘琳《全宋文》卷七四三九,上海:上海辞书出版社,合肥:安徽教育出版社,2006年,第324册,53页。

南宋理宗、度宗两朝,程朱理学屡得朝廷褒扬,成为官方的正统理论,朝廷先后将朱熹的《大学章句》《中庸章句》,周敦颐的《太极图说》,张载的《西铭》,程颐的《易传序》《春秋传序》等诏定为学校教材。淳祐元年(1241),理宗巡察太学,诏以周敦颐、二程、张载、朱熹从祀孔庙,并御书《白鹿洞规》赐予诸生,朱熹为书院确定的教学规则被引入官学。景定元年(1260),婺州布衣何基、建宁府布衣徐几,因为得理学之传,分别诏授婺州教授兼丽泽书院山长和建宁府教授兼建安书院山长。宋末,理学的传播声势盛大,余波沿及元明之世,其学规和阅读理念在后代得到继承和光大。

三、书院与社会阅读风气

唐宋时期,私人读书处也往往名之以书院,而家塾与书院之名亦经常互通。如陆游的朋友徐载叔有城中书屋,自称为桥南书院;刘辰翁族中家塾,名为玉兰书院。这些遍布在大江南北的山间水前,甚至乡里舍中的民间家族私学之所,一般规模偏小,而之所以以书院自榜,只是表明就讲学读书而言,与书院并无区别,且志向远大,自觉取效书院的办教模式,长期以来充当着民间教育和社会阅读的重要组织者的角色,其作用不容低估。

宋初,与书院复兴同时,社会上已经有家塾式书院驰名南北,知名者为陈氏东佳学堂、胡氏华林书院、洪氏雷塘书院。

东佳学堂,又名陈氏书楼、陈氏书堂,坐落在江西浔阳(今九江)。陈氏为陈宜都王叔明之后,南唐时陈衮在东佳"因胜据奇,是卜是筑,为书楼堂庑数十间,聚书数千卷,田二十顷,以为游学之资,子弟之秀者,弱冠以上,皆就学焉"①。江州陈氏在宋初,长幼七百口合族而居,

---

① 徐锴:《陈氏书堂记》,见董诰等《全唐文》卷八八八,北京:中华书局,1983年,9279页。

不畜仆妾,上下雍睦,尤以建家塾聚书,延四方学者知名于世,所谓"江南名士皆肄业于其家"①。当时朝廷特准免其徭役。

华林书院位于江西奉新县西南华林山上,宋太宗雍熙中(984—987)邑人胡仲尧建。胡氏本名门簪缨之族,数世业儒。其族累世聚居,至数百口。仲尧为族中子弟读书,在华林山阳玄秀峰下构筑书堂,"筑室百区,聚书五千卷,子弟及远方之士肄学者,常数十人,岁时讨论,讲习无绝"②。雍熙二年(985),胡氏得到朝廷的表彰,声闻天下。10年后,有族人胡献华受到太宗嘉许,制授试秘书省校书郎,并且颁赐御书以光耀门楣。朝廷名公大臣纷纷作诗歌咏其事,王禹偁吟诗称赞其力田办学的义举:"水阁山斋架碧虚,亭亭华表映门闾。力田岁取千箱稻,好事家藏万卷书。"③

雷塘书院在今江西安义县南昌乡,当地豪门洪氏家人洪文抚在居所之北创建学舍,不仅招收族中子弟,而且"设驿马于西郊,来远客于千里",接纳四方游学之士。至道中(995—997),宋太宗派遣美俗使者巡行郡国,特以御书百轴,下赐洪家。家主文抚遣弟文举入朝谢恩,太宗亲书"义居人"字幅赐之。洪氏兴办义学,两度蒙恩,名声大振,书院"生徒益盛"。

上述三所家族式书院,云居江西。杨亿曾为雷塘书院撰写记文,对三所书院做出整体评价:"先是,浔阳陈氏有东佳学堂,豫章胡氏有华林书院,皆聚坟索,以延俊髦,咸有名流为之纪述。讲道论义,况力

---

① 文莹:《吴国五世同居者》,见《湘山野录》卷上,北京:中华书局,1984年,16页。
② 徐铉:《洪州华山胡氏书堂记》,见《徐公文集》卷二十八,四部丛刊初编本,上海:商务印书馆,1919年影印本,第6册,35页。
③ 王禹偁:《寄题义门胡氏华林书院》,见《全宋诗》卷六十六,北京:北京大学出版社,1991年,第2册,749页。

敌以势均;好事乐贤,复争驰而并骛,宜乎与二家者鼎峙于江东矣。"①从"讲道论义,好事乐贤"这八个字评价分析,似乎三家书院的教学活动并不局限于科举辞章的训练,而在很大程度上关注着仁义道德的修养。山东莱阳蔡元卿曾千里远游,至江西胡氏华林书院求学,在书院之日,"与群士居,非礼不由,非道不谈,君子愿交焉。五年业成,复归于齐。乡老请荐之。时方尚雕虫技,君以好古,不合于有司,退居淄川郡之北郊"②。范仲淹笔下这段华林书院学生求学的珍贵记载,证明了这一点。

宋室南渡以后,随着理学思潮的逐渐高涨,民间家塾深受其教学思想和方法的影响,纷纷标举读书明道的理学旗号。孝宗乾道年间(1165—1173),高可仰创建桐源书院,以教族中及乡里子弟。学者汪应辰应请撰写记文,指出:"书院者,读书之处也。"他告诫高氏子孙,书院读书,"当以古圣贤心学自勉,毋以词章之学自足"③。稍后,包恢在为士人唐准为子侄所创盱山书院撰写的记文中,说得尤为明确剀切。他说,"以书院名,是所主在读书",强调读书并非为了科举,如果把读书仅仅作为"取科第之媒,钓利禄之饵",就成就不了远大志向。其进而就读书的理念和方法进行了阐释,指出:"圣贤之书所以明道,书即道,道即书,非道外有书,书外有道而为二物也。患在人以虚文读书,而不以实理体道。"④其将理学明道的教学宗旨和切己的读书方法解说得十分透彻,是一篇重要的阅读学文献。

---

① 杨亿:《南康军建昌县义居洪氏雷塘书院记》,《武夷新集》卷六,见曾枣庄、刘琳《全宋文》卷二九六,上海:上海辞书出版社,合肥:安徽教育出版社,2006年,第14册,404页。
② 范仲淹:《赠大理寺丞蔡君墓表》,见《范仲淹全集》卷十六,成都:四川大学出版社,2002年,378—379页。
③ 汪应辰:《桐源书院记》,《文定集》卷九,见曾枣庄、刘琳《全宋文》卷四七七九,上海:上海辞书出版社,合肥:安徽教育出版社,2006年,第215册,239页。
④ 包恢:《盱山书院记》,《敝帚稿略》卷三,见曾枣庄、刘琳《全宋文》卷七三三二,上海:上海辞书出版社,合肥:安徽教育出版社,2006年,第319册,349页。

两宋时期,家塾式书院、私学此起彼伏,生生灭灭,绵延不绝。其间虽然知名者很少,但整体作用却大,尤其是在传授德行经术、倡导阅读风气方面。仁宗庆历间,福州士人周希孟、陈烈、陈襄、郑穆身处科举取士规模日益扩大,学者沉溺于雕琢时文之际,相与倡导知天尽性之说,以经学古礼教诲后学,乡间及四方从学者多达千数,时人号为"四先生"。陈襄后出仕杭州,撰《杭州劝学文》,以读书成才为号召:"学校之设,非以教人为辞章、取禄利而已,必将风之以德行道艺之术,使人陶成君子之器,而以兴治美俗也。"转任仙居后,他见到邑民父子兄弟不相孝友,乡党邻里不相存恤,人心汲汲于争财竞利,以为这些都是乡人不知读书的后果,因此作《仙居劝学文》,再次强调读书为学的重要性:"人之为善,莫善于读书为学。学,然后知礼义孝悌之教。"①后人为纪念陈襄,将他的读书处扩建为古灵书院。百年之后,梁克家撰《淳熙三山志》,还引述当时龙昌期《咏福州诗》句"是处人家爱读书",程师孟诗"城里人家半读书",加以褒扬②。

在家塾、私学中接受教学的人,尽管中举出仕,或著述名家者少,但是把树立的阅读理念和养成的读书习惯带到社会,由此对社会阅读和文化传播的影响是巨大的。

四、书院藏书

宋代的书院藏书,从整体上讲规模很大,是社会图书积累的重要组成部分。

书院之名,本为藏书而命,唐代丽正书院、集贤书院就是国家的

---

① 陈襄:《古灵先生文集》卷二十,见曾枣庄、刘琳《全宋文》卷一〇八三,上海:上海辞书出版社,合肥:安徽教育出版社,2006年,第50册,102页。
② 梁克家:《淳熙三山志》卷四十《入学》,见《宋元方志丛刊》,北京:中华书局,1990年,8247页。

藏书之所。两宋书院成为制度化私学后，藏书仍受到高度重视，成为与讲学并重的要务。其原因很简单，书院若无藏书，教育活动将无法开展。

宋代书院藏书的来源，与官学相仿，大致包括御赐和自藏、自刻。其中以自藏为主，以赐书和自刻为辅。赐书见于记载的主要是四大书院，而关于书院自藏的情况，则星星点点，史不绝书。下面酌引数条，以见一斑。仁宗皇祐五年（1053），李觏撰《虔州柏林温氏书楼记》，称虔州温氏为子弟做讲学堂，房数十楹，"凡书在国子监者皆市取，且为楼以藏之"。黄庭坚在《叔父给事行状》中，记述先祖"聚书万卷，山中开两书堂，以教子孙，养四方游学者常数十百"。绍兴十八年（1148），浙江东阳郭钦止建石洞书院，五十年间"礼名士主其学，徙家之藏书以实之"①。湖州德清人丁安议"于教子尤力，建家塾，聚书万卷，馆名士，与子孙游"②。

聚书万卷，应该不是一个小数。四川邛崃鹤山书院藏书最富，据魏了翁自述，来源包括"家故有书，某又得秘书之副而传录焉，与访寻于公私所板行者，凡得十万卷"③。宋代书院藏书，当以此为最，可惜没有书目流传下来，多数书院的藏书是不够丰富的。

自刻是历代书院藏书的一个重要来源，清叶德辉根据清代藏书家目录，在《书林清话》中著录了南宋书院刻书的情况：丽泽书院刻司马光《切韵指掌图》、吕祖谦《新唐书略》，象山书院刻袁燮《絜斋家塾书钞》，建安书院刻《晦庵先生朱文公文集》，鹭洲书院刻《汉书》，等

---

① 叶适：《石洞书院记》，见《叶适集·水心文集》卷九，北京：中华书局，1983年，154页。
② 刘一止：《丁居中墓志铭》，《苕溪集》卷四十九，见曾枣庄、刘琳《全宋文》卷三二八○，上海：上海辞书出版社，合肥：安徽教育出版社，2006年，第152册，272页。
③ 魏了翁：《书鹤山书院始末》，《鹤山先生大全集》卷四十一，见曾枣庄、刘琳《全宋文》卷七○九七，上海：上海辞书出版社，合肥：安徽教育出版社，2006年，第310册，307页。

等。① 书院刻书一般由山长主持。山长是指主持书院教学和事务之人，其人选往往以学问品望为号召。如大儒辈出的南宋，著名理学家朱熹、张栻、吕祖谦、陆九渊、魏了翁等，都先后出掌白鹿洞书院、岳麓书院、丽泽书院、象山书院和鹤山书院。所以清代学者顾炎武在《日知录集释》卷十八中总结道："闻之宋、元刻书皆在书院，山长主之，通儒订之，学者则互相易而传布之。故书院之刻有三善焉：山长无事而勤于校雠，一也；不惜费而工精，二也；板不贮官而易印行，三也。"②

最后还应该指出的是，宋代尤其是南宋，书院的教学和藏书活动的频繁，在很大程度上刺激了民间书坊的发展。福建建阳麻沙、崇化两坊，正兴起于南宋文风炽盛之时。宋代闽中建阳一带学者辈出，朱、游、蔡、刘、熊氏世居其地。逮及南宋，刘子翚、朱熹、蔡沈等学者倡明道学，先后在建阳构精舍讲学，尤其是"琴书四十年，几作山中客"的大儒朱熹先后兴建考亭书院、云谷书院、同文书院等，广招弟子，吸引全国众多学子联袂远投前来求学。同时，不少著名学者入闽建书院精舍为师友讲学之所，在建阳营造起浓郁的读书、讲学的氛围，使建阳时有"小邹鲁"之称。书院的读书、讲学都离不开书籍，巨大的读者群形成了旺盛的市场需求，有力地促进了当地出版业的崛起和发展。现存南宋坊刻本基本上都是孝宗淳熙以后，即理学大兴、书院林立之时所刻，其与以建阳为中心的闽中书院办学高潮，在时间上是一致的，清楚地体现了两者之间的互动关系。

---

① 叶德辉：《书林清话》卷三，北京：中华书局，1957年，74页。
② 顾炎武著，黄汝成集释，栾保群、吕宗力校点：《日知录集释》（全校本）卷十八《监本二十一史》，上海：上海古籍出版社，2006年，1032页。

第四章　阅读文化的丰富与完善

　　阅读文化是指围绕着阅读活动所产生的内涵丰富的社会文化类型,由一系列反映人与图书阅读关系的行为、信仰、观念、制度等构成,具体包括对阅读活动的尊崇、赞颂,阅读方法的形成,对阅读环境的追求,书斋的布置、命名,阅读典故,除蠹、曝书等相关活动。

　　我国古代阅读活动的历史源远流长,阅读文化的形成经历了一个渐进的、积淀的过程,唐、宋两代是这一过程在内容上特别丰富、速度上相对加快的时期。唐宋时期所编纂的类书,基本上都设置有关阅读的类目,如唐虞世南《北堂书钞·艺文部》有经典、好学、博学、谈讲、读书、诵书等,欧阳询《艺文类聚·杂文部》有经典、讲谈、读书等,宋祝穆《古今事文类聚·儒学部》有书籍、读书等,潘自牧《记纂渊海·问学部》有好学、精专、博洽等。这是阅读文化在书籍编纂上得到的反映,是对阅读文化内涵的梳理和类型化,更是体现了社会对阅读的高度关注和重视。

第一节　系统阅读理论的诞生

阅读方法,实际上伴随着阅读活动的开始就已经产生了。受时代学术风尚和个人治学倾向的影响,阅读方法在继承中不断完善创新。先秦以来,历代学者总结提出了很多行之有效的阅读方法,既有如学思结合、讲论切磋、读行相济、博约相兼等具有普遍指导意义的方法,又有如陶渊明"会意法"、苏轼"八面受敌法"等具有浓郁个人色彩的方法,对指导和推动我国历久不衰的阅读活动,促进文化学术的发展,发挥了积极和重要的作用。但是,这些方法基本上呈历时性散状分布的形态,并没有构成一个完整的阅读理论体系。将读书作为治学的首要问题,结合阅读实际,举一反三,对阅读问题做全面系统的理论阐述,并对上自君王、下至生徒进行广泛宣讲传播的,则始自宋代的理学家。

儒家的阅读方法,在传统阅读方法中占有主导地位。然汉魏以来,儒学坚守章句训诂之法,直至唐代,儒生阅读,抱焚余残脱之经,守先师宿儒之说。正如苏辙《东方书生行》中所描述的,"窗中白首抱遗经,自信此书传父祖","旧书句句传先师,中途欲弃还自疑"。旧儒学失去了新活力。北宋中叶,学者开始突破旧注疏的束缚,创立新说。欧阳修撰《诗本义》,以为"先儒于经不能无失",强调于毛苌、郑玄二家之说,要尽其是而论证其不通之失。儒学研究领域扬起疑古之风,为理学的崛起导出先路。

理学起于北宋,盛于南宋。理学家研究儒家经典,以探讨"性命义理"为宗旨,强调阅读经典要从烦琐的旧注中解脱出来。正如程颐所说:"读书将以穷理,将以致用也。今或滞心于章句之末,则无所用也,此学者之大患。"所以,作为儒家的新学派,理学需要在阅读上创立新方法,系统阅读理论就在这样的学术思潮的背景下诞生了,其标志就是《近思录》与《朱子语类》的编辑出版。《近思录》由南宋朱熹与吕祖谦纂辑,分类辑集理学创始人周敦颐(1017—1073)、程颢(1032—1085)、程颐(1033—1107)、张载(1020—1077)的主要著述《太极图说》《通书》《西铭》《正蒙》《经学理窟》《二程遗书》《易传》之语录要领,指导学者阅读"宏深奥衍"的理学要著。其中《格物穷理》卷强调指出致知莫大于读书,并以主要篇幅总论、分论读书之法。《朱子语类》卷首13卷中,有"读书法"2卷,汇集了朱熹阅读理论的精要之语。

朱熹作为儒家读书理论的集大成者,多次对理学的系统阅读理论做过简要的概述。1195年,宋宁宗即位,朱熹即被召为侍讲,奉诏赴京奏事,言及为学之道。他说:"为学之道,莫先于穷理,穷理之要,必在于读书,读书之法,莫贵于循序而致精,而致精之本则又在于尽敬而持志,此不易之理也……帝王之学,殆亦无以易之。特以近年以来,风俗薄陋,士大夫间闻此等语,例皆指为道学,必排去之而后已。"①综合其他理学家的有关论述,可以概括他们所确立的系统阅读理论,其主要内容在于读书之序、读书之法,其精髓则是先立志,次义理,最终落实到行。下面分读书立志、读书之序、读书之法三目逐一展开。

一、读书立志

孔子曾自述"十有五而志于学",又说:"三军可夺帅也,匹夫不可

---

① 朱熹撰,朱杰人等主编:《朱子全书·朱文公文集》卷十四《行宫便殿奏札二》,上海:上海古籍出版社,合肥:安徽教育出版社,2002年,第20册,668—670页。

夺志也。"立志一直是我国传统阅读理论所强调的读书之本。在宋儒的阅读理论中,立志具有更为重要的地位和更为丰富的内涵。与朱熹、吕祖谦并称"东南三贤"的南宋理学家张栻在所撰《桂阳军学记》中,详论读书立志之要:

> 嗟夫,学之不可不讲也久矣!今去圣虽远,而微言著于简编,理义存乎人心者,不可泯也。善学者求诸此而已。虽然,圣贤之书,未易读也。盖自异端之说行,而士迷其本真,文采之习胜,而士趋于寒浅,又况平日群居之所从事,不过为觅举谋利计耳。如是而读圣贤之书,不亦难乎!故学者当以立志为先,不为异端诱,不为文采眩,不为利禄汩,而后庶几可以言读书矣。圣贤之书,大要教人使不迷失其本心者也。①

程颢、程颐曾指出当时学者存在三弊:"溺于文章,牵于训诂,惑于异端。"他们同时又指出"惟利禄之诱最害人"。这正是张栻文中警示学者三个"不为"的内涵。如果无此三弊和利禄之诱,那么学者读书治学的追求和志向会指向哪里?二程的回答是"必趋于圣人之道矣",足见理学家们关于读书立志的见解是完全一致的。

读书治学先立什么志向,标准是什么,如何实现?理学家们对此一一做了明确的回答。

首先,立志必须高标准,这个标准就是"道",正如程颐所说:"立志者,至诚一心,以道自任。"在理学创始人二程的著作中,"道"与"理"往往同义,指的是现存的社会秩序,即纲常伦理和道德规范。他们认为,"经所以载道也",如果读《论语》《孟子》而不知道,那么读得

---

① 张栻:《张南轩先生文集》卷九,见曾枣庄、刘琳《全宋文》卷五三七九,上海:上海辞书出版社,合肥:安徽教育出版社,2006年,第255册,360页。

再多也没有用，所谓"虽多，亦奚以为"。所以他们将学者分为三类：能文者只是文士，谈经者专为讲师，"惟知道者乃儒学也"。这就是学者阅读必须确立并追求的目标：立志高雅，信道深坚。

在理学家倡导的阅读理论中，立志读书并非仅仅以知道为目的，而更主要是为了致用。朱熹在《答郑仲礼》一文中对此解释说："读书固不可废，然亦须以主敬立志为先，方可就此田地上推寻义理，见诸行事。若平居泛然略无存养之功，又无实践之志，而但欲晓解文义，说得分明，则虽尽通诸经，不错一字，亦何所益？"

谢良佐师从二程，读书初以记问为学，自负多读博记，曾夸耀能"举史书不遗一字"。不料程颢听罢，说读书如果只是记得许多，"可谓玩物丧志"，教导他读书"慎不要寻行数墨"。读书不仅要晓解文义，进而推寻义理，更重要的是反躬内省，有致用之心、实践之志。谢良佐因此醒悟，后终成理学名家。

如何算得立志读书达到了致用的目的？二程以孔子诵《诗经》的命题作为检验的标准，以为学者没读《诗经》之前，"授之以政不达，使于四方不能专对"，是可以理解的。一旦读过《诗经》，应该能够达于政，也能够专对四方。如果一个人在读书前后没有任何变化，无毫发得力处，所谓"旧时未读是这个人，及读了后又只是这个人"，那就等于没有读书。

宋代理学家将立志作为读书之本，其志不仅是将致知即知道确立为重要内涵，而且是把致用推举为最高目标。这是那些"溺于文章，牵于训诂"之士根本无法实现的。在传统的阅读领域，这样的读书志向和目标，自然在讲求章句训诂的汉儒和专注于文章绚丽的唐儒之外，树起了展现出鲜明理学色彩的新帜。

二、读书之序

读书之序，是指阅读的先后次序，包括两个不同的层面：一是群书先后缓急之序，二是每书诵读考索之序。面对自己立志要读之书，如果不讲先后缓急，杂然进读，则肯定是达不到阅读目的的。就好像以枵然之腹，入酒食之肆，看见肥羹美食，忍不住左挐右攫，其结果充其量是撑肠拄腹，快哉一饱。但是对于所食何物何味，则茫然不辨不晓。在自二程以来的理学家看来，书籍在内容上有深浅、理解上有难易、切己上有远近、篇幅上有大小，阅读之序切不可乱。读书之序就是根据书籍内容和阅读规律确定的，用来指导和保证阅读目标的实现，所以其在系统阅读理论中占有重要地位。

先讲群书阅读之序。

朱熹、吕祖谦编《近思录》，卷三《格物穷理》选录了二程关于群书阅读先后次序的语录，主要观点是初学入门，先读《大学》，其次为《论语》《孟子》《中庸》。先通四书，次及诸经，然后观史，这是一个基本的阅读次序，切不可轻易淆乱。

四书是宋代理学家最为重视的经典，其所论述的都是"圣人为人切要处"。读书之人如果能真下功夫，句句字字涵泳切己，看得透彻，悟得深切，则肯定一生受用不尽。四书之中，《大学》总说先儒为学的纲要，先读可以熟知传统阅读治学的首末次第，用朱熹的话说，就是为自己进学"立定架子"，以后读他书，就能从理论上把握宗旨要领，判断是非得失。待《大学》通贯浃洽，然后读《论语》《孟子》《中庸》。《论语》《孟子》《中庸》所论最切于学者身心修养、日用处事的实际，悟得其要领，再阅读参悟其他儒家经典，就比较轻松顺利。对此，朱熹总结说:"先观《论》《孟》《大学》《中庸》,以考圣贤之意;读史,以考存亡治乱之迹;读诸子百家,以见其驳杂之病。其节目自有次序,不可逾越。"①

在理学的阅读理论中,教人读书的目的是"要人做出书中所说圣贤工夫来",所以读书最要紧的是"切己""躬行"。只有联系自己的实际,"须就自家身上体看",才能影响教化别人;先要参透圣贤书中的义理,才能将它运用到社会事务的处理之中。这就是朱熹在《答吕伯恭》书中所强调的"为学之序,为己而后可以及人,达理然后可以制事"。

次讲一书阅读之序。

在群书先后缓急之序和每书诵读考索之序中,朱子更重视后者。因为读书无序,往往由于心躁情急,自然难以有所心得。这样,读书致知尚且不能,切己躬行更是无从谈起。阅读流于形式,徒耗时日。司马光见当时学者读书,很少能从一卷读至卷末,往往或从中,或从末随意读起,又不能终篇,对此忧心忡忡。

朱熹关于一书阅读之序的主张只有四个字:循序致精。他要求读一书,应该自首至尾,循序加工,"须如小儿授书,节节而进乃佳"。所谓循序,就是要逐句玩味,看上字时,如不知有下字,看前句时,如不知有后句。所谓致精,就是看得都通透了,又从头看此一段,令其首尾通贯,"庶几心与理会,自然浃洽"。如果只是匆匆翻阅,那不但无补于事,反而会造成随意穿凿、错会经意的弊端。所以,"读书,理会一件,便要精这一件……一件看得精,其他书亦易看"②,就成为朱熹反复强调的读书要言。

---

① 黎靖德编,王星贤点校:《朱子语类》卷十一《学五·读书法下》,北京:中华书局,1986年,188页。
② 黎靖德编,王星贤点校:《朱子语类》卷十《学四·读书法上》,北京:中华书局,1986年,169页。

三、读书之法

对于读书之法,宋代理学家论之甚多,就二程和朱熹而言,归纳起来,有数端,首先是要虚心。二程曾对弟子说:"予所传者辞也,由辞以得其意,则在人焉。尔读书之法,皆当由辞以得意,徒得其辞而不得其意,章句文字之学也。"[1]如何能由辞得意,参透义理,即这种读书之法的要领是什么?二程的回答是应当平其心,易其气,阙其疑。

其一,圣人大意,未须便以己意参之。这与朱熹"虚心以求其义,不要执己见","大抵义理须是且虚心,随他本文正意看"的意见是完全一致的。虚心,就是要求读书时不带一丝先见,不参分毫己见,"须是打叠得这心光荡荡地,不立一个字,只管虚心读他,少间推来推去,自然推出那个道理"[2]。一旦先立己意,则必定气象急迫,田地狭隘,失去下功夫参悟的时间和空间。所以,钱穆先生强调这是朱熹所论"读书第一最要法门"。

其二,循序渐进,熟读精思。弟子请教读书方法,朱熹回答说:"循序而渐进,熟读而精思可也。"循序渐进就是循读书之序,通一书而后及一书,读一书,则未得乎前决不求其后,未通乎此决不志乎彼。如此读来,"则意定理明,而无疏易凌躐之患矣"。熟读精思就是要求读书成诵之后,反复玩味,直到条理疏通,语意明洁为止。朱熹还提出了衡量熟读精思的标准:熟读,要"使其言皆若出于吾之口";精思,要"使其意皆若出于吾之心"。读书之人做到这些,才可以致知有得。

---

[1] 薛瑄:《读书录》卷十,中国台北:台湾商务印书馆股份有限公司,《景印文渊阁四库全书》本,1986年,第711册,694页。

[2] 黎靖德编,王星贤点校:《朱子语类》卷八十《诗一·论读诗》,北京:中华书局,1986年,2086页。

朱熹在《答李守约》中说："读书之法无他，唯是笃志虚心，反复详玩为有功耳。"他批评有的学者"率为穿凿，便为定论。或即信所传闻，不复稽考"的浮躁学风。因而"日诵圣贤之书，而不识圣贤之意"的现象出现，其根源就在于学者缺乏精思的功夫。

在熟读精思的过程中，必须重视成诵和多疑的问题。张载提醒学者"书须成诵精思，多在夜中或静坐得之，不记则思不起"①。成诵与精思是前后相承的，当成诵之后，书中那一段段文义横在心上，促使学者思考，必通晓而后已。所谓"不记则思不起"。成诵，除了熟读正文外，还要记得注解，精熟注中训释文意、事物、名义，发明经旨之处，这样方能体味精思。朱熹曾见有人说《诗经》，问他《关雎篇》，竟于其训诂名物全不知晓，信口说"乐而不淫，哀而不伤"，硬更添"思无邪"三字，便说成是一部《毛诗》了。朱熹批评这种未经自己熟读体察、仔细理会的所谓切要之论只是空言而已。②

多疑是读书中一个十分重要的环节。读书贵有疑，如若无疑，则滞于旧见，终是无益。读书有疑，疑则能思，思就有新得。所谓"濯去旧见，以来新意"，这是因为人们具有追求新知的强大心理动力。读书者首先要会疑，朱熹对此解释说："读书始读未知有疑，其次则渐渐有疑，中则节节是疑，过了这一番，疑渐渐释，以至融贯会通，都无可疑，方始是学。"③同时，他就求解疑义的方法提出意见，"大抵徐行却立，处静观动。如攻坚木，先其易者而后其节目；如解乱绳，有所不通则姑置而徐理之，此读书之法也"④。在解疑过程中，心中有所开通，要随即札记，这

---

① 张载著，章锡琛点校：《张载集·经学理窟·义理》，北京：中华书局，1985年，275页。
② 黎靖德编，王星贤点校：《朱子语类》卷十一《学五·读书法下》，北京：中华书局，1986年，191页。
③ 张洪等：《朱子读书法》卷一《熟读精思》，中国台北：台湾商务印书馆股份有限公司，《景印文渊阁四库全书》本，1986年，第709册，370页。
④ 朱熹：《晦庵先生朱文公文集》卷七十四《杂著·读书之要》，见《朱子全书》，上海：上海古籍出版社，合肥：安徽教育出版社，2002年，第24册，3584页。

样得者可以不忘。点点札记,彼此相连,可以铺就释疑的通衢大道。

其三,讲习讨论。在传统阅读理论中,读书活动包括讲习讨论的环节,而且是十分关键的环节。宋代理学家教人读书,再三强调以参悟义理为要,切不可徒事记诵。一旦文义有疑,众说纷纭,朱熹提示学者可就此相互讲习讨论,通过"众说互相诘难,而求其理之所安,以考其是非",并特别将此列为"读书之要",足见他对讲习讨论、相互切磋活动的重视。然而,文字不熟,思路不开,讲习讨论就没有开展的基础。所以,作为一个不可或缺的环节,讲习讨论正是熟读精思的继续,解疑致知的途径。

第二节 情趣盎然的阅读生活

在浩如烟海的古代文献中,有关历史人物勤奋好学的记载不胜枚举,而至宋代,开始出现关于个人阅读情趣的较为完整的记述。这些出自自记或他撰的至情文字,真实地反映了人们在阅读这一精神家园中耕耘、浇灌、守望、收获的全过程,充分显示出阅读那令人无法抗拒的经久魅力。

一、独乐园中读书翁

司马光(1019—1086),字君实,号迂夫,晚号迂叟。陕州夏县(今属山西)涑水乡人,世称"涑水先生"。北宋名臣、史学家。宋仁宗景祐五年(1038)进士,官至龙图阁直学士、翰林学士。司马光自幼好学,据苏轼《司马文正公行状》称,他"七岁闻讲《左氏春秋》,大爱之。"

退为家人讲,即了其大义。自是手不释书,至不知饥渴寒暑。年十五,书无所不通,文词醇深,有西汉风",充分表现出童年司马光求学的勤勉执着和对书的过人的悟性。

司马光作为我国历史文化名人,他的历史地位主要是由他编著的史学巨著《资治通鉴》所奠定的。此书的编著前后经历19个春秋,最终是在洛阳独乐园中完成的。

独乐园坐落在洛阳尊贤坊北,占地20亩,据司马光自撰《独乐园记》的介绍,园中建有钓鱼庵、种竹斋、采药圃、浇花亭、弄水轩、见山台等,绿水环绕,竹树扶疏。读书堂是园内的主要建筑,藏书近万卷,司马光平日多在堂中读书,"上师圣人,下友群贤"。独乐园完工之初,司马光写了组诗《独乐园七咏》,其中《读书堂》一首这样写道:"吾爱董仲舒,穷经守幽独。所居虽有园,三年不游目。邪说远去耳,圣言饱充腹。发策登汉庭,百家始消伏。"董仲舒是汉代新儒学的奠基者,他的思想学术成就在很大程度上得益于长年的刻苦读书精思。《汉书·董仲舒传》称他"少治《春秋》,孝景时为博士,下帷讲诵,弟子传以久次相授业,或莫见其面。盖三年不窥园,其精如此"。司马光在诗中表达的不仅是要学习董仲舒"三年不窥园"的读书精神,而且是要成为像他那样通经博学的一代名儒。所以,司马光倾尽全力,精

《独乐园图(局部)》 [明]仇英 绘

心编撰《资治通鉴》。为此，他在读书堂中"遍阅旧史，旁及小说"，"研精极虑，穷竭所有，日力不足，继之以夜"，终于在去世前两年完成了这部巨著。

司马光读书，重视诵读之法，认为"书不可不成诵，或在马上，或中夜不寐时，咏其文，见其义所得多矣"。细味文义，除了强调诵读，尚寓惜时之意。作为读书人，司马光十分爱惜书籍。据载，他在读书堂中晨夕披览之书，虽数十年仍整洁如新。他语重心长地告诫儿子司马康："贾竖藏货贝，儒家惟此耳，然当知宝惜。"他将宝惜之法总结如下：

> 吾每岁以上伏及重阳间，视天气晴明日，即设几案于当日所，侧群书其上，以曝其脑，所以年月虽深，终不损动。至于启卷，必先视几案洁净，藉以茵褥，然后端坐看之。或欲行看，即承以方版，未尝敢空手捧之，非唯手汗渍及，亦虑触动其脑。每至看竟一版，即侧右手大指面，衬其沿而覆，以次指面捻而挟过，故得不至揉熟其纸。每见汝辈多以指爪撮起，甚非吾意。①

这则见于宋代费衮《梁溪漫志》的惜书训语，对后世藏书家产生了很大影响。清末叶昌炽在所著《藏书纪事诗》中，对此题诗称："独乐藏书训再三，后来青更出于蓝。重阳上伏晴明日，群奉公言为指南。"

司马光居洛阳独乐园共十五年，与学者邵雍为邻六年。在这六年中，二人相从甚密，经常在一起谈天说地。据清陈宏谋《宋司马文正公年谱》转引《宋鉴》所载："公（司马光）与康节（邵雍）同时居洛，二人纯德，尤乡党所慕向。父子昆弟每相饬曰：'毋为不善，恐司马端明

---

① 费衮：《梁溪漫志》卷三《司马温公读书法》，上海：上海古籍出版社，1985年，29页。

（光）、邵先生知。'"其对他们以读书明德的言行影响一代民风的社会效果做出了肯定的评价。

二、缥书斗茗

宋代赵明诚、李清照夫妇一生风雅情笃，好尚金石图书，后人对其有"金石姻缘翰墨芬，文箫夫妇尽能文"的美誉。他们夫妇归来堂"缥书斗茗"的读书逸事，是我国读书史上广为流传的一大佳话。

李清照（1084—约1151），自号易安居士，出身于山东济南的诗书名门。父亲李格非是宋神宗熙宁九年（1076）进士，善文辞，深得苏轼知赏，位列"苏门后四学士"。他曾撰写《洛阳名园记》，详记宋初以来洛阳公卿名园兴废盛衰之迹，以为"洛阳之盛衰，天下治乱之候也"，因名传海内。母亲王氏是状元王拱辰的孙女，也有很好的文学素养。李清照在这样一个富有文化教养的书香门第长大，且受"家家泉水，户户垂柳"的家乡水土的浸润滋养，自幼就培养起对传统文化的广泛爱好，显露出不凡的诗文才华。宋徽宗建中靖国元年（1101），18岁的李清照与太学生赵明诚结婚。

赵明诚（1081—1129），字德父，密州诸城（今属山东）人。曾官鸿胪少卿，掌管周边国家朝贡、宴劳、给赐、送迎等外交事宜。后出知莱州、淄州、江宁等地。父亲赵挺之官至丞相。赵明诚素好书画金石图书，数十年间访求藏蓄，乐此不疲，读书赡博，儒雅风流，与李清照有相同的生活旨趣和理想追求。

新婚宴尔，这对志同道合的文箫夫妇就开始了他们共同的文化活动——搜集书画图籍、金石文字和读书。婚后他们过着饭蔬衣简的节俭生活，而把俸禄多用于购置奇文物、传写未见古书上，体现了与豪门贵族迷恋纸醉金迷的生活环境截然不同的修养和情操。

宋徽宗大观元年(1107),赵挺之罢相,旋即病卒。次年,赵明诚受牵连遭罢官,因携李清照移家山东青州屏居。至徽宗宣和元年(1119),赵明诚夫妇一直安居青州归来堂,博古穷奇,坐书醉月,度过了他们人生中最为美好的时光。李清照在所撰《金石录后序》中,深情地追叙了这十余年欢娱岁月中归来堂读书生活的种种情状:

> 每获一书,即共同勘校,整集签题。得书、画、彝、鼎,亦摩玩舒卷,指摘疵病,夜尽一烛为率。故能纸札精致,字画完整,冠诸收书家。余性偶强记,每饭罢,坐归来堂,烹茶,指堆积书史,言某事在某书、某卷、第几叶、第几行,以中否角胜负,为饮茶先后。中即举杯大笑,至茶倾覆怀中,反不得饮而起,甘心老是乡矣。故虽处忧患困穷,而志不屈。收书既成,归来堂起书库,大橱簿甲乙,置书册。如要讲读,即请钥上簿,关出卷帙。或少损污,必惩责揩完涂改,不复向时之坦夷也。①

李清照从不追求奢华的物质生活,而是潜心于集古读书之中,"遇书史百家,字不刓阙,本不讹谬者,辄市之,储作副本。自来家传《周易》《左氏传》,故两家者流,文字最备。于是几案罗列,枕席枕籍,意会心谋,目往神授,乐在声色狗马之上",完全忘却了世间除读书之外的其他种种事物和百样活动。赵明诚在这方面丝毫不逊色于李清照。宋高宗建炎三年(1129)六月,他们全家滞居池阳,赵明诚先期去湖州赴任。临行,李清照问:"一旦军情紧急,家产如何处置?"赵明诚回答:"必不得已,先弃辎重,次衣被,次书册卷轴,次古器。"书册字画贵于辎重衣被,足见他的胸襟情怀。

宋钦宗靖康二年(1127),金兵南下攻陷青州,赵明诚夫妇含辛茹

---

① 李清照撰,王仲闻校注:《李清照集校注》卷三,北京:人民文学出版社,1981年,178页。

苦收藏的 10 余屋书画古器横遭焚毁。两年后,赵明诚于奔驰赴任湖州途中冒暑感疾,遽逝建康(今江苏南京)。图书散失,亲人离世,李清照痛失支撑自己生活乐园的两大支柱,心灵受到沉重打击,遂写下《声声慢》"寻寻觅觅,冷冷清清,凄凄惨惨戚戚","守着窗儿,独自怎生得黑"这样情景婉绝、意境凄伤的千古佳作。

赵明诚夫妇几十年间悉心搜求,摹拓传写,由赵明诚执笔编成《金石录》一书初稿。赵明诚病逝后,李清照秉承遗愿,将他未完的遗稿笔削编次成书,表呈朝廷,刊行问世。《金石录》仿欧阳修《集古录》体例,著录三代以下至唐五代的古器物铭文及石刻 2000 种,析为 30 卷,前 10 卷目录,后 20 卷辩证,共录跋尾 502 篇,是一部对金石和历史考订研究都有很高学术价值的金石学名著。李清照则有《易安居士文集》《漱玉词》等传世。

三、书巢老学庵

南宋爱国诗人陆游一生雅爱读书,所写读书诗文数量多,倾情深。"少从师友讲唐虞,白首襟怀不少舒。旧谓皆当付之酒,今知莫若信吾书。叶黄参错鸡鸣后,签帙从横月堕初。扶几欣然时有得,此翁作计未全疏。"这首《读书》诗作于宋宁宗嘉定二年(1209),陆游在诗中酣畅淋漓地抒发了自己对书昼夜展读、终老弥笃的至诚情怀,这也是他一生读书不息的自我总结。次年,这位伟大的诗人就与世长辞了。

陆游(1125—1210),字务观,号放翁,山阴(今浙江绍兴)人。宋高宗绍兴年间应礼部试,名居前列,为秦桧嫉黜。宋孝宗即位,赐其进士出身,出任镇江、隆兴、夔州通判,官至宝章阁待制。陆游一生慷慨国事,眼看南宋朝廷偏安江南,时有北方金国南下侵扰之忧,收复中原的信念始终不渝。但是,受朝廷投降集团的排挤压制,陆游爱国热情屡遭冷遇,晚年无奈退居家乡,筑室读书。孝宗淳熙九年(1182),陆游将书室命名为"书巢",作《书巢记》自述命名之意:

> 陆子既老且病,犹不置读书,名其室曰书巢……陆子曰:"吾室之内,或栖于椟,或陈于前,或枕籍于床,俯仰四顾,无非书者。吾饮食起居,疾痛呻吟,悲忧愤叹,未尝不与书俱。宾客不至,妻子不觌,而风雨雷雹之变有不知也。间有意欲起而乱书围之,如积槁枝,或至不得行,则辄自笑曰:'此非吾所谓巢者耶?'"①

由此可见书室以书巢名,是因为室中堆积如山的书籍使空间仅能容身,犹如鹊燕之巢。12年后,陆游又整理两间小屋辟为读书室,取"师旷老而学,如秉烛夜行"之意,名"老学庵",朝夕读书其中。

山阴陆氏本系越中藏书大家,陆游父亲陆宰筑有双清堂、千岩亭,藏书在万卷以上。陆游奉诏自四川夔州入京,沿三峡顺流而东,出峡不载一物,尽买蜀版书籍而归。淳熙七年(1180),陆游已56岁高龄,在江西抚州为官,任职期间,不忘向当地王、韩、晁、曾诸藏书故家借抄古书,作《抄书》诗云:"书生习气重,见书喜欲狂。捣蘖潢剡藤,辛苦补散亡。且作短檠伴,未暇名山藏。故家借签帙,旧友饷朱黄。储积山崇崇,探求海茫茫。"陆游在诗中"储积"二句中连用两组叠字,形象地状写出自己藏书、读书的顽强精神。

陆游读书,讲求博通。他在为好友朱钦则的万卷楼撰写的记文中这样说道:"学必本于书。一卷之书,初视之,若甚约也。后先相参,彼是相稽,本末精粗,相为发明,其所关涉,已不胜其众矣。一编一简,有脱遗失次者,非考之于他书,则所承误而不知。同字而异诂,

---

① 朱东润:《陆游选集》,上海:上海古籍出版社,1962年,230页。

同辞而异义；书有隶古，音有楚夏，非博极群书，则一卷之书，殆不可遽通，此学者所以贵夫博也。"他从古书的错简脱漏以及字词的形体、读音、释义等方面，申说读书必须博通的道理。要博通，必须从读第一卷书开始，养成认真踏实、一丝不苟的学风。陆游读书时，常是全身心地投入，用开山破荒的劲头、锲而不舍的精神，孜孜探求撷取书中的精华。他在《上执政书》里自述读书中"见其雅正，则缨冠肃衽，如对王公大人；得其怪奇，则脱帽大叫，如鱼龙之陈前、枭卢之方胜也"。

陆游诗集中的读书诗，大都作于晚年。他的书巢和老学庵都窄小而书多，平日往往焚香煮茶，终日端坐于图书之间，"掩关小室动经旬，蠹简如山伴此身"正是这种生活的写照。陆游虽然年岁和眼力不支，但仍写下了这样的诗句："两眼欲读天下书，力虽不逮志有余"（《读书》），"白发无情侵老境，青灯有味似儿时"（《读书至夜分感叹有赋》），反复申述自己深好读书的心迹。当仔细品味这些读书诗时，我们能体会到其中还蕴含着一种老之将至，无奈国事，英雄白发，余生佗傺的悲叹。陆游在政治上是一位坚定的主战派，壮怀激烈，一直在为朝廷出师北伐而奔走呼号，但始终未被重用，在几任闲冷职中耗去了宝贵的年华。虽然他于淳熙九年（1182）所写的《放翁自赞》中，以野鹤涧松自况，"剑外江南，飘然幅巾。野鹤驾九天之风，涧松傲万木之春"，但他终究无法忘情国事，释念中原。宋宁宗庆元二年（1196）九月二十八日五鼓时分，陆游起坐读书，抽书得《九域志》。该书修纂于北宋神宗熙宁、元丰年间，是一部记载宋代疆域政区概貌的地理总志。陆游展卷，只见中原故土历历在目，不禁热泪滚滚，写下了"行年七十初心在，偶展舆图泪自倾"的诗句，这正是他的爱国深情的倾吐。

陆游自发蒙识字起，即沉酣于图籍之中。可以说，陆游爱国主义的情怀和雄浑豪放的诗笔，正是在几十年坚持不懈的读书生活中逐渐形成和练就的。

四、半山绝句当朝餐

杨万里(1127—1206),字廷秀,号诚斋,吉州吉水(今属江西)人。宋高宗绍兴二十四年(1154)进士,曾任吏部郎中、秘书监等职。立朝刚正,政治上反对苟安,力主抗金。他十分敬佩主战派大臣张浚,曾多次拜见。张浚以"正心诚意"之学相勉励,杨万里终生奉之为师,并将自己的读书之所命名为"诚斋",宋孝宗曾手书"诚斋"二字赐赠杨万里,杨万里镌之金石,并作题跋。他有一首《书室铭》:"室不厌虚,书不厌整,牖不厌明,几不厌净。君子资之,君子师之。四物敢侮,非天畴欺。"这正表现了他对读书的真心诚意。

杨万里与范成大、陆游、尤袤齐名,有"中兴四大家"之称。杨万里写诗,注意从民歌中汲取营养,语言自然活泼,呈现出一种新奇、幽默、风趣的格调,宋末诗论家严羽称之为"杨诚斋体"。读一读他的《书莫读》诗,可以体味一下"诚斋体"的独特风格。诗中这样写道:"书莫读,诗莫吟。读书两眼枯见骨,吟诗个字呕出心。人言读书乐,人言吟诗好。口吻长作秋虫声,只令君瘦令君老。君瘦君老且勿论,傍人听之亦烦恼。何如闭目坐斋房,下帘扫地自焚香,听风听雨都有味,健来即行倦来睡。"他如同一位村居野老,用俚言俗语,历数着读书吟诗的种种不是。能体察到读书吟诗之苦的,大概只有深于此道且为之能乐而不疲的人。杨万里把这种感受用如此诙谐、风趣的语言表达出来,正是诚斋体的风格。

杨万里平生嗜好读书,"背壁青灯劝读书,窥窗素月唤看渠",以青灯劝读的拟人手法,传出自己手不释卷的心声;"不是樊川珠玉句,日长淡煞个衰翁",把读杜牧诗当作提高生活趣味的必需调料。我们若翻开一部百余卷的《诚斋集》,则可读到他记录自己读书生活和读书意趣的作品。如《读笠泽丛书》:"看到灯青仍火冷,双眸如割脚如冰。"《笠泽丛书》是晚唐诗人陆龟蒙的作品集,读他的作品直读到灯残火冷,眼痛脚凉,足见杨万里倾心忘情的程度。《读诗》:"船中活计只诗编,读了唐诗读半山。不是老夫朝不食,半山绝句当朝餐。"半山,北宋王安石的别号。杨万里很佩服王安石的诗艺,读其绝句以当早饭,是他痴于读书吟诗的一种表现。《秋夜读书》:"虫声窗外月,书册夜深灯。半醉聊古今,千年几废兴。"这首诗记杨万里深夜读书,与古人倾心交谈的情形,展现了自己读书时的情怀。杨万里有一首专谈读书意趣的《读书》诗颇堪玩味:

读书不厌勤,勤甚倦且昏。不如卷书坐,人书两忘言。兴来忽开卷,径到百圣源。说悟本无悟,谈玄初未玄。当其会心处,只有一欣然。此乐谁为者,非我亦非天。自笑终未是,拨书枕头眠。

此诗似是诗人的兴会之作,语甚俚俗而意非浅豁。读罢全诗,不禁会想起东晋陶渊明《五柳先生传》中的几句话:"好读书,不求甚解,每有会意,便欣然忘食。"杨万里在诗中向人们晓示的正是陶渊明会意读书法的精旨和意趣。

杨万里另有一首《谢福建茶使吴德华送东坡新集》诗,为感谢担任福建建州(今建瓯)提举茶盐官的友人吴飞英(字德华)赠送新雕苏轼诗文集而作,诗这样开头:"黄金白璧明月珠,清歌妙舞倾城姝。他家都有侬家无,却有四壁环相如。此外更有一床书,不堪自饱饱蠹鱼。"侬,即我。相如,汉代辞曲家司马相如,据《史记·司马相如传》所载,"家居徒四壁立",穷得一无所有。杨万里家贫,自比司马相如,但尚有一床图书可供阅读。清贫而爱书的杨万里得到朋友赠书特别高兴,他望着这部"纸如雪茧出玉盆,字如霜雁点秋云"的新刻苏轼诗文集,"只逢书册佳且新,把玩崇朝那肯去",兴奋得整日翻看欣赏,不忍释手。诗的最后四句写道:"故人怜我老愈拙,不寄金丹扶病骨。却寄此书来恼人,挑落青灯搔白发。"其意思是好朋友怜惜我年老体衰,但不寄妙药帮助补养,却寄来这部诱人的新书,惹得我夜来灯下屡看不息欲罢不能。此四句诗极状诗人喜书丢不开、放不下的情态。风趣幽默的语言,高雅淡泊的意趣,令人百读不厌。

与杨万里并称"中兴四大家"的尤袤,是南宋的大藏书家,他著名的读书"四当说",最早就见于杨万里之手。杨万里曾与尤袤在京同官多年,交谊匪浅。尤袤编《遂初堂书目》(一名《益斋藏书目》),请杨万里作序。杨万里欣然为撰《益斋藏书目序》,序文中盛称尤袤"于书靡不观,观书靡不记","每退,则闭户谢客,日计手抄若干古书"的读书韧性和抄书精神。序中记道:"今年余出守毗陵,盖延之(尤袤,字延之)之州里也。延之持淮南使者之节而归,一日入郛,访余。余与之秉烛夜语,问其闲居何为?则曰:'吾所抄书今若干卷。将汇而目之,饥读之以当肉,寒读之以当裘,孤寂而读之以当友朋,幽忧而读之以当金石琴瑟也。'"①此文一出,尤袤这段关于读书的至情之语——四当说,很快成为读书史上的至理名言,为后人广泛传诵。清末民初藏书家章钰的书斋"四当斋",即取义于此。

为文人书斋写记,表彰他们刻苦读书的精神,是杨万里十分乐意的。在这些记文中,有关读书的佳言妙语屡现迭见,如《谭氏学林堂记》中就有一段十分精彩的文字:"绝甘屏荤,而以诗礼为膏粱。捐绮祗缟,而以文史为襟带。去丝远竹,而以简编为笙镛。"②茶陵谭知言筑学林堂,潜心读书。杨万里用读书以为食、以为衣、以为乐的"三为说",形容谭氏于读书的全身心投入,与尤袤的"四当说"确有异曲同工之妙。

---

① 杨万里撰,辛更儒笺校:《杨万里集笺校》卷七十八,北京:中华书局,2007年,3200页。
② 杨万里撰,辛更儒笺校:《杨万里集笺校》卷七十四,北京:中华书局,2007年,3098页。

第三节 阅读文化的丰富内涵

唐宋两代,崇尚阅读行为的社会风气日盛,推进阅读活动的社会氛围浓烈。科举取士制度确立和不断完善,登上仕途的希望和光明,极大地刺激了人们读书的积极性。纵观历史,金榜题名者实少,而芸窗读书者渐多,这是因为更多的人通过阅读实践知道,读书能正心立身,使人知书达理。明陈洪绶的《高贤读书图》中,在一个充满自由气息的空间里,书案上一端为盆梅,一端为香炉,两人相向而坐,神情悠闲,显然,士子不是在赶举业,而是在精神家园中休闲和品赏。陈洪绶以画面诠释了这一阅读理念。书卷逐渐从科举的敲门砖,转而成为人们文化生活中不可或缺的重要物品和精神寄托。读书开始成为一种雅尚。

于是,两汉以来围绕阅读产生的一些文化现象,历隋唐,在两宋得到开拓、延伸、深化和完善。如书斋,据宋代高承《事物纪原》卷八"斋"条的

《高贤读书图》 [明]陈洪绶 绘

记载:始自东晋废帝太和年间(366—371),殷仲堪立小舍读书,百姓呼为读书斋。至唐宋间,文人学士不断扩大书斋的文化符号功能,开

始讲究其内外的环境布置,追求斋名的文化内涵。社会对一些颂扬读书的言论,往往能做出快速积极的反应。如唐韩愈在《送诸葛觉往随州读书》诗中,以"邺侯家多书,插架三万轴。一一悬牙签,新若手未触"之句,赞扬随州刺史李繁勤于藏书、读书的精神。这很快积淀为一个藏书和阅读的典故,在宋人的诗文中频繁出现,如宋刘敞《为转运沈郎中题》:"宝轴牙签三万余,中园华宇荫清渠。"苏轼《送欧阳主簿赴韦城》:"读遍牙签三万轴,却来小邑试牛刀。"苏辙《临江萧氏家宝堂》:"竹简多于孔氏壁,牙签新似邺侯家。"宋傅察《题张季良适性斋》:"邺侯插架多异事,牙签万轴吞石渠。"宋强至《登陆氏书楼》:"牙签绕架藏书满,知与青云别作梯。"由此足见其影响的巨大。

一、读书环境与书斋布置

古人读书,刻意追求环境的清幽旷远。以自然景物为基础,在风光秀美的名山胜地结庐读书,是历代读书人所倾心向往的。在远离尘间俗世的林泉深处高卧读书,反映了读书者高蹈独善的情怀。对此,诗仙李白在《山中问答》中有一段精彩而颇含禅机的自问自答:"问余何事栖碧山,笑而不答心自闲。桃花流水杳然去,别有天地非人间。"李白曾在庐山五老峰下结茅读书,深知其中的情兴和幽趣。

毕竟全身退隐之士不多,对绝大多数积极入世的文人来讲,山居读书仅仅属于短期行为,甚至只是一个终生未能实现的夙愿。但是,作为人生要事、雅事,读书必须有与之相适应的环境。山居不成,于是退而求其次,在市郊城外择一方僻静之地,精心营造一座具有山林泉石之胜的清幽居所,布置一间古香淡雅的书斋,以与恬淡宁静的读书心境相谐和。这就是古代读书人在出仕前、仕宦中或致仕后所孜孜追求的。千百年来,这种追求已积淀为一种文化传统,读书环境的布置也逐渐形成静、雅、趣的美学取向，进而融入我国古代的造园艺术之中。

《双鉴行窝图（局部）》　[明]唐寅　绘

书斋环境分内外两部分。外部主要在斋前庭中叠石引水，莳花树木，养苔植藤，造成咫尺山林的效果。古人认为石可令人古，水可令人远，竹可令人清，所以石、水、竹是书斋外部环境中最常见之物。如唐宋诗人所咏，唐释皎然《题沈少府书斋》："野花当砌落，溪鸟逐人还。有兴常临水，无时不见山。千峰数可尽，不出小窗间。"贾岛《过唐校书书斋》："池满风吹竹，时时得爽神。声齐雏鸟语，画卷老僧真。月出行几步，花开到四邻。"贾岛《田将军书院》："满庭花木半新栽，石自平湖远岸来。笋迸邻家还长竹，地经山雨几层苔。"唐李频《夏日题盩厔友人书斋》："修竹齐高树，书斋竹树中。四时无夏气，三伏有秋风。"北宋司马光《和潞公游天章楚谏议园宅》："林花裂锦狭，门路筑沙长。共引庭间水，交生壁外篁。鱼窥荐琴石，萤散读书床。"

内部主要在斋中布置器具，陈列摆设。陈放的器具要精致古雅，力避粗俗，突出清、雅和适用的构思，令人有"清香凝座隅，色古悦心目"之感。

一般来说，书斋中主要布置三大类器具饰件：一是坐卧依凭的书桌几榻及书橱书架,供展读经史典籍,欣赏书画作品,陈列图书古物。二是供习字著述、批点札记使用的笔墨纸砚等文房用具;三是香炉、古琴、盆景、字画等点饰物品,以增添书斋情韵,涵养读书雅兴。

　　焚香,是书斋必举之事。古人常说读书时要焚香端坐,敛志凝神,肃肃然如见圣贤。读书焚香,幽雅冲淡的袅袅香气可使伏案读书者心清神悦,灯下夜读,浮空绕室的丝丝香气助人驱除困意。书斋用香,古人青睐天然沉香,以为其远胜浓艳馨烈的人工修合之香。汉唐以来,用香逐渐成为文人韵士琴窗书室不可或缺的雅尚。如唐王建《早秋过龙武李将军书斋》:"高树蝉声秋巷里,朱门冷静似闲居。重装墨画数茎竹,长著香薰一架书。"宋曾巩《凝斋香》诗云:"沉烟细细临黄卷,凝在香烟最上头。"黄卷,指书籍。古人为防蠹虫,常用一种名叫黄檗的植物染纸,故称。闭阁焚香,静对古人,是唐宋人描述书斋读书时心境契合的至情文字。

　　琴,是古人书斋中必置之物。琴作为一种乐器,在古人心目中具有异乎寻常的地位。琴声清幽,弹者寄心迹,听者觅意趣。汉代学者桓谭《新论》中有《琴道篇》,篇中认为"八音广博,琴德最优","古者圣贤,玩琴以养心",把弹琴视为修炼道德情操的良好途径。高唱着《归去来兮辞》走向田园的东晋名士陶渊明更是一语惊人,"便得琴中趣,何劳弦上音",提出了领略琴趣的"会意法"。长期以来,抚琴与读书一样,成为文人雅士清心养性的雅尚;琴趣与读趣相同,都是知识分子精神生活的重要内容。从陈子昂《梓州长史杨府君碑》"家无玉帛,室有琴书"、孟浩然《题长安主人壁》"枕席琴书满,襄帷远岫连"、张籍《题韦郎中新亭》"琴书看尽犹嫌少,松竹栽多亦称贫"、白居易《春日闲居》"屋中有琴书,聊以慰幽独"等诗句中,我们不难看到这一点。书斋挂琴,忌近风露月色,琴轸忌挂红绿流苏,以见古雅。

　　书斋中还常放置盆景、瓶花,多为松、菊、梅、兰、水仙、荷花等。当晴窗展卷,清风徐来时,人坐书香和幽香之中,尤见雅致。斋壁悬挂古人字画，可供读书倦时欣赏，以缓解疲劳。斋中悬挂字画，种养盆花，古人都有讲究，其基本原则是，形式与书斋的整体风格相融，内容与自然四时相合。

读书架是古人设计用来方便读书的一种器具，现已失传。初唐诗人杨炯有《卧读书架赋》，称读书架"两足山立，双钩月生"，"不劳于手，无费于目。开卷则气杂香芸，挂编则色连翠竹"，"其始也一木所为，其用也万卷可披"。根据杨炯赋中所述，大致可推测卧读书架是一种与卧具相配合，可调节角度的木制器具。书架上当有一块下伸的平板，供放置书本。读书架具体形制已难确考。晋陆云《与兄机书》中提及曹操制有"欹案"，可以卧读图书。或许它就是卧读书架的原型。

二、读书斋名的自然气息与人文意蕴

书斋，是读书人拥有的一个清雅天地，斋外呈山水自然之趣，斋内扬图书笔砚之雅。隋唐以来，文人开始重视书斋命名，书斋都有了很雅的名字。书斋的命名，与主人的志向、情趣、心态、襟怀有着密切的关系，深究起来，还都源于中国传统文化的深旨大义。

人们都向往大自然，那青山绿水、清风明月、蓝天白云、坚松疏竹、幽兰淡菊，展示出变化无穷的生机，蕴含着体味不尽的意趣。书斋的方寸之地，需要接纳大自然的广阔胸怀；读书人的心灵，渴望感受自然万物的勃勃生机。宋代学者李觏曾在虔州温氏书楼环望四周，感到"江山进前，文史相对。清风兮我扇，白云兮我盖"，大有"江山助我读书"之感。大多数文人书斋都有一个体现自然的优雅环境，于是书斋就有了一个以自然景物命名的优雅名字。

水，奔流不息，人们从它身上悟出生命的本质，得到惜阴的启示，于是文人的斋名中就不时闪现出水的踪影。水有多种表现形态：奔腾咆哮的江水，飞流直下的瀑布，静静流淌的山溪……读书人似乎更青睐溪水的清流潺湲，书斋多见以"溪"字命名。北宋哲学家周敦颐曾筑室庐山北麓的莲花峰下，室前有清溪，因名濂溪书堂，并题诗称："庐山我所爱，买田山之阴。田间有清水，清泚出山心。山心无尘土，白石照沈沈。潺湲来数里，到此始澄深。书堂构其上，隐几看云岑。"他深为找到理想的读书地点而高兴。周敦颐还在书堂前凿池引溪水种莲，并由此撰写了著名的《爱莲说》。一时书堂方圆几十里内，读书之风盛行。

读书斋名中出现更多的是绿意盎然、姿质高洁、赋有人格精神象征意义的花卉草木，如素有"岁寒三友"之雅称的梅、松、竹。

松，常年青翠交盖，如敦夫介士，傲然挺立，凌冬不凋，所以孔子说："岁寒，然后知松柏之后凋也。"(《论语·子罕》)古人认为这是因为松的内心贞和，比喻君子经风历险，不变其德。这就是《礼记·礼器》中"松柏之有心"和李白诗"松柏本孤直，难为桃李颜"的寓意，它准确地指出了松所折射的人格精神的象征意义。北宋名臣范仲淹苏州故居有西斋，轩外对植二松，卓然独立，因而取名君子树。范仲淹将树侧的书阁名之曰松风阁，并且作诗表明取名的用意："持松之清，远耻辱矣。

《松窗读易图》　[清]原济　绘

执松之劲,无柔邪矣。禀松之色,义不变矣。扬松之声,名彰闻矣。有松之心,德可长矣。"①这就是要求在此读书的范氏子孙,能以松之品行为榜样,"念兹在兹,我族其光矣"。其真可谓用心良苦,寓意深远。

竹,又称琅玕,具有劲拔高洁的品格。宋人文同的笔下,它"铁石枝梢劲,冰霜节自圆","心虚异众草,节劲逾凡木",是中国传统文化中最具人文精神的植物。文人常以种竹、画竹来表现自己的志趣和情操。以竹命名书斋的有宋司马光的种竹斋、林季仲的竹轩、李文叔的有竹堂,陆游《读史》:"缃帙牙签满架书,流泉决决竹疏疏。"宋魏了翁《题沈氏书堂》:"吴兴沈声甫,示我书堂图,枕松被修竹,带江襟浮屠。"如此等等,都说明了文人对读书环境中邀竹陪伴的共同志趣。

唐宋人斋名的取意还有其他若干类型,较多的是以古人的读书名言命名,以昭示自己的读书情结。如宋代王十朋取欧阳修《读书》中"至哉天下乐,终日在几案"句意,名斋曰"至乐",并作《至乐斋赋》以明志:"吾今游心于一斋之内,适意乎黄卷之中,师颜回,友扬雄,游于斯,息于此,天下之至乐也。"②南宋宣溪王维藩藏书三万卷,读陶渊明诗"至委怀琴书"之句,以"委怀"取作读书堂名。或取义于儒家经典,如南宋义乌贾哲甫筑读书斋,取《论语·述而》"子曰:'我非生而知之者,好古,敏以求之者也'"诗句的文意,名之曰敏求斋。武夷宋翔取义《诗经·车辖》"高山仰止,景行行止"之句,将读书之所命名曰仰止堂。

诸如此类,难以尽述。可以这样说,唐宋以来数以万计的书斋名号,向我们展示的是一个个读书人的精神世界。

---

① 范仲淹:《岁寒堂三题》,《范仲淹全集》上册,成都:四川大学出版社,2002年,33页。
② 王十朋:《王十朋全集》卷六,上海:上海古籍出版社,1998年,660页。

三、蠹鱼·曝书·芸香

书有蠹虫,由来已久。

《穆天子传》记周穆王巡游天下之事,书中记道:"天子东游,次于雀梁,蠹书于羽陵。""天子东游,饮于留祈,射于丽虎,读书于黎丘。"晋代郭璞注称:"蠹书,曝书中蠹虫。"周穆王出游约在公元前10世纪,《穆天子传》成书于公元前5世纪至公元前3世纪的战国时期。战国时期的书籍,主要以竹木为书写材料,书史上称之为简牍。其时,人在书写文字之前,先把竹木片放在火上烘干,以防蠹朽,这就是古代文献中常说的杀青或汗青。但是经过杀青的简牍还是难免虫蠹,所以需要经常曝晒。蠹竹书之虫与后世蠹纸之虫或非一物,但古今读书人防蠹蚀书的烦恼是一样的。唐宋时期纸本书的盛行,使防蠹蚀书的任务更为紧迫,从而引出阅读文化中一些颇具趣味的新内涵。

蠹虫,体形长而扁,稍似鱼,尾分二歧,类鱼尾,故又名蠹鱼或蟫。它经常伏居在书箱或书橱的边壁,又称壁鱼,蠹虫身上覆有一层白粉,看上去银光耀眼。唐代李远《咏壁鱼》诗中"鳞细粉光鲜,开书乱眼前"之句,说的就是这种情况,所以它又有白鱼之名。蠹鱼不但蠹书,而且危害衣服,人们又称它衣鱼。蠹鱼游息于文字之间,蛀残书籍,深为读书人所痛恨。宋代邵雍《蟫》诗称其:"形状类于鱼,其心好蠹书。居常游箧笥,未始在江湖。为害千般有,言烹一物无。年年当盛夏,晒了又如初。"邵雍居洛阳,家有书斋名安乐窝,长年读书其中。他深受蠹鱼之扰,诗中除痛恨之外,还流露出对其百般无奈的心情。尽管如此,流传已久的曝书总是一种防蠹的行之有效的办法。

曝书需在伏天,待日中,取晒书木板高凳搁起,书脑朝上,两面翻晒，日斜，连板抬风口凉透，方可上楼入柜。古代读书人、藏书家惜书胜过惜命，都把及时曝书当作一件很重要的事来做。宋代刘克庄《曝书》诗："秋斋近午气尤炎，命仆开箱更发衾。虫蚀阙文劳注乙，岚侵脱叶费装粘。谁道闲居无一事，袒衣挥扇曝芸签。"借曝晒的机会修补残缺脱页，也是曝书的一个重要任务。

曝书渐渐成为古代藏书的一种制度化活动。宋代有三馆曝书之法，每年五月一日始，至七月一日止，将三馆所藏图书与古画墨迹，依次出库曝晒。正如苏轼诗所描述的"三馆曝书防蠹毁"。宋室南渡后，在京师临安重建秘书省，每岁七月七日举行秘阁曝书会。

三馆曝书，实际上成为一次词臣学士观看秘阁珍藏图书墨迹的雅集盛会，与会者诗歌酬唱，抒发书情。北宋哲宗朝翰林学士钱勰《和阁老舍人曝书会诗》："天禄图书府，芸签岁曝频。幡经穷藏室，赐会集儒绅。顾陆高标好，钟王妙入神。同携铅椠吏，来预石渠宾。"观文殿学士刘挚《秘阁曝书画次韵宋次道》："帝所图书岁一开，及时冠盖满蓬莱。发函钿轴辉唐府，散帙芸香馥汉台。"南宋周紫芝《秘阁曝书》："芸香时近曝书筵，缥帙缃囊得纵观。"这些都是曝书盛会的真实写照。

曝书驱蠹，一般是一年一度。平时防蠹，则用芸香。

宋代诗人梅尧臣曾经在唐书局的丛莽中得到一株芸香，喜而赋诗："天喜书将成，不欲有蠹虫。"他直把芸香当成是天公喜书防蠹的赐予物。芸香何时被人们取作避蠹之物，尚难确考。据说北宋宰相文彦博曾在一次秘书省曝书会上，手指秘阁前所植芸香问与会诸公："芸避蠹出何书？"独苏颂应答曰：出自三国曹魏史学家鱼豢的《典略》。《典略》中有这样一段话："芸香，辟纸鱼蠹，故藏书台称'芸台'。"宋代罗愿《尔雅翼》引晋人所著《洛阳宫殿簿》称："古者秘阁藏书，置芸以辟蠹，故号芸阁。"由此可见其俗由来已久。关于芸香避蠹，宋代博物学家沈括在《梦溪笔谈》中记述较详："古人藏书辟蠹用芸。芸，香草也。今人谓之'七里香'者是也。叶类豌豆，作小丛生，其叶极芬香,秋后叶间微白如粉污,辟蠹殊验。南人采置席下,能去蚤虱。"①

芸香被用于辟蠹,久之与藏书有关的处所多冠以"芸"字作为雅称:书斋称为芸窗,藏书处所称为芸台、芸署、芸阁。古人辟蠹,还直接把芸香夹置书页中,因而把书籍雅称为芸编,如陆游《夏日杂题》:"天随(唐陆龟蒙自号天随子)手不去丹黄,辟蠹芸编细细香。"

蠹鱼蠹书,危害甚多。但这种银色的小虫在读书人的笔下,会成为一种美好的比喻物。蠹鱼经日游息于书籍文字之中的习性,被文士借来比喻自己的读书生涯和对书的喜好。这一比喻,唐代初见端倪,宋代则蔚为大观,具有阅读文化的符号意义。如唐皮日休《读书》:"案头见蠹鱼,犹胜凡俦侣。"北宋黄庭坚《读书呈几复》:"身入群经作蠹鱼,断编残简伴闲居。"北宋文同《阅史感事》:"世间诸味已全疏,惟爱缣缃似蠹鱼。"南宋杨万里《寄题邵武张汉杰运乾万卷楼》:"书生都将命乞书,愿身化作蠹书鱼。"南宋陆游《秋夜读书戏作》:"别驾生涯似蠹鱼,简编垂老未相疏。"

四、读书灯与读书声

古代书灯与一般照明和观赏之灯的形制有所不同。一是灯架(古时称檠)低矮,以使光照集中。韩愈《短檠歌》"长檠八尺空自长,短檠二尺便见光",陆游诗句"二尺檠前正读书""一生低首短檠前",说的正是书灯多为短檠。二是书灯宜笼纱为罩,否则光耀伤目,夜读难以持久。如宋张商英《读书灯》所吟:"小笼疏四面,明纸罩孤灯。"刘克庄《书灯》:"童子糊新就,笼纱碧色深。唤回少年梦,照见古

---

① 沈括著,胡道静校证:《梦溪笔谈校证》卷三《辩证一》,上海:上海古籍出版社,1987年,130页。

人心。"

读书人与读书灯关系密切,十年寒窗,夜夜与书灯相伴,感情自非一般。唐宋人多咏书灯之作,每每流露出极为深挚的情感。宋张商英《读书灯》:"自小共寒热,相亲如友朋。旧书曾递照,新烛莫相憎。几为吟诗苦,留光到夙兴。"刘克庄《书灯》:"每对忘甘寝,频挑伴苦吟。与君交到老,莫虑弃墙阴。"元代金陵诗人谢宗可《书灯》"万古清明看简编,一生照耀付文章",既写书灯,又写灯下读书人,可谓曲尽读书人与读书灯的关系,意味深长。

古人读书,注重吟诵。抑扬顿挫、清润圆美的读书声,可传出文章的气势和著者的情感;诵读者则可借此提高鉴赏能力,增强记忆效果。

中国的方块汉字,在发音上具有音调和声韵之别,写诗作文时可合辙押韵,以增强作品的音乐性。读者诵读时,则可随诗文的气势和感情的变化,声音或高或低,运气或长或短,速度或快或慢,组成悦耳动人的书声曲,给听者以高雅的享受。北宋文莹《玉壶清话》中记载了这么一段史事:宋太宗端拱年间,官至参知政事的王沔善于读书,经常为皇帝诵读举子的试卷,有些写得稍差的文章,经王沔诵读,常常也能抑扬顿挫,令听者入神,"经读者高选。举子当纳卷,祝之曰:'得王楚望(沔字楚望)读之,幸也。'"①由此可见高明的诵读者,能使书声显得格外动听而使文章增色。

所以,自然界虽有千种百啭的声音,雨打芭蕉,风动松林,惊涛拍岸,飞瀑穿石,各有韵致,人们亦各有所爱,但读书声则普遍被视为最动听的。苏轼《林居》:"林居自潇洒,况有读书声。"黄庭坚《雨晴过石塘留宿赠大中供奉》:"独卧萧斋已无月,夜深犹听读书声。"又宋人李光《送清湘道士潘静素》:"静中最喜读书声,妙响琅然振寒玉。要知

---

① 文莹:《玉壶清话》卷八,北京:中华书局,1984年,77页。

心与古人会,不务新奇夸俚俗。"宋吕祖谦《送朱叔赐赴闽中幕府》:"路逢十客九衿青,半是同窗旧弟兄。最忆市桥灯火静,巷南巷北读书声。"陆游曾与邹德章同居百官宅,两人先后离开京师,别久相思,最忆那:"巷南巷北秋月明,东家西家读书声。"如此等等,都表达了诗人对读书声由衷的赞美和追忆之情。

　　社会崇尚读书,当然先从学童开始。所以,同样是读书声,稚儿幼童之声更能博得人们的欢心。苏轼晚年遭贬远放广东儋耳,在这海岛僻地,深感途穷无奈的东坡居士每闻邻居家学童圆美流转的读书声,便欣然忘忧。唐宋人诗歌中频频出现类似苏轼感觉的诗句,如唐郑谷《敷溪高士》:"闲得林园栽树法,喜闻儿侄读书声。眠窗日暖添幽梦,步野风清散酒醒。"宋吕本中《夜深归家闻邻家小儿读书可喜有作》:"北风飕飕霜被草,听汝读书声转好。莫言翁媪惜膏油,有儿如此可无忧。"显然,这不仅因为那娇稚的童声听来别有情味,而且因为人们从中看到了希望:学童今日勤奋读书,来日想必能成为国家栋梁。南宋孝宗朝官至礼部尚书的倪思,把松声、涧声、鹤声、琴声、棋子落盘声等称为令人喜爱的清声佳音,其中"读书声为最,闻他人读书声已极可喜,更闻子弟读书声,则喜不可胜言矣"。

　　唐宋时期这么多人众口一词地表示对读书声的喜爱,并非仅是出于音乐性,也并非仅仅出于为科举出仕、光耀门庭而寄厚望于后代的殷切之情。这主要是人们文化意识加强的一种表现,即对读书这一代表积极向上、文明进步的社会性活动的向往和崇敬,也体现出古代读书人一种值得钦佩的精神追求。

第四节　四时读书乐

春夏秋冬，四时交替，自然万物与人的生活情绪都随之发生变化，正如《淮南子·本经训》所指出的"四时者，春生夏长，秋收冬藏，取予有节，出入有时，开合张歙，不失其叙，喜怒刚柔，不离其理"。四时环周，物候互异，景物各呈风采。晋代画家顾恺之有一首《神情诗》："春水满四泽，夏云多奇峰。秋月扬明辉，冬岭秀寒松。"它描写的就是四时最显著、也最动人的景物特征。人类的生命之息，受四时变化和景物更迭的影响而抑扬吐纳。相传春秋卫灵公时的乐官师涓，根据人们这种不同感受，写成四时之乐曲："春有离鸿、去雁、应蘋之歌，夏有明晨、焦泉、朱华、流金之调，秋有商风、白云、落叶、吹篷之曲，冬有凝河、流阴、沉云之操。"这实际上就是通过乐曲，流泻出人们在物换星移的四时更替中所产生的不同情绪。

古代文学家早就选择组诗的形式，用优美流畅的笔调，描写四时自然景观的万千气象以及与之相对应的各种生活情趣。在江南，很早就流行根据四时的物候特征，抒发男女恋情的《子夜四时歌》。稍后，四时诗文的内容由恋情扩大到生活的各个方面。宋代苏轼有《四时词》、贺铸有《四时田家词》、范成大有《四时田园杂兴》、周必大有《渔父四时歌》等，所写内容大多为四季生活中的闲情逸趣。

宋末浙江台州有一位名叫翁森的教书先生，他自出机杼，以读书为主题，写作了一组《四时读书乐》诗。诗作格调清新，情趣高雅，读来令人爱不释手。

山光照槛水绕廊,舞雩归咏春风香。好鸟枝头亦朋友,落花水面皆文章。蹉跎莫遣韶光老,人生唯有读书好。读书之乐乐何如,绿满窗前草不除。

新竹压檐桑四围,小斋幽敞明朱曦。昼长吟罢蝉鸣树,夜深烬落萤入帏。北窗高卧羲皇侣,只因素稔读书趣。读书之乐乐无穷,瑶琴一曲来薰风。

昨夜庭前叶有声,篱豆花开蟋蟀鸣。不觉商意满林薄,萧然万籁涵虚清。近床赖有短檠在,及此读书功更倍。读书之乐乐陶陶,起弄明月霜天高。

木落水尽千崖枯,炯然吾亦见真吾。坐对韦编灯动壁,高歌夜半霜压庐。地炉茶鼎烹活火,一清足称读书者。读书之乐何处寻,数点梅花天地心。①

第一首写春季读书之乐。读书堂坐落在青山绿水的环绕之中,诗人端坐窗前或乘兴踏春,鸟语花香的明媚春光与舒畅愉悦的读书心境相互感应,融为一体。生机盎然的芊芊春草,显示出大自然的勃勃生机。美好的春光,涤去了诗人心中所有的烦恼和杂虑。诗人因此得以沉浸于书籍之中,含英咀华。

第二首写夏季读书之乐。劲节挺拔的新竹留荫屋檐,披翠着绿的桑树簇拥四周。当夏日的晨光透进屋内时,清幽的书斋顿时明亮洁净。诗人在斋中凝神读书,书声与蝉声相接,烛光与萤光继映,传出了纯朴自在的田园读书情趣。高卧琴曲,坐沐薰风,充分表现了诗人远离俗世尘嚣生活的恬淡自适的读书乐趣。

第三首写秋季读书之乐。商意,即秋意。古人把宫、商、角、徵、羽五声与四时相配,秋属商。《淮南子·说山训》载:"以小明大,见一

---

① 厉鹗:《宋诗纪事》卷八十一,上海:上海古籍出版社,1983年,1966页。

叶落而知岁之将暮。"诗人从庭前的落叶声中，感知凉爽宜人的秋天已经悄然降临。在空明清冷的秋夜挑灯展读的诗人，时而起身观察明月，遥望霜天，倍感心宁神清、自在惬意的陶陶乐趣。

第四首写冬季读书之乐。在霜严风寒的冬天，大自然藏起了春华秋实，返璞归真。诗人也已经过读书穷理，修身养性，清楚地认识了自我。书斋中，诗人灯下坐对书卷，读到会心处，欣然放歌，激扬的声音冲破了室外寒霜的包围。炉中炭火正旺，壶里清茶将沸。茶水的清澈，衬出诗人的清高，这正是读书人应该具备的品格。"读书之乐何处寻，数点梅花天地心"，诗人把梅花纯洁高尚的品格，看作是天地间最珍贵的东西；把在读书穷理的

《春山读书图》 [元]王蒙　绘

过程中使自己成为一个像梅花一样纯洁高尚的人，看作是读书的最大乐趣。

翁森这组《四时读书乐》诗，融读书乐趣与四时景物于一体，充分写出了他好学不倦、深造自得的兴致，洋溢着书香世界的无限情韵。明代吴中书画大家文徵明据此诗布景设色，绘作了"清雅绝尘"的《四时读书乐图》，春夏秋冬各一幅，并将翁诗手书其上，书法潇洒可爱，堪称诗书画三绝。清代内阁学士钱陈君将自己珍藏的《四时读书乐图》进呈乾隆皇帝，并在跋语中指出翁诗写出了孔子"乐以忘忧"的境地，它告诉人们"读书中自有随处取乐处"。跋语收录在他的《香树斋

文集》中。

长期以来,翁森的这组诗被误认为宋代朱熹的作品。清康熙十九年(1680),理学家耿介在嵩阳书院与同道作《嵩阳书院四时读书乐》,即自题"效紫阳夫子(朱熹)体"。这组《嵩阳书院四时读书乐》诗,在结构和写法上都与翁诗相类似。如耿介写春天读书之乐:"绿满平芜草色齐,燕子初归白昼迟。映溪桃李才烂漫,夹岸杨柳正参差。一年好景是青春,古人读书惜寸阴。读书之乐乐未央,夜来微雨长新篁。"耿介写秋天读书之乐:"云物萧瑟转凄凉,会心还觉兴味长。启牖千岩红叶入,开帘一阵黄花香。幽人履道无所为,每迷读书忘渴饥。读书之乐乐难言,门前流水日潺湲。"耿介读书治学以朱熹为宗,两度出主河南嵩阳书院。从诗中可以看出他淡泊宁静、潜心读书的志向。

明徐渭也写过《四时读书乐题壁》,以类似《三字经》的通俗形式,表达自己的阅读理念:"雄读书,春花满。散朱碧,点班管。胤读书,夏风凉。苦无膏,萤聚囊。符读书,秋月随。新凉入,亲灯火。康读书,冬雪厚。就以映,字如昼。"①诗中宣扬汉代扬雄、王符和晋代车胤、孙康四位学者与四时物候相应合的苦读事迹,表达了"读书乐趣来自勤奋刻苦"的道理。与徐渭同时的思想家李贽,70岁时在湖北麻城的龙湖写了一首四言古诗《读书乐》。诗中写道:"龙湖卓吾(李贽号卓吾),其乐何如?四时读书,不知其余。""束书不观,吾何以欢?怡性养神,正在此间。""寸阴可惜,曷敢从容!"其从怡性养神、惜阴勤读两个方面,对读书乐趣做了形象的表述。

以上足以反映翁森这组《四时读书乐》诗对后人阅读的影响。

---

① 徐渭:《徐渭集·徐文长逸稿》卷二十四《杂著》,北京:中华书局,1999年,1055页。

第五章　经典的注释与阅读

　　两宋的经典注释活动,在涉及的范围和成果数量上,都超出了隋唐。其原因是多方面的:首先是雕版技术的完善,使出版卷帙相对较大的注释类书籍在技术上变得比较容易;其次是朝廷崇儒重文的政策有效地推动了社会阅读活动的发展,对经典的注释类书籍和阅读的辅助工具形成较大的需求市场;再次是新儒学——理学的推动,宋代理学家将经典的注释活动当作理学思想传播的重要形式,有力地促进了宋代典籍注释活动的蓬勃开展;最后是社会学术研究风气浓重,名公大臣在公余暇时无不以读书究学为务,拥书抱籍,是非古今,遂涌现众多专门注家。如蜀人任渊曾先后注宋祁、黄庭坚、陈师道三家诗,世称详赡。朱熹集注经典,不仅有四书,而且兼及《诗经》《楚辞》,其治学谨严,学问博洽,为一代名家。

　　宋代经典的注释活动,重要成果大致集中在经部和集部。经部主要在儒家的十三经,今最为通行的注本是清代学者阮元据宋本校刻的《十三经注疏》。仁宗庆历以前,学者治经多守汉唐章句注疏之学,《十三经注疏》本中,九种为唐人注本,而《论语》《孝经》《尔雅》《孟子》四经为宋初邢昺、孙奭注本。这些唐宋新疏本都遵循疏不破注的原则,在汉魏以来旧注的基础上删繁疏通而成,在经义的理解阐释上无新见异论。熙宁前后,学风丕变,疑经之论四起。其中围绕《孟子》的释读,在思想文化领域展开了一场持久的论争。南宋学者邵博在其《邵氏闻见后录》中汇录《荀子》以下十家批评《孟子》的言论,其中九家是宋儒,包括司马光的《疑孟》、苏轼的《论语说》、李觏的《常语》、陈次公的《述常语》、傅野的《述常语》、刘敞的《明舜》、张俞的《谕(论)韩愈称孟子功不在禹下》、刘恕的《资治通鉴外纪》、晁说之的《奏审皇太子读孟子》。而何涉的《删孟》尚因文繁没有收录。邵氏说:"大贤如孟子,其可议,有或非或疑或辩或黜者,何也?予不敢知。具列其说于下方,学者其折衷之。"① 这种新风甚至吹进了科场。熙宁四年(1071),右赞善大夫吴安度读经有心得,在进士考试中自出己见,不依汉儒郑玄的笺注理解《诗经·淇奥》"绿竹青青"之意,遂落第。后宰相富弼异议,认为吴安度的己见与《史记》《经典释文》的相关记载吻合,并非谬误。后学士院看详,结论是"于理甚通,未为不识题意",于是赐吴安度进士出身。

稍后,王安石的《三经新义》、朱熹的《四书章句集注》等先后完成,确立了宋儒解经的新学风:尚简约,贵义理。

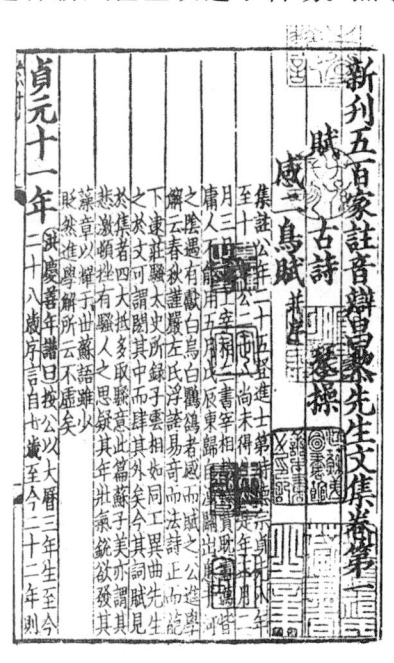

《新刊五百家注音辨昌黎先生文集》南宋刻本

唐宋名家诗文集的集注是宋人注释活动的又一热点,成果累累。

---

① 邵博:《邵氏闻见后录》卷十一,北京:中华书局,1983年,81页。

诗文集的注释与社会阅读风尚有极大关系,唐代诗文大家中,宋人喜言杜诗,解者如云,所以杜甫集两宋注者数十家,而李白集宋人注今仅见杨齐贤集注本。又仁宗天圣以来,学者多读韩文,韩愈文集注家蜂起,以至南宋有《五百家注音辨昌黎先生文集》问世。虽然所谓五百家者是经书商夸大,并非实数,但其反映出韩愈集注家众多的信息是基于事实的。

注释经典,要对文本中涉及的典章制度、时代背景、人物典故、词义音读等一一进行解说,加以疏通。为此,注家往往要捃拾群书,深究出典,以求得作者本意。同时注文还要文理通顺,笺义安妥。无疑,注释经典是一项十分艰巨的学术活动。

在注释过程中,凡与文本有所关涉,上至六经、诸子、历代史籍,下及佛经道藏、稗官小说,无不在注家的视野之中。从这个意义上讲,注释经典又是一项广泛的阅读活动。经典的注释、研究、阅读彼此促进。

下面选择若干重要注释成果进行简介,试图从一个侧面来反映宋代阅读史的特点。选择采取点面结合的形式。所谓点,就是具体成果,如经部选择《四书章句集注》,史部选择《资治通鉴注》。所谓面,就是同一类成果,如集部选择唐宋名家诗文集注作为一个整体。由于工具书既是注释作品,也是一般阅读离不开的重要辅助读物,因此选择《广韵》与《集韵》一并介绍。

第一节 《四书章句集注》

中国古代经学向有汉学与宋学之分：汉学传统创立于汉代，其学术研究的重点是五经，研究方法以训诂考据为主，从字义、制度、名物等考释入手推求内蕴，尊师传，宗家法，旨在对经典本义的复归；宋学以宋代理学为代表，其重点则在四书，其研究方法是轻训诂，重义理，开以己意解经的新风。四书是《论语》《孟子》《大学》《中庸》的合称。《孟子》原本属诸子，没有经典的地位；《大学》《中庸》只是《礼记》中的篇目。由于宋儒的积极提倡和大力传播，《孟子》从子部晋入经部，《大学》《中庸》由单篇升为专经。四书之名的最终确立并取得与五经相同的地位，则始于朱熹《四书章句集注》的完成。

《四书章句集注》包括《大学章句》1卷，《中庸章句》1卷，《论语集注》10卷，《孟子集注》7卷。《礼记》有汉儒郑玄的注，其《大学》通篇无别，朱熹则别出经、传两部分，并颠倒旧次，补缀缺文，《中庸》也不依郑注分节。朱熹注两书，分析其章节句读，

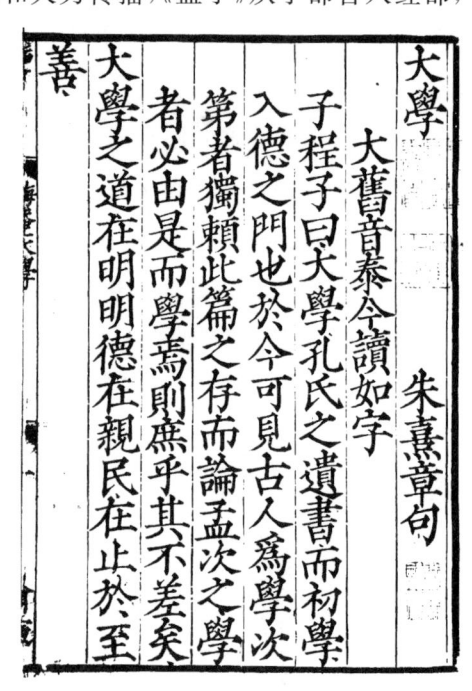

《大学章句》 宋刻本

探究其一章一句的意义,因而称为章句。《论语》《孟子》则融会诸家之说,所以名为集注。

宋代理学家自二程始,坚持认为四书之中,《大学》有经传之别,经的部分是曾子记述的孔子言论,传的部分是由门人记述的曾子之意;《中庸》是孔门传授心法,由子思记录于书,传授给孟子。四者珠联,正好构成了由孔子经过曾参、子思传道于孟子这样一个儒家道统。理学家认为自己发现了这一道统,并有责任对其加以继承和发扬。朱熹作《四书章句集注》,就是要将这一道统及其内蕴的义理揭示出来。肩负着这样重大的学术使命,他倾尽全力,前后持续修订了40多年,直至生命的最后一刻。在《四书章句集注》中,朱熹集注四书,尤其是《论语》《孟子》,在方法和侧重上都与汉儒以来的经注传统有所不同,而最大的不同,就是以理学思想解释经义。下面我们具体来看两个例子。

《论语·公冶长》:"子贡曰:'夫子之文章,可得而闻也;夫子之言性与天道,不可得而闻也。'"邢昺《论语注疏》的疏解沿先儒旧注,引《中庸》《孝经》《周易》中相关文字及其注文约600字来解释"性"与"天道"的内涵,确乎烦琐。其最后说:"人禀自然之性,及天之自然之道,皆不知所以然而然,是其理深微,故不可得而闻也。"集注的注文则显得简洁明了:"文章,德之见乎外者,威仪文辞皆是也。性者,人所受之天理;天道者,天理自然之本体,其实一理也。言夫子之文章,日见乎外,固学者所共闻;至于性与天道,则夫子罕言之,而学者有不得闻者。盖圣门教不躐等,子贡至是始得闻之,而叹其美也。程子曰:'此子贡闻夫子之至论而叹美之言也。'"[1]很显然,朱熹以天理论和进学修身循序渐进的理学思想去阐释这段文意,与《论语注疏》所引据的传统解释有很大的不同。

---

[1] 朱熹:《四书章句集注》,北京:中华书局,1983年,79页。

《孟子·离娄》："孟子曰：'博学而详说之，将以反说约也。'"集注："言所以博学于文，而详说其理也者，非欲以夸多而斗靡也；欲其融会贯通，有以反而说到至约之地耳。盖承上章之意而言，学非欲其徒博，而亦不可以径约也。"①孙奭《孟子注疏》："正义曰：'此章言广寻道意，详说其事要约至义，还反于朴者也。'孟子言人之学道，当先广博而学之，又当详悉其微言而辩说之，其相将又当以还反说其至要者也。以得其至要之义而说之者，如非广博寻学详悉辩说之，则是非可否未能决断，故未有能反其要也。是必将先有以博学详说，然后斯可以反说其约而已。"

邢昺、孙奭都是北宋真宗时人，宋初经学尚汉儒章句训诂之传统，他们疏解《论语》《孟子》，分别以魏何晏集解和汉赵岐注为蓝本，多取先儒经说诠释发明而成。从上述二例可以看出朱熹《四书章句集注》文字简约和发挥义理的特点。《四书章句集注》重在义理，不重训诂，基本撇开汉儒的经注传统，代表了宋儒解经的一般学风。朱熹曾自我标榜这部凝聚自己毕生治学精华的《四书章句集注》是"添一字不得，减一字不得"。

朱熹生前并没有看到《四书章句集注》登上思想文化领域至尊地位的无限风光，宁宗庆元六年（1200）三月，他在严禁道学之潮席卷朝野、理学著作横遭封杀之际去世。六年后，韩侂胄指挥的"开禧北伐"失败，宁宗为稳定统治，很快调整朝廷的思想文化政策，迅速反转韩侂胄严禁道学的局面，朱熹的《论语集注》和《孟子章句集注》首先被列为官学课本。稍后在理宗和度宗朝，朱熹的《大学章句》《中庸章句》等理学著作被先后列为官学课本。淳祐元年（1241），理宗再次下诏推尊《四书章句集注》："中兴以来，又得朱熹，精思明辨，折衷融会，

---

① 朱熹：《四书章句集注》，北京：中华书局，1983年，292页。

使《大学》《论语》《孟子》《中庸》之旨本末洞彻,孔子之道益以大明于世。"①《四书章句集注》逐渐成为天下学子必须诵习的经典。

朱熹晚年高弟、学者称北溪先生的陈淳,写了一部《四书性理字义》,从四书中选取命、性、心、情、才、志、意、仁义礼智信、忠信、忠恕、一贯、诚、敬、恭敬、道、理、德、太极、皇极、中和、中庸、礼乐、经权、义利、鬼神、佛老等 26 个核心词,加以疏释,详论原委,旁引曲证,是解释《四书章句集注》的第一部专著,故当时学界流传"由北溪之流,溯紫阳之源"之说。元初学者许谦读《四书章句集注》,著有《读四书丛说》20 卷,他说:"圣贤之心具在四书,而四书之义备于朱子,顾其辞约意广,读者安可以易心求之乎。"②

朱熹去世百年后,元延祐年间(1314—1320),朝廷正式规定以四书五经取士,《四书章句集注》成为法定的读本,朱熹之书,行走天下,家弦户诵。明清两代,四书的地位甚至超过了五经,康熙皇帝在《御制日讲四书解义序》中说明了其中的道理:"盖有四子而后二帝三王之道传,有四子之书而后五经之道备,四子之书得五经之精意而为言者也。"而四库馆臣在该书的提要中说得更清楚,四书"盖千古帝王之枢要,不仅经生章句之业也"。

应该指出,朱熹集注四书并没有全然摒弃汉儒旧注,而是兼取其精华。如《中庸》第一章"戒其所不睹"四句,第二十八章"虽有其位"一节,皆采用了郑玄的注解。而《论语》《孟子》中也时取包咸、赵岐的古注。正如清儒所论,虽然义理之学汉儒不及宋儒,但考证之学则宋儒逊于汉儒。朱熹能熔铸群言,鉴裁精华,所以获得学者"辞约而理富,义精而味长"的评价。而且为了集注四书,朱熹还系统阅读梳理了汉代以来各家之说,汇为《四书或问》39 卷,以设问自答的形式,来

---

① 陈邦瞻:《宋史纪事本末》卷八十《道学崇黜》,北京:中华书局,1977 年,879 页。
② 宋濂等:《元史》卷一八九《许谦传》,北京:中华书局,1976 年,4318 页。

说明自己取舍的理由。南宋以来,研读、诵习《四书章句集注》之人不计其数。然而不少士子读书不多,且学风不正,他们读书不务本原,不看前人传注,不明训诂句读,就用己见立说,反而说这是先儒学识所不能达到的新见。我们在南宋学者的著述中看到很多对这种现象的批评文字,或许这正是以《四书章句集注》为代表的宋学重义理、轻训诂的解经风气给读书治学带来的负面影响。

第二节 《资治通鉴》及其胡注

《资治通鉴》是我国历史上第一部编年体通史,始修于北宋英宗治平三年(1066)。作者司马光(1019—1086)早有编纂一部编年体通史的宏愿,并先编成战国至秦的编年史八卷,名曰《通史》。进呈后,英宗对其加以赞赏,命他继续编撰,改名《历代君臣事迹》,特许他自选刘恕、范祖禹、刘攽三位史学家作为助手,而且在崇文院专门设立史局,并允许司马光等人借阅龙图阁、天章阁、三馆、秘阁书籍。神宗即位,听司马光进

《资治通鉴》手稿

读,认为"鉴于往事,有资于治道",于是定名《资治通鉴》,并赐序文。时王安石主持变法,政治上持保守态度的司马光带头反对,遭排斥后,退居洛阳独乐园,潜心纂修《资治通鉴》,直至元丰七年(1084)成书。

《资治通鉴》凡354卷,其中目录30卷,考异30卷,正文294卷,记载始于周威烈王二十三年(前403),止于后周显德六年(959),共1362年,分为16纪:《周纪》5卷,《秦纪》3卷,《汉纪》60卷,《魏纪》10卷,《晋纪》40卷,《宋纪》16卷,《齐纪》10卷,《梁纪》23卷,《陈纪》10卷,《隋纪》8卷,《唐纪》81卷,《后梁纪》6卷,《后唐纪》8卷,《后晋纪》6卷,《后汉纪》4卷,《后周纪》5卷。

全书所记史实以政治、军事为主,同时涉及社会、经济、文化、制度等,兼顾社会历史的各个方面,对有关君臣治乱的关系、成败安危的时刻尤加注意。编纂中,先后采录220余种古今典籍,涉及正史、编年、别史、杂史、霸史、传记、奏议、地理、小说、诸子等类别。当时神宗皇帝在序中表彰《资治通鉴》是"博而得其要,简而周于事,是亦典刑之总会,册牍之渊林矣"。80年后,孝宗皇帝读《资治通鉴》时发表了类似的意见:"法其所以兴,戒其所以亡。"这说明它能为帝王提供治国的历史经验。

作为一部"兼收并蓄,不遗巨细"的编年之书,《资治通鉴》在编纂之初,司马光已经制定出严密周详的体例,并先按照"宁失于繁,毋失于略"的原则,组织排比所有比较重要的史料,然后以此为基础,删繁去重,考异甄别,润色熔裁,最终由司马光笔削成编。《四库全书总目》评论全书:"网罗宏富,体大思精,为前古之所未有。而名物训诂,浩博奥衍,亦非浅学所能通。"所以直到清初,康熙皇帝还要求吏部把正确句读《资治通鉴》作为考核翰林官员合格与否的一条标准,如有不能者,要视为学问不及格而予以降调。司马光曾说自己的《资治通鉴》只有王胜之读之终篇,其他求观的人往往"读未终纸,已欠伸思睡矣"。这里讲的终篇、终纸,应该只是全书的某个部分或章节,读者难以终纸的原因可能有很多,而原书"浩博奥衍"肯定是其中很重要的一条。于是,帮助读者阅读终纸的注释开始出现。

《资治通鉴》的注释,最早是司马光学生刘安世的《音义》10卷,流传极少。至南宋,出现多家音注释文之作,其中三家较著:托名司马康的《释文》、四川广德书贾费氏的《通鉴音释》、史炤的《释文》。据胡三省考证,前两种皆从史炤《释文》中抄得,而史文本身也极为简陋,讹误众多。胡三省唯恐讹谬相传,疑误后学,专门撰写《通鉴释文辩误》12卷加以辨析正误。直到他的注问世,《资治通鉴》才有了完备的注本。

胡三省(1230—1302),台州宁海(今属浙江)人。南宋宝祐四年(1256)进士,曾为权相贾似道幕僚,因政见不合而彼此疏远。宋亡后隐居著书,倾全力注《通鉴释文辩误》。司马光《资治通鉴》涉及的历史纪元,与纪传体《史记》以下十七史相重。其中《史记》有三家注,《汉书》有颜师古注,《后汉书》有刘昭、李贤注,《三国志》有裴松之注,这一部分对注《通鉴释文辩误》可以有所借鉴,而两晋至五代之史并无前人之注,都要另起炉灶,学术难度非常之大。胡三省以30年之功,在宋末元初颠沛辗转中坚忍不拔,虽三失其稿,但始终不易其志,终于完成了这一足以彪炳青史的学术工程。

胡三省的注主要包括四大类:一是古字的注音训诂;二是注典章制度,尤其是历代职官、服饰;三是注地名,地名用南宋的地名作注,正如清代顾炎武所指出的"古人谓所事之朝为本朝……宋胡三省注《资治通鉴》,书成于元至元时,注中凡称宋,皆曰'本朝',曰'我宋',其释地理皆用宋州县名"[①];四是注人名。

胡注问世以后,学者往往将其与司马贞注《史记》、颜师古注《汉

---

① 顾炎武著,黄汝成集释,栾保群、吕宗力校点:《日知录集释》(全校本)卷十三《本朝》,上海:上海古籍出版社,2006年,818页。

书》、裴松之注《三国志》的学术成就相提并论。《通鉴释文辩误》胡注博大精深,优点确实很多,重要的有以下几点。第一,凡是原书文字有错误抵牾的地方,胡氏一一予以校正指出,不稍回护。张煦侯曾对此做过详细的举例分析,包括正其采辑之误,不合旧文之误,不应体例之误,叙次不明之误,等等。① 第二,对于原著所载典章制度、名物地理、音韵训诂等,胡氏都做了详细注解。特别是地理,谨守自己在《通鉴释文辩误》中提出的"晋宋齐梁陈之疆里,不可以释唐之疆里"的释名原则,考证尤为精详。第三,标注人事活动的起始。作为一部时间跨越千年的编年体通史,《资治通鉴》中事件的进展、人物的活动都分叙于相应的时段,所谓"事以年隔,年以事析"。胡三省注《通鉴释文辩误》,多标注某事始此,某人始此,以方便读者阅读和检寻。

胡三省在《新注资治通鉴序》中评价自己的注,说古人注书以简约义明为尚,而自己的注"博则博矣,反之于约有未能焉",表现出自谦的大家风度。胡注,尤其是地理部分的精微,使它成为后代学者读书治学常常征引的材料、研究考证时援据的文献。但是他的注确实存在谬误,明清学者研读胡注,陆续发现一些牵强附会原文的错失,清人陈景云有《通鉴胡注举正》3卷,正胡注之失60条,而赵绍祖的《通鉴注商》则正800余条,进一步扩大了胡注对《资治通鉴》阅读的帮助指导作用。

现代史学家陈垣的《通鉴胡注表微》,是一部专门研究《资治通鉴》胡注的著作,共20篇:前10篇论史法,包括本朝、书法、校勘、避讳、考证、辨误、评论、感慨、劝诫;后10篇论史实,包括治术、臣节、伦纪、出处、边事、夷夏、民心、释老、生死、货利。全书"总共用胡注精语七百五十多条,引证的书籍除正史外,有二百种之多"。②《通鉴胡注

---

① 张煦侯:《通鉴学》(修订本),合肥:安徽教育出版社,1984年,158页。
② 柴德赓:《资治通鉴介绍》,北京:求实出版社,1981年,53页。

表微》详细揭示了胡三省的思想、学问和胡注的价值。胡三省在宋末国破家亡的动荡时代注释《资治通鉴》，每读至民族生死存亡之际，随时于注中发表议论，处处蕴藏着亡国遗民不忘故国、日盼恢复的思想。陈垣作《通鉴胡注表微》正值日寇铁蹄蹂躏中华大地之时。两位史学家的爱国之情在文字中得到了共鸣。

司马光的《资治通鉴》成书后，对史书编纂产生了重大影响，仅在宋代，就出现了数部以继承或改革《资治通鉴》义例而成的史学名著，并且都成为后人阅读研究《资治通鉴》的重要辅助书。

应用《资治通鉴》义例赓续成书的编年体史书有以下几部：南宋眉山李焘的《续资治通鉴长编》980卷，记北宋九朝168年间的史事；李心传的《建炎以来系年要录》200卷，记南宋高宗一朝自建炎元年至绍兴三十二年（1127—1162）间史事，上与李焘《续资治通鉴长编》相衔接；徐梦莘的《三朝北盟会编》250卷，专记宋徽宗政和七年（1117）宋与女真从登州泛海结盟开始，至绍兴三十二年（1162）金主完颜亮南侵败盟止，46年间宋金会盟的种种史事。

由《资治通鉴》而起，但是自定义例者，有袁枢的《通鉴纪事本末》42卷和朱熹的《资治通鉴纲目》59卷。

《通鉴纪事本末》的史实材料完全取自《资治通鉴》，就是文字也是一字未改，辑者袁枢只是将原书分年叙述的史事，按照每事一篇，首尾完整的体例，区别为239篇，重新抄录一遍。纪事本末体以事件为中心，标立题目，每事叙述仍按时间顺序展开，内容简明扼要，具有"经纬明晰，节目详具"的优点。采用新体例的《通鉴纪事本末》，有效地解决了司马光原书完整史实被割裂而造成阅读困难的缺陷。书成后，宋孝宗即下令小字摹印10部，赐太子和大臣熟读。袁书的成功，引出了后世的改纂之风，如南宋杨仲良改纂李焘《续资治通鉴长编》而成《皇宋通鉴长编纪事本末》，以及明陈邦瞻的《宋史纪事本末》《元史纪事本末》，清谷应泰的《明史纪事本末》等。

朱熹的《资治通鉴纲目》依司马光原书义例，以编年的形式叙事，每事都分为纲要和细节两项，先用大字叙出概括的提纲，其下则以小字详述史事的细节，所谓"大书以提要，而分注以备言"。在内容上，其取材范围不出《资治通鉴》，但是评论则旁采近世学者的见解。朱熹此书创立了史书新体裁，史称"纲目体"。应该引起注意的是，司马光《资治通鉴》与朱熹《资治通鉴纲目》在史观上存在差异。元代杨奂读《资治通鉴》，读到用"寇"字论定诸葛亮伐魏的性质之处，心中大为不平，作诗云："风烟惨淡控三巴，汉烬将燃蜀妇鬟。欲起温公问书法，武侯入寇寇谁家。"后来他读《资治通鉴纲目》，方始心平气和。因为记三国事，《资治通鉴》以魏为正而《资治通鉴纲目》以蜀为主。

与朱熹同时，临川人黄齐贤仿唐李瀚《蒙求》的体例，编撰《通鉴韵语》9卷。全书用四言体反映《资治通鉴》中的历史事件，一事一言，并配以插图。一时名流如杨万里、朱熹、周必大、楼钥等纷纷为其作序，杨万里说：《通鉴韵语》"卷而怀之，《通鉴》在袖间；诵而记之，《通鉴》在舌端矣"。朱熹在跋语中称道："《韵语》虽工，而诸图用力之深，尤不可及。虽无《通鉴》，亦可孤行。"他高度评价了《通鉴韵语》以通俗化的形式吸引社会公众阅读《资治通鉴》的积极意义。

这些著作围绕《资治通鉴》形成了一个完整的阅读体系，大大提高了《资治通鉴》作为史学经典在社会上被广泛阅读和传播的概率。考宋代文献中有大量记录阅读《资治通鉴》的文字，如徽宗时右司谏陈瓘有读《资治通鉴》的札记《约论》17卷，度宗时户部尚书陈垲有《读通鉴随笔》。南宋乾道间学者张仲隆书斋中唯有《资治通鉴》数十帙，每天焚香展读，日尽数卷，因取名为"通鉴室"，朱熹欣然为之撰记。

朱熹曾经就学生的提问论及如何阅读《资治通鉴》的问题，他认为读史之法，要先读《史记》和《左传》，接着读《汉书》《后汉书》及《三国志》，然后读《资治通鉴》。他进而指出读《资治通鉴》固好，但是要将其与正史结合起来,就是读正史一部,对应读《资治通鉴》一代,其间《帝纪》更要逐件大事立个纲目,把相关史料疏记于下,这样才能取得良好的阅读效果。

这应该是学者的阅读法,民间把《资治通鉴》当作历史故事来读,情况显然会不一样。明代中叶,苏州处士王锜在《寓圃杂记》中,记载了一则吴人读书的典故,标题饶有趣味,叫作"脂麻通鉴",说的是吴人喜欢用脂麻点茶,店家卖的时候,都要用纸包裹。有一店家藏有旧书数卷,用作包裹纸。有位买者经常光顾其店,包裹纸积多了,一看,原来是一本《资治通鉴》。那人取之以熟读,每与人交谈必谈及其中内容。有人打破砂锅问到底,他就如实告之:"我得之脂麻纸上,仅此而已,馀非所知也。"流传开来,其就叫作"脂麻通鉴"。这则故事从一个侧面真实地反映出《资治通鉴》在后世民间的阅读和传播情况。

第三节 《广韵》与《集韵》

《广韵》和《集韵》是宋代两部重要的官修韵书。

韵书是一种按照声、韵、调三者的关系编次汉字的字书,在编纂上以分韵编排为特点,以审音辨韵为目的。

汉字的声、韵、调早就存在,虽然汉代文字训诂学家已经注意到古今语在音韵上的差异,但是世人对其进行科学研究开始于三国时期。据史料记载,古代最早出现的韵书是曹魏时期李登所编的《声类》和西晋吕静所编的《韵集》。

《声类》一书早已失传,编者李登曾在曹魏任职左校令,其他事迹史书失载。唐封演在《封氏闻见记》中提及:"魏时有李登者,撰《声类》10卷，凡一万一千五百二十字，以五声命字，不立诸部。"据此及前人的零星记载，可以推知其体例的大致情况：其一，按宫、商、角、徵、羽五音分类编排；其二，不分韵部；其三，各字用反切标音，有注释；其四，收字较《说文解字》多出2167字。

西晋吕静的《韵集》是仿效《声类》之法编辑而成的，但在体例上有所改进。全书五卷，宫、商、角、徵、羽各一篇，分韵编排，奠定了后世韵书的基本体例，是古代字书编辑体例上的重要创新。

隋仁寿元年（601），陆法言以吕静等六家韵书各有乖互，因与学者刘臻、颜之推、萧该、薛道衡等八人合力修订，撰成《切韵》五卷。全书收字11558个，分别四声，析为193韵。同韵之字，按声母不同分列；一字多音，分别注明。从古代韵书发展史的角度分析，《切韵》的编纂体例具有规范化的意义，后来唐宋韵书皆取为蓝本。

一个半世纪后，唐天宝十年（751）陈州司法孙愐认为《切韵》引证过略，间有谬误，所谓"随珠尚颣，虹玉仍瑕；注有差错，文复漏误"，于是重为增补刊定，雅俗兼收，务矜赅博，改名《唐韵》。在古代文献传播史上享有盛名的旋风装手写本《唐韵》，即是此书。据文献记载，唐文宗太和年间（827—835），成都古仙女子吴彩鸾善书小字，尝书《唐韵》鬻之。宋人多有诗文咏及其事，楼钥《题汪季路家藏吴彩鸾唐韵后》说："五篇历历为全书，始信传闻是真有。当时所直才五缗，于今千金价未均。十年盖有数百本，未知几本传今人。"仅吴彩鸾一人所抄，就有数百本，说明作为读书吟诗辅助工具的韵书，其当时社会需求量不小。

宋初景德四年（1007），真宗以《切韵》旧本偏旁差落，传写漏落，又注解未备，因敕命陈彭年、邱雍等重修。4年后书成，真宗赐名《大宋重修广韵》，简称《广韵》，就是增广《切韵》的意思。陈彭年他们的增广工作主要在两个方面：一是增字，收录26194个，韵部也增至206；二是增注，加强义训，注文达到191692字。论者以为新修《广韵》

较旧本为详,但是缺乏剪裁,如上平声"东"韵的"公"字之下列载姓氏竟多至千余言,显得十分冗漫,于是30年后又有重修之举。

仁宗景祐四年(1037),因《广韵》存在多用旧文、繁略失当的不足,翰林学士丁度等人受命修订,又30年后,由司马光领导最终完成,名为《集韵》。全书收字53525个,较《广韵》增加两万多。同时,《集韵》删去原书繁复冗长的注文,增加了大量训诂资料。

《广韵》《集韵》在宋代就有十分广泛的应用,今存宋人著述大量引据二书内容,所引据内容主要集中在考证、辨误、注释方面,证明其在宋人阅读研究中发挥了重要的作用。

古代作家在文学创作中注意音调和谐的传统,可以追溯到《诗经》《楚辞》的时代。当文学创作进入自觉时代之际,西晋陆机在《文赋》中正式提出文章的音乐性问题。这就是音韵和四声问题在魏晋南北朝时期得到重视的客观条件之一。六朝时期,文风崇尚绮丽。南齐永明年间,沈约等人大力倡导作诗要严格讲究四声和韵律,按照这种要求创作的诗,史称"永明体"。于是,对韵书的社会需求得到拉动,一时韵书的编纂成为热点。随着科举制度的确立,唐宋科举考查士子的诗赋能力中,正确用韵是极为重要的一环,历史记载中多有举子因用字错韵而惨遭淘汰的事例。文人习作诗赋、场屋程文都离不开韵书。

另外,语言的古今变化,使音韵、训诂上下互不相通,给人们的阅读带来困难。南宋陆之渊在《柳文音义序》中说道:由于不重视小学,平时看书不分点画,不辨偏旁,不识清浊,遇到古文奇字更难句读,所以"开卷必与篇、韵俱检阅,反切终日,不能通一纸"。[①] 借助韵书随时查阅求解阅读中出现的音韵训诂问题,就成为读书人的共同需要。尤其《广韵》《集韵》对所列文字注音以外兼释字义,字训悉本许慎《说

---

① 柳宗元:《柳宗元集·附录》,北京:中华书局,1979年,1451页。

文解字》,《说文解字》不载,则引他书为解,引例遍及经史诸子,所以同时具备字书的功能。司马光在《注扬子法言序》中强调:"凡观书者当先正其文,辨其音,然后可以求其义。"韵书的功能正好可以辅助读书人解决辨音求义的需求问题。

韵书、字书等工具书给阅读带来了很大的帮助。但是对初学者或水平一般的读者来说,如果需要查阅的字词典故过多,他们就会失去继续阅读的兴趣,所以他们更希望把造成阅读障碍的字词音义和典故等随文直接注出来。为了适应这种来自阅读上的需求,诗文别集的注释活动开始涌动,尤其是具有广泛阅读人群的名家诗文集,其注释成果的问世更是一马当先。

第四节 唐宋名家诗文集注

在传统的四部典籍中,集部书居多,称得上鸿篇巨制,汗牛充栋。在集部书中,诗文作品居多,如恒河沙数,触目皆是。诗赋文章,往往出于作者胸臆,读其文如亲见其人,亲临其境,亲炙其学,得到美的享受,从而激起更为强烈、经久不衰的阅读欲望。

宋代诗文作品的阅读欣赏活动十分普及。如北宋仁宗时人才川涌云集,位列唐宋八大家的欧阳修、苏洵、曾巩、王安石、苏轼、苏辙,以及司马光、黄庭坚等诗文集盛行于世,即如与黄庭坚、秦观、晁补之并称苏门四学士的张耒,仅南宋周紫芝就先后在大梁、杭州、浙西、四川四地得到四种刊本,书名不同,卷数各异。名家别集,"虽樵夫野老,市井庸人,皆能道其姓字而乐诵之"。北宋宣和间唐庚的这一评说,足令我们遥想当时印行阅读的盛况。又如唐王勃《滕王阁序》中的名句"落霞与孤鹜齐飞,秋水共长天一色",当时士无贤愚,都以为警绝。但是到了宋代,世人对其的欣赏评价中开始出现不同意见。陈善《扪虱新话》、吴曾《能改斋漫录》、叶大庆《考古质疑》、俞成《萤雪丛话》及王楙《野客丛书》都参与了有关该句造语工拙、立意高下的讨论。普及之势,可略见一斑。另外,宋代科举虽然诗赋科目时兴时废,但由于"笔下五十弦锦瑟之奏,胸中三万轴牙签之储"已经成为社会衡量文人才识的标准,而诗文创作与阅读鉴赏水平则是社会上层交往的一张显示高雅身份的名片。所以阅读诗文不仅仅在于通过阅读获取审美愉悦,更大程度上在于学习揣摩赋诗作文的技巧。学习阅读的广泛需求,促进名家文集的编辑注释活动蓬勃开展。

体例多创新是宋代名家诗文集注的一个亮点。这一令人欣喜的局面的出现,除了学术研究和图书编辑内部发展规律的作用外,社会阅读需求的推动也是一个十分重要的因素。

一、编辑体例

随着诗文别集的大量问世,宋人开始从方便研究阅读的角度审视编纂体例。以杜甫集为例。景祐三年(1036),苏舜钦编《杜甫别集》,见到的杜甫集流传情况:"杜甫本传云:'有集六十卷',今所存者才二十卷,又未经学者编辑,古律错乱,前后不伦,盖不为近世所尚,坠逸过半,呼!可痛闵也!"[①]阅读不旺导致编辑不精。事隔20年,情况发生了变化。嘉祐四年(1059),苏州太守王琪重编杜甫集时,见到的是"近世学者争言杜诗……人人购其亡逸,多或百余篇,少或数十

---

① 苏舜钦:《苏舜钦集》卷十三《题杜子美别集后》,上海:上海古籍出版社,1981年,171页。

句,藏弆矜大,复自以为有得"①。这种社会阅读的热潮推动杜甫诗集的编纂呈现多元化的丰富形态。

从整体来看,宋人编纂诗文别集的基本体例为编年、分体、分类三种。所谓编年,就是按照作者创作时间的先后次序排列作品,以年月编排诗文作品,可以较为清晰地反映作者创作与生平的关系,以及作者创作风格形成、发展的脉络,给作家作品的研究带来方便。由于考证作品创作的确切时间具有一定的难度,因此宋人编纂本朝人文集采用编年体例者不多。黄庭坚的外甥洪炎编纂黄庭坚诗文集,分体编排,南宋陈鹄批评他不采用吕大防《杜诗年谱》的编年法,因此"前后参错,殊抵牾也"②。

所谓分体,就是按照诗文的体裁编排,即诗按古诗、律诗、绝句,文按赋、书、序、表、状、记等归类编次。分体是自南朝萧统编纂《文选》以来诗文集采用的最普遍的样式,其优点在于归类容易,编次简单,对研究阅读者来讲,能使他们较方便地根据爱好选读作者的各体作品,感悟其个人风格和艺术造诣。

分类的体例比较容易理解,就是按照作品的内容,如日月星辰、四季节序、飞禽走兽、花草虫鱼、日用器件等分门别类地加以编排。

在实际编纂中,上述三种体例往往配合使用,如先编年后分体,或者先分体再编年。应该说体例以编年为主的,用力在梳理作者生平与创作的关系;以分体为主的,侧重在突出作者各体创作的风格与特色;以分类为主的,则着意于突出作品内容的生活气息和趣味性。宋人编纂诗文集,三种体例都有,而分类编纂方式的出现,与当时社会阅读的普及有极大的关系。

今天还能见到的宋代分类体诗文集,属别集的有《分门集注杜工

---

① 王琪:《杜集刊行后记》,《分门集注杜工部诗》卷首,见张元济《四部丛刊》初编本,上海:商务印务馆,民国影印,第1册,8页。
② 陈鹄撰,孔凡礼点校:《西塘集耆旧续闻》卷三,北京:中华书局,2002年,313页。

部诗》《增刊校正王状元集注分类东坡先生诗》《类编增广黄先生大全文集》,属总集的有《分门纂类唐宋时贤千家诗选》《草堂诗馀》。五部诗词集有几个共同的特点:不署编者,署编者的都为托名。据后人考证,编者的身份可能都是民间书坊主或受其委托的文人,分类与南宋民间流行的科举和日用生活类类书相仿。如《分门集注杜工部诗》的门类细目有月、星河、雨雪、云雷、四时、节序、千秋节、昼夜、梦、山岳、江河、陂池、溪潭、都邑、楼阁、登眺、亭榭、宫殿、省宇、陵庙、居室、邻里、寄题、田圃、仙道、隐逸、释老、寺观、皇族、世胄、宗族、外族、婚姻、园林、果实、池沼、舟楫、梁桥、燕饮、纪行、述怀、疾病、怀古、古迹、时事、边塞、将帅、军旅、文章、书画、音乐、器用、食物、投赠、简寄、怀旧、寻访、酬答、惠贶、送别、庆贺、伤悼、鸟、兽、虫、鱼、花、草、竹、木、杂赋等。其他三书的门类大同小异。笔者之所以不厌其烦地转录这一类目,意在说明其分类与社会活动、日常生活相通,这样的编排为社会普通读者的阅读提供了选择上的便利,体现了较为明显的通俗色彩和普及目的。明代徐𤊹在《徐氏笔精》中说到《草堂诗馀》"今世此书盛行,人人传诵"。清初朱彝尊在《词综发凡》中感慨道:古词选本,若《家宴集》《谪仙集》《兰畹集》《复雅歌辞》等"皆轶不传,独《草堂诗馀》所收最下最传,三百年来,学者守为《兔园册》,无惑乎词之不振也"①。这部在收录上被文人讥为"漫无鉴别"的词集风靡数百年,其实个中的原因可能十分简单,就是通俗,从体例到内容都适应民众消遣阅读的习惯和趣味,体现了社会阅读与文化传播之间的辩证关系。

二、编附年谱

《孟子·万章》中说:"颂其诗,读其书,不知其人,可乎?是以论

---

① 朱彝尊:《词综发凡》,见《词综》,上海:上海古籍出版社,1978年,11页。

其世也。"其意思是读人家作品,不可以不了解他的为人之实。孟子这一知人论世的观念,被后人归结为古代最重要的读书观之一。在诗文别集中附编作者年谱及相关传记资料,就源于这样的观念,而真正动手编纂则始于宋代。梁启超在《年谱及其作法》中对此有较为详细的论说:"最古的年谱,当推宋元丰七年吕大防做的《韩文年谱》《杜诗年谱》。做年谱的动机,是读者觉得那些文、诗感触时事的地方太多,作者和社会的背景关系很切。不知时事,不明背景,冒昧去读诗文,是领会不到作者的精神的。为自己用功起见,所以做年谱来弥补这种遗憾。"①梁启超从阅读的角度解释编纂年谱的动机是十分正确的,我们可以回味吕大防当年说的话来验证:"予苦韩文、杜诗之多误,既雠正之,又各为《年谱》,以次第其出处之岁月,而略见其为文之时。则其歌时伤世幽忧窃叹之意,粲然可观。又得以考其辞力:少而锐,壮而健,老而严,非妙于文章,不足以至此。"②

编纂年谱是一件十分艰难的学术工作,编者必须具有扎实的文献学功底,从史传文集、碑迹杂记中广泛搜集资料,然后进行梳理排比。其间,编者要考岁月之先后,验记载之是非,参异订疑,搜亡补失。经如此精心考证,反复审订而完成的年谱,方能为后人的阅读研究提供可靠的帮助。

尽管年谱编纂存在学术难度,但是附编作者年谱,在完善诗文别集的体例、提高其阅读功能方面具有很大的作用。所以吕大防此风一开,应者纷纷,很快被引为编纂常例。南宋任渊注黄庭坚、陈师道诗,又创目录年谱新例,就是寓年谱于目录之中。其《山谷内集诗注》的目录以年谱形式编次,自神宗元丰元年(1078)至徽宗崇宁四年(1105),作者将所撰作品逐年列出,而作品下加注相关的事迹背景,

---

① 梁启超:《中国历史研究法》,上海:上海古籍出版社,1987年,210页。
② 吕大防:《韩吏部文公集年谱·识语》,见《北京图书馆藏珍本年谱丛刊》,第11册,北京:北京图书馆出版社,1999年,27页。

以便读者推求作者作诗的本旨。实际上它就是一部简明扼要的作品系年。素以适应社会阅读需求、开拓读者市场为首要目标的民间书坊迅速看到了附编年谱对推广传播、吸引读者的重要意义，于是积极跟上这一新风。南宋庆元中建阳书贾魏仲举辑刊《五百家注音辩昌黎先生文集》，附刻《韩文类谱》，收录北宋吕大防、程俱、洪兴祖三人所撰韩愈年谱；南宋乾道间麻沙书坊刘仲吉辑刊《类编增广黄先生大全文集》附黄䇓《山谷先生年谱》。

现在尚存宋刻宋人别集如晏殊、范仲淹、周敦颐、陈襄、文同、曾巩、苏轼、黄庭坚、张耒等，所附年谱绝大部分出自南宋学者之手，而且大都就是编注者本人或谱主亲友门人，将年谱编纂与作品注释有机地融合在一书之中，为后人的研究阅读提供了作者翔实的行事材料。由于宋刻本存世至今者过少，因此我们无法精确描述这一编纂活动的规模。如南宋史学家李焘编纂韩琦、富弼、司马光、文彦博等名臣年谱的事实是见于当时记载的，但至今没有见到实物。但是，南宋为诗文集编附作者年谱已经蔚然成风的结论，无疑是符合事实的，也是与当时社会出版繁荣、阅读风气高涨的时代风貌相吻合的。

三、注释方法

诗文作品的理解注释与经学典籍存在一定的差别。首先，就作者创作而言，中国"诗言志"的诗学传统，"文章千古事，得失寸心知"的写作心态，使作品成为一种特别需要重视寻绎作者原意和美感的文本。其次，汉语丰富多变的艺术表达方式，以及文学创作雅尚比兴，妙在含蓄的美学追求，又使作者本意具有相当的隐秘性而更加难以把握。元好问所叹"诗家总爱西昆好，独恨无人作郑笺"指的就是这种情况。从注释实践的整体来看，考证、体察、推求作品的本义仍是诗文作品注释的主流。诗文作品的注释活动具有较大的时空跨度,历代有关作家作品的注释和读者的接受形成了环环相扣的历史长链。在每一个环节,注释者为使自己的理解获得客观和权威的声誉,都力争在历时和共时的范畴内对相关注释进行检讨和甄别。于是,诗文注释的集注、集释类著作体式应运而生,即使不以集注、集释为名,也多在注释中罗列众说,别出己见。

盛名于世的唐宋名家,生平无不饱读诗书,倾情风雅,风采耸动天下。他们的作品出入经史,贯穿子集,取意佛老,汪洋浩博。要将其一一注释疏通,使文意无所凝滞,并彰显作者立意始末,十分不易。西蜀赵夔曾注苏轼诗集,他将苏诗按用事、用典等不同情况分为五十门:

> 凡偶用古人两句,用古人一句,用古人六字、五字、四字、三字、二字,用古人上下句,中各四字、三字、一字相对,止用古人意不用字,所用古人字不用古人意,能造古人意,能造古人不到妙处,引一时事,一句中用两故事,疑不用事而是用事,疑是用事而不用事,使道经僻事、释经僻事,小说僻事、碑刻中事、州县图经事,错使故事,使古人作用字成一家,句法全类古人诗句,用事有所不尽,引用一时小话,不用故事而句法高胜,句法明白而用意深远,用字或有未稳,无一字无来历,点化古诗拙言,间用本朝名人诗句,用古人词中佳句,改古人句中借用故事,有偏受之故事,有参差之语言,诗中自有奇对,自撰古人名字,用古谣言,用经史注中隐事,间俗语俚谚,诗意物理,此其大略也。①

---

① 赵夔:《注东坡诗集序》,《集注分类东坡先生诗》卷首,见张元济《四部丛刊》初编本,上海:商务印书馆,民国影印,第1册,6页。

我们完全可以认为赵夔在这里罗列了需要做注释的详细项目。所以他自称30年间"一句一字推究来历，必欲见其用事之处，经史子传，僻书小说，图经碑刻，古今诗集，本朝故事，无所不览。又于道释二藏经文，亦尝遍观抄节，及询访耆旧老成间，其一时见闻之事，有得既已多矣"。《四库全书总目》指出序文非出自赵夔之手，而是坊贾伪托。但是这些话确实是当时注家的甘苦之言。

两宋时期，唐宋名家诗文集盛行，注家蜂起，尤其如杜甫、韩愈、柳宗元、苏轼、黄庭坚诸集。从文献记载和今存实物来看，当时的注释本盛传于后世的往往是出于坊间的集注本或汇刻本。如宋刻《增广注释音辩唐柳先生集》，就是坊贾将原本各自为书的童宗说《注释》、张敦颐《音辨》，与潘纬的《音义》合刊而成的。《五百家注音辩昌黎先生集》虽不及五百之数，但所引两宋洪兴祖、朱熹、任渊、刘崧、张敦颐、方崧卿、刘安世、蔡梦弼、陆九渊、陆九龄、周必大等数十

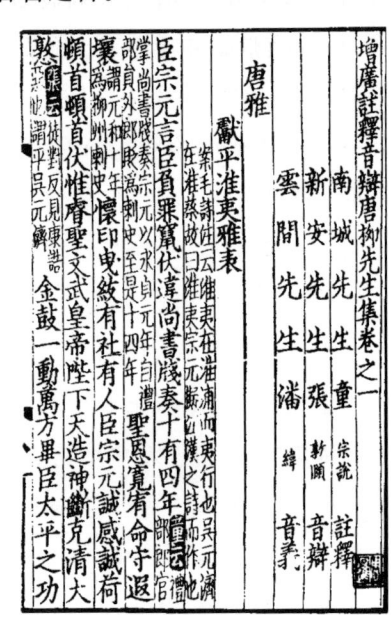

《增广注释音辩唐柳先生集》

家考证音训之说，原书世多失传，魏仲举保存汇集之功尤不可没。乾隆《题宋版五百家注韩昌黎集》中"注五百家孰窥奥，垂千万代独钩元"之句就是对此做出的高度评价。

所谓集注，就是汇集众家之说于一编，博采众长。集注一般有两种形式：一是采集各家之说，先后罗列；二是采撷各家之说，择善而列。由于今存宋刻集注本所引各家原注多已散佚，因此难以了解其采取何种形式。但是不管是何式，集注本身都具有一编之中众说粲

然的优点,同时也是对前人研究成果的一次全面梳理,对阅读理解的帮助和影响相对较大。明清以来,历代名家别集的集注之风更盛,这正是集注体式本身的特点所决定的。

宋代名家别集注释活动中还出现了一种值得我们重视的创新形式,即诗文评点。今传《笺注评点李长吉歌诗》(四库全书本)除了吴正子的注释外,尚有南宋刘辰翁的评点。李贺《秋来》诗:"桐风惊心壮士苦,衰灯络纬啼寒素。谁看青简一编书,不遣花虫粉空蠹。思牵今夜肠应直,雨冷香魂吊书客。秋坟鬼唱鲍家诗,恨血千年土中碧。"吴注引古书解释络纬、青简二词,以及血化为碧的典故。刘则评曰:"非长吉自挽耶?只秋夜读书自吊其苦,何其险语至此。然无一字不合。"又《金铜仙人辞汉歌》,刘评:"此意思非长吉不能赋,古今无此神妙。神凝意黯,不觉铜仙能言,奇事奇语不在言。读至'三十六宫土花碧',铜人泪堕已信。末后三句,可为断肠。后来作者无此沉着,亦不忍极言其妙。"从中可以看出,刘辰翁的评点重在揭示诗歌的本旨及其艺术特征,确实能启发并增强读者对作品的理解和把握。他自称李贺诗的千年知己,评点确乎自出机杼。反复阅读体味,是评点的基础,正如刘辰翁自述的那样:"予评唐宋诸家类,反复作者深意,跋涉何限!"[①]宋李壁《王荆公诗注》原本也有刘辰翁的评点,清人整理补注时以为品藻有所不当,杂于注中,眉目不清而删之。这样处理显然过于主观。宋代自欧阳修《六一诗话》出,诗话大兴。其内容,都属品藻诗作的文字,或举一首一组,或拈一句一联,谈艺术,探本旨,实际上已开诗歌评点之风,只是零珠片玉未成七宝楼台。刘辰翁对唐宋诸家的评点,成为一股新风,引来明清小说评点的大潮。

我们也要注意到,由于古书注释既要征引故实,又须兼及意义,因此面对浩博的卷帙,注家难免有失。如赵与时《宾退录》论任渊注

---

① 刘辰翁:《题刘玉田选杜诗》,见《刘辰翁集》,南昌:江西人民出版社,1987年,208页。

黄庭坚《送舅氏野夫之宣城诗》"春网荐琴高"句出典误引《列仙传》①，刘克庄《后村诗话》尝讥李壁《王荆公诗注》注《江东召归》"归肠一夜绕钟山"句引《韩诗》而不引《吴志》。② 但是有人不惜伪造名家之注，虚张声势，哗众求售，则需要学界合力声讨。如伪作《东坡注杜诗》和伪托吕祖谦的《诗武库》，注语"往往特引史传所有之事及东坡已载于笔录者，饰伪乱真，其言又皆鄙缪"③。当时识见较浅的注家还采录其为故事，贻误后学。当然，这种误导阅读的行为只是宋代蓬勃发展的注释活动中的些许杂音，而众多注家以追慕先辈、嘉惠后学的美意推出众多优秀成果才是主旋律。

---

① 赵与时：《宾退录》卷五，上海：上海古籍出版社，1983年，57—58页。
② 刘克庄：《后村诗话》前集卷二，北京：中华书局，1983年，24页。
③ 陈鹄撰，孔凡礼点校：《西塘集耆旧续闻》卷九《伪注杜诗》，北京：中华书局，2002年，381页。

第六章　两宋学者的读书方法和阅读事迹

两宋是名家辈出、群星璀璨的时代,学者们在文化学术领域辛勤耕耘,不断创建新学问,树立新学风。在读书治学的道路上,他们孜孜于探求方法、积累经验,出现了如吕祖谦的《吕氏家塾读诗记》、叶适的《习学记言序目》、真德秀的《西山读书记》等读书札记类著述。在读书方法上,理学家创立了具有普遍指导意义的方法,而其他名家如苏轼、陈善等又各自提炼出"八面受敌法""知出知入"等具有个人色彩的方法,呈现了丰富多彩的可喜局面。

儒家的读书方法,在传统读书法中占主导地位。南宋朱熹是我国古代读书法的集大成者,他总结归纳了前人,主要是儒家的读书法精华,提出了"循序渐进,熟读深思,虚心涵泳,切己体察,著紧用力,居敬持志"二十四字读书法。此后学者论读书方法,大都不出这二十四字的范围。

本章主要从代表性和影响力两方面考虑,对两宋学者倡导的阅读理论和运用的读书方法,以及相关的读书事迹和阅读掌故,做一选择性的梳理阐释。

第一节 百花齐放的读书方法

宋咸平三年(1000),大臣田锡为真宗编集经、史、子、集要语,名为《御览》。在序中,他提出了自己关于经书的阅读方法,认为六经言高旨远,不通过日览精要,讲求讨论,难以领会体察其中的精义奥旨。半个世纪后,王安石在经书训诂以外,提出了新的阅读见解。他在《答曾子固书》中说:"世之不见全经久矣,读经而已,则不足以知经。故某自百家诸子之书,至于《难经》《素问》《本草》,诸小说,无所不读;农夫、女工无所不问,然后于经为能知其大体而无疑。"为什么需要这么广泛的阅读范围?王安石认为后世学者所处的时代环境与经书产生之时有很大差异,需要通过对同时代其他著述的广泛阅读来加深了解,否则就无法体察经书的精髓。

田、王二人对儒家经典的不同阅读方法,除了体现出政治和时代环境因素差异以外,还体现出个人的差异。一般来说,由于在旨趣、学养、专攻、习惯等方面的不同,人们在长期的阅读活动中会形成具有各自特色的读书方法。

古人读书法还有从形式上讲求的,如圈点法。宋代学者读书时往往在切要处以色笔圈抹,朱熹曾向门人介绍自己阅读谢良佐《论语》的方法:"其初将红笔抹出,后又用青笔抹出,又用黄笔抹出,三四番后,又用墨笔抹出,是要寻那精底。看道理须是渐渐向里寻到那精英处,方是。"① 稍后,吕祖谦《古文关键》、楼昉《迂斋评注古文》都使用笔抹法。再后,至南宋末,谢枋得《文章轨范》、方回《瀛奎律髓》、罗椅《放翁诗选》开始使用圈点。费衮介绍司马光读书法:司马光从启卷洁净几案开始,至坐姿、翻页,阅读过程始终保持着宝惜之情。② 崇敬古人、宝惜书籍的心情,确能保证阅读活动的有效进行。这一点朱熹在《读书法中》反复加以强调。吕本中则在《吕氏童蒙训》中介绍其父吕希哲的类编读书法,其读书法主张在阅读过程中,将不同书中记载相似事物、论述相似观点的文字类编在一起,这样有助于读者更好地理解文义和辨明优劣是非。苏轼、黄庭坚、陈善、叶梦得、陆九渊等学者从自己的阅读活动中总结出来的读书法各具特色,给人以有益的启示。

一、苏轼"八面受敌"读书法

苏轼(1037—1101),字子瞻,号东坡居士,四川眉山人。一生博览群书,著述等身。虽仕途多舛,因反对王安石变法,作诗讥刺新政,一贬再贬,但对读书始终一往情深,未曾须臾淡忘。夜里读书常以三鼓为率,即使醉归亦必展卷披读,至倦而寝。苏轼一生宦游南北,河南光山净居寺、陕西周至中兴寺、四川乐山凌云山清音亭等地都留有他的读书遗迹,清学者何绍基在清音亭留下的联语"江上此台高,问坡颖而还,千载读书人几个;蜀中游迹遍,信嘉峨特秀,扁舟载酒我重来",充分表达了后人的瓣香之情。

苏轼一贯强调读书对于人的重要性,在《李氏山房藏书记》一文中,他这样说道:

---

① 黎靖德编,王星贤点校:《朱子语类》卷一二〇《训门人》,北京:中华书局,1983年,2887页。
② 费衮:《梁溪漫志》卷三《司马温公读书法》,上海:上海古籍出版社,1985年,29页。

> 象犀珠玉怪珍之物，有悦于人之耳目而不适于用；金石草木丝麻五谷六材，有适于用，而用之则弊，取之则竭；悦于人之耳目，而适于用，用之而不弊，取之而不竭，贤不肖之所得，各因其才，仁智之所见，各随其分，才分不同而求无不获者，惟书乎！

文中，苏轼对当时科举之士"束书不观，游谈无根"的做法提出了批评。苏轼倡导读书，首先强调培养阅读兴趣，自述幼时读书，受父兄督促，"初甚苦之。渐知好学，则自知趣向。既久，则心中乐之。既有乐好之意，则自进不已。古人所谓知之者不如好之者，好之者不如乐之者"。

在如何读书治学方面，苏轼有很多精见卓识，"八面受敌读书法"就是其中之一。苏轼在《与王庠五首》中说道：

> 卑意欲少年为学者，每一书，皆作数过尽之。书富如入海，百货皆有之，人之精力，不能兼收尽取，但得其所欲求者耳。故愿学者，每次作一意求之。如欲求古今兴亡治乱圣贤作用，但作此意求之，勿生余念。又另作一次求事迹故实典章文物之类，亦如之。他皆仿此。此虽迂钝，而他日学成，八面受敌，与涉猎者不可同日而语也。①

其大意是说读书时，每一本书都要反复阅读数遍。正如他在《送安惇秀才失解西归》中所强调的："旧书不厌百回读，熟读深思子自知。"书籍的内容十分丰富，涉及各个方面。人的精力有限，不能同时记取所有的内容，而只能根据自己的需要去读取。所以读书要集中精力，每次阅读只带一个主题，深入研读。苏轼认为这种方法看上去

---

① 苏轼撰，孔凡礼点校：《苏轼文集》卷六十《尺牍》，北京：中华书局，1986年，1822页。

很笨，但长期坚持，就能把书读深、读透，为自己打下坚实的知识基础，即使同时遇到多种问题和诘难，八面受敌，也能应付自如。

"八面受敌"读书法实际上是提倡扎实勤奋的读书精神，戒绝贪多务得、生吞活剥，或蜻蜓点水、浅尝辄止的阅读倾向。取名"八面受敌"，意在点出这种读书法的阅读成效。明代方大镇在所著《田居乙记》中，自记按苏轼所述读《汉书》，每读一遍博求一事，八面受敌，轻松应答，无一语塞的切身体会，说明自己运用"八面受敌"读书法在读书治学上的巨大得益。读来，更感亲切可行。清代学者李慈铭在《越缦堂读书记》中，引述了方大镇书中苏轼这段关于"八面受敌"读书法的自述，足见明清学者对这一读书法的重视。

二、黄庭坚"精熟"读书法

黄庭坚(1045—1105)，字鲁直，号山谷居士、涪翁，洪州分宁（今江西修水）人。治平四年(1067)进士，历官起居舍人、秘书丞。与张耒、晁补之、秦观同游苏轼之门，时称"苏门四学士"。黄庭坚一生读书不辍，江西修水南岩山脚尚有他幼年读书的遗迹，至今称为黄庭坚读书岩。相传他幼时警悟，读书数过辄心识成诵。其舅李常过其家，随取架上之书考问，黄庭坚对答如流。李常非常吃惊，以为他读书一日千里。中举后，黄庭坚以校书郎任《神宗实录》检讨官，有缘读书中秘。为此，他在《东观读未见书》诗中写下了这样的句子："汉规群玉府，东观近宸居。诏许无双士，来观未见书。"东汉时，江夏黄香以博通经典、擅长文章而享有"天下无双"的盛名，汉章帝下诏黄香进京诣东观读未见书。黄庭坚十分庆幸自己得到与黄香相似的恩宠和机遇，作为读书人，感到很自豪。

在阅读史上，黄庭坚有一句名言为人所津津乐道："人胸中久不用古今浇灌之,则俗尘生其间,照镜则面目可憎,对人亦语言无味也。"①所谓"古今浇灌",就是读书。他关于追求精熟的读书法更为人称道,其表述文字名为《与李几仲帖》,朱熹《朱子语类·读书法》、真德秀《西山读书记》中都加以引述。其文曰:"不审诸经诸史何者最熟?大率学者喜博,而常病不精。泛滥百书,不若精于一也。有余力然后及诸书,则涉猎诸篇亦得其精。盖以我观书,则处处得益;以书博我,则释卷而茫然。"在给外甥徐俯的信中,黄庭坚再次强调读书精熟的重要性。他称赞徐俯寄来的诗作有新句,认为这是平时读书"治经欲钩其深,观史欲融会其事理,二者皆精熟"的结果。如果读书只是"涉猎而已,无此功也"。他盛赞陈师道"读书如禹之治水,知天下之络脉",其衡量的原则也是精熟二字。半个多世纪后,南宋陆九渊在指导弟子读书时,也主张精熟之法,强调"书亦政不必遽尔多读,读书最以精熟为贵"②。

　　读书要求精熟,并非不要博通,只是必须以精熟为先。黄庭坚在《与王子予书》中指出,熟读经典,久之就能悟见作者用心处。如此尽心精读一两书,其余上下纵横之书的阅读难题可以迎刃而解,收破竹之效,得博通之功。他所主张的精熟,并不仅仅在文字上,更要用己心去体察。所谓"治经之法,不独玩其文章,谈说义理而已。一言一句,皆以养心治性。事亲处兄弟之间,接物在朋友之际,得失忧乐,一考之于书,然后尝古人之糟粕而知味矣"③。如何才能称得上精熟?黄庭坚以为应该"朝而肄业,昼而服习,夕而计过,无憾而后即安"。黄氏读书以经书为重,士大夫每天的言行,应该与儒家经典的旨意相

---

① 黄庭坚撰,刘琳等校点:《黄庭坚全集》外集卷二十一《与宋子茂》,成都:四川大学出版社,2001年,第3册,1378页。
② 陆九渊著,钟哲点校:《陆九渊集》卷十四《与胥必先》,北京:中华书局,1980年,186页。
③ 黄庭坚撰,刘琳等校点:《黄庭坚全集》正集卷二十五《书赠韩琼秀才》,成都:四川大学出版社,2001年,第2册,655页。

合无悖，无憾而安。很明显，精熟二字的衡量标准就是践行致用。

三、陈善"知出知入"读书法

陈善是南宋绍兴、乾道间学者，他的"知出知入"读书法，是在所著《扪虱新话》中提出的。全文如下：

> 读书须知出入法，始当求其所以入，终当求其所以出。见得亲切，此是"入书法"；用得透脱，此是"出书法"。盖不能入得书，则不知古人用心处；不能出得书，则又死在言下。唯知入知出，乃尽读书之法。①

其大意是说读书要知入知出，开始要求进入书本，了解古人的用意，最终要跳出书本，形成自己的独立见解。因为不进入书本，就无法探求领悟古人的精义奥旨，而跳不出书本，就会被古人之学拴住手脚束缚思想，沦为书奴。

陈善"知出知入"读书法的价值在于正确地指出了读书过程中理解和运用之间的关系。陈善讲"入"，是指读书从感知内容到把握主旨的理解过程。在这个过程中，读者会被书中精彩的情节、缜密的思想所吸引，产生共鸣，所以他用"见得亲切"四个字来形容。陈善讲"出"，是说读者要懂得如何用自己的思想观点去评判书中的是与非、精华与糟粕。这个评判过程要完全摆脱任何束缚，通过冷静的分析、比较、判断，做到"透脱"。

陈善与朱熹约略同时，而名声远不能相比。乾道五年(1169)，他

---

① 陈善：《扪虱新话》上集卷四《读书须知出入法》，见俞鼎孙、俞经《儒学警悟》卷三十五，北京：中华书局，影印本，2000年，723页。

因学行得到太学教职,却未及施展才华就抱憾而卒,正如其门人陈益所说:"负抱儒业,晚得一命之爵,曾不得食寸禄而死,识者悲之。"所以他的"知出知入"读书法,尽管很有见地,但流传不广。当代学者邓拓认为陈善这一读书法主张"要读活书而不读死书","主张读书要求实际运用,并且要用得灵活",值得推荐。

四、叶梦得夏日读经法

叶梦得(1077—1148),字少蕴,原籍苏州吴县(今属江苏),居乌程(今浙江湖州)。绍圣四年(1097)进士,历官尚书左丞、江东安抚制置大使、观文殿学士知福州、崇信军节度使。一生藏书、读书,自称少为经史传注之学,中岁求读老、庄道家之书,晚岁复读佛学经典,以学问博洽知名于世。宣和五年(1123)曾在湖州霅溪卞山石林谷筑别馆,其地奇石林立,不可计数,玲珑秀发,心爱不已,因自号石林居士。晚年退居石林,以诗书娱老。

宋代雕版书籍大行于世,对社会读书风气的高涨起到了巨大的推动作用,但同时也带来负面影响。叶梦得注意到这一现象,分析指出写本时代,人们以藏书为贵。学者因抄录艰难,所以勤于诵读。雕版时代,"书籍刊镂者益多,士大夫不复以藏书为意。学者易于得书,其诵读亦因灭裂"①。对此,叶梦得十分不满,除了自己手不释卷外,还经常提醒敦促他人尤其是他的儿子勿忘读书。他在任职期间,时刻想着石林别馆中的传家藏书,特地派遣儿子叶模回去检视,要求"好须重检校,扃锁莫令疏"。

在漫长的阅读时光中,叶梦得多处提到夏日读书的话题。他说:

---

① 叶梦得:《石林燕语》卷八,北京:中华书局,1984年,116页。

自六经、诸史与诸子之善者，通有三千余卷。读之固不可限以数，以二十年计之，日读一卷，亦可以再周，其余一读足矣。惟六经不可一日去手。吾自登科后，每以五月以后，天气渐暑，不能泛及他书，即日专诵六经一卷，至中秋时毕，谓之"夏课"，守之甚坚。宣和后始稍废，岁亦必有一周也。每读不唯颇得新意前所未达者，其先日差误所获亦不少。故吾于六经似不甚灭裂。①

针对社会上读书粗略草率的现象，叶氏坚持熟读、精读，为自己确定了每日诵读六经一卷的"夏课"制度，而且"守之甚坚"。每日一卷的夏课制度，体现的是一种持之以恒的阅读法。应该指出的是，叶氏夏课法是针对当时的不良阅读风气提出的。当时有人只是根据自己的好恶，诵读一家之说，便自立门户，自以为已经通彻经学。叶梦得认为这样草率读书，"内不求之己，外不求之古"，导致学问"日趋于浅陋"，因而标举"夏日读经法"，期望以此纠正粗略草率的阅读风气。

叶梦得的"夏课"还有一种说法，即"读书避暑"。他在石林山居之日，学会一种简易的酿酒法，盛夏三日即成，其色味俱佳。夏日正当曝书之时，叶梦得每日取书数十卷，由门生在旁诵读至炎日偏西，傍晚则与其饮酒三杯，欢然而散。对此，他总结道："读书避暑固是一佳事，况有此酿。忽记欧文忠诗，有'一生勤苦书千卷，万事消磨酒十分'之句，慨然有当其心。"②叶氏把这段话写入自己的笔记《避暑录话》中，此后读书避暑的话题屡屡出现在后人的著述之中，以避暑消夏为名的随笔时有出现，其内容不外乎读书谈艺，足见叶氏这一阅读主张的影响。

---

① 叶模:《过庭录》，见马端临著，华东师大古籍研究所标校《文献通考·经籍考》卷一《总叙》，上海：华东师范大学出版社，1985年，33页。
② 叶梦得撰，徐时仪整理:《避暑录话》卷上，见朱易安、傅璇琮等《全宋笔记》第二编第10册，郑州：大象出版社，2006年，226页。

五、陆九渊优游读书法

陆九渊(1139—1193),字子静,抚州金溪(今属江西)人。后来在江西贵溪的象山结茅讲学,自号象山翁。每开讲席,四方学徒云集,户外人满,耆老扶杖观听,学者尊称其为象山先生。陆九渊是宋代心学的代表人物,自幼好读书,善思考,相传他四岁时就曾向父亲提出一个深奥的哲学问题:"天地何所穷际?"甚于此表现出异于常人的禀赋和气质。他早年随兄在疎山寺读书,读书往往有疑,一疑便有觉悟。所以,成为一代宗师后,他常常告诉从学者凡读书要有疑,"小疑则小进,大疑则大进"。

作为理学大家,与同时代朱熹、吕祖谦等相比,陆九渊在读书方法上十分重视阅读心态的调整,主张平心读之,反对强加揣量,认为"此最是读书良法"。他说:"读书之法,须是平平淡淡去看,仔细玩味,不可草草。所谓优而柔之,厌而饫之,自然有涣然冰释,怡然理顺底道理。"①文中"优而柔之,厌而饫之"之语出自晋杜预的《春秋序》,原文针对学者阅读经典《春秋》而言:"优而柔之,使自求之;厌而饫之,使自趋之。若江海之浸,膏泽之润,涣然冰释,怡然理顺,然后为得也。"优柔而自求,是说要以宽舒放松的心情去阅读,理解文义必须符合自己的认识水平,不能急迫以求。这样读书自求,渐而不骤,如水浸雨润一样,能在不知不觉中积累知识,持续解惑。一旦领悟,就会豁然而贯通,所谓"涣然冰释,怡然理顺"。这样逐渐领悟续有自得的阅读过程,就是不断获得读书乐趣的过程。陆九渊在阐释这种方法时,反复提到"优游"二字,后人就以此名之为"优游读书法"。

优游读书法将读者置于阅读主体的地位,这正是陆九渊哲学思

---

① 陆九渊著,钟哲点校:《陆九渊集》卷三十五《语录下》,北京:中华书局,1980年,432页。

想的核心"心即理"在阅读方法上的体现。对此,他做出进一步的阐述:

> 开卷读书时,整冠肃容,平心定气。诂训章句,苟能从容勿迫而讽咏之,其理当自有彰彰者。纵有滞碍,此心未充未明,犹有所滞而然耳,姑舍之以俟他日可也,不必苦思之。苦思则方寸自乱,自蹶其本,失己滞物,终不明白。但能于其所已通晓者,有鞭策之力,涵养之功,使德日以进,业日以修,而此心日充日明,则今日滞碍者,他日必有冰释理顺时矣。如此则读书之次,亦何适而非思也。如是而思,安得不切近,安得不优游?若固滞于言语之间,欲以失己滞物之智,强探而力索之,非吾之所敢知也。①

我们在阅读的过程中,会遇到读不懂、思未通的地方,所谓"滞碍"。如何解决?陆九渊认为苦思不能达到疏通的目的,因为苦思只是将自己束缚在语言文字之间。他提出的解决方法就是跳出训诂章句,联系自己的实际、自己熟悉的平常事理去思考,所谓切己而思。如此切于身心的读书思考,会续有所得,使自己"心日充日明",往日之滞碍不断得到疏通,冰释而理顺。

南宋乾道、淳熙年间,朱熹、陆九渊分别以义理之学显名于世,珠辉玉润,天下并称为朱陆。但在如何读书治学上,二人的意见明显不同。朱熹认为必须先立志主敬,从洒扫、应对开始,狠下问学功夫,逐渐达到精义入神的境界,就像登山一样,必由山麓而后能达绝顶。所以他勤于著书笺释,以开悟学者。陆九渊则主张简易,见性明心,不依赖笺注训诂,而将朱熹对诸书文义细碎处皆爬疏注释一番的做法视为支离。正如他在《鹅湖和教授兄韵》诗中所说的那样:"易简工夫

---

① 陆九渊:《陆九渊集》卷三《与刘深父》,北京:中华书局,1980年,34页。

终久大，支离事业竟浮沉。"对于陆九渊的见性明心之说，朱熹亦不以为然，认为其近于禅学。朱熹殁后，其学盛行，学者皆宗之。陆氏心学转晦，但是他的优游读书法还是引起了现代学者的关注。邓拓在《不要秘诀的秘诀》一文中推荐此法，指出陆九渊"主张对于难懂的地方先放它过去，不要死扣住不放。也许看完上下文之后，对于难懂的部分也就懂得了；如果仍然不懂，只好等日后再求解释。这个意思对于我们现在的青年读者似乎特别有用"①。

宋代学者论读书方法的记载还有很多，如杨万里在《习斋论语讲义序》中这样表明自己的读书法："读书必知味外之味，不知味外之味，而曰我能读书者，否也。《国风》之诗曰：'谁谓荼苦，其甘如荠。'吾取以为读书之法焉。"②"谁谓荼苦，其甘如荠"之句，出自《诗经·谷风》。荼就是苦菜。要从苦菜中体味到荠菜的甘甜，必须把读书视为自己人生最重要的必修课，这样才能从艰辛的阅读中体味到人生的甘甜。所以，杨万里用"食天下之至苦，而得天下之至甘"来注解自己的读书法。诸如此类，限于篇幅，不再一一举列。

第二节　名人阅读事迹

自北宋仁宗朝三先生孙复、胡瑗、石介始，两宋近 300 年间，名臣大家如范仲淹、欧阳修、邵雍、曾巩、司马光、张载、王安石、沈括、程颢、程颐、苏轼、黄庭坚、叶梦得、王十朋、李焘、洪迈、陆游、周必大、杨

---

① 邓拓：《不要秘诀的秘诀》，见马南邨《燕山夜话》一集，北京：北京出版社，1961 年，29 页。
② 杨万里撰，辛更儒笺校：《杨万里集笺校》卷七十七，北京：中华书局，2007 年，3176 页。

万里、朱熹、袁枢、吕祖谦、陆九渊、叶适、李心传、真德秀、王应麟等先后继起,他们或翱翔馆阁,出入翰林,或疑古兴教,创立新学,其思想学术成就,无一不建立在博览群书的基础之上。谈到阅读,他们可以说是个个含英咀华,人人手不释卷,而留下众多足以激励后人的阅读事迹和读书佳话,如宋敏求的春明坊卜居、苏舜钦的《汉书》下酒等,成功地引领起社会的阅读风尚。欧阳修、邵雍、曾巩等正是其中的代表者。

欧阳修诗文手稿卷

一、欧阳修论读书

欧阳修(1007—1072),字永叔,号醉翁,吉州庐陵(今江西吉安)人。北宋著名的文史学家,宋仁宗天圣八年(1030)进士,官至参知政事,有"居三朝(仁宗、英宗、神宗)数十年间,以文章道德为一世宗师"的誉称。

欧阳修四岁丧父,母亲郑氏亲自教他识字读书。由于家道贫困,无钱购置笔墨文具,他在母亲的指导下用芦苇画地练习写字。"欧母画荻"后来就成为读书史上慈母课子读书的著名典故。这种刻苦读书的精神,欧阳修保持了终生而没有丝毫懈怠。他在所著《归田录》中记录了两位朋友"惟好读书"的故事:钱惟演终日不离书卷,坐着读经史,卧着读小说,上厕所就读笔记杂著;宋绶在史馆每次上厕所,总是带着书，讽诵之声琅然远闻。欧阳修的好学丝毫不逊于钱、宋二人，自称：马上、枕上、厕上，是自己构思文章的好时机，可见他读书作文是见缝插针、珍惜寸阴的。

欧阳修读书，强调要深入研读，融会贯通，不断撷取前代圣贤的道德学问，以提高自己的修养。正如他在《与乐秀才第一书》中所说的"金玉之有英华，非由磨饰染濯之所为，而由其质性坚实，而光辉之发自然"。黄金宝玉之所以有熠熠夺目的光彩，并不是因为工匠精雕细琢，而是因为金玉本身的质地坚实润泽，它们的光彩发自本身。欧阳修说这段话的目的，是要说明读书的宗旨：要从古书中撷取精华，修成自己的金玉般的内质。这样才能使自己的行为合乎社会道德规范，著述文章时才能有自己的立场和风格。苏轼序欧阳修的《居士集》，称他"论大道似韩愈，论事似陆贽，记事似司马迁，诗赋似李白"，正可视为世人对他实践自己这一读书宗旨的最高评价。

宋仁宗嘉祐六年（1061），欧阳修由枢密副使转参知政事（副宰相），与韩琦、富弼等共掌朝政。此年，他写了一首《读书》诗，较全面地阐述了自己对读书的爱好和见解，现按诗意分节并略加诠释于下：

> 吾生本寒儒，老尚把书卷。眼力虽已疲，心意殊未倦。正经首唐虞，伪说起秦汉。篇章异句读，解诂及笺传。是非自相攻，去取在勇断。初如两军交，乘胜方酣战。当其旗鼓催，不觉人马汗。至哉天下乐，终日在几案。①

首四句讲自己虽已年老，但读书的好尚之情仍保持旺盛。次六句表明自己的经学见解。欧阳修读书最重研读六经，他认为儒家经典始自《尚书》中的《尧典》《舜典》，秦汉以来的笺传注解多附会之说，

---

① 欧阳修：《欧阳修全集》卷九《读书》，北京：中华书局，2001年，139页。

自相矛盾。学者读书要"师经",勇断是非。后六句把读书钻研、探究是非比作两军交战,每当断一是非,得一收获,都如同打了一场胜仗,心中获得无穷的乐趣。"至哉"两句,是欧阳修论读书乐趣的名言。叶适指出"正经首唐虞"以下十二句,"以经为正而不汩于章读笺诂,此欧阳氏读书法也"。①

  念昔始从师,力学希仕宦。岂敢取声名,惟期脱贫贱。忘食日已晡,燃薪夜侵旦。谓言得志后,便可焚笔砚。少偿辛苦时,惟事寝与饭。岁月不我留,一生今过半。中间尝忝窃,内外职文翰。官荣日清近,廪给亦丰美。人情慎所习,鸩毒比安宴。渐追时俗流,稍稍学营办。杯盘穷水陆,宾客罗俊彦。

这一段中,欧阳修主要陈述自己少年读书至进身居官的生活情形。首十句写少年读书习文的情形和希望,次六句写自己进身登仕,官职升迁,后六句自述居官生活。

  自从中年来,人事攻百箭。非惟职有忧,亦自老可叹。形骸苦衰病,心志亦退懦。前时可喜事,闭眼不欲见。惟寻旧读书,简编多朽断。古人重温故,官事幸有间。乃知读书勤,其乐固无限。少而干禄利,老用忘忧患。又知物贵久,至宝见百炼。纷华暂时好,俯仰浮云散。淡泊味愈长,始终殊不变。何时乞残骸,万一免罪谴。买书载舟归,筑室颍水岸。平生颇论述,铨次加点窜。庶几垂后世,不黙死刍豢。信哉蠹书鱼,韩子语非讪。

这一段中,欧阳修从自己中年居官时思想上发生变化,写到由此

---

① 叶适:《习学记言序目》卷四十七《五言古诗》,北京:中华书局,1977 年,703 页。

才认识到读书的乐趣,最后总结出愿读书写作终老的志向。前八句写欧阳修中年居官,政务繁忙,身体衰弱,促使思想发生变化。次十句写自己真正体会到读书的乐趣,流露出恬静无为、归田读书的意愿。后八句讲一旦获准辞官,自己将在颍水之滨筑室读书,整理旧作,不虚度一生。颍水,即颍州。皇祐二年(1050),欧阳修曾与梅尧臣相约归隐颍州。刍豢:刍指牛羊,豢指犬豕。结尾二句表达了自己的读书志向。韩子,即韩愈,他有《杂诗》:"古史散左右,诗书置后前。岂殊蠹书虫,生死文字间。"

  欧阳修不但把读书作为治学的前提,还把它当作修养性情的重要途径,总结并提出过读书疗疾的观点。欧阳修的朋友,河南主簿张谷患有气滞咯血的疾病,自述每当发病,就取读古书,常能忘情于古人的美辞精论之中,气血得以平畅,因此在官署辟设东斋作为读书之所。欧阳修为之撰《东斋记》,赞扬张谷静居东斋,以读书养性疗疾,是一位善于寻求乐趣的读书人。

  欧阳修在获准辞官归田的前一年,写了一篇《六一居士传》,自称一老翁晚年优游于万卷藏书、千卷三代金石遗文、一张琴、一局棋、一壶酒五物之间,因更号"六一居士"。他形容自己在五物中获得的乐趣,是"太山在前而不见,疾雷破柱而不惊,虽响九奏于洞庭之野,阅大战于涿鹿之原,未足喻其乐且适也"。九奏,奏乐九曲,旧指天帝之乐。涿鹿,古山名,相传上古黄帝与蚩尤大战于此。虽然这是欧阳修无奈世事、退而独善其身的一着,但他那种乐于琴、棋、图书之闲,悠闲恬淡的情志,博得了后人的敬慕。如清代藏书家张敦仁就将藏书室命名为"六一室",并奉祀欧阳修像。与欧阳修同时期的理学家邵雍,有一位喜好读书的学生杨国宝,曾自述"有竹千竿,有香一炉,有书千卷,有酒一壶,如是足矣"。杨氏所称显然受了欧阳修"五物之乐"的影响。清初江苏武进诗人邵长蘅为自己画了五帧画像:一展书,一课耕,一垂竿,一游岳,一蕉团。陈维崧为题《莺啼序》词,其中

《展书图》称"一图执卷读,不知所读何经史。想读当佳处,时复奋袂抵几",颇得六一居士读书之趣。

二、洛阳城中读书翁

北宋仁宗嘉祐七年(1062),中州古都洛阳天宫寺西天津桥南新建起一座私人园宅,名噪一时的学者邵雍迁居其中,自名"安乐窝",并吟诗道:"城里住烟霞,天津小隐家。经书为事业,水竹是生涯。""花木四时分景致,经书千卷好生涯",邵雍津津乐道于晚年在安乐窝闲居耕读的好时光。

邵雍(1011—1077),字尧夫,谥康节,北宋哲学家。先世河北范阳人,幼随父亲邵古徙居共城(今河南辉县)。家中有园数十亩,坐落在城西郊。园中遍种桃、李、梨、杏等果树,四季飘香。邵雍常端坐园中,在花果的清香之中细品诗书的醇味。山东北海学者李之才出任共城县令,听说邵雍刻苦好学,就亲往邵家,将自己悉心研究而得的易学精华传授给邵雍。邵雍得到李之才的亲授,更加勤奋克励,相传曾手抄《周易》一总,贴在斋壁,每日诵习数十遍。邵雍居室中三年不设卧榻,冬天不生炉取暖,夏天不执扇纳凉,昼夜端坐读书深思。积数十年研习的深厚功力,邵雍学成,且成为精通易理的大儒,声名鹊起。皇祐元年(1049),邵雍自共城迁居洛阳,初寓天宫寺读书,所作《天宫小阁纳凉》,诗中有"小阁清风岂易当,一般情味若羲皇"之句,传出居天宫寺读书的陶陶乐趣。寓居天宫寺期间,邵雍曾携书出游,渡黄河,出潼关,登嵩山,入齐鲁,足迹遍及河、汾、淮、汉之间,以追寻古人读书崇尚游历交友的精神。

嘉祐七年(1062),王拱辰出任洛阳行政长官,与富弼、司马光等人出资为邵雍买园建宅。园临洛水,门前新蒲细柳,年年映绿。园内有屋数十间,营水养竹,"清泉篆沟渠,茂本绣霄汉。凉风竹下来,皓月松间见",颇具山林风情。邵雍居园中,耕稼劳作,焚香读书,兴至辄吟诗自咏,极尽无拘无束、自由自在的耕读之趣。邵雍一生向往"日出而作,日入而息,凿井而饮,耕田而食"的上古帝尧时代,常深喜自己生于宋初太平盛世,以为"安莫安于王政平,乐莫乐于年谷登",所以就为园宅取名"安乐窝",并自号安乐先生。

邵雍在安乐窝前后一共生活了15年。在这期间,他写下了很多反映安乐窝生活的诗篇,读书是其中很重要的内容,如《吾庐吟》"遍地长芳草,满床堆乱书",《闲居杂述》"花木四时分景致,经书千卷好生涯",描述了读书环境的清雅宜人。另如《安乐窝中吟》:"安乐窝中弄旧编,旧编将绝又重联。灯前烛下三千日,水畔花间二十年。"《安乐窝中四长吟》:"安乐窝中快活人,闲来四物幸相亲:一编诗逸收花月,一部书严惊鬼神,一炷香清冲宇泰,一樽酒美湛天真。"其道出了邵雍在书中觅得的逸趣。

邵雍在安乐窝中拥书高卧,于书无所不读。他熟读佛老之书,而不言佛老之学,"不佞禅伯,不谀方士",独尊崇儒家六经,认为圣人深意尽在其中。邵雍读经强调多看,不作训解,指出"经意自明,苦人不知耳",训解经书,只是"屋下盖屋,床上安床",徒生疑惑。邵雍对读书治学,十分强调如何做人的问题。他曾写一首《所学吟》,指出:"人之所学,本学人事。人事不修,无学何异?"人们读书问学,目的是培养并提高自己为人处世必需的道德操守。如果做不到这一点,那么其与不读书无学问有什么两样呢?他把品德修养作为读书的首要目标。面对浩如烟海的书籍,从何入手?邵雍建议先读经史典籍,"史籍始终明治乱,经书表里见安危",多读经史典籍,可助人明了立身治国的道理。在他的诗集《伊川击壤集》中,有很多谈读史体会的作品。邵雍长期退居林下,"灾殃秋叶霜前坠,富贵春华雨后红","情如落絮无高下,心似游丝自往还",看透世事,心志淡泊闲适,时时透出消极的人生色彩，但他这种积极的读书观和勤奋读书的精神都是可取的。

三、曾巩南轩读书

曾巩(1019—1083)，字子固，建昌军南丰(今属江西)人。宋仁宗嘉祐二年(1057)进士，官至中书舍人。在出任居官的20多年间，曾巩有11年在京城历任馆阁校勘、集贤校理、英宗实录院检讨官等职，从事编校史馆书籍和修撰史书等文化工作。曾巩一生以文章名天下，是"唐宋散文八大家"之一。他的散文讲究章法、布局、节奏、气势，时人称为"慓骛奔放，雄浑瑰伟，若三军之朝气，猛兽之抉怒，江湖之波涛，烟云之姿状，一何奇也"。据史料记载，曾巩20岁北上京师开封游太学时，就以文章受到欧阳修的奇赏。我们要知道曾巩成为大文学家的原因及过程，还要从他的读书时期开始了解。

南轩是曾巩在南丰故里的读书处，他16岁开始诵习六经和古今文章，继而扩大阅读范围，除六艺、诸子百家、历代史书和名儒经注外，还广泛涉猎兵书、历法、天文、音乐、农桑、地理、方言、佛经道书等。他在《南轩记》中记述了自己对这些书的理解和感情，指出它们"皆伏羲以来，下更秦汉至今，圣人贤者魁杰之材，殚岁月，急精思，日夜各推所长，分辨万事之说，其于天地万物，小大之际，修身理人，国家天下治乱安危存亡之致，罔不毕载。处与吾俱，可当所谓益者之友非邪"。曾巩十分亲切地把这些凝结着上古以来历代学者毕生研究精华的书籍当作自己的益友，在书斋中朝夕阅读，推究修身养性的理义，探求治乱致安的良策。他有《南轩》诗称："久无胸中忧，颇识书上趣。圣贤虽山丘，相望心或庶。"历代圣贤的名声崇高如山，但读他们的著作心中自有相通之处，诗人道出了自己南轩读书的心情与收获。

南轩本是邻居的一块荒地,曾巩购置营建书斋时,利用周边隙地遍植草木,树竹灌蔬。轩前的几十茎修竹,为南轩平添了几分淡雅和清远。"密竹娟娟数十茎,旱天潇洒有高情。风吹已送烦心醒,雨洗还供远眼清。"亭亭翠竹,为曾巩缓解伏案的疲劳,陪伴他送走了无数个苦读的日日夜夜。

宋仁宗皇祐三年(1051),曾巩自外奔走归来,重返南轩读书。在10余年间,他为生计只身远游,北至开封,东出会稽,南逾庾岭,途中跋山涉水,数历风雨虫豸侵袭之苦。最使他刻骨铭心的,是道中常见那些为逃避干旱饥馑或过重征赋徭役的人,他们负囊挽车,扶老携幼,戚戚而行……曾巩默视这一切,暗下扶衰救缺决心,努力寻找一条解决社会问题的良策。他带着迫切的愿望重返书斋,并挥笔写下了一首五言古诗《辛卯岁读书》,在长达124句充满激情的诗句中,表述了自己对读书重要性的深刻认识,倾吐了对读书的强烈渴望和坚定信念。诗中写道:"百家异旨趣,六经富文章。其言既卓阔,其义固荒茫。"古人文章繁富,议论各异,且文义精深古奥,曾巩清醒地认识到自己读书任务的繁重和艰巨。"因思幸尚壮,曷不自激昂",幸好自己才30岁刚出头,正是精力充沛、读书求学之时,曾巩决心重新开始"虚窗达深暝,明膏续飞光。搜穷力虽急,磨砺志须偿"的苦读生活。

诗中有一段十分精彩的描写,采用奇想和比喻的艺术手法,写出了自己读书的体会和趣味。"南山对尘案,相摩露青苍。百鸟听徘徊,忽如来凤凰。乃知千载后,坐可见虞唐。"曾巩长时间伏案读书,双手抚案,摩挲不停,竟使书案变得光亮平滑而映照了对面南山的青苍之色,极言自己伏案读书之勤。这样坚强的毅力支持下的持久读书,使曾巩进入了一个充满生机的书的天地。他细心体味古人的言论,犹如聆听百鸟婉转悦耳的鸣叫,而每当感悟到古人的至理名言、奥旨精论,就会像突然看到美丽的百鸟之王凤凰,心里充满抑制不住的惊喜和欢畅。全诗最后以"此求苦未晚,此志在坚刚"二句,总结出要坚定读书志向、提高学养的人生目标。

曾巩一生喜好书籍,自己藏书多达两万卷。自 39 岁中进士后,他离开家乡,就任太平州司法参军。自此以后,曾巩携带这些藏书,怀着坚定的读书报国志向,宦游于大江南北,20 年间,朝夕研读,长期坚持,至老不倦。在京师任馆阁校勘时,曾巩结合编校史馆藏书的工作,总结了自己长期读书的经验与体会,提出了一些有关读书的真见卓识。他在《说苑目录序》中说:"夫学者之于道,非知其大略之难也,知其精微之际固难也。"这就是说读书问学的难处,在于真正把握古人思想言论的精义奥旨。他举出孔子授徒传业的事实对其加以论证:孔子学生 3000,学有成就者仅 72 人,而可称为得孔子之道者,独颜回一人而已,而颜回又自认为孔子的学问无可企及。曾巩强调这一读书难点,目的在于以"学然后知不足"的道理,劝勉学者读书要勤,思索要精。

曾巩在读书上始终保持着一种凝重、踏实的作风,一贯主张读书必须勤奋刻苦,丝毫不能随意放松。江西临川新城旧有"王羲之墨池",相传东晋王羲之曾在此临池学书,日夜勤练以至池水尽黑,终于成为名垂千古的一代大书法家。后墨池上修建了一所学校,庆历八年(1048),曾巩应学校之请,撰写《墨池记》。这是一篇以勉人勤学为宗旨的名篇,寓说理于叙事之中,文字简洁凝练,说理明了透彻。笔者摘录其文部分内容如下:

> 临川之城东,有地隐然而高,以临于溪,曰新城。新城之上,有池洼然而方以长,曰王羲之之墨池者,荀伯子《临川记》云也。羲之尝慕张芝,临池学书,池水尽黑,此为其故迹,岂信然邪?……羲之之书晚乃善,则其所能,盖亦以精力自致者,非天成也。然后世未有能及者,岂其学不如彼耶?则学固岂可以少

哉！况欲深造道德者邪？①

曾巩以王羲之书法晚年方臻完美的事实，论证其书法造诣"盖亦以精力自致者，非天成也"。所以后世学书之人达不到王羲之的艺术境界，是因为勤学苦练的功夫还不及他。他进而指出："学固岂可以少哉！况欲深造道德者邪？"勤奋刻苦地读书学习是绝不可缺少的，何况是想实现远大人生目标的人呢？曾巩用反诘的句式，充分肯定后天勤学苦练对人们能力培养的决定作用。这一点，对每一位读书求学、渴望进步的人来说都有积极的启示和劝勉作用。

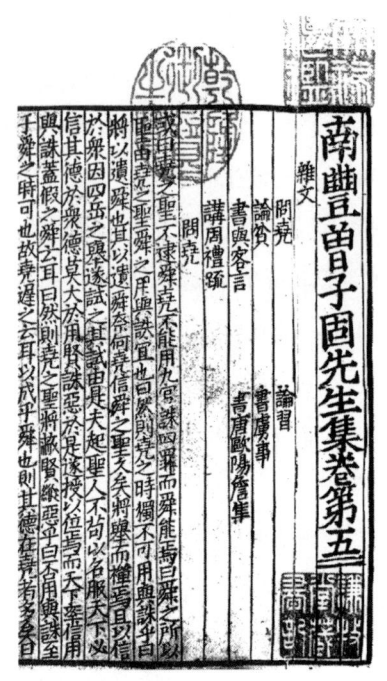

《南丰曾子固先生集》 金刻本

今天，出江西南丰县城南，隔盱江可望见一组纪念曾巩的建筑：读书岩、曾文定公祠堂。读书岩是曾巩早年读书的地方，岩内有墨池，相传他读书时常在池中洗砚，池水至今犹带墨色。现在读书岩旧址上新建高台方亭，其亭台四檐飞翘，上悬"曾巩读书处"匾额。这犹如曾巩在中国读书史上留下的闪亮坐标，连同那部金精玉良的《元丰类稿》一起，向后人标示着他为中国文化发展所做出的不朽贡献。

---

① 曾巩:《曾巩集》卷十七《墨池记》，北京：中华书局，1984年，279页。

第三节　朱熹读书法纲要

朱熹(1130—1200),字元晦,后改字仲晦,号晦庵、晦翁,别号紫阳。南宋徽州婺源(今属江西)人,生于南剑州尤溪(今属福建)。绍兴十八年(1148)进士,官至宝文阁待制。一生从事讲学活动,兴办书院,与学生"质疑问难,诲诱不倦",先后历50余年。50岁时出知南康军(治所在今江西星子),在庐山唐代文士李渤隐居读书的旧址,扩建白鹿洞书院。65岁时在福建建阳所居考亭村建竹林精舍,同年知湖南潭州,修复岳麓书院。此外,江西吉安白鹭洲书院、铅山鹅湖书院,福

朱熹石刻像

建武夷山紫阳书院,湖南衡阳石鼓书院等,都留有他讲学论道的踪迹。在长期举办书院执教讲学的实践中,朱熹系统研究了读书理论和读书方法,总结提出了一整套指导学生读书治学的方法。经朱熹的学生和后代学者的整理概括,朱熹读书法的精要被编入各种有关文献,除《朱子全书》中有《读书法》《读书之要》,《朱子语录》中有《读

书法》专章以外,明代丘濬编《朱子学的》,清代张伯行编《学规类编》、郑端编《朱子学归》,以及清代周永年辑《先正读书诀》诸书中,都有朱熹读书法的内容,而且其都占有重要的地位。随着朱熹学术名望和政治地位的不断崇显和上升,他的读法在历代官私学校和读书学子中广为流布,影响极大。

作为中国读书史上珍贵的精神遗产,朱熹读书法蕴含着丰富的内容和深刻的哲理。我们讲朱熹读书法,不妨先从他那两首著名的七绝《观书有感》谈起。诗曰:

半亩方塘一鉴开,天光云影共徘徊。问渠那得清如许?为有源头活水来。

昨夜江边春水生,蒙冲巨舰一毛轻。向来枉费推移力,此日中流自在行。

这是两首富含哲理的诗,各首前两句都是写客观景物,后两句提示哲理。诗题《观书有感》,自然与读书有关。第一首写半亩方塘由于有源头活水的不断注入,其水清澈如镜,天光云影倒映其中。朱熹用方塘鉴映天光云影比喻人的格物致知,以源头活水寓指读书,指出坚持不懈地读书是格物致知、认识进而掌握事物发展规律的主要途径之一,充分强调了读书的重要性。第二首是讲读书的积累与贯通之间的关系。蒙冲,也作艨艟,是古代一种较大的战船。当大江一夜之间接纳了万溪千流的春水,本来搁浅江中的蒙冲巨舰一下变得像鸿毛一样,在一江春水中轻快自在地航行起来。诗中,江边春水比喻长期读书积累,"蒙冲巨舰一毛轻"比喻对事物、对问题的突然领悟,也就是贯通。积累以贯通为归宿,贯通以积累为基础,这是人们在读书中需要加以把握的。朱熹在《大学或问》中说:"唯今日而格一物焉,明日又格一物焉,积习至多,然后脱然有贯通处耳。""积累多后,自然脱然有悟处。"《观书有感》正以客观事例,对这段话做了形象鲜明的阐释。据史书记载,朱熹童年在福建尤溪县城关镇水南公山麓的郑义斋别墅读书生活,其地背山面溪,内有半亩方塘,四周松竹环翠。后来朱熹故地重游,凝视这熟悉的池塘,回忆童年时读书的情景,追索自己几十年读书治学的经验,遂挥毫写下了这一名篇,其中蕴含了他长年读书悟出的深刻哲理,值得读者反复体味。

读书积累需要讲究方法,否则将难以水到渠成地进入脱然有悟的贯通境界。为此,朱熹对读书方法做了大量深入浅出的论述,他的学生经过节取荟萃,归纳出循序渐进、熟读精思、虚心涵泳、切己体察、著紧用力和居敬持志六条,作为朱熹读书法的要义。元代教育家,江东书院山长程端礼认为"窃闻之朱子曰:为学之道莫先于穷理,穷理之要必在于读书,读书之法莫贵乎循序而致精,而致精之本则又在于居敬而持志。此不易之理也"①。朱熹这六条读书法要义的内涵如下。

循序渐进,是说读书要按照一定的次序,有计划、有系统地进行。朱熹主张如果有两本书,应"通一本而后及一书";同一本书,则要依循其篇章文句、首尾次第的顺序,切不可躐等自乱。强调循序渐进,还有一个含意,那就是读书要量力,如同吃饭要根据饭量,不可数顿并为一顿吃一样。朱熹曾谆谆告诫初学者:面对数量众多、深浅难易不同的图书,切不可性急而自乱程序,必须先量力制订切实可行的阅读计划,并严格加以执行。他认为,读书者如果能坚持循序渐进的原则,逐段、逐章、逐本地阅读积累,终其一生就可读完数不清的书。读书能循序渐进,就能意定理明,没有疏易凌躐的忧虑。

熟读精思,是说读书要反复诵读,深思穷究,以求透彻掌握书中

---

① 程端礼:《集庆路江东书院讲义》,见李修生《全元文》卷八〇九,南京:江苏古籍出版社,2001年,第25册,522页。

的义理。朱熹十分重视读书要三到：心到、眼到、口到。他认为心若不到，则眼决看不仔细，而心眼不专一，只是漫浪诵读，决无法记住书中内容。所以朱熹把熟读的要求，定为"使其言皆若出于吾之口"。精思是读书从无疑到有疑，复从有疑到解疑的思考理会的过程，要求做到融会贯通，取得"使其意皆若出于吾之心"的阅读效果。朱熹把读书精思看作是一个削皮见肉、剔肉出骨、碎骨得髓的层进过程，强调要"徐行却立，处静观动"，要耐烦细意，切不可粗心急躁。

虚心涵泳，是说读书要有虚心的态度，沉浸其中，切忌穿凿附会，取前人的言论来凑自己之意。其强调的是读书必须摒除一切私见杂念，滤却任何主观色彩，虚怀平心地阅读书中的一字一句。朱熹曾反复告诫初学者"看书不可将己见硬参入去，须是除了自己所见，看他册子上古人意思如何"。现代学者钱穆认为这是朱熹教人读书的最大纲要，指出朱熹所讲的虚心，略如现在的所谓客观。如果读书时硬将己见参入，那便是不虚心，也就不能客观，自然无法看出书中的道理，自己则得不到长进。这是每位读书者需要郑重思虑的。"涵泳"一词，最早见于西晋文学家左思的《吴都赋》："于是乎长鲸吞航，修鲵吐浪，跃龙腾蛇……涵泳乎其间。"其形容鲸鱼潜游水中，带有"沉浸"的意思。朱熹曾说读书只要坚持涵泳玩索，则久之一定会有收益。

切己体察，是说读书要善于联系自己的知识、经验去体会理解书中的道理，用朱熹自己的话说，就是"将自个己身入那道理中去，渐渐相亲，与己为一"。读书做到切己体察，就能防止脱离自身实际、产生读书无用思想的弊端。朱熹曾反复强调切己体察的重要性，指出："读书之法但反诸己，验其实得，致其实用，变化气质，必有日新之功。"譬如有人读《论语》，旧时未读是这个人，及读了后来又只是这个人，就是在思想修养和举止行为上并没有进步。朱熹认为这样读书就等于没有读一样。

著紧用力，实际上是倡导读书要有紧迫感，要刻苦勤奋，要发愤自励,这样方能取得成效。元代程端礼将这四个字形容为"要抖擞精神,如救火治病然,如撑上水船,一篙不可放缓"。朱熹曾说:读书要"耸起精神,树起筋骨,不可困,如有刀剑在后一般"。这可看作是"著紧用力"的注脚。相传清代有位教书先生,为劝学生吃饱饭,在书室悬挂一联:"放开肚皮吃饭,抖起精神读书。"其语言虽欠雅观,但颇得"著紧用力"的深意。

居敬持志,是强调读书要有专静纯一的心境和坚定远大的志向。敬,指用心专一,这对于读书是必须具备的。"应事时,敬于应事;读书时,敬于读书",无论做事还是读书,都要用心专一,朝秦暮楚、心猿意马将一事无成。朱熹向来强调读书要"整顿几案,令洁净端正。将书册整齐顿放,正身体,对书册",这也是居敬的一个方面。

朱熹读书法内容十分丰富,所论相当细致,上面所引仅是其中的基本纲要。这些早在800多年前就已形成体系的读书法纲要,是我国古代儒家文化中闪光的结晶之一,至今仍有其启迪和指导意义。

朱熹是我国古代自孔子以来最有影响的思想家之一,他一生精研二程理学,所创建的中国古代新儒学的思想体系,成为中国封建社会后期的统治思想。后人为了纪念这位伟人,自南宋理宗嘉熙元年(1237),即朱熹逝世后第37年,就开始改建他在尤溪的故居,后由理宗赵昀赐名"南溪书院"。书院历经明清两代扩建,再经20世纪80年代的重修,面貌焕然一新。书院内正堂上悬挂着清康熙帝手书"文山毓哲"匾额,其左有活水亭,亭前临"半亩方塘",另有毓秀亭、观书第、韦斋祠等景点掩映于花树的丛翠浓荫之中。两株相传为朱熹手植的古樟树,树高数十米,枝繁叶茂,生机勃勃。无数前去书院瞻仰凭吊的海内外人士都在活水亭和半亩方塘前驻足流连,缅怀朱熹读书法在推动、指导我国读书运动发展上的巨大历史功绩。

综上所述,处在雕版文化时代的两宋学者,在学术研究、思想文化建设和知识传播诸方面,都取得了极其辉煌的成就,这些成就的取得都离不开读书。所以,宋代学者以各自的阅读活动为基础,对阅读的宗旨、观念、方法等进行了广泛而系统的研究和阐释,为中国阅读史书写了光彩夺目的一页。

  受到规模日益扩大的科举的刺激和影响,宋代的社会阅读活动,以阅读铺就一条登科出仕的青云路,成为相当一部分人读书的最终目的,读书学问本欲开心明目利于行的优良传统受到了挑战。为了及时纠正阅读实践中的这一偏向,宋代的阅读理论中十分突出地强调读书必须切己致用,反对脱离实际的死啃书本。这种思想,不仅系统阅读理论中有之,而且诗歌中亦有之,如苏轼的《嘲子由》:"堆几尽埃简,攻之如蠹虫。谁知圣人意,不在古书中。"苏辙的《东方书生行》:"东方书生多愚鲁,闭门读书口生土。窗中白首抱遗经,自信此书传父祖。"朱熹《易》诗:"立卦生爻事有因,两仪四象已前陈。须知三绝韦编者,不是寻行数墨人。"文章语录中更有之,如刘安世强调:"学问必见于用乃可贵,不然,即腐儒尔。"对此,明代王崇庆解说道:"古人读书固如此,若乃寻章琢句,夸多斗靡而终无所用者,则亦何贵于读书为哉!"① 陆九渊要求弟子读书在践行上用功,不要专注于寻行数墨。这样的阅读思想是我国阅读史上的宝贵遗产,至今仍有现实的指导意义。

---

① 马永卿编,王崇庆解:《元城语录解》卷下,见王云五《丛书集成初编》,上海:商务印书馆,1939年,38页。

主要参考书目

脱脱等.宋史.北京:中华书局,1977.

司马光编著,胡三省音注.资治通鉴.北京:中华书局,1976.

李焘.续资治通鉴长编.北京:中华书局,1979—1993.

陈邦瞻.宋史纪事本末.北京:中华书局,1977.

袁枢.通鉴纪事本末.北京:中华书局,1964.

徐松辑,刘琳等校点.宋会要辑稿.上海:上海古籍出版社,2014.

晁公武撰,孙猛校证.郡斋读书志校证.上海:上海古籍出版社,1990.

陈振孙撰,徐小蛮、顾美华点校.直斋书录解题.上海:上海古籍出版社,1987.

郑樵撰,王树民点校.通志二十略.北京:中华书局,1995.

王岚.宋人文集编刻流传丛考.南京:江苏古籍出版社,2003年.

祝尚书.宋集序跋汇编.北京:中华书局,2010年.

曾枣庄、刘琳.全宋文.上海:上海辞书出版社,合肥:安徽教育出版社,2006.

傅璇琮、孙钦善等.全宋诗.北京大学出版社,1991—1999.

丁传靖.宋人佚事汇编.北京:中华书局,1981.

黄宽重.宋代的家族与社会.中国台北:台北东大图书股份有限公司,2006.

骆天骧撰,黄永年点校.类编长安志.北京:中华书局,1990.

徐松撰,赵守俨点校.登科记考.北京:中华书局,1984.

漆侠.宋学的发展和演变.石家庄:河北人民出版社,2002.

程颢、程颐著,王孝鱼点校.二程集.北京:中华书局,1981.

黎靖德编,王星贤点校.朱子语类.北京:中华书局,1986.

朱熹.四书章句集注.北京:中华书局,1983.

钱仲联.历代别集序跋综录.南京:江苏教育出版社,2005.

陈谷嘉、邓洪波.中国书院史资料.杭州:浙江教育出版社,1998.

黄丕烈、王国维等.宋版书考录.北京:北京图书馆出版社,2003.

严绍璗.日本藏汉籍珍本追踪纪实——严绍璗海外访书志.上海:上海古籍出版社,2005.

索 引

【人名】

B

- 白居易 11,13,14,31,67,68,73—75,83,101,102,105,130—132,134,137,150,156,157,159,190,193—197,348
- 包恢 321
- 遍照金刚 160

C

- 蔡京 219
- 蔡襄 219,220,268
- 蔡元定 60
- 曹宪 111,180,184
- 晁补之 218,239,377,391
- 晁公武 57,58,71,91,92,295,296,299—301
- 陈邦瞻 372
- 陈傅良 229,318
- 陈骙 234
- 陈善 378,387,389,393,394
- 陈舜禹 276
- 陈襄 233,322,382
- 陈造 243
- 陈振孙 58,71,183,295—297,299—302
- 陈子昂 67,102,104,131,132,264,348

- 程端礼 411,413
- 程颢 218,315,327—329,398
- 程颐 68,218,280,315,319,326—328,398
- 褚无量 22,26,29,172

D

- 戴孚 12,81
- 道世 146
- 道宣 143,147,148,277
- 道原 277,278
- 狄仁杰 82,149
- 兪然 284,285
- 丁谓 276
- 杜甫 8,11,14,52,75,110,135,150,181,190,191,198—201,300,363,384
- 杜牧 8,11,14,50,66—68,98,99,101,102,131—133,166,167,190,197,342
- 杜预 19,62,165,170,177,396
- 段成式 81,150

F

- 法显 143,144
- 范纯仁 278
- 范仲淹 223,225,227,268,321,350,382,398
- 方大镇 391
- 方龟年 59
- 费衮 218,336,389
- 封演 13,88,374
- 冯班 198
- 冯道 128,129
- 傅毅 138

G

- 高棅 72
- 高可仰 321
- 顾陶 134,135
- 顾炎武 196,324,370

H

- 韩驹 217
- 韩愈 8,10,14,36,50,89,99,100,103,114,135,151,

189—197, 202, 203, 306, 346, 354, 363, 382, 384, 400, 402
- 何薳　308
- 洪迈　80, 178, 190, 221, 230, 242, 303, 309, 310, 398
- 洪适　240, 260
- 胡三省　4, 206, 370—372
- 胡震亨　71, 73, 137
- 黄伯思　230, 234, 289
- 黄庭坚　218, 270, 289, 302, 305, 323, 354, 355, 361, 377, 379, 381, 382, 384, 386, 389, 391, 392, 398
- 慧皎　147, 148

J

- 吉备真备　154, 156—158, 161
- 计有功　77
- 寂照　285
- 贾似道　221, 253, 370
- 鉴真　159, 160
- 姜宸英　199
- 皎然　104, 106, 131, 134, 347

- 鸠摩罗什　140—142

K

- 空海　159—161

L

- 李泌　100, 102, 242
- 李渤　107, 314, 409
- 李常　107, 108, 391
- 李旦　20
- 李昉　238—240
- 李复言　80
- 李觏　228, 323, 349, 362
- 李瀚　79, 84, 373
- 李吉甫　35
- 李林甫　33, 37
- 李隆基　20
- 李清照　267, 337—339
- 李善　5, 108, 163, 165, 177, 179—185, 230, 234
- 李世民　4, 17, 63
- 李泰　35, 73
- 李文通　282
- 李显　20, 121
- 李心传　243, 302, 310, 372,

399
- 李行修 59
- 李豫 20,113
- 李廌 304,311
- 梁克家 322
- 廖莹中 253
- 林光朝 268
- 林之奇 70,99,115
- 令狐德棻 25,29,31,36—39
- 刘辰翁 319,385
- 刘轲 13,58,59,102,105
- 刘克庄 353—355,386
- 刘禹锡 8,66,73,77,105,106,108,132,133,150,190
- 刘知幾 63,64,66,202—206
- 刘子翚 220,324
- 柳昂 3,16
- 柳公绰 98
- 柳顾言 25,44,173
- 柳冕 166
- 柳玭 98,122
- 柳仲郢 98
- 柳宗元 14,59,131,132,190,194—196,384
- 陆九渊 316,318,324,384,389,392,396—399,414
- 陆心源 274
- 陆游 94,221,239,253,268,290,292,307,319,339—342,351,354,356,398
- 吕大防 379,381,382
- 吕温 14,66,102,110,131,136,196
- 吕祖谦 60,70,246,314,316,323,324,327,328,330,356,386,387,389,396,399
- 罗大经 306,311,312

M

- 马端临 34,71,297
- 马怀素 22,26,29,90
- 孟棨 76,77

N

- 念常 139
- 聂奉先 77
- 牛弘 2,3,24,43
- 牛僧孺 80,81,89,191

O

- 欧阳忞　236
- 欧阳守道　245
- 欧阳修　43,45,70,80,124,216,219—221,228,234,236,268,269,277,282,285,290,292,295,303,306—308,326,339,351,377,385,398—402,405
- 欧阳询　4,29,31,53,56,66,238,325
- 欧阳詹　10,21,89,131

P

- 潘自牧　325
- 裴秀　35
- 裴骃　172—174
- 普济　278

Q

- 钱惟演　213,221,241,308,399
- 秦观　218,377,391
- 秦景　138,176
- 权德舆　58,67,130,166

S

- 僧祐　145,147
- 上官仪　113
- 邵雍　253,336,352,398,399,402—404
- 摄摩腾　138
- 沈括　219,289,290,303,305,353,398
- 史弥大　60
- 司空图　122
- 司马光　4,70,151,218,219,228,242,270,280,286,290,303,323,331,334—336,347,351,362,368—370,372,373,376,377,382,389,398,403
- 司马贞　172—175,370
- 宋敏求　55,230,292,295,300,399
- 宋真宗　265,279,285,366
- 苏轼　107,108,182,183,190,198,218,219,221,228,239,265,267,269,270,280,283,289,293,303,305,306,

308,311,326,334,337,343,346,353,355—357,362,377,382—384,387,389—391,398,400,414

- 苏洵　218,377
- 苏易简　220
- 苏辙　96,100,218,228,260,269,300,326,346,377,414

T

- 藤原赖长　286,287
- 藤原丘守　157
- 藤原佐世　154

W

- 完颜亶　70
- 完颜雍　70
- 汪应辰　225,318,321
- 王夫之　243
- 王观国　84,178,307
- 王珪　19,23,97
- 王国维　128,216,251,289,302
- 王明清　243,289,303,310
- 王钦臣　218,295
- 王世贞　217
- 王庭珪　276
- 王象之　236
- 王尧臣　216,234
- 王禹偁　277,280,320
- 韦述　26,33,97
- 韦嗣立　112,142
- 魏了翁　110,293,323,324,351
- 魏徵　3,19,25,29,37,38,40,47,48,63—65,68—70,75,306
- 温庭筠　67,68,102,150
- 文淑　151
- 翁卷　106
- 翁森　357,359,360
- 毋煚　26,33,44,46
- 毋昭裔　129,252
- 吴彩鸾　124,137,138,375
- 吴澄　244
- 吴兢　58,59,68,69,100,130
- 吴融　11
- 吴曾　303,306,378
- 武则天　4,10,73,85,112,121,144,149,153,165,281

X

- 萧罕嘉努　69
- 萧嵩　33,180
- 小野妹子　153
- 辛文房　10
- 邢昺　235,265,365,366
- 徐戬　282
- 玄奘　141—144,147
- 薛季宜　59
- 薛用弱　80,82

Y

- 严嵩　217
- 颜师古　5,13,25,29,53, 93,94,115,165,168,169, 174—179,370
- 颜真卿　9,102,131,133
- 彦琮　140,141
- 杨广　4,20,40,140,148
- 杨坚　2,17,20,38,40,86, 139
- 杨夔　184,185
- 杨万里　99,342—344,354, 373,398
- 姚铉　58,131,240
- 叶梦得　59,266,290,310, 389,394,395,398
- 叶适　70,293,387,399,401
- 叶廷珪　98,305
- 叶真　122
- 伊存　138
- 义净　141—144
- 殷践猷　26,44,90,133,172
- 尹知章　50,163
- 尹洙　216,268
- 尤袤　71,290,295,342,344
- 余靖　235,236,268
- 俞鼎孙　304
- 虞世南　4,25,29,31,53, 64,92,148,325
- 元好问　198,382
- 元结　11,75,93,131
- 元行冲　26,29,44,224
- 元稹　11,14,23,73—75, 80,82,83,115,131,132, 137,159,190,197
- 袁桷　304
- 圆仁　138,149,151
- 乐史　236,237,302

Z

- 赞宁 141,277,280
- 曾巩 33,70,216,230,290,348,377,382,398,399,405—408
- 曾慥 221,255
- 张邦基 124,240
- 张观 234,235
- 张淏 304
- 张九成 70
- 张九垓 13,58
- 张九龄 33,88,133,264,309
- 张耒 218,377,382,391
- 张邈 188
- 张骞 138
- 张栻 301,316,318,324,328
- 张守 244,245
- 张说 7,22,24,29,33,75,81,85,142,264
- 张咏 244,245
- 张羽 107
- 张知白 214
- 赵恒 212,237
- 赵匡义 212,237
- 赵匡胤 212,213,224
- 赵夔 383,384
- 赵明诚 267,290,295,337—339
- 赵玄默 154,157
- 赵彦卫 70,256
- 赵翼 176,180,181,302
- 赵与时 385
- 真人粟田 153
- 郑樵 34,51,71,294
- 郑覃 90,113,119
- 智昇 145,274
- 周必大 110,192,241,246,253,300,302,318,357,373,384,398
- 周密 142,239,291,292,297,303,305
- 周应合 266
- 朱鹤龄 183
- 朱熹 60,97,218,220,253,278,287,301,314,316—319,324,327—334,360—362,364—367,372,373,384,387—389,392,393,396—399,409—414
- 竺法兰 138

- 祝穆 23,236,325
- 宗睿 126
- 左圭 304

【文献名】

A

- 《爱莲说》 350
- 《安州白兆山寺经藏记》 278

B

- 《白鹿洞规》 319
- 《白鹿洞书院记》 314
- 《白鹿洞书院揭示》 316,317
- 《白氏长庆集序》 137,159
- 《百川学海》 304
- 《北堂书钞》 31,53,61
- 《本朝通鉴长编节要纲目》 202
- 《本事诗》 76,77
- 《表上请来目录》 160,161
- 《不要秘诀的秘诀》 398

C

- 《册府元龟》 128,151,235,237,241—243,258,282,283
- 《策贤良问五道》 93
- 《嘲子由》 414
- 《崇儒术论》 214
- 《出三藏记集》 145
- 《传奇》 71,80,124

D

- 《答曾子固书》 388
- 《大藏经》 149
- 《大事记解题》 60
- 《大唐西域记》 142
- 《大易粹言》 272
- 《东方书生行》 326,414
- 《读史编年诗》 79
- 《读书》 197,339,341,343,351,354,400
- 《读书乐趣》 312
- 《杜诗年谱》 379,381
- 《敦煌诗集残卷辑考》 134

F

- 《法苑珠林》 12,146,148
- 《非九经书疏禁缘边榷场博易诏》 269
- 《分门集注杜工部诗》 380
- 《丰年录》 137
- 《佛祖历代通载》 139

G

- 《高僧传》 147,148,150
- 《格物穷理》 327,330
- 《耕织图》 263
- 《观书有感》 410,411
- 《广弘明集》 147,148
- 《广平书院记》 316
- 《广韵》 230,363,374—376
- 《桂阳军学记》 328

H

- 《海惠院经藏记》 276
- 《海录碎事》 98,305
- 《韩集举正》 135
- 《韩文年谱》 381
- 《汉书》 7,32,52,54,55,57,62,65,66,91,98,111,112,133,157,158,165,171—179,204,235,236,282,284,285,311,323,370,373,391,399
- 《杭州劝学文》 322
- 《华山女》 151
- 《皇极经世指要》 60
- 《皇宋事实类苑》 255
- 《挥麈后录》 243
- 《绘因果经》 156

J

- 《集异记》 80,82
- 《集韵》 363,374,376
- 《笺注评点李长吉歌诗》 385
- 《谏政理书》 67
- 《解禅偈》 280
- 《金藏》 268
- 《金刚般若波罗蜜经》 262
- 《金刚经》 120,121,126
- 《金石录后序》 267,338
- 《金铜仙人辞汉歌》 385
- 《进学解》 194,202,203
- 《近思录》 299,327,330
- 《景德传灯录》 277,278

- 《景定建康志》 266
- 《九经三传沿革例》 255
- 《旧闻证误》 310

K

- 《开成石经》 119,128,162
- 《开元释教录》 145,156,274
- 《开元四部录》 234
- 《空海僧都传》 160
- 《孔圣家语图集校》 263

L

- 《类说》 221,255
- 《李氏山房藏书记》 107,265,267,293,389
- 《李娃传》 80,83,136
- 《栎斋藏书记》 293
- 《廉石居藏书记》 261
- 《梁溪漫志》 218,336
- 《令举实才诏》 112
- 《令诸州举送明经诏》 20
- 《陋室铭》 72,73
- 《吕氏家塾读诗记》 387
- 《吕氏童蒙训》 389
- 《论雕印文字札子》 269
- 《论国子卖书状》 271
- 《洛阳名园记》 337

M

- 《扪虱新话》 378,393
- 《蒙求》 79,84,373
- 《梦溪笔谈》 219,303－305,310,353
- 《秘书总目》 234
- 《妙法莲华经》 121,279
- 《鸣沙石室佚书》 77
- 《墨池记》 407
- 《墨庄漫录》 124,240

N

- 《难自然好学论》 188
- 《能改斋漫录》 303,304,306,310,378
- 《年谱及其作法》 381

P

- 《盘洲文集》 240
- 《平津馆鉴藏记》 262
- 《普门院经论章疏语录儒书等目录》 287

Q

- 《七经小传》 228
- 《契丹藏》 268
- 《切韵》 62,375
- 《秦楚材易书序》 244
- 《请崇学校疏》 112
- 《秋窗读书图》 200,201
- 《劝人庐山读书》 105
- 《劝学诏》 20,227

R

- 《日本刀歌》 285
- 《日本国见在书目》 71,154,155
- 《容斋随笔》 178,230,303,304,309,310
- 《儒学警悟》 304
- 《入唐求法巡礼行记》 138,151

S

- 《三教论衡》 150
- 《三经新义》 228,362
- 《三经要语》 226
- 《三史刊误》 236
- 《三体石经》 119
- 《山谷内集诗注》 381
- 《山中问答》 346
- 《上官昭容书楼歌》 136
- 《上皇帝书》 260
- 《上时相议制举书》 223
- 《声类》 374,375
- 《十二时》 60,61,96
- 《史记索隐》 163,171—175,252
- 《史记正义》 163,165,171—175
- 《史通》 58,63,66,204
- 《示儿》 103,189,190
- 《书巢记》 340
- 《书林清话》 323
- 《书斋谩兴》 133
- 《说苑目录序》 407
- 《四时读书乐》 357,359,360
- 《四时读书乐题壁》 360
- 《四书或问》 367
- 《四书章句集注》 362—368
- 《嵩阳书院四时读书乐》 360
- 《宋朝登科记》 260
- 《宋代全国书市贸易分布地区表》 268

- 《宋高僧传》 141,144,145,277
- 《宋人轶事汇编》 312
- 《送曹璩归越中旧隐》 106
- 《送沈孝廉读书天屏山》 107
- 《送诸葛觉往随州读书》 99,346
- 《随身宝》 61,94
- 《遂初堂书目》 71,268,295,297,344

T

- 《太平广记》 82,221,237,239,240,243,266
- 《太平寰宇记》 236,237
- 《太平御览》 35,237—239,241,242,287,291
- 《唐诗纪事》 77
- 《唐写本唐人选唐诗》 77
- 《唐音癸签》 73
- 《唐韵》 124,126,137,375
- 《题册府元龟》 243
- 《通典》 31,33,34,98
- 《通鉴胡注表微》 371,372
- 《通鉴胡注举正》 371
- 《通鉴纪事本末》 372
- 《通鉴释文辩误》 370,371
- 《通鉴注商》 371
- 《兔园策府》 91,92

W

- 《维摩关中疏》 138
- 《文房四谱》 220
- 《文镜秘府论》 161
- 《文殊指南图赞》 262
- 《文选》 7,8,10,57,62,129,158,165,179—184,230,234,240,252,266,285,286,379
- 《文选楼铭》 184
- 《文苑英华》 134,230,237,240,241,243,258,266,282
- 《卧读书架赋》 349
- 《无垢净光大陀罗尼经》 121,122,281
- 《五臣集注文选表》 182
- 《五代两宋监本考》 128,216,251
- 《五灯会元》 277,278
- 《五经正义》 5,13,19,57,90,111,163,165,167—170,178,224,225,228,235,249

X

- 《西山读书记》 387,392
- 《西厢记》 80
- 《西斋书目》 100
- 《习学记言序目》 387
- 《仙居劝学文》 322
- 《先正读书诀》 410
- 《辛卯岁读书》 406
- 《新集备急灸经》 127
- 《新集书目》 100
- 《新注资治通鉴序》 371
- 《许昌诗集序》 244
- 《续本事诗》 77
- 《续高僧传》 147,148,277
- 《续日本纪》 156,157
- 《续玄怪录》 80
- 《续资治通鉴长编》 202,238,264,266,276,282,310,372
- 《宣和遗事》 221
- 《玄怪录》 80,81
- 《学林》 178,307,310
- 《雪窗读书图》 201

Y

- 《研神记》 136
- 《伊川击壤集》 404
- 《仪顾堂题跋》 274
- 《夷坚初志》 221
- 《夷坚志》 221
- 《易学指要》 60
- 《莺莺传》 80
- 《酉阳杂俎》 81,150
- 《舆地广记》 236
- 《舆地纪胜》 236
- 《与权侍郎书》 166
- 《与元九书》 73,193
- 《御制日讲四书解义序》 367
- 《元丰九域志》 236
- 《悦生堂随抄》 221
- 《云谷杂记》 304
- 《云溪友议》 77
- 《云仙散录》 309,310

Z

- 《真赏斋图》 220
- 《祇树给孤独园》 120

- 《祇树给孤独园图》 262
- 《职贡图》 152
- 《中兴馆阁书目》 234,296
- 《中兴馆阁续书目》 234
- 《周易指要》 60
- 《朱子语类》 327
- 《注解伤寒论》 271
- 《资治通鉴纲目》 372,373
- 《梓州兜率寺文冢铭》 131
- 《自古诸侯王善恶录》 64
- 《自然好学论》 188

【专有名词】

B

- 八备 140,141
- 八面受敌法 326,387
- 白鹿洞书院 314,316,318,324,409
- 变文 7,150,152

C

- 藏书目录 45,51,100,234,255,264,268,295,296
- 藏书世家 95,97,98,100
- 草堂书院 109
- 册叶制度 125
- 插图本 262,263
- 察举 6
- 陈宅书籍铺 254
- 崇儒重道 17—19
- 崇文馆 26,29,172,173,204,233
- 崇文院 216,225,230,231,234,249,368
- 传奇 77,80,81,83,84,136

D

- 地图 34,35
- 雕版文化 207,218,219,245,281,284,413
- 雕版印刷术 41,117—123,125,138,148,149,212,217,248,249,254,257,259,262,264,268,274,281,289
- 东洋文库 155
- 读书灯 354,355
- 读书方法 14,108,186,187,201,202,220,311,316,321,332,387,388,396,398,

409,411
- 读书环境 104,346,351,404
- 读书秋树根 199—201
- 读书山寺 102—104,106—108,111
- 读书声 104,133,275,354—356
- 读书之法 327,332,333,393,396,398,411,412
- 读书之序 327,330,332
- 蠹虫 348,352,353,414
- 敦煌莫高窟 11,120,126,149,151
- 敦煌写本 56,60,61,75,78,91,92,137,186

F

- 坊刻 127,128,217,245,249,252,254,255,260,264,269,272—274,303,324
- 飞鸟时代 152
- 佛国寺 121,281
- 佛经翻译 139,140,142,144,145,148,275,276
- 福先寺 144

G

- 观文殿 25,353,394
- 官刻 125,128,129,162,217,249,252,267,275
- 桂岩书院 110
- 国史实录院 231
- 国子监 5,20,90,113,128,129,136,214,216,217,221,224,225,235,244,247,249—251,257,258,265—267,270,271,281,283,284,293,296,314,323

H

- 翰林院 9,22,199
- 鹤山书院 323,324
- 弘文馆 4,25,27,29,31,39,111,173,180
- 蝴蝶装 125,257—259
- 华林书院 319—321
- 会要所 231
- 会意法 326,348
- 活字印刷术 117

J

- 集贤书库　230
- 集贤院　9, 26, 27, 29, 30, 32, 33, 44, 65, 124, 216, 230, 233, 250
- 集注　51, 70, 124, 361—363, 365—367, 377, 378, 383—385
- 家刻　126, 128, 129, 217, 249, 252, 253, 256
- 嘉则殿　25, 44
- 监本　128, 129, 216, 249—251, 261, 267, 271
- 建安书院　319, 323
- 金吾将军　201
- 经坊所　149
- 经疏合刊　262

K

- 开卷有益　238, 239
- 科举制度　2, 6, 7, 13, 23, 85, 86, 96, 97, 100, 108, 111, 115, 125, 133, 187, 191, 192, 201, 207, 214, 217, 246, 299, 311, 376

L

- 类书　30—32, 53—58, 61, 62, 82, 91, 93, 94, 124, 145, 146, 148, 220, 237, 238, 241, 242, 246, 257, 261, 262, 264, 266, 291, 305, 325, 361, 380
- 丽泽书院　316, 319, 323, 324
- 丽正书院　24, 29, 109, 313, 322
- 利禄　10, 100, 101, 116, 165, 190, 191, 317, 318, 321, 328
- 赁板钱　272
- 龙虎榜　89
- 龙图阁　230, 232, 233, 243, 292, 334, 368
- 鹭洲书院　323, 409

M

- 秘阁　25, 97, 176, 181, 216, 230—235, 249, 258, 291, 292, 353, 368
- 秘书监　2, 3, 24, 25, 27—

29,31,37,38,43,44,48,52,64,90,100,173,204,231,249,342
- 秘书省　25,27,28,31,53,97,115,157,168,177,231,234,236,240,247,254,270,291,320,353
- 摹拓　119,120,339

N

- 那烂陀寺　142,144
- 奈良时代　156—158

P

- 平安时期　155
- 曝书　240,325,352,353,395

Q

- 乾元殿书院　29
- 遣唐使　81,152—154,156,157,160,284
- 青龙寺　146,160
- 圈点法　388

- 劝学　2—4,16,17,19,20,22,55,61,88,96,99,101,186—189,191,192,202,216,223,225—227,239,413

R

- 日历所　231

S

- 社会阅读　2,7,11,13,14,16,43—45,49,51,55,57,59,60,70,71,73,79,83,85,93,100,111,114,115,129,133—135,144,152,163,175,183,192,206,207,216—218,227,244,248,257,259,260,264,271,281,289,293,297,299,311,313,315,319,322,361,363,378—380,382,414
- 圣德太子　153
- 诗书教子　7,86,95—97,100,101,219
- 诗文评点　385
- 石鼓书院　111,314,315,318,409

- 史馆 27,28,36,37,39,40,216,230,231,233,236,256,399,405,407
- 史馆书库 230
- 史志书目 38,45,51
- 私学 108,111,114,215,313,315,319,322,323,410
- 四部分类法 45,298
- 四当说 344
- 嵩阳书院 314,360
- 宋代四大书 237,243
- 宋代四大书院 107
- 俗讲 150—152
- 睢阳书院 314

T

- 拓石方法 120
- 太清楼 232,233,239
- 探赜索隐法 202,203,206
- 唐人小集 254
- 唐人小说 70,80,82,83
- 提要钩玄法 202
- 天章阁 232,235,368
- 桐源书院 321

W

- 文山书院 9,110
- 五山版 287,288

X

- 西明寺 126,144,146,147,149,160
- 系统目录 43—45,47,49
- 咸通时代 122
- 孝谦天皇 157,158
- 写本时代 125,130—132,135,257,394
- 叙诗 75—77
- 选诗 75,79

Y

- 一切经 12,149
- 以古为镜 63—65,67—70
- 印本书 126,127,136—138,248,254,257—259,262,263,265,272,273,281,285,286,289
- 印章 118—120

- 应天府书院 314
- 优游读书法 396,398
- 余氏万卷堂 255,256
- 元和体 73
- 岳麓书院 314,316,324,409
- 阅读心理 83,263

- 政书 30—32,231
- 制举科目 88
- 重言重意 260—262
- 宗经 194,223—226
- 纂图互注 260—262

Z

- 昭文书库 230

说　明

　　本套书部分照片从有关书籍中选取,特向拍摄者致谢。由于客观条件限制,很难一一寻找书中照片的作者,请有关作者与出版社联系,并提供足够的证明材料,以便及时支付稿酬。